多维化构
communication.
LEADERSHIP
HAS MANY DIMENSIONS
communication. innovation. efficiency.
全球领先的二板式注塑机
锁模力可达66 000 ~ 88 000 kN
HAITIAN
JU16000
We Create and Extend Advantage.
共创卓越 同创辉煌

ZHAFIR PLASTICS MACHINERY

三本：
人本
成本
规模化资本

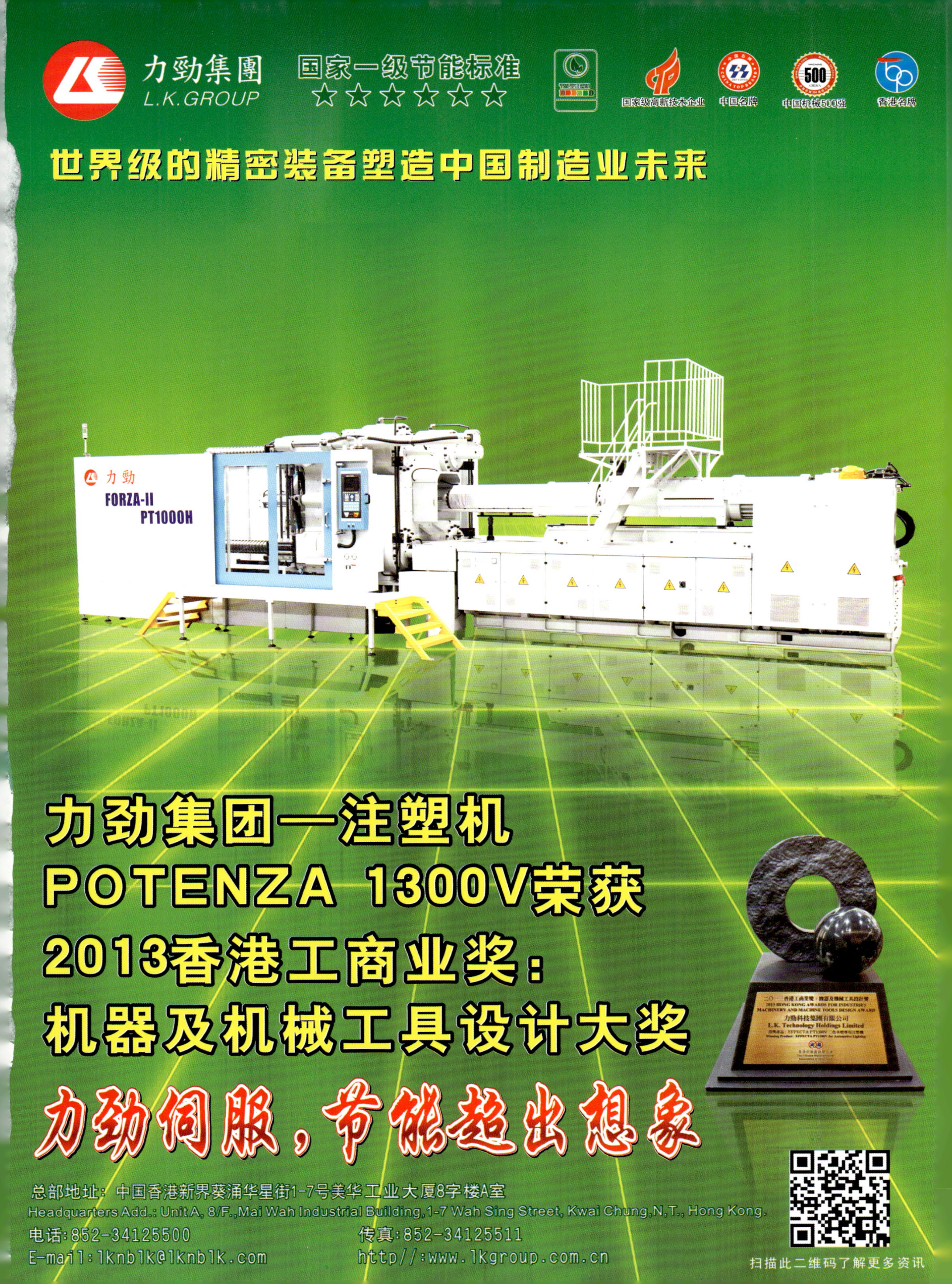

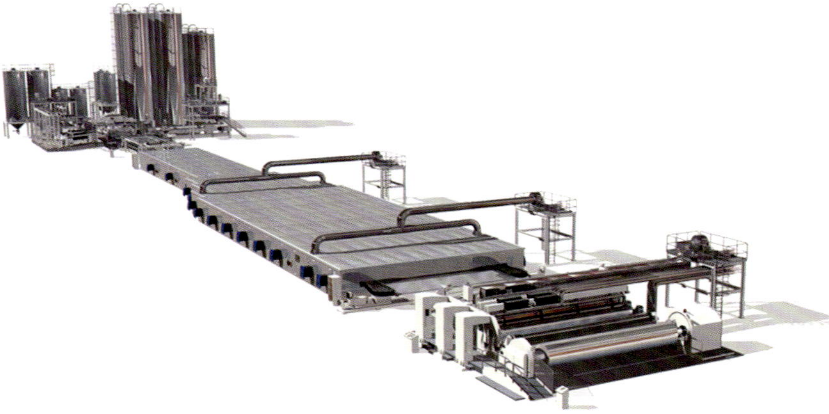

BOPET 生产设备

BOPET 双向拉伸片膜设备

我公司研发出 BOPET 双向拉伸片膜设备，采用世界尖端技术和配件，具有性能先进、高速、平稳、耐用等特点：最高速度 300m/min，最厚拉伸成品 0.45mm，成品宽度 1 ~ 8m。

该生产线主要用于生产如下产品：

①BOPET：用于太阳能面板、液晶显示器、热封膜、高阻隔膜、抗紫外线辐射膜、太阳膜、防爆膜、食品包装镀铝膜等。

②BOPP：用于印刷、制袋、作胶粘带以及与其他基材的复合，饼干、甜食、糖果、风味小吃、香烟等包装。

③BOPS：用于正压热成型机器制作塑料包装制品。

④BOPA：用于冷冻、蒸煮、抽真空包装等。

⑤BOPVA：用于香烟、印刷、生活日用品等包装所需的超薄膜。

⑥石头纸：印刷、书写、广告装潢等；用于消耗用品，比如垃圾袋、购物袋、食品袋、密实袋、餐盒、脚套手套、台布、雨衣、防尘罩等；用于工业包装等领域，比如化肥袋、水泥袋、米面袋、服装袋、各种手提袋、纸盒、纸箱等；石头纸产品有着极强的竞争力，市场前景非常看好。

目前，国内尚无能够制造该类装备的企业，国内此类装备全部从德国、法国和日本进口。顺德人经过多年的努力，打破了国外设备的垄断，填补了国内空白。

塑料板、片材挤出生产线

- BOPET 单双向塑料片材生产线
- PET 片材挤出生产线
- 多层共挤片材生产线
- 单层塑料片材挤出生产线
- PVC 木塑 / 发泡板材挤出生产线

异型材生产线

- PVC 门窗型材挤出生产线
- PE/PP 木塑型材挤出生产线
- PVC 窗台板门板挤出生产线
- PVC 木塑型材挤出生产线
- PE/PP/PVC/ABS/PA 型材挤出生产线

质量投诉部：0532-82297979　传　真：0532-82299621　E-mail：hr@shunde-qd.com　http:// www.shunde-qd.com

JWELL

Dyun®

塑料管材撕碎机组

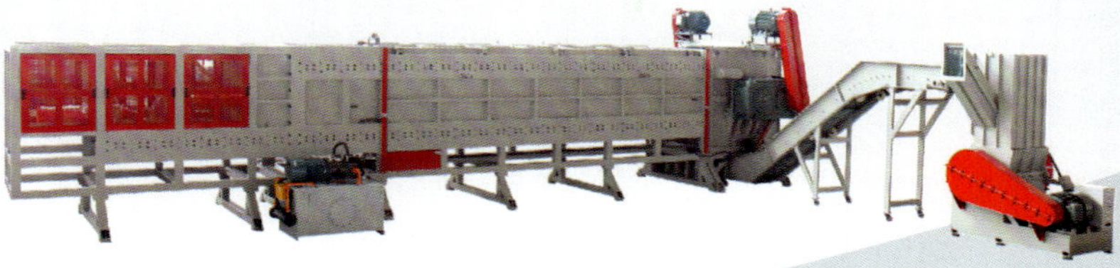

破碎机

回收造粒生产线

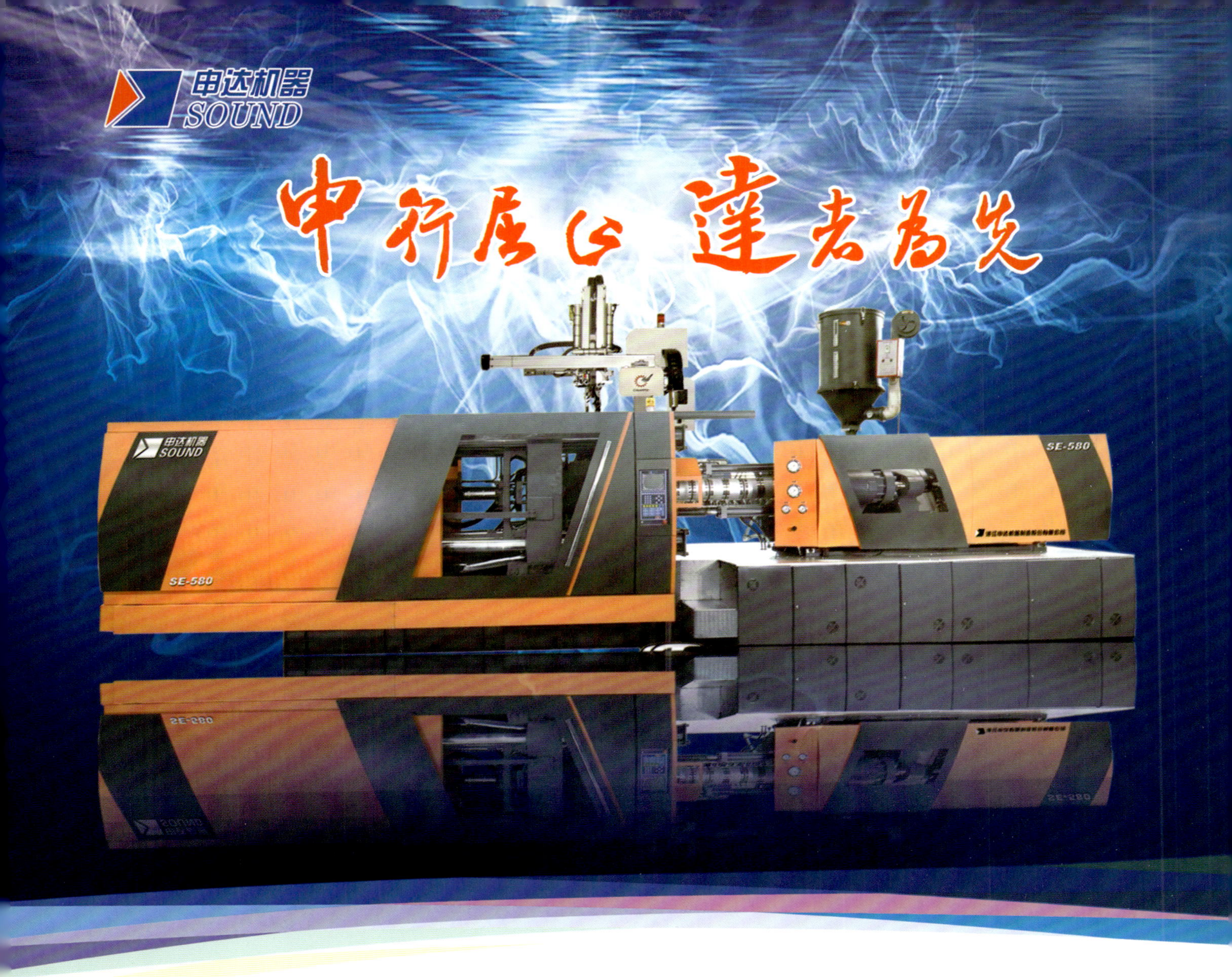

申达机器
SOUND
SE-580

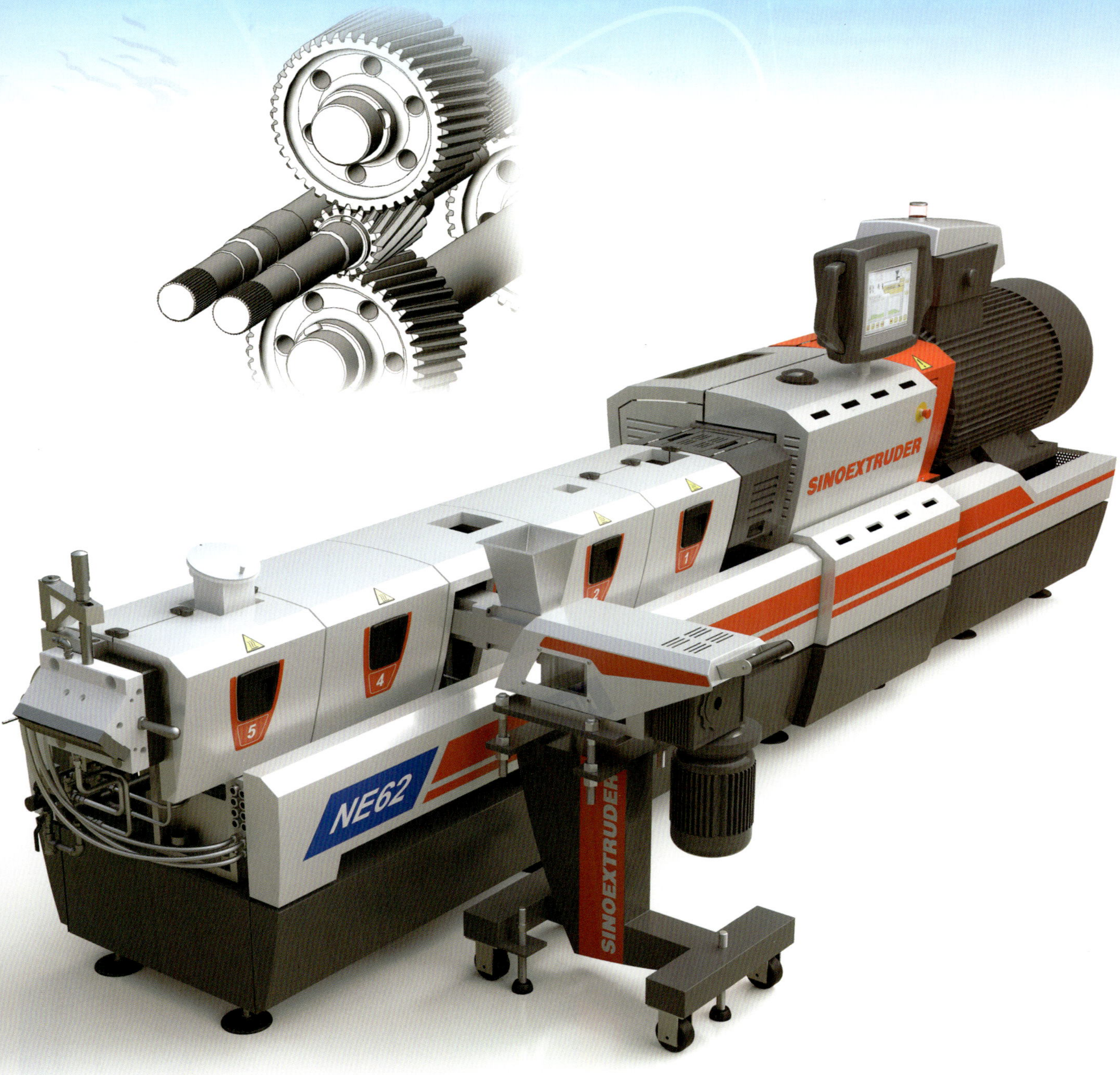
SINOEXTRUDER
NE62
SINOEXTRUDER
SINOEXTRUDER

TEDERIC
泰瑞机器
D4000sv
TEDERIC
J116900
为用户创造无限价值
Creat The Greatest Value For Our Customers
CHINAPLAS2014
2014年4月23-26日 中国·上海新国际博览中心
欢迎莅临泰瑞展台：E2-D01
泰瑞机器股份有限公司
TEL：4008-876-896 E-Mail:jtederic@tederic-cn.com
www.tederic-cn.com
泰瑞微博
泰瑞微信

HXYD120 油电复合塑料注射成型机

HXF2000 大型塑料注射成型机

Chinaplas®
W4E11
国际橡塑展
晏邦展区 4月23—26日
整厂 规划&中央供料系统
智能 配色&自动混料系统
专利 除湿&干燥系统
高效 输送&粉体吹送系统
节能 冷冻&模具温控系统
环保 粉碎&立即回收系统
台湾塑橡胶周边设备领导品牌
精巧·高效率·经济节能
累重式计量配色混料系统
HMI智能控制，目前最有效率及经济的操作模式
精确计量粉粒状塑胶、色母或添加剂，品质稳定又省原料
不锈钢材质不卡料且好清理，直立式轻巧设计可安装于成型机上
急冷急热模具控温机
升温、降温迅速，缩短生产周期，效率快3倍！
不用喷漆即可让表面粗糙度如镜面，环保又节能
智能化控制系统，产品品质稳定，安全防护有保障
高品质手机壳、电视框…3C数码产品制造业者好帮手
晏邦電機工業有限公司 YANN BANG ELECTRICAL MACHINERY CO., LTD.
台湾省台中市太平区工业20路26号 www.yannbang.com yb@yannbang.com
总公司 电话:886-4-22716999 传真:886-4-22711988 台北分公司 电话:886-2-82451836 台南分公司 传真:886-6-2463333
大陆关系企业 东莞钜邦机电有限公司电话: 0086-769-33396698 传真:0086-769-33396699 广东省东莞市常平镇漱新管理区

中国机械工业年鉴系列

中国塑料机械工业年鉴

2013

中国机械工业年鉴编辑委员会
中国塑料机械工业协会 编

机械工业出版社
China Machine Press

《中国塑料机械工业年鉴》2013 年刊设置综述、专文、行业概况、统计资料、产业集群、产品与项目、展会专栏、标准、政策法规、大事记和附录 11 个栏目，系统介绍各分行业及各产业集群的发展情况及亮点，分析塑料机械行业技术发展动向及取得的成就，展现了行业骨干企业的新面貌，直观地反映了行业经济发展的新变化和新成就。

《中国塑料机械工业年鉴》的主要发行对象为政府决策机构，塑料机械行业、塑料制品行业相关企业决策者，从事市场规划、企业规划的中高层管理人员。

图书在版编目（CIP）数据

中国塑料机械工业年鉴．2013/ 中国机械工业年鉴编辑委员会，中国塑料机械工业协会编．—北京：机械工业出版社，2014.4
（中国机械工业年鉴系列）
ISBN 978-7-111-46044-2

Ⅰ．①中… Ⅱ．①中… ②中… Ⅲ．①塑料—化工机械—中国—2013—年鉴 Ⅳ．① F426.45-54

中国版本图书馆 CIP 数据核字（2014）第 039711 号

机械工业出版社（北京市西城区百万庄大街 22 号　邮政编码 100037）
责任编辑：任智慧
北京宝昌彩色印刷有限公司印制
2014 年 4 月第 1 版第 1 次印刷
210mm×285mm・19.75 印张・49 插页・474 千字
定价：260.00 元

凡购买此书，如有缺页、倒页、脱页，由本社发行部调换
购书热线电话（010）68326643、88379829
封面无机械工业出版社专用防伪标均为盗版

中国机械工业年鉴系列

作为『工业发展报告』

记录企业成长的每一阶段

中国机械工业年鉴

编辑委员会

中国塑料机械工业年鉴

记录历史
塑造品牌

中国塑料机械工业年鉴执行编辑委员会

中国塑料机械工业年鉴

记录历史

塑造品牌

中国塑料机械工业年鉴
执行编辑委员会

中国塑料机械工业年鉴
编辑出版工作人员

总　编　辑　郭　锐

主　　　编　李卫玲

副　主　编　刘世博　肖新军

执行主编　朱彩绵

责任编辑　任智慧

市场编辑　曹春苗　王海臣

图文设计　张慕原

排　　　版　刘超琼

地　　　址　北京市西城区百万庄大街22号（邮编100037）

编　辑　部　电话（010）88379829　传真（010）68997966

发　行　部　电话（010）68326643　传真（010）68326017

E-mail:cmiy@vip.163.com

http://www.cmiy.com　www.mepfair.com

中国塑料机械工业年鉴

记录历史

塑造品牌

中国塑料机械工业年鉴特约顾问单位特约编辑

（排名不分先后）

特约顾问单位	特约编辑
上海金纬机械制造有限公司	刘惠明
博创机械股份有限公司	饶启琛
广东金明精机股份有限公司	郭伊娜
宁波市海达塑料机械有限公司	刘　维
海天国际控股有限公司	高世权
香港力劲集团宁波力劲机械有限公司	张汉国
东华机械有限公司	陈玉城
广东伊之密精密机械股份有限公司	张　涛
山东通佳机械有限公司	李　勇
青岛顺德塑料机械有限公司	胡　莹
震雄集团	王忠民
浙江申达机器制造股份有限公司	傅勇敏
宁波海星机械制造有限公司	陈凯定
四川中装科技有限公司	纪　欣
泰瑞机器股份有限公司	岳钦杨
苏州同大机械有限公司	朱建新
宁波海雄塑料机械有限公司	张卫东
东莞钜邦机电有限公司	施玉枝
科倍隆（南京）机械有限公司	付　晓
仁兴机械（深圳）有限公司	梁志健
江苏联冠科技发展有限公司	刘卫祥
宁波弘讯科技股份有限公司	郑　琴
浙江精诚模具机械有限公司	符　慧
大连橡胶塑料机械股份有限公司	程　卫
富强鑫（宁波）机器制造有限公司	陈晓周
爱科机械（杭州）有限公司	盛群丹
广东乐善机械有限公司	梁少玉
张家港市贝尔机械有限公司	仲清锋
青岛福润德塑料挤出技术有限公司	韩　强
信易电热机械有限公司	陈彦良
舟山市金久机械制造有限公司	陶家阳
浙江康润机械科技有限公司	徐　新
宁波市塑料机械行业协会	陈　栋
张家港市塑料饮料机械协会	顾惠聪
青岛市塑料机械行业协会	胡　莹
广东省塑料工业协会注塑专业委员会	蔡恒志

中国塑料机械工业年鉴
特约顾问单位特约顾问

（排名不分先后）

特约顾问单位	特约顾问
上海金纬机械制造有限公司	何海潮
博创机械股份有限公司	朱康建
广东金明精机股份有限公司	马镇鑫
宁波市海达塑料机械有限公司	蒋忠定
海天国际控股有限公司	张静章
香港力劲集团宁波力劲机械有限公司	王新良
东华机械有限公司	杜　江
广东伊之密精密机械股份有限公司	廖昌清
山东通佳机械有限公司	张建群
青岛顺德塑料机械有限公司	赵桂旭
震雄集团	蒋志坚
浙江申达机器制造股份有限公司	王　珏
宁波海星机械制造有限公司	陈兴良
广东正茂精机有限公司	李建军
四川中装科技有限公司	李建军
泰瑞机器股份有限公司	郑建国
苏州同大机械有限公司	徐文良
宁波海雄塑料机械有限公司	郑　强
宁波华美达机械制造有限公司	刘娟儿
东莞钜邦机电有限公司	王邦枝
科倍隆（南京）机械有限公司	沈　君
仁兴机械（深圳）有限公司	梁伟祥
江苏联冠科技发展有限公司	黄学祥
宁波弘讯科技股份有限公司	俞田龙
浙江精诚模具机械有限公司	梁　斌
大连橡胶塑料机械股份有限公司	林　炬
富强鑫（宁波）机器制造有限公司	王俊杰
爱科机械（杭州）有限公司	徐红亮
广东乐善机械有限公司	郭锡南
张家港市贝尔机械有限公司	何德方
青岛福润德塑料挤出技术有限公司	赵炳仁
信易电热机械有限公司	吴峻睿
舟山市金久机械制造有限公司	顾建军
江苏维达机械有限公司	高学飞
南京艺工电工设备有限公司	杜德鑫
潍坊中云机器有限公司	张泽奎

前　言

《中国塑料机械工业年鉴》自2009年创刊以来，已连续4年系统地记录和总结了塑料机械行业发展的脉络和趋势，已成为行业领导、企事业经营管理人员和政府主管部门等相关人员了解塑料机械的重要资料来源。2014年，我们又满怀新的希望，期待2013年版《中国塑料机械工业年鉴》以最权威、客观和真实的内容展现在广大读者面前。

塑料机械作为高分子复合材料的“工作母机”，在国民经济发展中有举足轻重的作用。回首塑料机械行业的发展，行业经历了从无到有、从小到大的历程。而刚刚过去的2013年，更是塑料机械行业发展取得辉煌成果的一年。

这一年，是喜庆的一年。国家领导人多次亲临塑料机械企业视察指导工作，对塑料机械行业的发展寄予了高度厚望。塑料机械行业成为我国装备制造业发展的一个亮点，得到国家从政策到项目资金方面的许多支持。

这一年，是行业成长的一年。我国塑料制品的消费总量已经位居世界第二。在行业发展的同时，也对我国塑料机械行业的技术与产品质量提出了更高的要求。不少塑料机械行业企业不断挑战自我，追求创新，取得了重大进步。

这一年，是需要深思的一年。我国塑料机械行业规模、产能、企业数量都位居世界前列，行业的发展虽然已能够满足国内市场的需求，但产品的质量及品牌与德国、日本等发达国家还存在一定的差距。这需要我们团结所有热爱塑料机械行业的人士，群策群力，加强企业集群发展的同时，进一步细分行业，形成合力，充分发挥每个会员的主观能动作用，让塑料机械行业更加稳健地发展。

这一年的收获、创新、思索和讨论，都将在2013年的《中国塑料机械工业年鉴》中精彩呈现。希望《中国塑料机械工业年鉴》更好地为行业服务，和行业企业一道，共同促进行业持续快速发展。

中国塑料机械工业协会会长　朱康建

2014年3月

广告索引

记录历史
塑造品牌

中国工业年鉴出版基地

广告索引

记录历史
塑造品牌

中国工业年鉴出版基地

创新驱动 中国塑机 百年梦想

聚焦

创新驱动专栏

创新·睿智·人物

绿色·优势·品牌

弘讯30载春秋

引领塑机自动化创新 托起塑机控制中国梦

——宁波弘讯科技股份有限公司总经理俞田龙

专注 · 弘讯

30年春华秋实，看弘讯飞速成长，这30年弘讯一直专注于塑料机械行业自动化产品研发，请从产品的推陈出新看弘讯30年的发展历程。

1984—1989年

开始指拨式注塑机控制器的开发；

开发出亚洲领先的中文屏幕式注塑机控制器APC-3000；

开发出功能丰富的微电脑塑机控制系统；

1990—1999年

推出DCS0-220数码式控制器、APC-5000系统，开始使用单版式双CPU，正式以PC为基础进行软件开发；

控制系统设计大量采用双CPU结构，产品组合趋于多元化、弹性化；

2000—2009年

推出注塑机网络管理系统，与控制系统结合通过64台注塑机串连测试；

开发出DSP54X系统，用于快速精密机型；

开始研发基于嵌入式Linux人机界面显示技术；

研发用于注塑机油压伺服系统的动力装置；

与西门子战略合作推出全电式塑机控制系统；

成功开发出Screen Editor画面编辑管理软件；

推出带有全新网络接口的PILOT系列控制系统；

推广高效伺服节能系统，采用数字通信，实现油压全闭环控制；

2010—2012年

运用无线通信技术开发塑机运行维护系统，

推出自主研发的伺服驱动器产品；

开发塑料机械周边设备控制系统，如壁厚控制器、模内贴标控制器等；

推出基于油电复合伺服节能系统；

开始整合工业通信技术，成功开发集散式塑机控制系统；

现在

推出全新一代集散式控制SANDAL系统，引入全新硬件设计，搭配EtherCAT\CAN通信技术和智慧交互界面设计，产品技术达到国际先进水平。

文化 · 弘讯

良好的企业文化和产品质量是企业的生命线，是推动企业前进的动力，请谈一下弘讯的企业文化建设情况。

“弘讯”二字的解读是“弘济时艰，非我莫属；

讯动机转，人定胜天"。创建弘讯科技股份有限公司的使命都在这16个字里面。弘讯有一个特质，就是当外在环境困顿之时，弘讯人会油然心生涌起一股使命感，透过心境的安定与团队合作，去突破与克服这些挑战。台湾创业团队长期受儒家文化的熏陶，也逐渐形成了"言必信 行必果 敦品笃实 不断创新"的经营理念，并以"诚信、笃行、务实、创新"为核心价值。此外，弘讯处在变化快速的信息科技产业，重视创新与研发，将"Innovation in Motion"当成通行全球的英文标语。

公司秉承这样的企业经营理念，近30年一直矢志不渝地坚持在塑料机械自动化控制行业，持续承担着"引领行业发展 促进产业升级"的使命，为实现"做塑料加工行业一流的自动化系统集成供应商"的愿景而开拓前行。

责任 · 弘讯

着眼于未来可持续发展，引领塑料机械行业向节能降耗、绿色环保方向的趋势发展，请从环保和绿色节能的角度重点谈一下弘讯产品的特点及如何做好为塑机客户提供更高附加值的同时更好体现企业社会责任感的？

公司近十年来投入了大量人力在伺服节能技术方面开展研究，对系统的节能效益作多重分析与持续的性能优化，目前生产的HYB伺服节能系统具有显著的节能效果，相比传统油压系统可节能40%~70%，符合国家节能减排政策的要求，其显著的节能性得到用户的高度认可。近年来，HYB伺服节能系统销售量稳步大幅增长，为下游塑料机械生产绿色环保机型提供了保障。

该系统目前应用广度扩大，不仅应用于注塑机，同时也可用于其他各类机械如吹瓶机、鞋机、压铸机、压力机。同时该系统也可对目前存量传统塑机进行节能改造，使塑机在有限的寿命中用较少的投入取得最大限度的能效节约，节约资源、降低成本、增加企业效益。

创新 · 弘讯

从2008年开始，弘讯科技在行业中率先对节能环保的伺服系统进行研发，生产出高节能、高响应、高重复精度的伺服驱动节能系统，填补了国内在该领域的空白。近几年弘讯在新产品创新方面取得了怎样的成就？产品在重点领域应用情况如何？

弘讯将TECH系列电脑控制系统与驱动模组进行全数字通信。使一台塑机最核心的四大部件即电机、油泵、驱动器与电脑控制系统实现了四位一体的整合，完全打通了自上而下的连接，实现系统的全方面完整整合。数位通信系统可适用于各类大型机、中型机、小型机，满足客户对机械控制多元化的需求。

从2013年的德国K展上也可以看到，目前自动化技术已经进入到注塑机行业，工业制造管理也越来越流行无人化车间，网络化管理。塑机行业已经步入了工业自动化时代。弘讯在30年的注塑机控制行业经验积累的基础上加大开发力度，通过对高智能化控制系统、多轴伺服控制等技术的研究与应用，将相关周边设备的控制整合，开发新一代集散式控制SANDAL系统，并整合控制周边设备，如机械手、气辅、模温、送料和传料等，实现了多位一体的信息智能化整合控制系统。

智能 · 弘讯

智能装备产业是国家重点发展的战略性新兴产业，对于以高新技术改造塑料机械这一传统产业，提高塑机企业创新能力，具有重要战略意义。弘讯在塑料机械自动化智能化、集成化发展和应用上，做到快速领先、持续创新。针对日趋信息化、网络化的智能化制造、推动工业物联网建设，请谈谈您有哪些措施和新的想法？

一方面是利用我们现有技术为下游客户打造物联网，提供Cloud iNet整体解决方案。

大数据时代背景下，工业物联网的快速发展使得每个控制系统均具有数据接收与发送的功能，依托数据分析与处理可透过Internet将精准数据传到系统，也可将设备情况通过控制单元传到数据中心。使机器使用者、生产者与服务提供者达到及时互联互通，将使用者需求的信息，生产者需要的信息资讯实现连接，提高服务生产水平和使用效益。弘讯注塑机联网制造管理系统Cloud iNet功能日趋完善，如新增了辅机设备的信息采集、标准工艺自动转换为用户打造柔性车间，同时已完成手机与平板电脑终端版本，终端用户的车间管理模式跨入了新时代。

另一方面，公司利用物联网概念实现弘讯及塑料机械制造商的服务升级。

作为工业智能控制系统的核心供应商，弘讯产品遍及全国各地，其产品的先进硬件确保了能满足软件更新的需求。2014年公司将利用现有的网络技术推出多款远端维护APP。弘讯自身与下游机械厂均可利用各种智能终端下载此类APP，实现轻松快捷的产品参数设定、调机试机、维修服务等。缩短了报修检修周期、减少多余人力、降低维护成本、有效进行过程追踪，真正步入了塑机行业服务新时代。

发展 · 弘讯

回顾30年中国塑机行业突飞猛进的发展，中国塑机自动化从技术低点发展到今天可以与欧美制造商一比高低，全电式注塑机作为未来高端注塑机的发展方向，请重点介绍弘讯能提供的全电式伺服系统总成及全方位服务。为实现中国企业立足世界的创新优势，助推全电式注塑机国产化的宏伟中国梦，富有创新性和国际性的弘讯又有着怎样新的愿景？

全电总成是弘讯未来三至五年主要营运目标与方向，该系统整合运动控制技术、伺服驱动技术、伺服电动机技术、精密传动技术与各种精密传感器技术为一体化系统。每个部件均有其特定技术难点。弘讯依托对该行业技术的理解与经验的积累对用户进行技术分析与指导，致力于推动机械制造厂商从传统油压机制造向高端油电复合与全电机的转型升级。

TECHMATION 宁波弘讯科技股份有限公司

iNet注塑机联网制造管理系统

Injection Machine NetWork Computer Integrated Manufacturing System

让我们透过云端系统，轻松进行机器监测、生产与操作参数管理

[标准工艺]

- 标准工艺参数统一；
- 工艺参数自动抛转；
- 参数范围设限；
- 参数修改记录追踪；

[机器监测]

- 机器实时监控；
- 警告讯息记录分析；
- 设备操作状态记录；

iNet的优势

[历程管理]

- 温度资料统计图表；
- 监测资料统计图表；
- 射出数据统计图表；
- 模温数据统计图表；

[模具管理]

- 模具基础信息维护；
- 模具产品工艺关联；
- 模具使用记录统计；
- 人员操作机器权限；

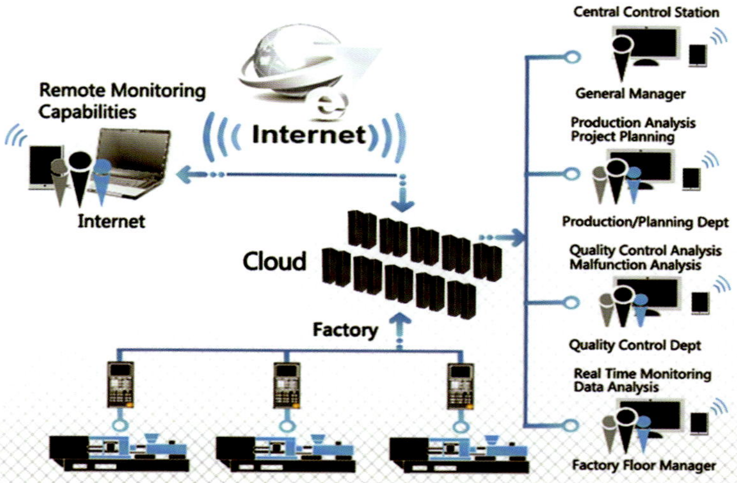

新一代集散式控制SANDAL系统

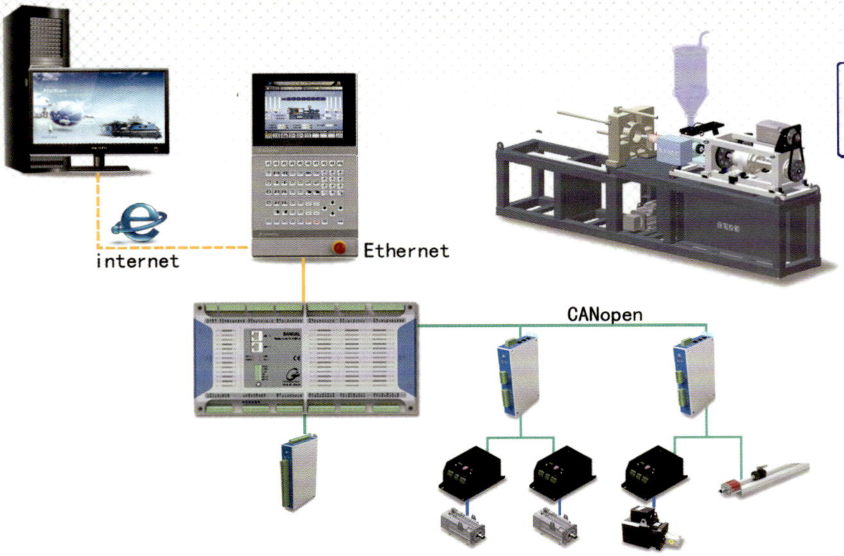

油电复合注塑机-HYB3方案

- 引入全新硬件设计；
- 智慧交互界面设计；
- 搭配EtherCAT/CAN通信技术。

弘讯SANDAL系统
开启全电注塑机、油电复合注塑机的新时代

全电注塑机-HYB5方案

- 产品技术达到国际先进水平；
- 提高中国塑机市场竞争力；
- 引领中国塑机进入高端市场。

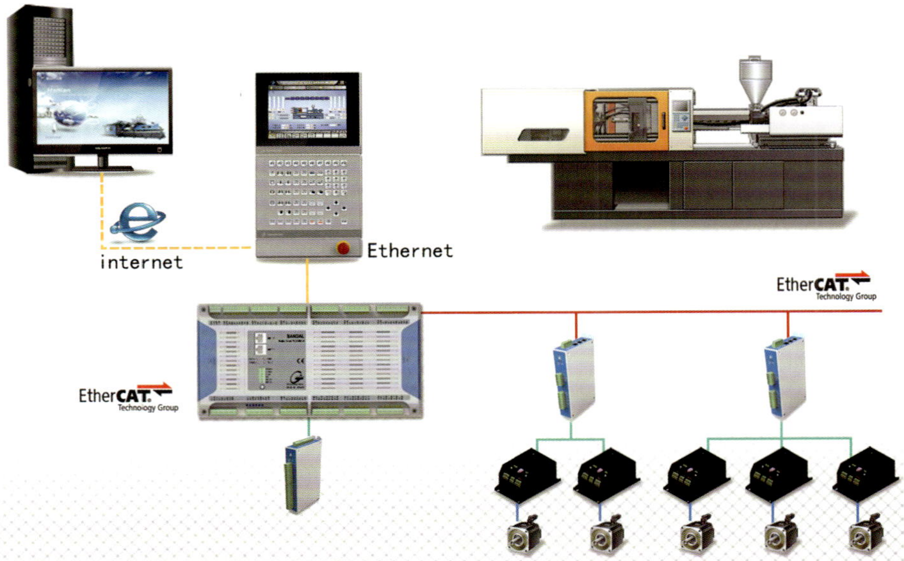

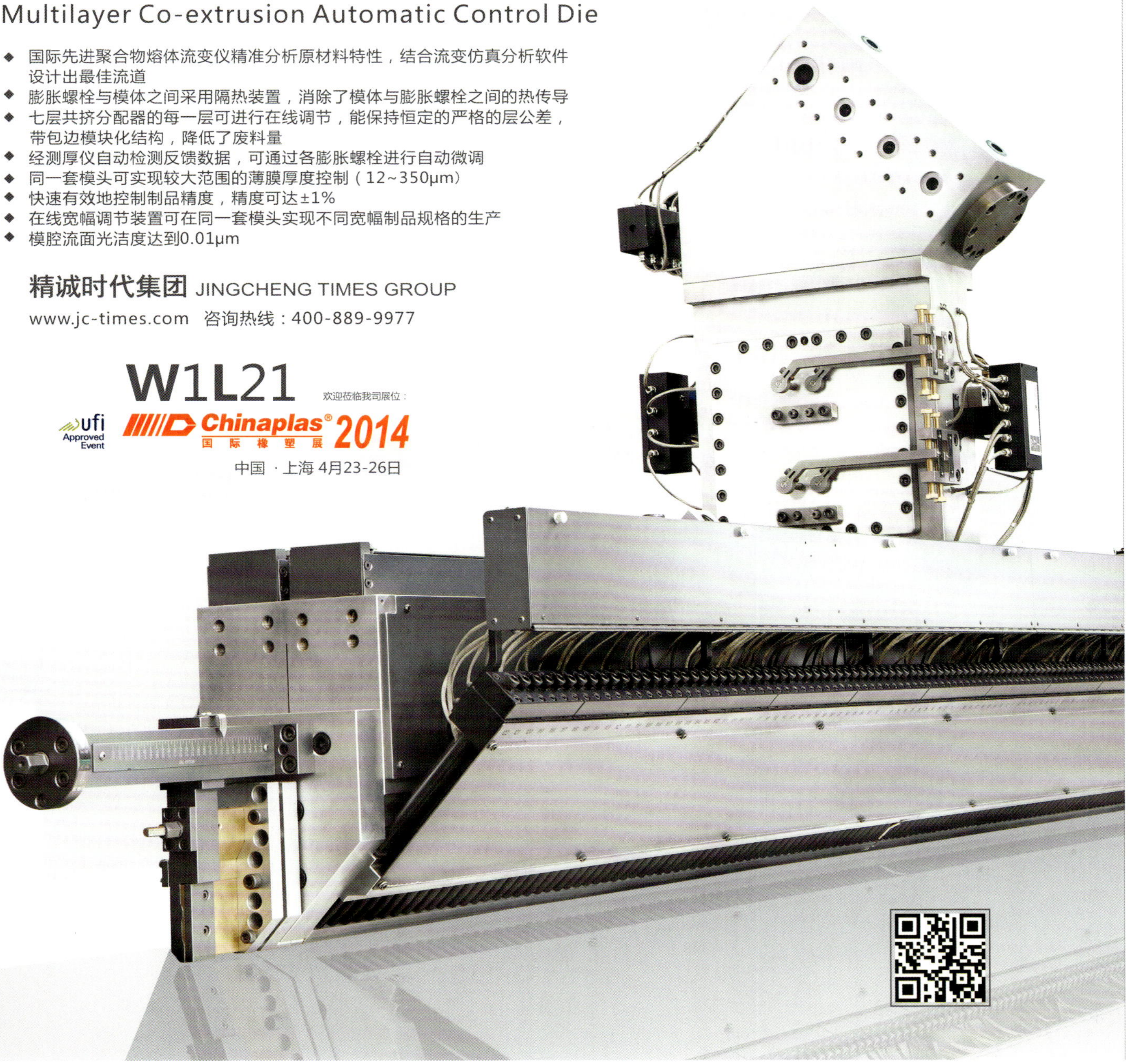

大连橡胶塑料

坚持科技创新，推动企业持续发展

大连橡胶塑料机械股份有限公司始建于 1907 年，是个百年老厂。从 20 世纪 50 年代中期开始生产橡胶塑料机械至今，先后开发制造出 60 多项橡塑机械产品，填补了国内空白。公司获得市以上科技进步奖 68 项（其中国家科技进步奖 5 项，省部级科技进步奖 29 项）。公司生产的橡胶塑料机械、石化装备、高强度纤维生产装备和新能源生产装备等几大类产品（200 余个品种，近 400 个规格），销往全国（包括香港、澳门、台湾）34 个省、市、自治区，远销到包括德国、美国、日本、澳大利亚、加拿大等发达国家在内的欧洲、亚洲、美洲、大洋洲、非洲五大洲 60 多个国家和地区。公司已成为全国规模较大的橡胶塑料机械专业生产主导厂和出口基地，在上交所挂牌上市，是中国机械工业 500 强企业。

公司在几十年经营中，始终重视新产品、新技术、新工艺的开发和科技创新工作，科技投入逐年增加，科技投入已占销售收入的 3% 左右，在引领行业发展推动科技创新方面投入了大量的人力和物力，为我国的橡塑机械工业发展做出了巨大的贡献，被行业誉为“中国橡胶、塑料机械摇篮”。

当前，公司坚持把科技创新作为转型升级的强硬“抓手”，抓牢不放，针对新的市场环境和需求，不断调整产品结构，通过技术创新、产品创新，不断培育自主品牌，开拓市场，提高企业的核心竞争力，推动企业实现可持续发展。

一、科技创新引领产品结构调整和产品水平升级

百年老厂要焕发青春，必须加快调整产品结构。近几年，公司瞄准石化装备市场，加大乙烯工程用大型挤压造粒机组的研发力度，在首台 20 万 t/a 大型挤压造粒机组开发的基础上，继续完成 10 万 t、15 万 t 机组开发；组织攻关力量，开展国家“863”计划项目的“25 万 t/a 聚乙烯连续混炼挤压造粒机组”的研发，并准备 35 万 t/a 大型挤压造粒机组的研发，努力实现大型挤压造粒机组的系列化和全面国产化。此外，对合成橡胶后处装备和乙烯工程加料计量装备进行研发，完成了溴化丁基胶后处理生产线，填补了国内空白，为我国高档合成橡胶的开发提供了装备支撑。

在新材料和新能源等战略性新兴产业领域，公司成功开发了电池膜双向同步、异步拉伸生产线、48K 碳纤维预浸胶生产线和芳纶纤维挤出生产线等新产品，产品技术水平接近或达

机械股份有限公司

到了国际先进水平，填补了国内空白。在节能环保领域，开展了建筑行业节能减排材料生产装备的研发，成功研制出新型阻燃材料保温建筑材料连续挤出生产装备。这些新产品的问世，给公司开拓出新的市场。

拉伸流变技术是近两年华南理工大学研究的高分子材料加工的具有原始创新、国际领先水平的新技术，它的特点是节能、低碳、环保，用此技术开发的新型塑料挤出机，结构简单、体积小，节约材料 50%，特别是在用户使用或运行过程中，与传统的塑料挤出机相比，节能 30%，是极具市场潜力的高新技术产品，目前，公司正与华南理工大学合作，推进该项新技术实现产业化。

通过科技创新，对传统的产品进行技术提升，使传统的产品自动化、智能化，运行的可靠性和稳定性水平有了新的提高。但这还不足以满足用户对产品服务的要求。用户经常需要对设备的运行状态进行调整、跟踪和故障监控，以提前做好设备的维护、保养、备件更换，防止事故的发生。这就需要实时采集设备运行的各种数据，在本公司内进行处理、分析，一旦设备有发生故障或事故的迹象，及时采取有效措施。公司及时跟进用户的需求，作为产品创新或服务创新的目标，正在组织对每一类产品的控制系统进行技术升级，把最新传感器技术，网络技术、数据处理技术应用到产品中来，实现产品对用户的远程实时数据采集、监控。公司及时向用户通报设备状态，并提供维修或维护。

二、围绕最具发展前景产品开展重点攻关

除针对产品结构调整和产品水平升级开展科技创新外，2013 年公司从 11 项新产品、新技术中选择最具发展前景、对企业最具驱动力的 3 项重点产品进行攻关研发，促使其形成市场成果。

1. 开展 30 万 ~45 万 t/a 大型挤压造粒机组的研发

大型挤压造粒机组是百万吨级乙烯工程最重要的下游设备之一，长期以来，我国石化工业所使用的所有大型挤压造粒机组 100% 需要进口，该产品的核心技术一直掌握在国外几家公司及制造商手里，形成了技术、价格、交货期及备品备件垄断的局面，

大连橡胶塑料

严重影响了我国石化工程项目的投资成本和发展速度，制约了我国石化工业的快速发展，阻碍了我国民族工业自主发展的进程。该研发项目要填补国内空白，打破国外垄断。项目技术水平达到国际先进，替代进口，大大降低国内石化企业的设备成本，促进国内乙烯工业的发展。

该项目的关键技术是：试验机台物料的性能试验技术，挤压系统放大理论设计计算技术，变速器、螺杆、机筒等关键零部件的设计技术；高温、高压、高扭矩、大排量熔体齿轮泵设计技术；高温、高压、均排量模板及合金切刀技术；高产量、全自动的水下切粒机技术、散集式集中控制技术（DCS），关键零部件的原材料选型、加工制造及热处理工艺等技术。

公司正对需要攻关的关键技术采取产、学、研、用相结合的方式，在成功研发 20 万 t 机组的基础上，进行 35 万 t 机组的研发。目前，已开始进行方案论证，前期的物料斗工艺性试验正在进行中。

2. 新一代高效、低碳、节能塑料加工挤出装备（拉伸流变挤出机）的研发

该产品从塑料混炼挤出加工机理方面实现创新，主要解决塑料混炼挤出加工装备高能耗的共性问题。需突破的关键技术是，从塑料塑化加工物料流动空间的几何特征入手，研制由定子、转子及叶片组成的无螺杆塑化挤压系统，实现以拉伸流变为主导的塑化输运、挤出过程。需先建立小型试验机平台，开展材料的物性参数和流变性能、工艺条件的试验，确定机组的主要技术参数，从而了解和掌握该机组系列化设计的共性技术，构建自主创新平台和理论基础。

塑料拉伸流变机是一种完全无螺杆的塑料塑化加工新装备。该技术的突破，可以彻底改变塑料加工行业的高能耗局面，为塑料挤出技术带来革命性的变化。目前，公司已与华南理工大学合作，开发出小型拉伸流变试验机台，进行物料的试验和对比，在小型机台试验成功的基础上，逐步放大设计。

地址：辽宁省大连市甘井子区春田园 C-3 座　邮编：116039　http://www.dlrpm.com　E-mail：Sale@dlrpm.com

机械股份有限公司

3. 推进新型阻燃材料保温建筑材料连续挤出生产装备的研发

建筑保温材料要求隔热、阻燃，是国际上最流行的节能、环保材料。国内

保温建材的隔热性能、阻燃性能较国外的材料差，而且是发泡材料间隙式切片的方式生产，生产效率低、废料浪费大，目前，需要解决的是配方合理，连续生产的技术，以提高生产效率、减少浪费。

该项目的关键技术是原料的配方试验，生产过程中，要集原材料按配方混合、连续发泡、连续挤出、定型、裁断在一条生产线完成的整套技术。

目前，公司与上海建筑材料研究所合作，针对国际最新型的阻燃材料进行挤出发泡薄片材加工工艺和装备的研究，创新研究低温发泡并连续产成板材加工方式，解决间歇式加工新型保温阻燃材料的高成本、低效率的问题，并研制适应连续生产的新型原料配方技术和生产装备。该项目如果技术有所突破，将会给国内建材行业的节能、减排带来巨大的技术进步，生产效率会有很大的提高。预计该产品的市场前景会非常广阔。

科技创新已经取得丰硕成果，前进的步伐尚需不断加快。今后，公司要加强以下方面的工作：首先，要调整企业新的发展战略，采用自主创新和引进技术消化吸收再创新相结合的模式，加快技术创新和产品创新的步伐；重点引进高层次创新人才，特别是引进行业的顶级人才，加快人才培养，提高公司员工整体职业素质；关键要加大科技投入，增加新产品的实验手段，引进高水平的实验设备和检测仪器。实施知识产权战略，积极开展产品和技术的原始创新、服务创新；加大市场调研力度，确定技术创新和产品创新的战略目标，建立、健全企业的技术标准体系，加速开发新产品和新技术，实现生产一代、储备一代、研发一代的产品创新战略。

HDJ 海达®

海达塑机

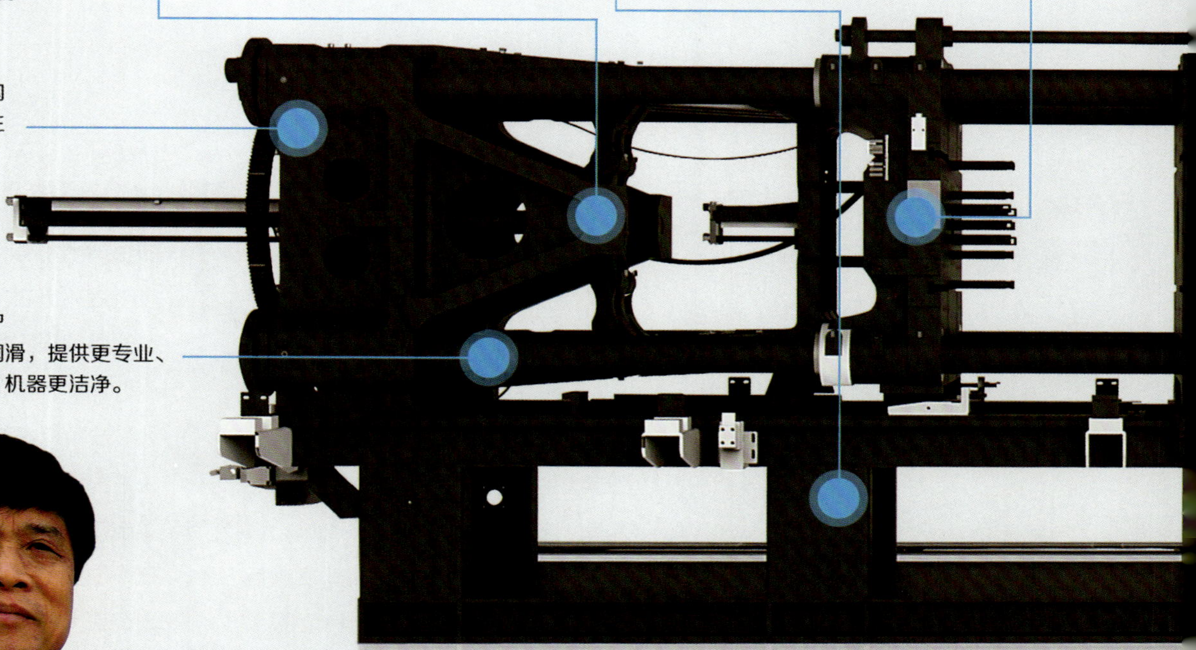

Company Brief Introduction
公司介绍

宁波市海达塑料机械有限公司是专业制造 HDX、HDJL、HDJS 系列全自动塑料注射成型机的生产厂家，系中国塑料机械工业协会副会长单位，宁波塑料机械协会副会长单位，公司在行业内已享有较高的知名度。近年来，公司已陆续获得国家高新技术企业、中国驰名商标、浙江省著名商标、浙江省名牌产品、浙江省知名商号、浙江省安全生产标准化达标企业等国家、省级荣誉。公司于2000年获批自营进出口权，目前已在世界上十几个国家和地区办理商标注册。 在管理上，公司自2001年以来已通过ISO9001质量认证、ISO14001认证、OHSAS18001认证和CE认证，已获得宁波市绿色环保模范工厂、区劳动关系和谐企业、区文明企业和区政府质量奖。公司已推行5S管理和ERP企业信息化管理，并取得了不错的成效。

公司创建于1992年，目前公司占地面积 20 余万 m^2 ，总资产 5 亿元，员工450人，其中具有中高级职称的技术骨干占 30% 以上， 常年聘请行业知名专家和教授担任技术顾问和管理顾问，并与国内著名学府联合创办了研究中心。自成立以来，公司一直本着自强不息、务实创新、稳健经营、追求永续的企业宗旨，不断为客户提供品质卓越、制造精良的塑机产品，通过与客户长期紧密合作共赢，谋求更高的发展和更好的进步。我们不断进行技改投入、增强企业可持续发展能力。

自强不息 务实创新
稳健经营 追求永续

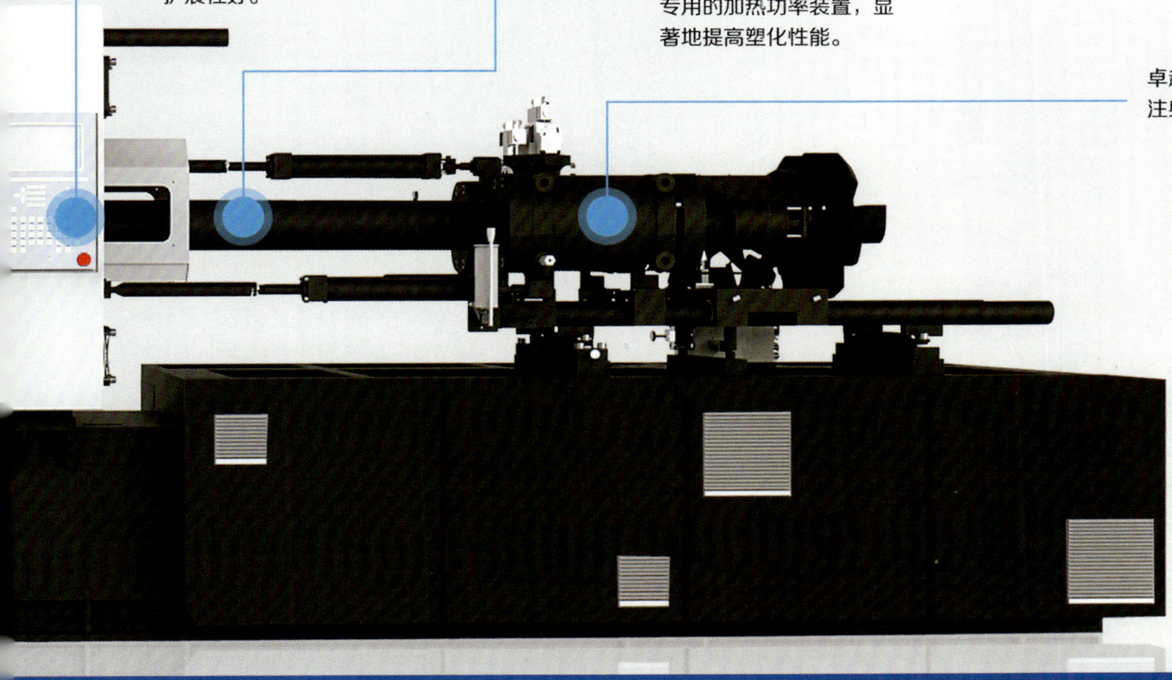

Production Testing Equipment
生产检测设备

HDD两板式注射成型机

2011年，公司重点全新开发了海达HDD系列两板式注塑机，该系列产品大型机采用公司自主研发的锁模机构，小型机采用北京化工大学新近研发的内循环机构，其技术在国内外属于领先水平。适合成型容器较大的模具及其注塑制品，如：家用电器、汽车零件、物流周转箱及大型托盘等。特别是机铰机难以成型的制品，如低压注射、压缩注射、排气注射、发泡注射成型，两板机更易于实现。

关键环节介绍：

01 注塑系统
注塑稳定、调校容易

优化设计的注射单元提供更高的精度，确保了更高的稳定性。注射部件采用双导柱支撑结构、双缸平稳注射装置，射座改良，射嘴校正易，可以通过简单的操作将喷嘴与模具中心调整对中。每组注射单元包含3种不同螺杆直径,可供客户自行选择,全面满足个性化加工工艺要求。料筒温度时刻监控，确保高质量成型要求。

02 控制系统
全部监控、全盘掌握

彩色LCD显示屏；异常报警功能；专用注塑机控制器，双CPU控制，控制与显示CPU相对独立，可靠性好；前后门经济停止按钮；实时监测显示各动作运作情况；系统硬件I/O检测功能；专用注塑机控制器；料筒温度偏差自我修正；高精度位移传感系统。

03 合模系统
高效运行、精确定位

优化设计的合模机构采用液压式自动锁模，响应快、动作平稳、适应性强。快速关模平台更是缩短了成型周期，提高了生产效率；低压模具保护装置；多种液压顶出模式；可调动模板支撑结构；拉杆特殊工艺处理，强度可靠；开关模、顶出位置。

04 液压系统
易于维护、结构紧凑

高效节能的伺服系统　油箱液位计
油温偏差报警功能　液压油冷却装置

应用领域

注塑机具有能一次成型外型复杂、尺寸精确或带有金属嵌件的质地密致的塑料制品的能力，被广泛应用于国防、机电、汽车、交通运输、建材、包装、农业、文教卫生及人们日常生活各个领域。在塑料工业迅速发展的今天，注塑机不论在数量上或品种上都占有重要地位。

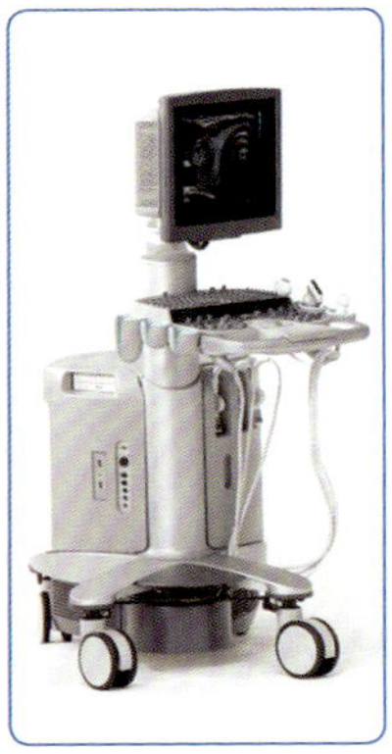

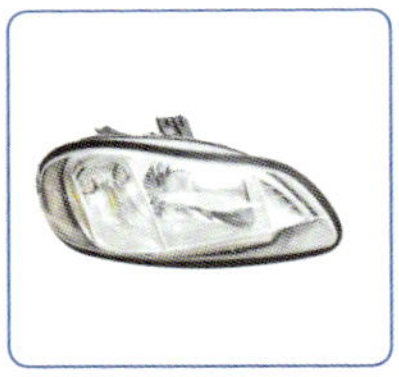

apack
In Mould Labeling Turnkey Solution
富强鑫 模内贴标系统
让您的产品与众不同
ufi Approved Event
Chinaplas® 2014
国际橡塑展
上 海 新 国 际 博 览 中 心
日 期：4/23-26 展 台：E6馆L41
Recommend system A-PACK Series
中国台湾及海外地区 TEL：886-6-5963260 · FAX：886-6-5951129
中国大陆地区 TEL：0086-574-56138688 · FAX：0086-574-5613869

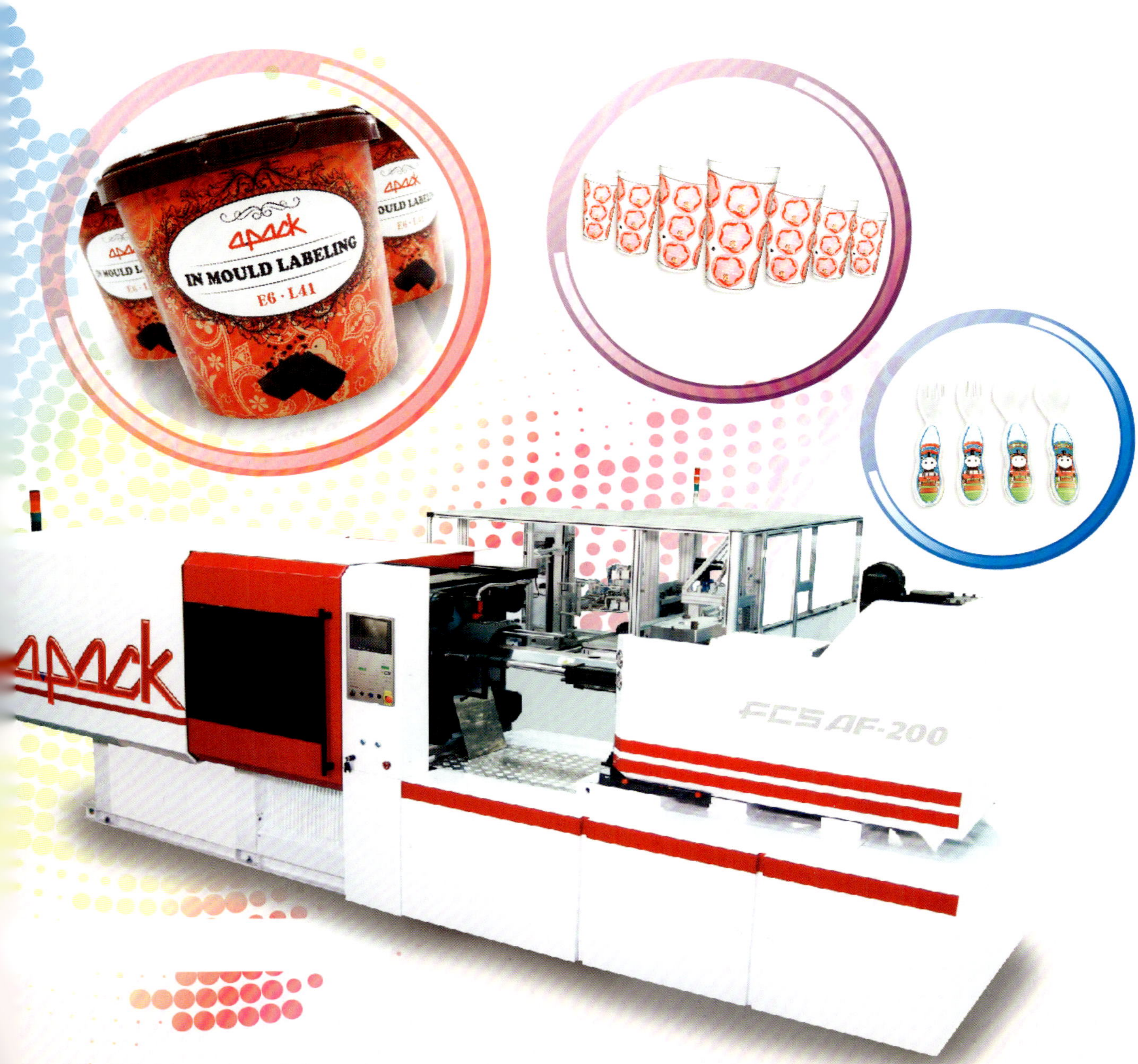
IN MOULD LABELING
E6 · L41
FCS AF-200

爱科：向高端领域不断迈进

总经理：徐红亮

作为一家专业制造立式射出成型机的企业，一直以来，杭州爱科机械有限公司秉承“爱心造就和谐，科技引领未来”的经营理念，非常注重高端技术的研发、应用和完善。根据发展的需要，爱科不断放弃技术含量低的应用行业，在计划发展的高技术要求的应用行业领域不断加大技术投入力度，充分应用好资源，在高端技术领域不断突破，向着高端立式注塑机制造商的目标不断迈进，实现企业的可持续发展。在此方针的指引下，近年来，爱科的产品在自动化、高效率、连续性、稳定性、高精度、节能等方面始终走在我国立式射出成型机行业前列，同时增加了大量人性化设计，使得操作更加简单、安全，维护更加方便。

现代企业的竞争关键在于技术和服务。爱科的服务，分为售前、售中和售后，已十分成熟；爱科的技术，已傲立国内同行。爱科始终坚持以技术为先导、商务谈判为后续任务的市场开拓理念，也正是这种在技术和服务上脚踏实地、务实进取的精神，赢得了越来越多国内外著名企业的青睐，与美国通用体系、德尔福体系、苹果体系，德国库克体系、大众体系，日本丰田体系、电产体系等著名企业合作良好。

转型升级已成为国内制造企业的共识，当前的经济环境促使客户提高对设备的要求，客户会去寻找更加高效、节能、省人工的设备，更加注重设备的性价比。随着转型升级步伐的加快，一些企业逐步淘汰落后生产设备，给爱科带来了不少的机遇。一些原先用进口设备的企业，考虑到进口设备高昂的价格以及国外制造商在设备配合度方面难以满足企业要求等因素，例如对设备进行一些特殊性的改动等，其扩建或新建项目所需设备转向国产产品,给爱科带来不少高品质的订单。跨国外资企业在全球化采购的过程中，开始在中国本土市场寻找可替代进口设备的更具性价比优势的国产设备，不仅可以完美解决生产所需，还可节约大笔开支。市场环境的变化，也让爱科平添了更多进入跨国外资企业采购圈的机遇。

爱科获塑料行业创新奖

在向高端市场不断迈进的过程中，2013年爱科又迎来了丰收的一年，相继推出了液电复合机、LCP料自动化生产线、快速转塔多色机、3 500kN以上模内贴标专用机、射出速度600mm/s以上的高速机、微量（5g以下）精密射出成型机等一大批专用机。2013年，爱科基本停止了低端技术机型的接单，进一步提升了高端机型的专注度，虽然全年生产的机台数量比上年减少，但业绩基本持平，客户认可度大幅提升。

爱科将继续在各细分市场深耕细作，继续加大技术研发创新力度，进一步拉开与国内同行的差距，同时将加大品牌形象的建设力度，让更多的客户在考虑采购国内品牌立式注塑机的时候，能立刻想到爱科。

以最低的单价成本生产高品质产品的吹塑解决方案

“高性能、高附加值”的产品会是未来市场发展的主导，在众多吹瓶行家仍对此观望思索之际，乐善机械已经预见到“改性塑料”在吹瓶行业的发展需求和趋势。

2014年，乐善机械将率先推出有利于行业技术升级换代的吹瓶方法：按原料比例HDPE 5502（80%）+HDPE TR571（20%）混合，吹制1.6L带手柄洗洁精瓶，使原瓶净重由105g降到85g，约节省20%的塑料。添加“改性塑料”的制品具有：技术可行、高性价比、消费升级的优势，并符合政府的政策支持。

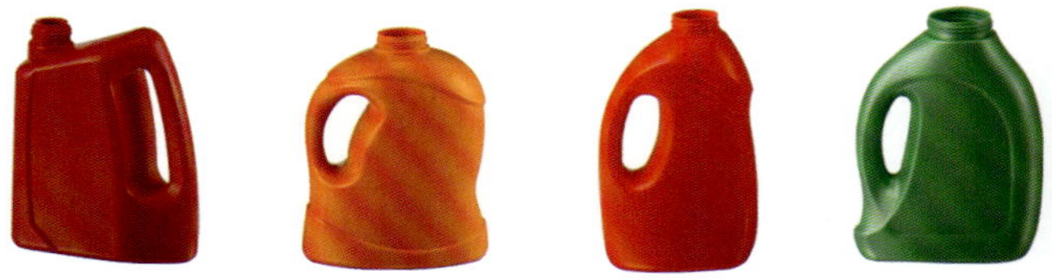

乐善机械除了带来让大家耳目一新的吹瓶配方外，还带来了“一出四单层混合料洗洁精瓶专机”。该专机专为洗涤用品而设，可选配为双层，机器空循环时间≤7s，以1.6L带手柄洗洁精瓶为例，成型周期为22s，产量高达31 000个/d；若再配备机内模具自动除溢装置，以1.6L带手柄洗洁精瓶为例，成型周期为25s（含除飞边时间），产量可达27 000个/d；若客户对同一瓶样有更高的产量需求，可增设机外自动除溢装置——该设备保证了瓶子最短的成型周期，并在瓶样输送过程中，使瓶样进行了自然的二次辅助冷却，既可高效地利用了吹气时的间隙时间，又有效地使飞边更易脱落，在遵循能量交换的原则下，以最低的能耗达到最快的生产效率。

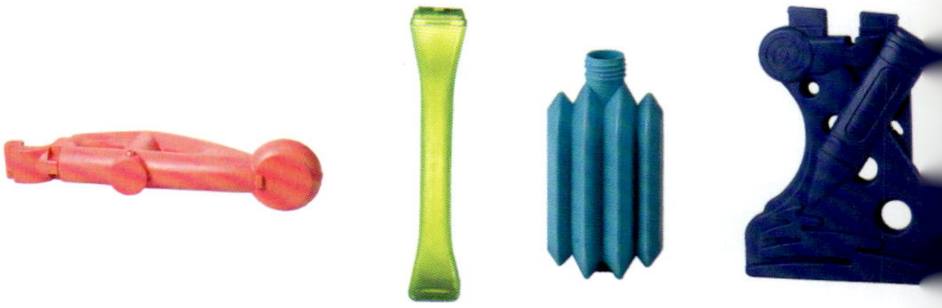

另外，乐善机械新一年的吹瓶机的油泵电机将改装为由乐善自行研发的节能无刷电机，推进乐善吹瓶机的节能效果如虎添翼。节能无刷电机使油阀的液压输出更加精准，同时对溢流的控制更加细致。节能无刷电机本身没有励磁损耗和碳刷损耗，消除了多级减速耗，其使用效率达到电机输出功率的85%~90%，综合节电率可达60%，仅节电一项一年就能收回购置成本。目前配套的是来自日本安川的专用控制器，电机的表现稳定，一年返修率低于1%。如增配上“旋转编码器”更能达到“伺服电机”的性能，满足注塑机等精密设备的高端要求。

先进驱动技术&生产效率作为首要理念

伺服电机

乐善的节能无刷**电机**目前是**专供塑料机械**使用，在多家用户的吹瓶机、注塑机上通过更换对比能耗，着实的数据印证了乐善无刷电机优越的节能效果确是“并非吹能做到”。

领先的不仅是我们的设备，还有我们专业的态度。乐善机械始终关注吹瓶行业的发展，乐意与您分享更多的吹瓶资讯，**欢迎各位于2014年4月23-26日莅临上海新国际博览中心W5馆B45参观指导。**

永磁无刷电动机使用证明

我公司于2013年7月23日起开始使用广东乐善机械有限公司研制的永磁无刷电动机，改造SCJ-65U+S2×6.2G型号吹瓶机油泵电机。

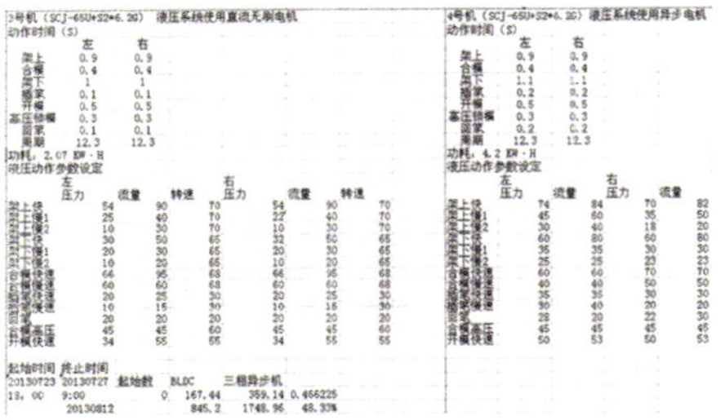

经实际使用，在相同使用条件下，改造前、后能耗对比如下：

	电机型号	电机类型	开始时间	截止时间	功率因数	能耗（kWh）
改造前	Y132M-4 7.5kW	三相异步	2013年7月23日	2014年2月11日	0.452-0.827	15647
改造后	乐善 132BLDC75BH	永磁无刷			0.985-0.997	8149

结论：广东乐善机械有限公司研制的永磁无刷电动机132BLDC75BH比Y132M-4 7.5kW三相异步电动机节能约48%。

东莞市嘉益塑料实业有限公司

2014年2月15日

精密模具

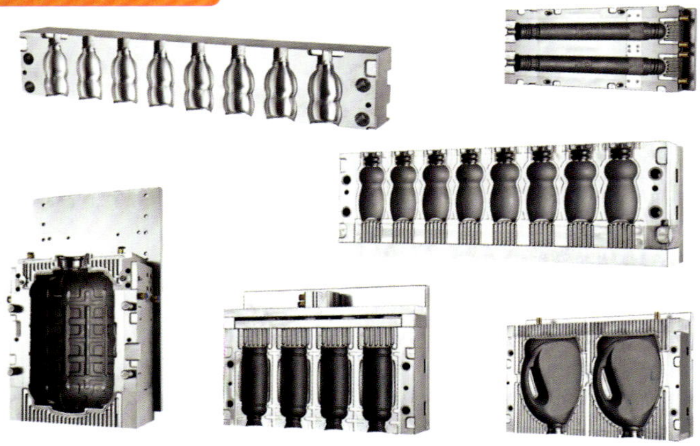

随着绿色、环保、低碳的塑料包装越来越受到推崇和关注，包装产品今后发展的主流趋势是多功能化、轻量化、环保化和智能化。要有一流的包装产品，必须要有一流的模具。乐善机械的模具精英团队，不仅富有吹塑工艺的功底，还有极具创意的产品设计灵感。在模具设计、制造方面都能给予客户满意的服务。

地址:广东省佛山市顺德区大良五沙新辉路1号
总机:0757-28376168　邮编:528300
传真:0757-2830 8505
Email:leshan@china-leshan.com

BORCHÊ 博创
全球领先技术
亚洲超大6 800 t伺服节
BORCHÊ
使用者：山东东信塑胶有限公司　制品：大型检查井

科倍隆(南京)机械有限公司隶属于德国科倍隆集团。科倍隆集团是配混挤出系统、喂料技术、物料输送系统与服务的全球市场与技术领导者。科倍隆设计、研发、制造和维护用于塑料、化工、医药、食品和矿产的系统、设备和零部件。在配混设备、物料输送/挤出系统、科倍隆楷创/食品加工以及服务这四大领域，科倍隆在全球拥有2500名员工和接近40家销售和服务公司。由科倍隆(南京)机械有限公司生产的STS advanced以及CTE系列双螺杆挤出机严格遵守德国科倍隆的质量标准，并具备中国制造的价格优势，使我们的客户直接受益。

科倍隆的产品

作为双螺杆挤出机行业的领导者，科倍隆拥有领先的技术和丰富的经验。从20世纪50年代起，科倍隆就不断为用于配混技术的加工机械和设备建立了许多全新的标准，为塑料、化工和食品行业设计和加工设备，并可根据客户的具体要求进行量身定制。科倍隆已经安装了10 000多台挤出设备。

ZSK 系列双螺杆挤出机

(1)ZSK MEGAcompounder 机型。由科倍隆 Werner & Pfleiderer 公司开发的第七代ZSK系列，是提高生产效率的又一里程碑。积木式结构，高转速，高能量传输，运行平稳，使用寿命长，优化的机械设计，较高的安全系数，方便灵活的控制。用于聚烯烃、工程塑料和其他需要高能量输入的连续配混过程，效果理想。

(2)ZSK MEGAvolume 机型。是满足高质量要求的理想配混机。采用模块式设计，优化平衡螺槽容积、扭矩和螺杆转速，实现优良工艺设计，性价比高，生产效率高。

(3)ZSK Kombiplast 机型。双阶结构和ZSK加工段的模块化原理使Kombiplast适用于多数领域的应用。在产品质量和成本上的优势保证了热敏感性和剪切敏感性聚合物在市场上的成功。

(4)ZSK Mc^{18} 机型是当前生产性能卓越的ZSK机型，工艺技术水平发展到了一个新的里程碑。拥有18 N·m/cm^{3}比扭矩，意味着产量显著增加的同时产品质量也得到提高，在市场上具有广泛的应用领域，可为您提供独特的技术优势。

ZSK 26 Mc^{18} 实验挤出机

新型 STS advanced 系列配混挤出机

STS advanced 设备综合了科倍隆工艺方面的专业技术和全球网络的优势。对STS advanced 的目标：给市场提供一种性价比卓越的标准应用型双螺杆挤出机。带着这个目标，我们在斯图加特总部——原来的Werner & Pfleiderer，依照德国设计和质量管理标准研发了这个系列。

STS advanced 的产地在南京，符合CE标准。因此，具有高性能和低投资成本的STS advanced 挤出机可以给客户带来更快的投资回报。筒体和螺杆元件的模块化设计使得加工段的长径比可为24~64，可涵盖大部分标准应用工艺领域。STS advanced 系列总共有5种不同的规格，根据加工工艺不同，最大产量可达3800 kg/h。

STS advanced
高效率 高性价比

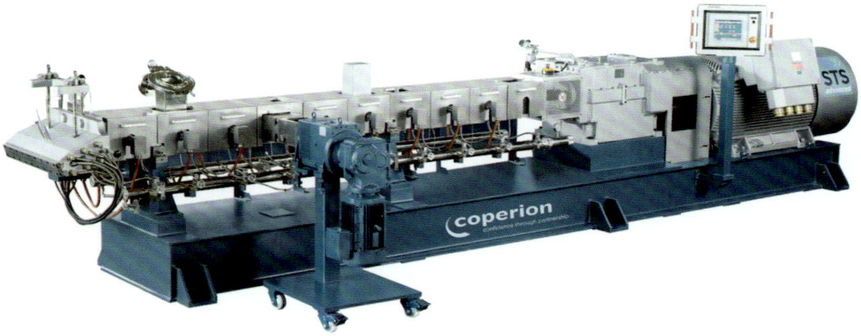

STS 96 advanced 配混挤出机

CTE 系列双螺杆挤出机

CTE 系列双螺杆挤出机采用积木式结构，其主要优势在于加工段的多元化组合可根据各个不同的加工作业提供特定的优化组合，使机器的应用范围更广；机筒的积木式结构使加工精度更高；每节筒体的温度可单独设置；电加热，水冷却；机筒、螺杆元件和啮合块是氮化钢材质，也可根据客户要求，提供适合于特殊物料的耐磨、耐蚀性材质。

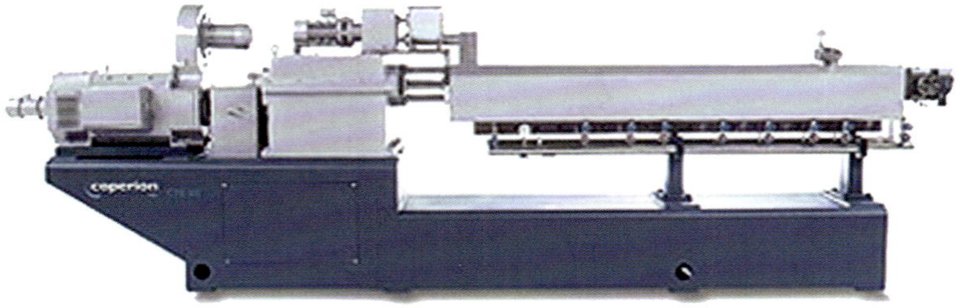

CTE 50 双螺杆挤出机

CKY 系列双阶挤出机

CKY 系列双阶挤出机主要用于热敏型和剪切敏感型物料和配混。双阶式结构和加工段的积木式结构使此机型适用于多种物料的加工。如 PVC、XLPE 电缆料、软 PVC 医用料、硬 PVC、EVA 发泡鞋底料和 PE 低烟无卤阻燃料等。

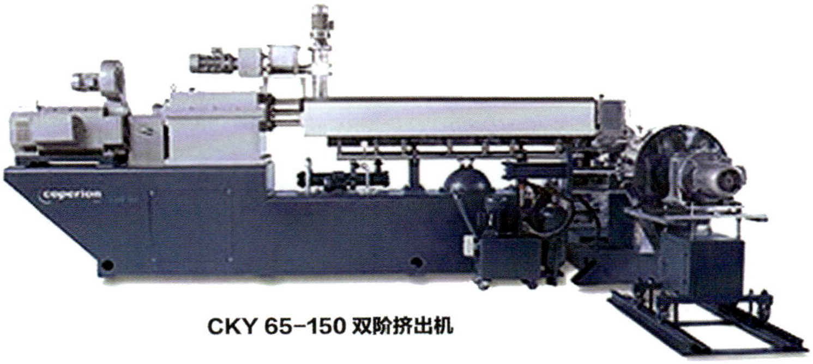

CKY 65-150 双阶挤出机

科倍隆的服务

科倍隆除工程设计技术优势外，还一直恪守这样的信条：我们倾听客户的声音。就像科倍隆人常说的那样：confidence through partnership（信心源于合作）。科倍隆的员工拥有丰富的经验和专业知识，可以为客户提供全方位的服务，科倍隆会派出优秀的工程师帮客户排除故障。科倍隆特有的服务体系：定期对客户的设备进行保养和检修，拥有大量的紧急备件库存，为客户提供解决问题的方案，长期对客户的设备进行检测与分析。定期对客户的操作员进行培训，对设备进行升级，以提高客户的生产效率。这种服务结构与科倍隆个性化的服务合同相匹配，可以为客户提供从基础检测到全方位维护和不同层次的服务。

科倍隆提供的不仅是服务，科倍隆之所以能创造这种新式的、个性化的服务，是因为科倍隆已经在科倍隆实验室对将来可能出现的各种风险进行了论证，这种研究经验的积累能立即应用于新产品的研发和制造，为客户提供技术竞争优势，长期保障客户的正常生产。

FRIEND NEW TECH
福润德新技术

青岛福润德塑料挤出技术有限公司

Qingdao Friend Plastic Extrusion Technology Co., Ltd.

买高效节能塑机，找青岛福润德

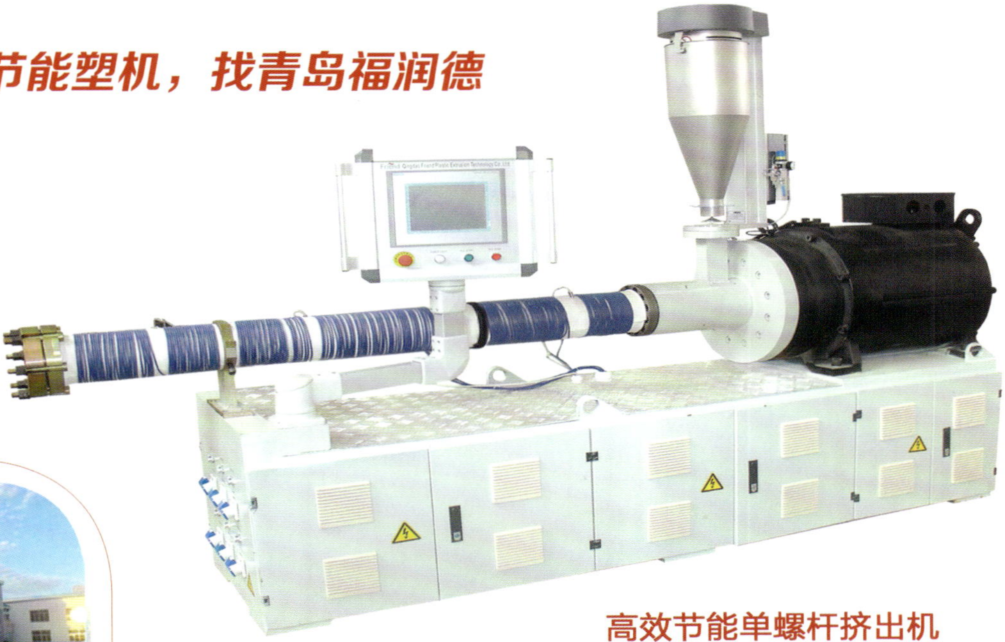

高效节能单螺杆挤出机

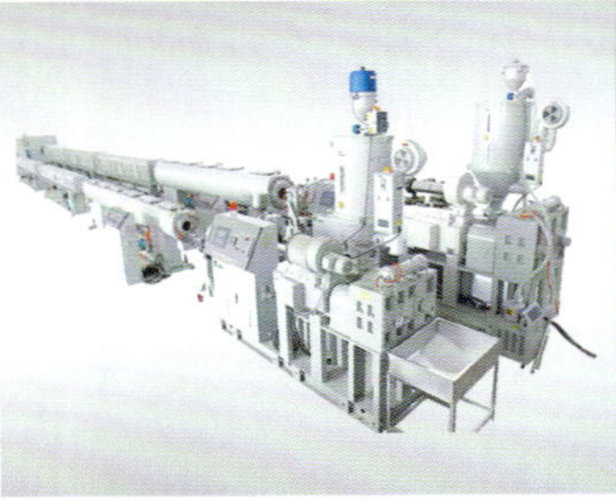

HDPE燃气供水管生产线
（φ20～1200mm）

PE夹克保温管生产线
（φ315～1 860mm）

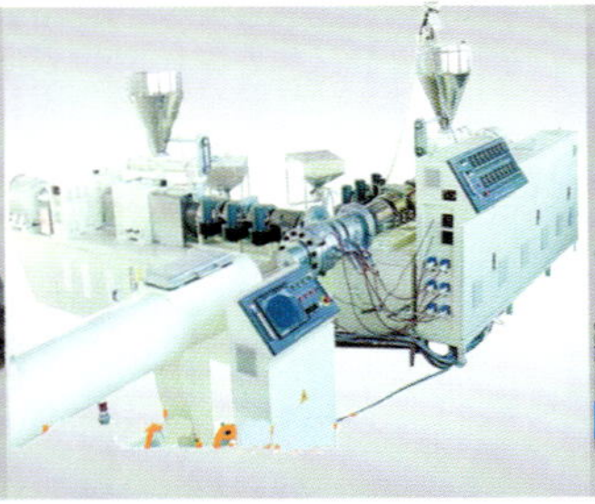

PVC管材生产线
（φ16～630mm）

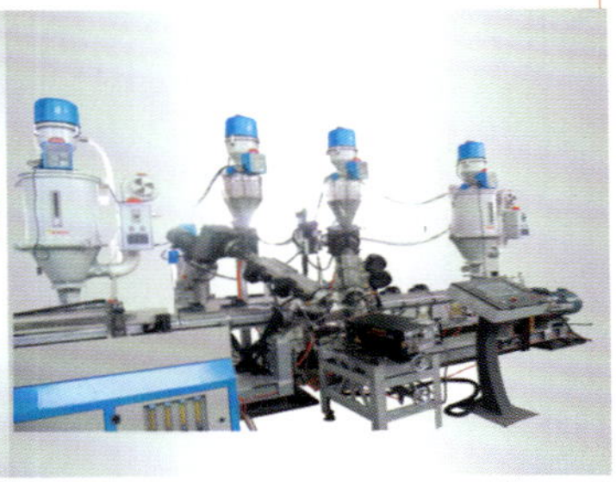

高速铝塑复合管生产线
（φ16～63mm）

土工膜/防水卷材生产线
（宽≤7m）

3PE防腐管道生产线

塑料草坪生产线

PVC/PE/PP管材
单层/多层模具

地址：山东省青岛市胶西工业园平成中路西　总经理：赵炳仁　手机：13806392059
电话：0532-82206712　传真：0532-82206713　E-mail：friend@fet66.com
http：//www.fet66.com　www.friendextruder.com

除湿干燥
供料输送
混合拌料
冷热交换
粉碎回收
系统化对策
自动化对策
热流道系统

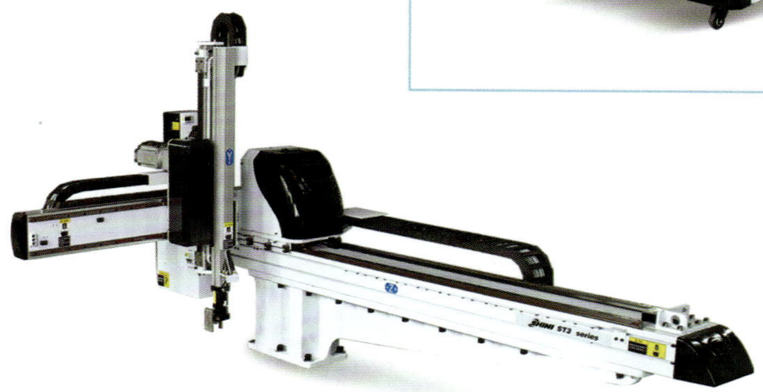

金 久
质量为尊
服务至诚
舟山市金久机械制造有限公司
ZHOUSHAN CITY JINJIU MACHINERY MANUFACTURE CO.,LTD.
地址：浙江省舟山市定海区金塘西堠工业区
电话：0580-8051758 8053781
手机：13705805006
传真：0580-8051781 E-mail:mail@jinjiu.org
www.jinjiu.org

金久螺杆

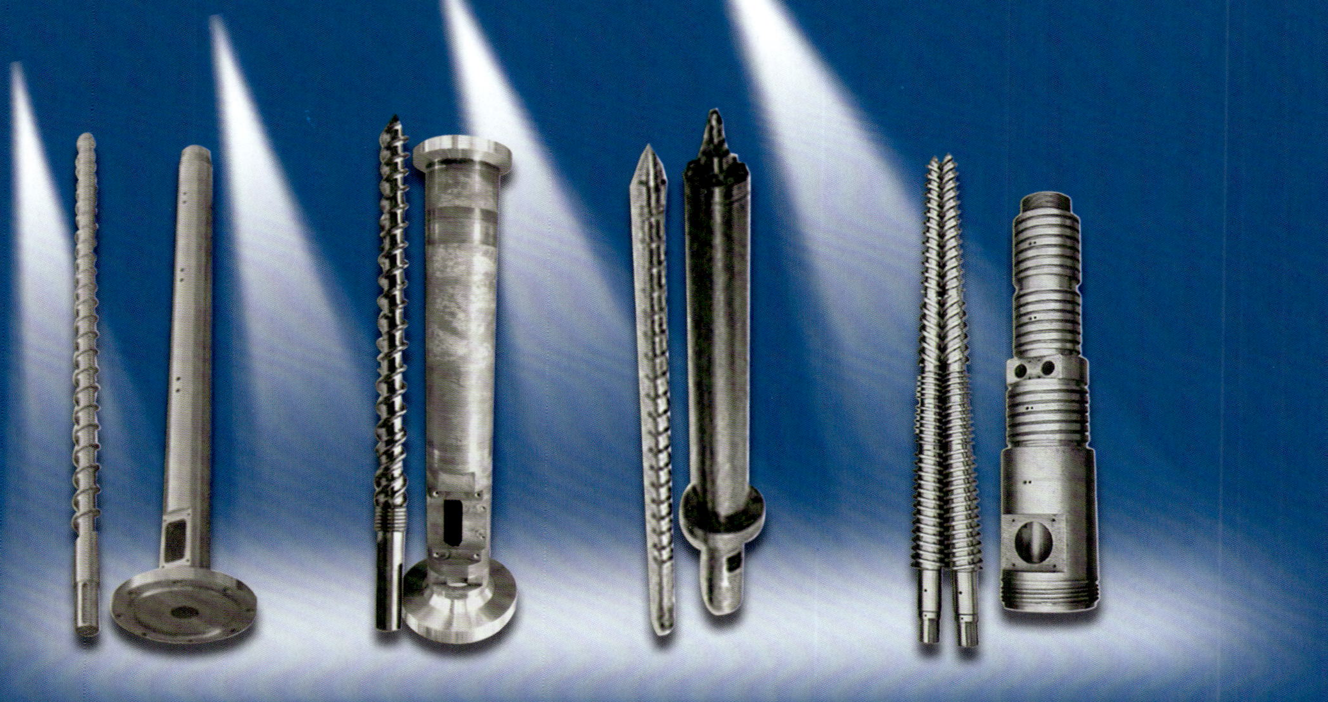

舟山市金久机械制造有限公司和中国的普陀山同位于千岛城市——舟山市。

本公司专业制造的系列螺杆、熔胶筒产品适用于国产、进口的 30 ~ 20 000g 注塑机、ϕ15 ~ 300mm 单螺杆挤出机、ϕ30 ~ 200mm 平行双螺杆挤出机、ϕ35mm/ϕ70 ~ 92mm/ϕ188mm 锥行双螺杆挤出机及橡胶机械、化织机、石油机械等。公司产品基材采用优质钢材 38CrMoAIA，产品经过调质、定性、氮化、精磨和抛光等工艺精良制造，同时生产 GH113 镍基合金（新 3# 钢）螺杆机筒，也可以喷焊合金（双金属）。本公司除为国内外整机厂、大专院校、科研单位提供配套外，也承接加工业务，同时可上门测绘、设计、维修、改装挤出机设备。

本公司为 ISO9001：2000 国际质量体系认证企业，公司产品生产严格执行国际标准。

企业本着质量第一、信誉至上的原则，为广大客户提供质优价廉的产品，欢迎广大客户来人来电洽谈业务。

Zhoushan City Jinjiu Machinery Co., Ltd.is located in the same island city, Zhoushan city, as the Putuo Mountain of China.

The company specially produces screws and molten-rubber cylinders for homemade and imported 30–20 000 gram plastic injection machines, ϕ 15–300mm single screw extruders, ϕ 30–200mm parallel double screw extruders and ϕ 35mm/ ϕ 70mm– ϕ 92mm/ ϕ 188mm tapered double screw extruders , rubber machinery, petroleum machinery, etc. Using quality steel 38CrMoAIA, all products accord with the national standards after the treatment of structural improvement, nitriding, grinding, and polishing. The company can make the screw cylinder made of GH113 Nickel-based alloy which can also be sprayed various alloys. We provide products for machine factory, universities and research institutions.Meanwhile, we provide the services of mapping, design, and maintenance, and change extruder's equipments.

The company is ISO9001:2000 international quality system certification, we ensure the quality levels of products to strictly enforce the international standards.

The company will provide high quality and low price products for all users with the principle of first quality and uppermost credit. Welcome to our company and welcome to contact us.

www.jinjiu.co

2013年中国塑料机械工业

国务院国有资产监督管理委员会张涛副主任、中国机械工业联合会执行赵驰副会长在中国塑料机械工业协会五届一次会员代表大会上致辞

2013年5月，中国塑料机械工业协会成立20周年庆祝活动

中国塑料机械优势企业20强颁奖

《中国塑料机械工业年鉴》2012刊赠书仪式

2013年9月，中国塑料机械工业协会朱康建会长、粟东平秘书长拜访中国机械工业联合会王瑞祥会长

中国塑料机械工业协会参观2013德国K展代表团合影

协会活动掠影

2013年9月，中国塑料机械工业协会五届二次理事会

2013年9月，中国塑料机械工业协会五届二次理事会暨重点新产品新技术推介会

中国塑料机械工业协会粟东平秘书长出席金纬公司16周年庆典

2013年9月，中国塑料机械工业协会朱康建会长、粟东平秘书长陪同工信部装备司王卫明副司长、装备司机械处吴锋副处长赴博创机械股份有限公司、广东伊之密精密机械股份有限公司和震雄集团进行调研

2013年12月，中国塑料机械工业协会粟东平秘书长与重庆两江新区管理委员会黄宗华副主任会谈

2013年12月，中国塑料机械工业协会领导考察重庆国际博览中心展馆现场

中国塑料机械工业协会参观团拜访AMEC IMPAC西班牙塑料橡胶机械制造厂商协会

中国塑料机械工业协会领导与VDMA负责人会谈

中国塑料机械工业协会在K2013期间举办行业技术交流会

宁波市塑料机械行业协会

宁波市塑料机械行业协会四届二次会员大会

宁波市塑料机械行业协会第四届二次会员大会暨四届三次理事会，于2013年12月6日下午在宁波海天公园隆重召开。出席大会的有团体会员单位领导、协会联络员、顾问及个人会员共计78人。宁波市塑料机械行业协会等10余家行业协会秘书长到会祝贺。中国塑料机械工业协会领导、海天学院院长等莅临大会，并作了重要讲话。

会议首先听取了张剑峰会长作的“调结构，拓市场，推动塑机行业稳健发展”工作报告。报告回顾了2013年的主要工作，并概括为9个方面:①2013年行业经济平稳前进；②完成“宁波—中国塑机之都”复评验收工作；③加大“宁波市塑机协会对外贸易预警示范点”创建力度，已通过省级验收及认定；④成功举办2013（第二届）宁波机械基础件及零部件展；⑤做好行业普惠培训，为行业持续发展提供人才保证；⑥协会第一时间做好扶贫工作；⑦加强同业学习交流活动，促进行业发展；⑧完成“全电动注塑机的现状及研究方向”调研论文；⑨协会通过复评验收，继续获授“4A级协会”称号。报告还对宁波市塑机产业发展及2014年协会主要工作提出5点建议:①企业要积极研究市场，沉着应对；②中小企业产品结构调整工作有待进一步加强；③及时调整策略，加强对国际市场的开拓力度；④塑机产业和产品结构调整要有切实进展；⑤加强自身建设，提高服务水平。

会议由宁波市塑料机械行业协会陈栋秘书长作“2013年度财务报告”，他汇报告了协会2013年度财务基本情况和协会收支情况。2013年，协会认真贯彻执行《财务管理制度》，始终坚持“量入为出，略有节余”的原则，为协会各项活动正常开展提供了较好的物质保证。

接着，张剑峰会长宣布了2013年宁波塑机行业综合实力十强企业名单，并颁发了证书和奖牌。

最后，由会长单位海天集团邀请全体参会人员参观新落成的办公大楼及精工驱动产业车间。

全体参会人员参观海天集团新落成的办公大楼及精工驱动产业车间

宁波——中国塑机之都

会长:张剑峰(海天塑机集团有限公司总裁)
协会地址:浙江省宁波市江东区桑田路722弄16号604室

宁波市塑料机械行业综合实力十强企业

为深入贯彻落实科学发展观，贯彻实施《宁波市塑料机械行业“十二五”发展规划》，展示宁波塑机企业整体形象，增强行业优势企业的知名度和竞争力，鼓励业内企业加快发展步伐，促进宁波塑机行业实现由大变强的历史跨越，根据《关于开展 2013 宁波塑机行业优势企业排序的通知》甬塑机：［2013］08 号精神。坚持申报条件和自愿申报原则及相应的评审程序，开展 2013 宁波市塑料机械行业综合实力十强企业评定活动，并经宁波市塑料机械行业协会四届三次理事会审定，确定 2013 宁波塑料机械制造业综合实力十强企业名单。

综合实力十强企业荣誉的获得，是这些企业雄厚实力和持续快速发展的见证。荣誉既是鼓舞，又是鞭策，更是新的起跑点。要求十强企业再接再厉，以更新的思路，更实的举措，加快推进科技创新和转型升级的步伐，进一步做强做大。广大塑料机械企业要以十强企业为榜样，坚定信心，进一步理清企业发展思路，全面提升企业的产品质量和经济效益，加快新产品开发力度，产品要走专业化、功能化道路，达到细分市场，在激烈市场竞争中求生存、求发展的目的，推动宁波塑料机械产业的全面进步和综合实力的提升。

2013 宁波塑料机械行业综合实力十强企业

海天塑机集团有限公司
www.haitian.com
地址：浙江省宁波市北仑小港海天路 1688 号
电话：0574-86188888 传真：0574-86177181
E-mail：haitian@mail.haitian.com

宁波市海达塑料机械有限公司
www.haidaj.com
地址：浙江省宁波市镇海区俞范东路 77 号
电话：0574-86370758 传真：0574-86373405
E-mail：hd@haidaj.com

宁波海星塑料机械制造有限公司
www.china-haixing.com
地址：浙江省宁波市高新区盛梅北路 567 号
电话：0574-88368836 传真 :0574-88487616
E-mail：sales@china-haixing.com

宁波通用塑料机械制造有限公司
www.tongyongsuji.com
地址：浙江省宁波市鄞州区石碶街道横涨村朱韩工业区 1 号
电话：0574-88217538 传真：0574-88217658
E-mail：tongyong@tongyongsuji.com

宁波华美达机械制造有限公司
www.hwamda.com
地址：浙江省宁波小港经济技术开发区东海路新唐家弄 336 号
电话：0574-86175111 传真 :0574-86176890
E-mail：info@hwamda.com

宁波海太工贸有限公司
www.china-haitai.com
地址：浙江省宁波市鄞州区邱隘镇海太工业区
电话：0574—89022805 传真：0574—89022807
E-mail：sales@china-haitai.com

张家港市塑料饮料机械「出口基地」

张家港市塑料饮料机械协会

张家港市塑机饮机生产起始于20世纪70年代，到目前已跨过40个发展年头。

目前张家港市有大小塑机饮机企业389家，从业人员近2.8万人，其中年产值超2 000万元的企业35家，超亿元的企业11家；全市年产各类塑机饮机2.5万台（套），年产值超过70亿元。在全国范围内，张家港市是生产塑料机械种类全、规格品种较多的重点生产基地之一，塑机产值约占全国总产值的18%左右。其中，中空成型机与混合机产量约占全国产量的45%以上。

张家港市的饮料机械产值约占全国总产值的45%左右，是我国重要的饮料机械生产基地之一。张家港塑机饮机目前有国家高新技术企业1家、省级高新技术企业8家。多年来，张家港市塑机饮机企业通过学习、吸收、创新，申请了各种专利180多项，已被批准的160多项，其中发明专利22项。参与起草制定国家标准6个，其中2项国家标准由张家港市企业独立起草完成。在张家港市的机械行业中，塑机饮机行业是取得国家专利数较多，科技含量较高的行业之一。2011年，张家港塑机产值超过1亿元的企业有11家，产值最高的接近5亿元，其他一些规模型企业也有一定增幅。2011年，张家港塑机饮机行业通过自愿结合的原则，有10家企业组建了贷款联保，有两家企业被苏州市批准为苏州工程技术中心，目前张家港市共有11家企业获得苏州工程技术中心称号。

强化行业自律

制定行规行约来约束不正当竞争

构建行业共性服务平台为企业服务

积极组织企业拓展国内国际市场

积极参加国家塑机饮机生产的国家标准以及行业标准的制定

积极鼓励企业实现科技创新

鼓励企业积极生产名优特产品

积极鼓励企业外出学习考察

张家港市塑饮机协会赴台参观铨宝工业股份有限公司受到隆重接待

张家港市塑饮机行业 2014 年工资工价集体协商签约大会在沙洲职业工学院隆重举行

张家港市塑饮机协会集体招标采购取得圆满成功

张家港市塑饮机协会工会联合会和市总工会共同举办企业安全生产知识竞赛

地址：江苏省张家港市杨舍镇沙洲中路 134 号　邮编：215600　电话：0512-58689534
传真：0512-58689534　http://www.chinasjyj.com　E-mail:zjgsjyj@163.com

青岛市塑料机械行业协会

赵桂旭会长

2013年胶州市塑料机械制造企业大事记

青岛顺德塑料机械有限公司大事记

1.2013 年 2 月，青岛顺德塑料机械有限公司顺利通过青岛市技术中心验收。

2.2013 年 4 月，青岛顺德塑料机械有限公司 BOPET 聚酯薄膜成功投产。

3.2013 年 7 月，青岛顺德塑料机械有限公司顺利通过国家包装行业高新技术 BOPET 双向拉伸聚酯膜生产线及膜研发项目的申请。

4.2013 年 9 月 17 日，青岛顺德塑料机械有限公司光荣当选为中国塑料机械工业协会第二届副会长单位。

5.2013 年 11 月，青岛顺德塑料机械有限公司董事长赵桂旭荣获〝第三届低碳山东功勋人物奖〞。

青岛福润德挤出新技术有限公司大事记

2013 年 4 月，青岛福润德挤出新技术有限公司董事长赵炳仁以顺德塑机为榜样，成立了公司战略管理委员会。

青岛同飞管业有限公司大事记

2013 年 2 月，青岛同飞管业有限公司制定了〝五大指标〞管理模式。

2013 年 7 月，青岛同飞管业有限公司申报的 BOPET 双向拉伸装备研发项目获得青岛市中小企业发展专项资金 80 万元的补助。

青岛华塑塑料机械有限公司大事记

2013 年 5 月，青岛华塑塑料机械有限公司成立胶州市洋河塑料机械有限公司华塑分公司。

青岛仕诚塑料机械有限公司大事记

2013 年 6 月，青岛仕诚塑料机械有限公司荣获青岛市高新技术企业。

青岛中塑塑料机械有限公司大事记

2013 年 7 月，青岛中塑塑料机械有限公司总经理刘正森聘请国家级人力资源工程师来公司讲课，并帮助公司制定出重要的管理决策。

青岛海洋鲨科技有限公司大事记

2013 年 1 月，青岛日能科技股份有限公司总经理（原青岛海洋鲨科技有限公司）赵烨出访德国，考察 BOPP 包装膜市场行情。回国后，总经理围绕短期战略和中期战略规划，制定出公司年度方针目标。

青岛市塑料机械行业协会
地址：山东省胶州市北关工业园山东道 35 号　邮编：266300
电话：0532-82205805　E-mail:jiaozhou.suji@163.com

广东省塑料工业协会注塑专业委员会

广东省塑料工业协会注塑专业委员会组团参观雅式展

广东省塑料工业协会、中国塑料机械工业协会和中国塑料加工工业协会的领导在雅式展现场合影

广东省塑料工业协会注塑专委会-注塑培训教材

在广东狮山中国塑料加工工业协会会议上举办注塑培训教材新书首发现场

2013年活動集錦

在广东狮山中国塑料加工工业协会会议上在广东狮山举办注塑培训教材新书首发及赠书仪式

广东省塑料工业协会领导参加深圳市高分子协会年会

雅式展现场合影

在德国参加国际标准化会议,并与国际标准化组织主席合影

负责人：曹阳　秘书长：蔡恒志　地址：广东省深圳市宝安区龙华镇机荷高速公路南侧力劲工业园
邮编：518109　E-mail:zgzs2008@126.com　电话：0755-29834366 28123321转342

www.cmi-plas.com
CMI-PLAS
中国中西部国际
塑料橡胶展
CMI-PLAS 2014
China Midwest International Plastics & Rubber Industry Exhibition
2014.9.18-21 重庆国际博览中心
主办单位：中国塑料机械工业协会
重庆市人民政府
承办单位：中国塑料机械工业协会
重庆国际博览中心有限公司
支持单位：中国塑料加工工业协会
中国模具工业协会
中国铸造协会
宁波市塑料机械行业协会
张家港市塑料饮料机械协会
青岛胶州市塑料机械行业协会
大连市橡胶塑料机械协会
中国塑料机械工业协会自办展
汇聚国内TOP50塑机巨头
携手政府，协会，国际展团
5000余家配套企业
2万余专业观众
历经3年精心策划，打造中国中西部
塑料橡胶行业国际化展会
CMI PLAS —— 为您提供
开拓中西部市场的金钥匙
企业要发展，思路很重要
展会要发展，效果很重要
您的需求，也是我们的追求
组委会办公室
单 位：重庆国际博览中心有限公司
地 址：重庆市渝北区悦来大道66号重庆悦来会展城
联系人：孟宪胤
电 话：86-23-60358648
传 真：86-23-60358644
北京办公室
单 位：中国塑料机械工业协会
地 址：北京市西城区三里河路46号4028室
联系人：王静
电 话：86-10-68595061
传 真：86-10-68595853

综合索引

记录历史

塑造品牌

综述

以宏观视角，分析2012年度塑料制品行业及2013年上半年我国塑料机械工业的经济运行情况，并针对行业存在的问题提出改进措施

P3~17

FORSTAR®
新协力·科仕特

专文

分析塑料机械行业技术发展动向及取得的新成就，指明行业下一步的发展目标与方向

P21~68

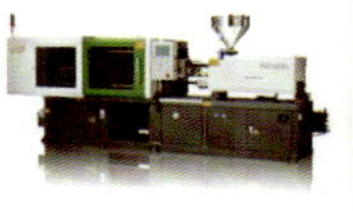

行业概况

逐一分析塑料机械行业各分行业的发展方向

P71~94

统计资料

分析塑料机械行业主要经济指标及进出口情况

P97~164

invt
英威腾

产业集群

介绍塑料机械行业特色产业集群，展示企业风采，对企业进行深度报道

P167~198

产品与项目

介绍进入国家火炬计划项目、国家重点节能技术推广目录的项目及2013年塑料机械行业获“中国机械工业科学技术奖”的情况,公布优势企业评选结果

P201~208

展会专栏

介绍CHINAPLAS国际橡塑展及第十九届杜塞尔多夫国际塑料及橡胶展览会等塑料机械行业国内外重要展会情况

P211~222

标准

介绍塑料机械行业标准化工作状况以及现行的标准目录

P225~236

JCTIMES™ 精诚
From dreams to reality

政策法规

介绍与塑料机械行业相关的政策法规

P239~270

大事记

记录2013年发生的，对塑料机械行业产生重要影响的事件

P273~280

附录

介绍2013年中国塑料机械工业协会工作情况

P283~310

中国工业年鉴出版基地

中国机械工业年鉴系列

《中国机械工业年鉴》

《中国电器工业年鉴》

《中国工程机械工业年鉴》

《中国机床工具工业年鉴》

《中国通用机械工业年鉴》

《中国机械通用零部件工业年鉴》

《中国模具工业年鉴》

《中国液压气动密封工业年鉴》

《中国重型机械工业年鉴》

《中国农业机械工业年鉴》

《中国石油石化设备工业年鉴》

《中国塑料机械工业年鉴》

《中国齿轮工业年鉴》

《中国磨料磨具工业年鉴》

《中国热处理行业年鉴》

《中国机电产品市场年鉴》

中国工业年鉴出版基地

编辑说明

一、《中国机械工业年鉴》是由中国机械工业联合会主管、机械工业信息研究院主办、机械工业出版社出版的大型资料性、工具性年刊，创刊于1984年。

二、根据行业需要，1998年中国机械工业年鉴编辑委员会开始出版分行业年鉴，逐步形成了中国机械工业年鉴系列。该系列现已出版了《中国电器工业年鉴》《中国工程机械工业年鉴》《中国机床工具工业年鉴》《中国通用机械工业年鉴》《中国机械通用零部件工业年鉴》《中国模具工业年鉴》《中国液压气动密封工业年鉴》《中国重型机械工业年鉴》《中国农业机械工业年鉴》《中国石油石化设备工业年鉴》《中国塑料机械工业年鉴》《中国热处理行业年鉴》《中国齿轮工业年鉴》《中国磨料磨具工业年鉴》和《中国机电产品市场年鉴》。

三、《中国塑料机械工业年鉴》由中国机械工业年鉴编辑委员会和中国塑料机械工业协会共同编撰，2009年创刊。2013年刊由综述、专文、行业概况、统计资料、产业集群、产品与项目、展会专栏、标准、政策法规、大事记和附录11个栏目构成，集中反映了塑料机械行业的发展情况及发展趋势，全面系统地提供了塑料机械行业的主要经济指标。

四、统计资料来源于中国机械工业联合会、中国塑料机械工业协会、国家统计局（年报及快报）和中国海关。由于统计口径不一致，数据间若有出入，选用时请注意数据来源。

五、《中国塑料机械工业年鉴》主要发行对象为政府决策机构、塑料机械行业和塑料制品行业相关企业决策者和从事市场分析、企业规划的中高层管理人员以及国内外投资机构、贸易公司、银行、证券、咨询服务部门和科研单位的机电项目管理人员等。

六、在编撰过程中得到了中国塑料机械工业协会及行业内众多专家、学者、工程技术人员和企业的大力支持和帮助，在此表示衷心感谢。

八、由于水平有限，难免出现错误和疏漏，敬请批评指正。

中国机械工业年鉴编辑部

2014年4月

目　录

综　述

专　文

行业概况

统计资料

产 业 集 群

产品与项目

展 会 专 栏

标 准

政 策 法 规

大　事　记

附　　录

Contents

Overview

Special Articles

Industry Overview

Statistical Data

Industrial Cluster

Products And Projects

The Exhibition Column

Standard

Policies and Regulations

Chronicle Of Events

Appendix

综述

以宏观视角，分析2012年度塑料制品行业及2013年上半年我国塑料机械工业的经济运行情况，并针对行业存在的问题提出改进措施

综述
专文
行业概况
统计资料
产业集群
产品与项目
展会专栏
标准
政策法规
大事记
附录

综述

2013年上半年我国塑料机械工业经济发展报告

2013年上半年，我国塑料机械行业既面临诸多困难和挑战，也享有六个方面的良好机遇。目前，塑料机械已经成为国家重要装备之一，是国家鼓励发展的重点行业，行业的地位和作用也日益显现。同时，塑料机械工业经济总量不断扩大，竞争实力日益增强，具备了持续快速发展和做大做强的良好基础。塑料机械行业完全有条件战胜困难和挑战，确保2013年经济稳中有进、增速提质，实现新的跨越；完全有信心、有能力抢抓新机遇、用好新机遇，凝聚起全行业团结奋斗的正能量，奋力打造行业经济发展的“升级版”，谱写好“中国梦”的塑料机械篇章。

一、2013年上半年我国塑料机械行业概况

2013年上半年，我国塑料机械行业规模以上企业有376家，工业生产总值约238亿元，同比增长6.2%；工业销售产值约222亿元，同比增长4%。在经营效益方面，受国内外经济下行压力和不确定因素的影响，我国塑料机械企业积极应对挑战，困难中探寻新的发展机遇，在管理、技术投入方面苦下内功，取得了积极的成效，经营业绩稳中有升。2013年上半年我国塑料机械行业规模以上企业主要经济指标见表1。2013年1—6月我国塑料机械制造工业主要经济指标走势见图1。

表1　2013年上半年我国塑料机械行业规模以上企业主要经济指标

序号	指标	金额（亿元）	同比增长（%）	序号	指标	金额（亿元）	同比增长（%）
1	工业总产值	238	6.2	11	主营业务成本	182.64	3.21
2	工业销售产值	222	4	12	主营业务税金及附加	1.22	13.41
3	出口交货值	32.21	-10	13	销售费用	10.97	-2.74
4	流动资产	333.8	8.09	14	管理费用	15.33	12.98
5	应收账款	86.18	14.31	15	财务费用	2.15	10.55
6	存货	100.28	0.54	16	利息支出	1.87	-10.45
7	产成品	27.96	-7.94	17	利润总额	16.92	0.4
8	资产总计	492.4	10.63	18	税金总额	7.53	15.91
9	负债总计	246.26	9.87	19	应交增值税	6.31	16.4
10	主营业务收入	228.85	4				

注：以上数据除第1和2项外均来源于国家统计局。

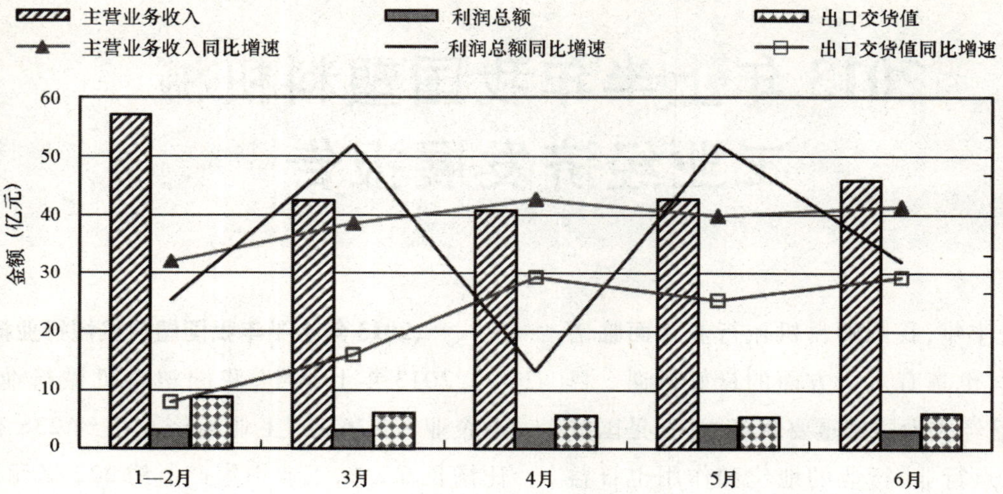

图1　2013年1—6月我国塑料机械制造工业主要经济指标走势

注：数据来源于国家统计局。

（特别说明：国家统计局针对全国工业统计数据使用中发现的问题，依据统计数据使用管理的规定，停止向少数违规单位提供数据，且为便于强化管理，清理减少了数据提供的单位范围，调整了月度数据提供的内容，并进一步重申了使用数据的纪律。从2013年3月起，国家统计局不再提供月度工业总产值、工业销售产值以及相关产销率指标，每月提供给机械行业可以对外公布的产品产量从120种减少到64种。以上所提国内规模以上塑料机械企业产销情况，是中国塑料机械工业协会（简称协会）根据国内重点地区和重点企业的产销情况推算得出。在国家统计局提供数据调整的情况下，为了能够客观、准确地对行业运行情况进行分析，为政府决策和企业生产经营提供参考依据，协会有责任和义务承担起行业内部的统计工作，由于规模以上骨干塑料机械企业均为协会理事单位，产销占全行业七成以上，因此协会将从2013年下半年开始，以会员统计数据作为行业发展趋势分析的依据。希望各理事单位能够发挥表率作用，支持协会后续开展的内部统计工作，每月将产量、产值和销售额报至协会秘书处，协会秘书处承诺对每家企业的数据保密，仅在行业报告中体现行业汇总的数据。）

进出口方面，根据海关数据统计，2013年1—6月，我国进口塑料机械4 259台，进口金额约8.2亿美元，分别同比减少17%和27%。进口平均单价由2012年同期的22万美元/台下降到19万美元/台；出口塑料机械86 439台，出口金额约8.1亿美元，虽然出口数量同比增长近2倍，但出口金额仅同比增长3%，出口平均单价由2012年同期的3万美元/台下降到1万美元/台；贸易逆差1 421万美元，同比下降96%，并且1月、2月和6月均为贸易顺差。

上半年出口数量大幅增长，主要是因为税号为84773090的其他吹塑机在1月出口到南非的数量增幅较大，为7 539台，而2012年同期出口到南非的数量仅为14台；4月当月出口到中国香港的其他吹塑机数量为46 500台，而2012年1—4月出口到该地区其他吹塑机的累计数量仅为6台。因此，关于此出口数据是否均为整机以及所对应的机型，协会正与海关进一步核实。

进口来源地方面，依然集中在日本、德国、中国台湾、韩国、意大利、美国、奥地利和瑞士。但除了韩国、美国和奥地利有大幅增长外，其他几个主要来源地均出现20%以上的大幅下滑。

中国塑料机械出口走向的格局略有变化，上半年出口到印度尼西亚的塑料机械金额同比增长近10%，印度尼西亚取代泰国成为2013年上半年我国塑料机械出口额最大的国家，对土耳其的出口额则由2012年同期的第三位下降到第六位。2013年1—6月我国塑料机械产品进出口情况见表2。2013年1—6月我国塑料机械产品分税号进出口统计情况见表3。2013年1—6月我国塑料机械进口地排名前10位国家或地区见

表4。2013年1—6月我国塑料机械出口地排名前10位国家见表5。2013年1—6月我国塑料机械进出口数量增速走势见图2。2013年1—6月我国塑料机械进出口金额增速走势见图3。2013年1—6月我国塑料机械进出口差额见图4。

表2 2013年1—6月我国塑料机械产品进出口情况

月份	进口					出口					进出口差额（万美元）
	数量（台）	同比增长（%）	金额（万美元）	同比增长（%）	平均单价（万美元/台）	数量（台）	同比增长（%）	金额（万美元）	同比增长（%）	平均单价（万美元/台）	
1	657	21	14 645	−5	22	13 853	127	15 106	−5	1	−461
2	333	−45	8 286	−52	25	5 248	114	11 464	41	0.2	−3 178
3	838	−15	16 128	−19	19	3 730	−6	11 884	−7	3.2	4 244
4	859	−14	16 153	−17	19	50 971	983	12 281	−1	0.2	3 872
5	822	−19	14 589	−26	18	6 032	31	14 488	−7	2	101
6	750	−24	12 366	−38	16	6 605	−15	15 523	13	2	−3 157
合计	4 259	−17	82 167	−27	19	86 439	192	80 746	3	1	1 421

注：数据来源于中国海关。

表3 2013年1—6月我国塑料机械产品分税号进出口统计情况

序号	税号	名称	进口				出口			
			数量（台）	占比（%）	金额（万美元）	占比（%）	数量（台）	占比（%）	金额（万美元）	占比（%）
1	84771010	注射机	2 397	56.28	31 215	37.99	11 627	13.45	44 528	55.15
2	84771090	其他注射机	155	3.64	2 572	3.13	463	0.54	1 201	1.49
3	84772010	塑料造粒机	93	2.18	5 737	6.98	1 540	1.78	2 948	3.65
4	84772090	其他挤出机	543	12.75	15 649	19.05	4 155	4.81	11 958	14.81
5	84773010	挤出吹塑机	48	1.13	4 088	4.98	961	1.11	2 726	3.38
6	84773020	注射吹塑机	30	0.70	835	1.02	163	0.19	448	0.55
7	84773090	其他吹塑机	44	1.03	5 357	6.52	58 912	68.15	4 691	5.81
8	84774010	塑料中空成型机	16	0.38	1 103	1.34	564	0.65	2 133	2.64
9	84774020	塑料压延成型机	63	1.48	1 693	2.06	932	1.08	1 640	2.03
10	84774090	其他真空模塑机及热成型机器	361	8.48	5 115	6.23	4 830	5.59	2 504	3.10
11	84775900	其他模塑或成型机器	509	11.95	8 802	10.71	2 292	2.65	5 970	7.39
合计			4 259	100	82 167	100	86 439	100	80 746	100

注：数据来源于中国海关。

表4 2013年1—6月我国塑料机械进口地排名前10位国家或地区

序号	国家或地区	进口数量（台）	进口金额（万美元）	进口平均单价（万美元/台）	数量占比（%）	金额占比（%）	进口额同比增长（%）
1	日本	1 555	26 195	17	36.51	31.88	−36.55
2	德国	482	23 901	50	11.32	29.09	−23.91
3	中国台湾	690	8 234	12	16.20	10.02	−34.45
4	韩国	423	6 182	15	9.93	7.52	32.75
5	意大利	82	4 384	53	1.93	5.34	−31.19
6	美国	480	3 566	7	11.27	4.34	13.07
7	奥地利	57	2 366	42	1.34	2.88	34.51
8	瑞士	16	1 456	91	0.38	1.77	−67.57
9	中国	198	1 398	7	4.65	1.70	160.13
10	加拿大	24	1 211	50	0.56	1.47	−11.89
	合计	4 007	78 892	20	94	96	−26.68

注：数据来源于中国海关。

表5 2013年1—6月我国塑料机械出口地排名前10位国家

序号	国家	出口数量（台）	出口金额（万美元）	出口平均单价（万美元/台）	金额占比（%）	出口额同比增长（%）
1	印度尼西亚	1 907	6 599	3	8.17	9.99
2	泰国	827	5 061	6	6.27	−28.81
3	越南	1 158	4 298	4	5.32	−1.06
4	俄罗斯	1 413	4 149	3	5.14	−1.58
5	巴西	947	4 039	4	5.00	2.13
6	土耳其	864	4 001	5	4.95	−12.01
7	印度	1 223	3 615	3	4.48	3.16
8	美国	1 914	3 437	2	4.26	11.64
9	韩国	764	2 871	4	3.56	41.66
10	马来西亚	1 246	2 337	2	2.89	18.32
	合计	12 263	40 408	3	50.04	−0.85

注：数据来源于中国海关。

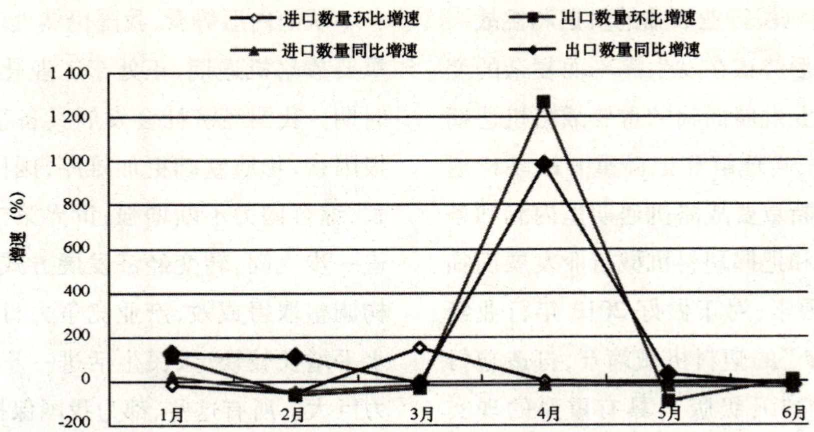

图2　2013 年 1—6 月我国塑料机械进出口数量增速走势

注：数据来源于中国海关。

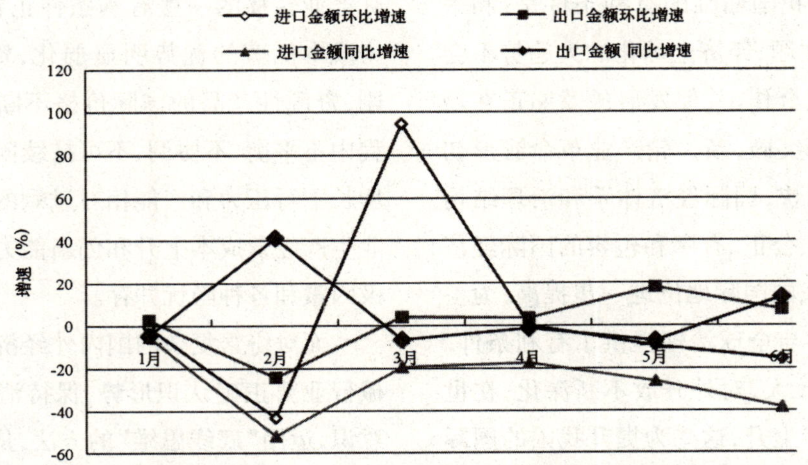

图3　2013 年 1—6 月我国塑料机械进出口金额增速走势

注：数据来源于中国海关。

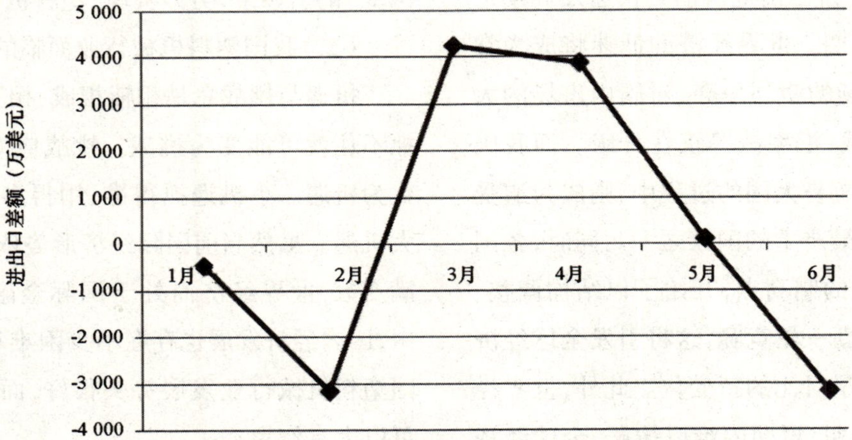

图4　2013 年 1—6 月我国塑料机械进出口差额

注：数据来源于中国海关。

二、2013年塑料机械行业面临的机遇和挑战

当前,国际国内形势正在发生深刻而复杂的变化,我国塑料机械行业发展面临的重要战略机遇期也呈现出新特点。正确理解和把握重要战略机遇期的新内涵,准确判断重要战略机遇期里内涵和条件的变化,充分认识和把握塑料机械行业发展面临的有利条件和不利因素,对于做好2013年行业经济工作,书写"中国梦"的塑料机械篇章,打造塑料机械行业经济发展的"升级版",具有重要的现实意义。

(一)国际国内形势分析

从国际形势看,我国面临的有利条件是:和平与发展仍然是时代主题,经济全球化的大趋势不会改变,国际社会强化合作、共促发展的意愿正在增强,科技创新孕育新突破,新一轮产业革命雏形初现,产业升级步伐加快,国际经济体系和治理结构深刻调整,构建公平、公正、有序和包容的国际经济新秩序成为趋势。我国国际地位进一步提高,为参与国际经济事务、参与全球治理提供了有利条件。我国经济实力逐步壮大,对外开放不断深化,在世界经济中的份额逐步上升,这些为提升我国的国际话语权带来新的机遇。我国面临的不利因素是:经济发展的外部环境更加严峻。国际金融危机已经发生5年了,世界经济已由危机前的快速发展期进入了深度转型调整期。世界经济的低迷将成为常态,各国对国际市场的激烈争夺、对国内市场的大力保护,以及贸易战、汇率战等正在升级。而我国在日益成长为世界贸易大国的过程中,则成为遭受贸易救济措施打击最严重的国家之一。同时,各国为了争夺未来发展的制高点,开始了以结构调整、技术创新为中心的新一轮竞赛,这将引发全球经济政治版图中各国力量对比的新变化。此外,世界经济已进入通胀压力期,短期内难以缓解,全球经济的不稳定性会再度增强。国际市场需求疲软,我国将面临外需偏弱的局面。这些情况表明,国际政治经济环境既孕育着新的机遇,同时又增加了风险和挑战。

从国内形势看,我国仍然处于可以大有作为的重要战略机遇期,正处于工业化、城镇化加快发展时期。我国经济社会发展具备很多有利条件和积极因素,物质基础更加雄厚,国民经济保持较快增长,综合国力不断增强,世界第二大经济体的地位进一步巩固,转变经济发展方式取得进展,经济结构调整取得成效,产业竞争力日趋增强,居民收入水平增长较快,人民生活进一步改善,国内市场潜力巨大。所有这些,都为我国保持经济社会发展的良好势头提供了广阔空间。与此同时,也面临着许多新情况和新问题。我国参与经济全球化、承接国际产业转移的一些有利条件正在发生变化。劳动力成本低廉的优势明显弱化,资源和环境约束加剧,资源性产品的国际价格不断升高,我国发展过程中不平衡、不协调、不可持续问题依然突出,经济增长下行压力和产能相对过剩的矛盾有所加剧,企业生产经营成本上升和创新能力不足问题并存,积极因素和各种隐忧并存。

面对纷繁复杂的国内外经济环境,我国塑料机械行业要正确认识形势,保持清醒头脑,增强忧患意识,运用"底线思维"的方法,从困难着眼,从坏处准备,向好处争取,努力打造行业经济发展的"升级版",加快提升我国塑料机械的国际竞争力,在"中国梦"的引领下,努力实现"塑料机械强国"之梦。

(二)我国塑料机械行业面临的良好机遇

机遇与挑战总是相辅相成、相互转化的。机遇抓不住就可能变为挑战。挑战应对得好也可以转化为机遇。小机遇抓得准、用得多,也可以积累为大机遇。虽然当前国际经济形势依然错综复杂、充满变数,世界经济尚处于国际金融危机的阴影之中,国内经济发展也存在不少困难和问题,但是,我国塑料机械行业发展势头很好,面临的机遇很多,可以大有作为。

1.国际经济形势变化的机遇

一是和平、发展的时代潮流更加强劲,这是最大的机遇。虽然,当今世界仍然很不安宁,影响和平与发展的不稳定因素仍在增加,但和平与发展仍

然是时代主题。在相当长一个时期内,世界整体和我国将会保持和平的发展大环境。二是经济全球化深入发展,为世界各国创造了发展机会,使全球合作向多层次、全方位拓展。三是世界多极化趋势继续发展,世界格局正在发生深刻变化,将带来有利于发展的新机会。新兴市场国家和发展中国家整体实力增强,国际力量对比朝着有利于维护世界和平、改变过分失衡的世界格局的方向发展,保持国际形势总体稳定具备更多有利条件。四是科技革命孕育新突破,为经济发展带来新机遇。当前和今后一个时期,无论世界科技革命的新突破,还是我国科技创新的新发展,都会为驱动经济发展创造新的条件。以上这些有利因素,均为我国实现和平发展提供了重大机遇,也为我国塑料机械企业深入实施"走出去"战略,积极扩大出口贸易,大力拓展国际市场份额,尽快缩小我国塑料机械产品进出口逆差,奠定了良好的基础。

2.国内经济形势变化的机遇

一是我国改革处于攻坚阶段,既充满困难和挑战,同时,改革又会破除发展的体制障碍,释放发展的潜力活力,为经济社会发展注入强大的动力。二是我国加快转变经济发展方式已进入关键期,无论是把推动发展的立足点转到提高质量和效益上,还是使经济发展更多依靠内需特别是消费需求拉动,都蕴藏着巨大的发展潜力。三是我国产业结构处于重组、升级的战略调整期,将会有力推动战略性新兴产业、先进制造业的发展,加快传统产业转型升级,形成持续发展的新优势。四是具有中国特色的新型工业化、信息化、城镇化、农业现代化的相互协调和同步发展,将为我国经济长期健康发展进一步增强后劲。五是我国区域发展总体战略进入持续实施期,区域经济由不平衡到协调发展,又为经济持续发展提供了广阔空间。塑料机械是先进制造业的重要组成部分,是国民经济各行业的重要技术装备,产业关联度高,市场需求量大,带动性强,地位作用重要。以上这些有利条件,都为我国塑料机械行业持续健康发展提供了广阔空间和新的契机。

3.塑料机械行业发展上升为国家战略的机遇

几年来,党中央、国务院领导曾多次亲临塑料机械企业调研考察,对塑料机械行业发展高度重视和特别关爱。目前,塑料机械协会的建议被列入国家的相关规划之中,行业发展上升为国家战略。此外,发改委、工信部、科技部等国家部委,对塑料机械行业发展给予大力支持,将塑料机械行业作为单列行业予以重点支持,并在政策扶持、产业项目、资金支持等各方面,给予极大的帮助,为行业振兴发展带来了重大的历史机遇,创造了良好的条件,开辟了新的空间。如今的塑料机械行业,经济总量不断扩大,竞争实力日益增强,具备了持续快速发展和做大做强的良好基础。

4.绿色发展和节能减排的机遇

当前,节能减排和绿色发展已成为世界潮流,节能环保产品已成为市场热点。几年来,全行业涌现了一大批高效节能型塑料机械产品,例如,我国自主研制的伺服驱动注塑机,经国家质量监督部门鉴定,能够降低能耗20%~80%,节能效果达到国际先进水平。国产挤出机产品在采用变频调速技术后,也能够降低能耗20%以上。特别是,塑料机械行业的二板式塑料注射成型机、全电动注射成型机、变量泵塑料注射成型机及伺服节能塑料注射成型机已被列入工信部节能机电设备(产品)推荐目录(第四批)。随着绿色发展和节能减排的深入推进,全行业自主研发的高效节能型塑料机械产品,满足了国民经济各行业节能减排和环境治理对塑料机械装备的更高要求,受到国内外用户的青睐,具有更加广阔的前景。

5.塑料机械产业转型升级的机遇

随着科学技术的发展、塑料性能的新开发、塑料机械产业科技水平的提升和产品升级的加快,越来越多具有独特功能的新型塑料制品源源不断涌现,部分中、高端塑料机械装备,正在航空航天、轨道交通、汽车产业、大型建筑、医疗、新能源、电子等领域发挥了新的作用,取得了一系列新突破、新成效。因此，行业发展空间十分广阔。

6.相关产业发展带来的机遇

汽车、家电等行业与塑料机械关联紧密，必须互相促进。从发展规律看，今后10~20年，我国城镇化率将不断提高，每年将有相当数量的农村富余劳动力转移到城市，这将带来投资的大幅增长和消费的快速增加，带来对汽车、家电产品的巨大需求，释放出巨大的经济发展动力。因此，汽车、家电等行业的发展，也为塑料机械行业发展带来了大好机遇。

综上所述，当前和今后一段时间，我国塑料机械行业具有诸多大好机遇。要善于在复杂局面中发现机遇，在发展中抢抓机遇，在风险挑战中创造机遇，努力做好2013年行业经济工作，推动行业经济持续健康发展，实现经济总量和发展质量的提升，进一步增强行业发展的新优势。只要全行业坚定信心、抓住机遇、奋发拼搏，就一定能够在战略机遇期大有作为，行业的发展前景一定会更加美好。

（三）塑料机械行业面临的困难和挑战

当前，我国塑料机械行业面临的困难有：

（1）世界经济增长的动力不足，国际市场需求疲软难以改善，全球贸易保护主义日趋盛行，很多国家竞相贬值本国货币币值以求增强出口竞争力，对我国的出口施加了更大的压力，塑料机械行业产品出口仍然存在不少困难。

（2）虽然国内经济稳中有升，塑料机械行业产销回暖，但是，经济增长面临的不确定因素依然不少，特别是，由于下游企业投资意愿仍较低迷，市场需求仍然不足，对塑料机械产品的要求越来越高，并且多数产品的价格水平依然较低，加上生产要素供给趋紧，物价涨幅仍处高位，生产成本不断上升，企业利润空间缩小，这些给塑料机械企业带来了新的挑战。

（3）产业层次整体不高，经济总量仍然偏小，科技创新动力不足，转型升级难度较大，新兴产业比重较低，产品创新步伐不快，培育新的经济增长点措施不多，资源环境约束加剧，节能减排任务艰巨，经济增长动力不足。

（4）部分企业现代化管理意识不强，经营管理水平不高，企业管控力度薄弱，抗风险能力较差，企业经营压力加大，等等。

三、2013年塑料机械行业发展的目标任务

2013年是实施“十二五”规划承前启后的关键一年，也是我国塑料机械行业全面推进“由大变强”转型跨越的重要一年。同时，也是发展机遇与挑战并存，风险和困难较多的一年。全行业要以党的十八大精神为指引，牢牢把握主题主线，紧紧把握稳中求进的工作总基调，坚定信心，振奋精神，凝心聚力，攻坚克难，抓住发展机遇，积极应对挑战，确保全面完成各项目标任务，奋力打造行业经济“升级版”，努力书写“中国梦”的塑机篇章。

综合考虑行业经济发展趋势和工作导向，2013年全行业经济发展的主要预期目标为：生产产量保持上年水平，工业总产值和工业销售产值分别增长8%，出口交货值增长10%，利润总额增长10%。同时，要在科技创新、产品创新、转型升级、质量安全、节能减排等方面取得新的成绩，在实施品牌、标准、知识产权战略等方面取得新的进展，努力推进行业各项工作迈上新的台阶。

四、2013年塑料机械行业发展的对策措施

根据2013年塑料机械行业发展的任务目标，我们要重点抓好以下六个方面的工作。

一是深入实施创新驱动发展战略。全面实施创新驱动发展战略是实现塑料机械产业“由大变强”的根本之策，是战胜困难挑战、打造行业经济“升级版”的必由之路，是抢抓新一轮科技革命和产业革命机遇、增强行业综合竞争力的关键所在。要充分认识创新驱动发展的重大现实意义和深远历史意义，坚定不移把创新驱动发展摆在核心战略位置，采取积极的措施，强化企业创新主体地位，引导企业建立以市场为导向、产学研结合的技术创新体系，大力促进企业科技创新，加强与高校和科研机构的协同创新，加快培育核心技术和自主知识产权，着力打造具有持续创新能力的创新型企业，全面提升产业核心竞争力。

二是加快推进行业转型升级。坚持把调整优化产业结构作为主攻方向，把提高发展的质量和效益作为中心任务，以提高自主创新能力为引领，以装备更新、工艺革新、产品创新为目标，以技术改造为抓手，全面优化行业结构、技术结构、产品结构、组织结构，促进产业结构的整体优化提升，不断增强企业经济实力，大力提升行业的国际竞争力。

三是大力推进产业高端发展。坚持实施高端发展战略，坚持高端引领，主攻高端技术，瞄准高端产品，突破高端环节，推进智能制造，减少对进口产品的依赖，努力实现高端塑料机械装备的国产化。

四是着力推进行业节能减排。坚持走绿色制造和循环经济的新型工业化道路，大力提升节能技术，积极发展高效节能产品，不断满足各行各业用户对节能型塑料机械技术装备的要求。

五是积极抓好人才培养工作。充分发挥行业专家委员会的作用，积极组织行业专家开展服务企业、决策咨询、科技交流等活动，不断提高行业科技工作的前瞻性和科学性。要加强科技人员的培训，强化职工技能培训，加强创新人才和创新能力的培育。

六是全力推进行业经济发展。要把握稳中求进的总基调，抓住扩大内需、推进新型城镇化的机遇，抓住塑料机械行业发展上升为国家战略的机遇，以良好的精神状态和真抓实干的工作作风，着力做好2013年经济工作。要千方百计拓展国际国内市场，推进出口市场多元化，加强国际贸易摩擦应对能力，稳定和扩大国际市场份额。要坚持“稳增长、调结构、攻重点、促转型”的思路，以提高质量和效益为中心，坚持稳中求进、进中求好、好中求快，着力推动行业经济持续健康发展，力争在打造行业经济“升级版”的进程中，书写更为精彩的新篇章。

〔撰稿人：中国塑料机械工业协会钱耀恩〕

我国塑料制品行业2012年度发展报告

2012年，国内外经济形势复杂多变，对塑料行业的发展也产生了较大的影响。行业发展需要调整结构，企业发展需要把握市场，两者都必须技术创新。我国塑料制品行业在经历了“十一五”以及2011年的高速增长之后，2012年遭受了严峻的考验。

一方面，欧美复苏乏力致使塑料制品出口放缓，加上人民币升值、原材料和劳动力等成本上升以及国际贸易摩擦频出，特别是发达国家纷纷出台与塑料有关的安全法律法规及标准等技术壁垒，导致塑料制品出口受阻，全球经济环境限制了产品的出口需求，行业的发展步伐放缓。

另一方面，由于部分塑料制品产能阶段性和结构性过剩，低价竞争呈白热化趋势，而生产成本却在不断上升，国内市场内需不振等形势极大地限制了塑料制品行业的深层次发展，从而使整个产业进入常态化中速增长的阶段。

在国家一系列宏观经济政策扶持下，我国塑料加工行业努力克服了国际金融危机带来的严重冲击，下半年行业生产止跌企稳，实现了较平稳的增长，产销率维持较高水平，进出口贸易显露回暖迹象，企业效益水平有较大提升。

据国家统计局统计数据显示,2012年1—12月我国塑料制品规模以上企业13 246家,累计完成工业总产值16 757.29亿元,同比增长15.04%。与2011年相比,增长幅度回落了12.5个百分点,增长明显放缓。2012年1—12月实现销售产值16 450.19亿元,产销率达到98.17%,比2011年1—12月98.04%的产销率高出0.13个百分点,产销率保持较高水平。塑料制品产量5 781.86万t,同比增长8.99%,比2011年1—12月22.35%的增长率回落了13.36个百分点。

2012年1—12月我国塑料制品规模以上企业完成主营业务收入16 310.13亿元,同比增长11.79%,比2011年1—12月主营业务收入27.52%的增长率回落了15.73个百分点。实现利税1 431.35亿元,同比增长17.12%。其中:利润总额为963.27亿元,同比增长15.94%。利税总额和利润总额同比增长分别比2011年1—12月回落了14.48个和16.56个百分点。行业资产总计10 412.05亿元,同比增长13.03%。从业人员人数233.18万人,同比下降1.55 %。

据海关总署统计数据汇总显示,2012年,我国累计出口塑料制品1 382.16万t,出口金额达491.85亿美元,同比分别增长5.79%和24.55%。

一、塑料制品行业产量及产、销总值增长态势平稳,呈回暖的态势

我国塑料制品产量整体保持上升趋势,但增幅比上年同期有较大的下滑。2012年1—12月,我国累计生产塑料制品5 781.86万t,同比增长8.99%,增幅比上年同期22.35%的增长率回落了13.36个百分点。其中,塑料薄膜970.25万t,同比增长9.33%,增幅比上年同期回落1.84个百分点,其中农用薄膜162.74万t,同比增长7.74%,增幅比上年同期回落6.75个百分点;泡沫塑料172.06万t,同比增长23.13%,增幅比上年同期回落2.25个百分点;人造革、合成革314.27万t,同比增长15.55%,增幅比上年同期增加了5.98个百分点;日用塑料461.84万t,同比增长14.43%,增幅比上年同期增加了9.17个百分点;其他塑料3 863.44万t,同比增长7.26%,增幅比上年同期回落21.33个百分点。日用塑料,人造革、合成革,泡沫塑料与上年同比增长高于10%,其他制品同比增长均低于10%。其中农用塑料薄膜和其他塑料制品增速最低,分别比上年同期回落了6.75个和21.33个百分点。2012年塑料制品累计产量及与上年同期比较见表1。2012年塑料制品累计产量及同比增长情况见图1。

表1　2012年塑料制品累计产量及与上年同期比较

塑料制品类别	1—12月累计产量(万t)	累计同比增长(%)	增幅同比增加(个百分点)
塑料制品	5 781.86	8.99	-13.36
塑料薄膜	970.25	9.33	-1.84
其中:农用薄膜	162.74	7.74	-6.75
泡沫塑料	172.06	23.13	-2.25
人造革、合成革	314.27	15.55	5.98
日用塑料	461.84	14.43	9.17
其他塑料	3 863.44	7.26	-21.33

注:数据来源于国家统计局。

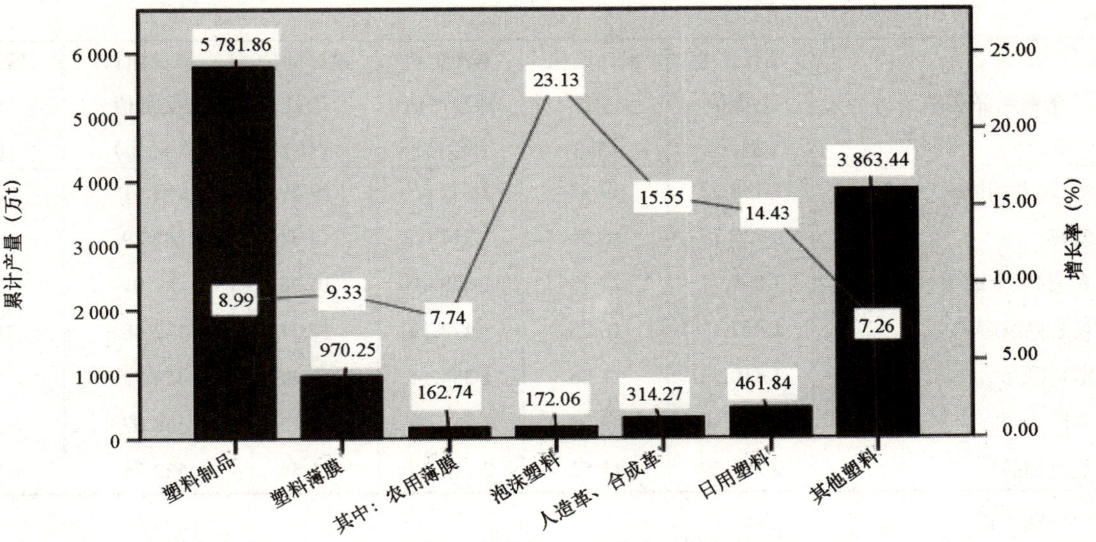

图 1　2012 年塑料制品累计产量及同比增长情况

注:来源于中国塑料加工工业协会。

从表 1 和图 1 中可以看出:泡沫塑料是增速最高的制品类别,同比增长高达 23.13%,但增幅比上年同期回落 2.25 个百分点。另外,人造革、合成革和日用塑料是仅有的两个增幅比上年同期增加的塑料制品类别,其产量累计比同期分别增长15.55%和 14.43%,增幅分别比上年同期增加了5.98和 9.17 个百分点。

2012 年 1—12 月,塑料制品工业总产值为 16 757.29亿元,同比增长 15.04%,工业销售产值 16 450.19亿元,同比增长 14.95%。其中,塑料薄膜工业总产值 2 222.93 亿元,同比增长 14.23%,工业销售产值 2 181.34 亿元,同比增长 13.99%;塑料板、管、型材工业总产值 4 133.52 亿元,同比增长 18.64%,工业销售产值 4 048.50 亿元,同比增长 18.46%;塑料丝、绳及编织品工业总产值 2 188.23 亿元,同比增长 19.13%,工业销售产值 2 157.65 亿元,同比增长 19.39%;泡沫塑料工业总产值 732.75 亿元,同比增长 15.56 %,工业销售产值 717.05 亿元,同比增长 14.38%;塑料人造革、合成革工业总产值 1 085.77 亿元,同比增长 17.23%,工业销售产值 1 058.94 亿元,同比增长 16.98 %;塑料包装箱及容器工业总产值 1 497.17 亿元,同比增长 16.78%,工业销售产值 1 472.72 亿元,同比增长 17.21%;日用塑料工业总产值 1 410. 52 亿元,同比增长 13.26%,工业销售产值 1 384.14 亿元,同比增长 13.49%;塑料零件工业总产值 1 234.80 亿元,同比增长 3.55%,工业销售产值 1 215.60 亿元,同比增长 3.15%;其他塑料制品工业总产值 2 251.59 亿元,同比增长 11.52%,工业销售产值 2 214.25 亿元,同比增长 11.54 %。2012 年塑料制品工业总产值、工业销售产值、出口交货值及与上年同期比较见表 2。

表 2　2012 年塑料制品工业总产值、工业销售产值、出口交货值及与上年同期比较

塑料制品类别	累计工业总产值（亿元）	累计同比增长（%）	累计工业销售产值（亿元）	累计同比增长（%）	累计出口交货值（亿元）	累计同比增长（%）
塑料制品	16 757.29	15.04	16 450.19	14.95	2 140.92	2.71
塑料薄膜	2 222.93	14.23	2 181.34	13.99	258.10	3.28
塑料板、管、型材	4 133.52	18.64	4 048.50	18.46	191.91	0.16

（续）

塑料制品类别	累计工业总产值（亿元）	累计同比增长（%）	累计工业销售产值（亿元）	累计同比增长（%）	累计出口交货值（亿元）	累计同比增长（%）
塑料丝、绳及编织品	2 188.23	19.13	2 157.65	19.39	93.51	5.36
泡沫塑料	732.75	15.56	717.05	14.38	47.29	5.72
塑料人造革、合成革	1 085.77	17.23	1 058.94	16.98	87.01	-2.93
塑料包装箱及容器	1 497.17	16.78	1 472.72	17.21	122.48	18.70
日用塑料制品	1 410.52	13.26	1 384.14	13.49	459.79	5.40
塑料零件	1 234.80	3.55	1 215.60	3.15	348.07	-2.33
其他塑料制品	2 251.59	11.52	2 214.25	11.54	532.75	1.66

注：数据来源于国家统计局。

从表中可以看出，2012 年 1—12 月，塑料制品累计产销率维持较高水平，达到 98.17%，比 2011 年 1—12 月 98.04%的产销率提高了 0.13 个百分点。2012 年 1—12 月塑料制品工业总产值、工业销售产值在整体上依然保持两位数增长，只有塑料零件工业总产值同比增长 3.55%、工业销售产值同比增长 3.15%。显示出塑料制品行业产、销总值增长态势平稳，虽然增速比上年同期仍有下滑，但下滑幅度已趋于放缓。2012 年 1—12 月塑料制品出口交货值同比增长 2.71%，其中塑料包装箱及容器出口交货值同比增长 18.70%；塑料人造革、合成革和塑料零件出口交货值与上年同比是下降的，分别下降 2.93%和 2.33%

二、塑料制品行业主营收入仍保持两位数增长，效益水平有所提高

随着塑料制品行业止跌回升的运行态势，行业的效益水平也有所提高。

据国家统计局数据显示，2012 年 1—12 月塑料制品行业主营收入为 16 310.13 亿元，同比增长 11.79%。其中，塑料薄膜主营收入为 2 179.51 亿元，同比增长 10.93%；塑料板、管、型材主营收入为 3 960.93 亿元，同比增长 14.59%；塑料丝、绳及编织品主营收入为 2 172.79 亿元，同比增长 18.42 %；泡沫塑料主营收入为 707.48 亿元，同比增长 10.06%；塑料人造革、合成革主营收入为 1 040.00 亿元，同比增长 11.78%；塑料包装箱及容器主营收入为 1 461.45亿元，同比增长 13.11%；日用塑料主营收入为 1 377.94 亿元，同比增长 11.03%；塑料零件主营收入为 1 210.70 亿元，同比增长 1.53%；其他塑料制品主营收入为 2 199.34 亿元，同比增长8.10%。由于我国政府实施积极的财政政策和税制改革，使整个塑料制品行业的经济效益有了较好的提升，主营收入仍保持两位数增长，企业的利润也有所提高。2012 年塑料制品主营业务收入及增长情况见表 3。

表 3　2012 年塑料制品主营业务收入及增长情况

产品名称	规模以上企业数量（家）	主营业务收入（亿元）	同比增长（%）
塑料制品	13 245	16 310.13	11.79
塑料薄膜	1 431	2 179.51	10.93
塑料板、管、型材	2 504	3 960.93	14.59

（续）

产品名称	规模以上企业数量（家）	主营业务收入（亿元）	同比增长（%）
塑料丝、绳及编织品	1 835	2 172.79	18.42
泡沫塑料	747	707.48	10.06
塑料人造革、合成革	549	1 040.00	11.78
塑料包装箱及容器	1 405	1 461.45	13.11
日用塑料制品	1 335	1 377.94	11.03
塑料零件	1 249	1 210.70	1.53
其他塑料制品	2 190	2 199.34	8.10

注：数据来源于国家统计局。

据国家统计局数据显示，2012 年 1—12 月塑料制品行业实现利税总额 1 431.35 亿元，同比增长 17.12%，其中利润总额为 963.27 亿元，同比增长 15.94%。虽然 2012 年的经济效益指标与 2011 年 1—12 月累计指标相比有较大幅度的回落，利税总额和利润总额分别回落了 14.48 个和 16.56 个百分点；但相比 1—9 月份又有所增加，分别增加了 3.46 个和 3.18 个百分点。显示了企业效益水平有逐渐提升的趋势。所属子行业的经济效益指标为：塑料薄膜利税总额 172.32 亿元，同比增长 10.23%，其利润总额为 120.02 亿元，同比增长 6.31%；塑料板、管、型材利税总额 388.73 亿元，同比增长 21.29%，其利润总额为 264.45 亿元，同比增长 19.20%；塑料丝、绳及编织品利税总额 203.61 亿元，同比增长23.98%，其利润总额为 136.71 亿元，同比增长27.31%；泡沫塑料利税总额 67.20 亿元，同比增长 17.36 %，其利润总额为 47.14亿元，同比增长18.67%；塑料人造革、合成革利税总额 95.03 亿元，同比增长 29.65 %，其利润总额为 66.56 亿元，同比增长 32.42%；塑料包装箱及容器利税总额 141.92 亿元，同比增长 12.89%，其利润总额为 94.67 亿元，同比增长 11.68%；日用塑料利税总额 118.44 亿元，同比增长 21.66%，其利润总额为 80.23 亿元，同比增长 22.75%；塑料零件利税总额 82.54 亿元，同比增长 5.22%，其利润总额为 49.98 亿元，同比增长1.57%；其他塑料制品利税总额 161.56 亿元，同比增长 8.46%，其利润总额为 103.50 亿元，同比增长 4.16%。

从上述数据可以看出，2012 年塑料零件企业的效益最差，利税总额比上年同期增长 5.22%，利润总额仅比上年同期增长 1.57%，相比较 2013 年 1—9 月利税总额和利润总额增速则分别回落了 3.05 个和 7.07 个百分点。从中可以看出塑料零件企业的经济效益增速还在继续下降。

但从整体上看，行业的经济效益水平仍保持两位数增长。国家对企业实施的一系列扶持政策，特别是结构性减税、降低企业成本负担等政策开始显效，塑料制品行业经济效益水平有逐渐提升的趋势。2012 年塑料制品行业利税、利润及增长情况见表 4。2012 年塑料制品利税总额与利润总额同比增长情况见图 2。

表 4　2012 年塑料制品行业利税、利润及增长情况

行业名称	利税总额（亿元）	同比增长（%）	利润总额（亿元）	同比增长（%）
塑料制品	1 431.35	17.12	963.27	15.94
塑料薄膜	172.32	10.23	120.02	6.31
塑料板、管、型材	388.73	21.29	264.45	19.20
塑料丝、绳及编织品	203.61	23.98	136.71	27.31
泡沫塑料	67.20	17.36	47.14	18.67
塑料人造革、合成革	95.03	29.65	66.56	32.42
塑料包装箱及容器	141.92	12.89	94.67	11.68
日用塑料	118.44	21.66	80.23	22.75
塑料零件	82.54	5.22	49.98	1.57
其他塑料制品	161.56	8.46	103.50	4.16

注：数据来源于国家统计局。

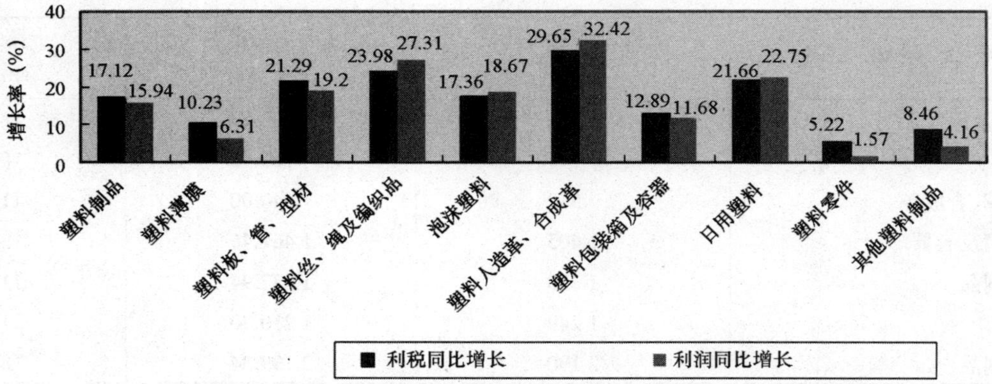

图2 2012年塑料制品行业利税总额与利润总额同比增长情况

注：来源于中国塑料加工工业协会。

三、位居前八位地区的塑料制品产量占比情况

分地区看，浙江省、广东省、山东省、江苏省、辽宁省、福建省、湖北省、河南省位居全国塑料制品累计产量前八位，累计产量占比达65.77%，显示产业分布仍旧不平衡。2012年塑料制品产量位居前八位地区及占比情况见表5。

表5 2012年塑料制品产量位居前八位地区及占比情况

地区	累计产量（t）	占全国比例（%）
全国	57 818 647	100.00
浙江省	9 485 401	16.41
广东省	9 193 123	15.90
山东省	4 531 200	7.84
江苏省	3 492 566	6.04
辽宁省	3 238 998	5.60
福建省	2 745 337	4.75
湖北省	2 720 014	4.70
河南省	2 618 627	4.53
8地区总计	38 025 266	65.77

注：数据来源于国家统计局。

四、企业亏损面和亏损企业亏损额均比2013年1—9月份有所减少，从业人数略有减少

据国家统计局相关资料统计，2012年1—12月，塑料制品行业规模以上企业共13 245家，其中亏损企业1 490家，比上年同期增长16.59%，企业亏损面为11.25%；亏损企业累计亏损额67.25亿元，比上年同期累计亏损额增长37.54%。其中，塑料薄膜、塑料零件和其他塑料制品行业亏损面较大，分别为13.49%、17.37%和13.38%。亏损企业数同比增长较高的子行业有塑料板、管、型材和塑料人造革、合成革，其亏损企业数分别为243家和57家，与上年同比分别增长24.62%和29.55%。亏损额增加较多的子行业有塑料薄膜和塑料包装箱及容器行业，其亏损额分别为12.01亿元和7亿元，比上年分别增长78.80%和83.72%。

反映出塑料薄膜，塑料零件，塑料人造革、合成革，塑料包装箱及容器和其他塑料制品行业亏损较为严重。全行业规模以上企业全部从业人员平均人数233.18万人，比上年减少1.55%。2012年企业亏损情况及从业人员数量见表6。

表6　2012年企业亏损情况及从业人员数量

行业名称	规模以上企业数量（家）	亏损企业数量（家）	同比增长（%）	亏损企业累计亏损额（亿元）	同比增长（%）	全部从业人员平均人数（人）	同比增长（%）
塑料制品	13 245	1 490	16.59	67.25	37.54	2 331 784	-1.55
塑料薄膜	1 431	193	20.63	12.01	78.80	207 169	-5.55
塑料板、管、型材	2 504	243	24.62	11.54	19.95	394 219	4.37
塑料丝、绳及编织品	1 835	107	0.00	1.77	-3.90	323 786	4.36
泡沫塑料	747	67	4.69	1.31	-8.83	89 558	-4.07
塑料人造革、合成革	549	57	29.55	1.75	36.13	134 940	0.68
塑料包装箱及容器	1 405	162	20.00	7.00	83.72	204 129	2.57
日用塑料	1 335	151	9.42	4.13	8.43	277 569	-1.73
塑料零件	1 249	217	12.44	14.32	31.10	294 375	-8.89
其他塑料制品	2 190	293	21.07	13.42	42.05	406 039	-5.42

注：数据来源于国家统计局。

五、2012年塑料制品出口显露回暖迹象

据中国海关总署最新数据，2012年我国累计出口塑料制品1 382.16万t，同比增长5.79%；出口额491.85亿美元，同比增长24.55%，高出我国2012年外贸出口额增速（7.9%）16.65个百分点，出口增长回暖。塑料制品的出口平均单价为3.56美元/kg，进口平均单价为10.27美元/kg。其进口单价是出口单价的2.88倍，说明我国出口的塑料制品仍然是以中低端产品为主，出口产品结构急需调整；但比上年同期的进口单价是出口单价的3.30倍，减少了0.42倍，出口产品结构调整的这些细微变化逐渐显现。

由于国家实施了提高塑料制品出口退税率、取消部分产品加工贸易限制等政策，对出口企业抵御经济危机，加大塑料制品的出口起到了提振作用，塑料制品出口逐渐回暖。

虽然2012年塑料制品行业经济运行中的积极因素逐渐增多，企稳向好的势头日趋明显，但由于外部经济环境的不确定、不稳定因素仍然较多，我国塑料制品外贸出口下滑的局面尚未完全扭转，行业发展中存在的诸多问题还未得到根本性解决，如自主创新能力弱、总体装备水平偏低、产品结构不合理、科技投入不足、产品集约化程度低、行业区域发展不平衡、市场竞争无序等，产业结构调整和节能减排工作还任重道远。

〔撰稿人：中国塑料加工工业协会钱桂敬〕

分析塑料机械行业技术发展动向及取得的新成就，指明行业下一步的发展目标与方向

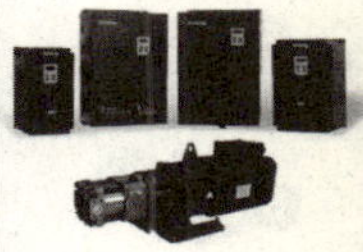

专文

中国台湾塑料橡胶机械产业的现状和发展趋势

一、产业概况

中国台湾塑料橡胶机械厂多属中小型厂，而厂商总量依业界统计约200家，其中90%是中小型企业，平均员工30余人，大多集中在台南、台中、桃园地区，塑料橡胶机械是该地区颇具代表性的产业。塑料橡胶机械大厂，如富强鑫集团、全立发机械、凤记国际机械、桦钦机械、棕伟机械等多集中在台南地区；台中地区代表性的厂商是台中精机、盘石油压、鍑鑫塑料机械；桃园地区的大厂则是百塑、台湾震雄；而吹袋机制造厂商则集中在嘉义地区，主要代表是鼎坤塑料机械、光兴塑料机械。在业界常有家族企业，其协力工厂也相近，再加上有少部分新成立的塑料橡胶机械厂，协力厂及客户群与原先老厂同构型比例颇高，有产业集中化的现象。2001—2012年中国台湾塑料橡胶机械生产、出口、进口、需求统计见表1。

表1　2001—2012年中国台湾塑料橡胶机械生产、出口、进口、需求统计

年份	企业（家）	员工（名）	塑胶机械								出口比率（%）	进口设备占比（%）	中国台湾产设备占比（%）
			产值（亿元新台币）	产量（t）	出口金额（亿元新台币）	出口量（t）	进口金额（亿元新台币）	进口量（t）	需求产值（亿元新台币）	需求量（t）			
2001			263.00	144 300	223.27	121 217	89.42	15 994	129.15	39 077	84.9	69.2	30.8
2002			291.00	170 500	247.10	144 952	74.51	17 705	118.41	43 253	84.9	62.9	37.1
2003			315.00	179 600	263.93	150 517	181.04	27 269	232.11	56 352	83.8	78.0	22.0
2004			376.00	209 900	308.34	172 143	200.15	42 245	267.81	80 002	81.8	74.7	25.3
2005	250	8 300	372.00	193 400	304.48	158 637	96.90	32 603	164.42	67 366	81.8	58.9	41.1
2006			373.00	185 800	305.28	152 039	114.64	35 916	182.36	69 677	81.8	62.9	37.1
2007			402.00	200 600	329.10	164 340	102.20	41 868	175.10	78 128	81.9	58.4	41.6
2008			415.00	182 700	339.50	149 490	101.61	39 448	177.11	72 658	81.8	57.4	42.6
2009			300.00	128 700	246.08	105 545	54.51	19 802	108.43	42 957	82.0	50.3	49.7
2010	280	8 800	450.00	203 597	369.01	166 950	90.36	38 212	171.35	74 859	82.0	52.7	47.3
2011			479.00	204 890	392.85	168 011	117.32	38 779	203.47	75 658	82.0	57.7	42.3
2012			486.50	181 200	398.84	148 611	92.07	30 037	179.73	62 626	82.0	51.2	48.8

注：1.US \$ =33.63NT \$（2001年），US \$ =34.486NT \$（2002年），US \$ =34.371NT \$（2003年），US \$ =33.457NT \$（2004年），US \$ =32.08NT \$（2005年），US \$ =32.503NT \$（2006年），US \$ =32.785NT \$（2007年），US \$ =31.38NT \$（2008年），US \$ =32.96NT \$（2009年），US \$ =31.50NT \$（2010年），US \$ =29.33 NT \$（2011年），US \$ =29.65NT \$（2012年）。

2.数据来源：海关进出口统计月报；制表：TAMI，中国台湾区机器工业同业公会。

由于地理上接近日本和历史渊源的关系，中国台湾塑料橡胶机械的发展与日本可谓息息相关，不论是机械制造商还是使用者买家，可以说是以日本为师，参考和学习日本的技术，业界亦有与日本同业在生产制造方面的合作，日本同业为了降低成本，亦有部分零组件向台湾厂商采购，例如：铸件、加工件、料管组、齿轮箱等。

2012年，中国台湾塑料橡胶机械出口13.49亿美元，折合台币近400亿元，同比增长0.75%，出口量57 199台，仅次于工具机产业，位居台湾机械产业第二名；约82%外销，主要种类分别是射出成型机、挤出机、吹制成型机、真空成型机及其他热定型机。根据海关进出口统计数据显示，对台湾塑料橡胶机械依种类加以分析，出口值前3位的分别是射出成型机（约22%）、挤出机（约11%）和吹塑成型机（约7%）。2012年中国台湾塑料橡胶机械出口主要国家统计分析见表2，2012年中国台湾塑料橡胶机械进口主要国家统计分析见表3。

表2　2012年中国台湾塑料橡胶机械出口主要国家统计分析

序号	出口国家（地区）	2012年		2011年出口额（万美元）	2012年同比增长（%）
		出口额（万美元）	占出口总额的比例（%）		
1	中国大陆（含香港）	45 400.3	33.6	42 069.1	7.9
2	泰国	12 638.3	9.4	9 243.8	36.7
3	印度尼西亚	10 492.2	7.8	10 238.4	2.5
4	越南	7 805.3	5.8	9 453.7	-17.4
5	印度	7 056.3	5.2	9 503.8	-25.8
6	日本	4 366.7	3.2	3 450.6	26.5
7	马来西亚	3 919.3	2.9	4 514.2	-13.2
8	美国	3 592.3	2.7	3 115.8	15.3
9	土耳其	2 695.0	2.0	3 140.1	-14.2
10	巴西	2 298.8	1.7	3 392.8	-32.2
11	沙特阿拉伯	1 714.4	1.3	2 059.1	-16.7
12	埃及	1 627.2	1.2	1 213.6	34.1
13	俄罗斯	1 617.1	1.2	2 286.5	-29.3
14	菲律宾	1 519.6	1.1	1 173.2	29.5
15	墨西哥	1 378.6	1.0	1 492.2	-7.6
16	伊朗	1 266.5	0.9	1 274.7	-0.6
17	委内瑞拉	1 206.3	0.9	1 119.3	7.8
18	孟加拉国	1 192.4	0.9	1 060.5	12.4
19	智利	1 101.4	0.8	719.1	53.2
20	南非	1 005.2	0.7	1 326.5	-24.2
21	尼日利亚	968.0	0.7	815.1	18.8
22	阿尔及利亚	867.8	0.6	252.8	243.3
23	阿拉伯联合酋长国	810.6	0.6	852.6	-4.9
24	德国	748.0	0.6	1 599.3	-53.2
25	韩国	715.4	0.5	1 039.5	-31.2
	其他	16 924.1	12.5	17 517.4	-3.4
	合计	134 927.1	100.0	133 923.7	0.7

注：数据来源于海关进出口统计月报。

表 3　2012 年中国台湾塑料橡胶机械进口主要国家统计分析

序号	进口国家(地区)	2012 年		2011 年进口额 (万美元)	2012 年同比增长 (%)
		进口额 (万美元)	占进口总额的比例 (%)		
1	日本	12 484.0	40.2	17 678.9	-29.4
2	德国	7 074.3	22.8	8 364.9	-15.4
3	中国大陆(含香港)	5 820.6	18.7	7 588.3	-23.3
4	美国	1 505.0	4.8	1 992.2	-24.5
5	奥地利	982.5	3.2	1 358.6	-27.7
6	意大利	818.1	2.6	311.2	162.9
7	荷兰	473.0	1.5	519.3	-8.9
8	瑞士	335.4	1.1	873.0	-61.6
9	加拿大	225.6	0.7	138.4	63.0
10	新加坡	208.6	0.7	336.8	-38.1
11	马来西亚	194.9	0.6	21.9	790.0
12	法国	168.0	0.5	215.7	-22.1
13	韩国	149.8	0.5	348.4	-57.0
14	英国	30.5	0.1	200.6	-84.8
	其他	573.9	1.8	526.9	8.9
	合计	31 044.2	100.0	40 475.1	-23.3

注:数据来源于海关进出口统计月报,制表为 TAMI、台湾区机器工业同业公会。

面对国际同业的竞争,生产制造一般功能的通用机器已不具备优势。业界应该广邀人才,增强研发和工程能力,提供高性能、高质量、定制化机器和系统整合方案,加上营销和美学的强化,以及产、官、学、研的通力合作,增加产品的附加价值,使产品的质和量都有所提高。

2012 年,据对塑料橡胶机械的销售客户分析,国内订单主要来自中国大陆从事智能型手机、平板计算机、通信、电子制造的台商,以及大陆本地的家电、手机、建材、汽车制造行业;海外订单来源则以泰国、印度尼西亚、越南、印度、日本等东南亚国家为主。塑料橡胶机械应用范围广泛,且与塑料橡胶原料的石化工业、模具工业、精密加工、自动控制等关系密切。近年来为符合环保要求,无卤塑料被广泛应用,但其腐蚀性强,对射出螺杆和料管需要进行特殊设计加工以及热处理;还有就是伺服省电系统的广泛运用,其是以伺服电动机搭配齿轮泵取代传统的电动机和液压驱动,有洁净省电和低噪声的优点,主要供货商有日本 Daikin、Toshiba、Tokimec,为降低成本,亦可选择中国台湾和大陆的供货商;另外,也可用多关节机械手,取代成本日益增加的人工,这不仅可以提高制品质量,也可以提高效率,增加产量。对多关节机械手的运用和制造最具指导性的厂商是鸿海集团旗下的富士康。

二、技术发展

塑料橡胶机械的用户是塑料橡胶制品及其加工业,其多属劳动力密集的产业,移到大陆和东南亚甚多,但面对人工成本高涨亦不得不转型升级,启用自动化生产,生产高附加价值的制品,所以业界势必应客户需求,提供高附加价值的机器设备和服务。中国台湾塑料橡胶机械厂商经过多年辛勤和努力,在出口市场已取得一定的成绩和地位。整体产业如何在现有技术的基础上实现升级发展方面概述如下：

1.射出成型机

为满足节能环保需求，伺服电动机的应用日渐增加，除了为客户省电、省能源外，亦能提高定位精度，满足客户的需求，为客户创造利润。

（1）伺服省电系统的应用。以伺服电动机取代电动机作为机器的动力源，节能环保；驱动由液压改为伺服，高速且位置控制精准。

（2）发展全电式射出成型机。日本以生产全电式射出成型机为主，其是以伺服电动机作动力，多动作同步取代循序控制，实时回馈补偿，重复性高。台湾因关键零组件须外购，成本高，发展不易，但也有部分厂商已开始生产全电式射出成型机并推广到市场，例如台中精机和全立发机械。

（3）自动化和无人化。采用多功能机械手、六轴机械手、CCD 影像监测系统，配合输送系统，以网络（Internet）联结云端（Cloud）服务，达到自动化和无人化控制，这不仅可取代日益高涨的人工成本，亦可提高产品质量和产量。

（4）定制化。在台湾生产一般机和泛用机已不具竞争力，为客户量身定制专用机应是业界的永续经营之道。企业除了依靠自身力量外，亦可寻求外部资源，结合产、官、学、研，以及加入美学强化产品外观，提升产品的附加价值。

（5）转盘伺服化控制。承载模具的锁模转盘采用伺服电动机取代传统液压驱动控制，多运用在双色双料卧式射出机或立式多站射出机，可获得精准的位置控制。

2.挤出机和中空成型机

由于厂家在技术方面的投入和努力，这两种机型台湾已逐步取代意大利。而在快速精密和特殊专用机方面，德国技术还是世界领先，台湾机器与其差距明显。

（1）多层膜挤出机。台湾引进德国高阶控制器和先进的关键零组件，已能制造五层膜挤出机，应用在要求高精度的医疗品和化妆品的包装上。

（2）多层中空成型机。中空成型机主要用在润滑油、棕榈油和化妆品的包装方面。台湾已能制造三层中空成型机，以洗发精瓶子为例，其内外表面要光亮，故三层中的里层和外层用新的塑料、而中间层就用废料回收料，以减少材料成本。

（3）油电复合机（Hybrid）。中空成型机制造商已开始采用伺服电动机控制开、关模动作。

（4）双夹模装置。中空成型机制造商已能生产双夹模装置，例如：由原来的一模五穴，进一步到现在的二模十穴，产量大幅提升，机台占地面积减小。

（5）薄膜成型设备。例如：石头纸设备是利用薄膜成型加工，它比吹膜成型的技术层次更高，且产品优良率也高，其关键技术在 T 型模头。石头纸是一种新兴的环保纸，可以替代纸，它是使用 70% 碳酸钙，添加 25%～30% 塑化剂，经过挤出机挤成薄膜而成型。

3.吹制成型机

吹瓶机普遍用于包装市场，例如各式饮料和药品包装，与民生、生活用品息息相关。

（1）系统整合的应用。例如：把吹瓶机和灌装机系统整合的同步生产，减少瓶子的储存，不需要人工包装，中间的搬运时间和人力也减少了。

（2）发展全电式吹瓶机。运用伺服电动机取代传统的气、液压传动，具有高精度、低噪声、节能、洁净的优点，结合吹、灌、旋，功能整合，换模时间较传统旋转式吹瓶机节省 50%。

（3）开发高端吹瓶机。欧洲高端吹瓶机以饮料市场为主，例如德国和法国，其产品具有高速、高精度、机器性能强的优势；日本高端吹瓶机则着眼于药品包装市场，液压式的吹瓶机用“一步法（One-Step）”生产，将瓶坯射出和吹瓶整合在同一台设备上。

三、全电式射出成型机的发展和面临的问题

全电式射出成型机（All-electric Injection Molding Machine）起源于德国，Ferromatik Milacron 公司于 1985 年推出世界上第一台，但后续并未推

进发展。多年后,由日本 Fanuc 公司发扬光大,于 1994 年推出至市场,其后续不断发展,甚至引导日本的射出机由液压机转变到全电式射出成型机。据日本塑料机械工业会统计和发布的资料显示,日本目前所生产的射出成型机约 80%以上是电动机式,也就是所谓的全电式射出成型机。Fanuc 公司不仅射出成型机独领风骚,其伺服电动机和控制器更是精密工具机的首选,市场占有率较高,而其多关节机械手也是业界学习的目标。到目前为止,德国厂商也推出了全电式射出成型机,但是仅约占总产量的 20%,还是以液压机和液压电复合机(Hybrid)为主。不过,德国的液压和液压伺服技术仍然是世界领先的,尤其是 Moog 公司生产制造的伺服阀更是无可取代的重要关键零组件,是精密塑料成型机的标准配备。

全电式射出成型机系机电高度整合的精密机械,除精密机械设计、制作、组装技术外,控制部分包含温度控制、闭回路控制、逻辑控制、运动控制、过程控制、感测技术等,而伺服电动机的驱动控制是关键所在。动力传递是以高性能 AC 伺服电动机、高精度滚珠导螺杆、齿轮、皮带等取代电动机、液压泵、油路板、液压阀等,可将伺服电动机产生的能量有效传递,减少功率损失,提高用电效率。滚珠导螺杆是在轴与螺母、螺纹之间装入许多钢珠,利用轴或螺母的运动,钢珠边转动边重复循环,形成传动的机构,具有摩擦力小、传动效率高的优点。考虑成本因素,可根据各个轴使用要求的不同,选用适合等级的滚珠导螺杆。各运动轴部的控制型态见图 1。

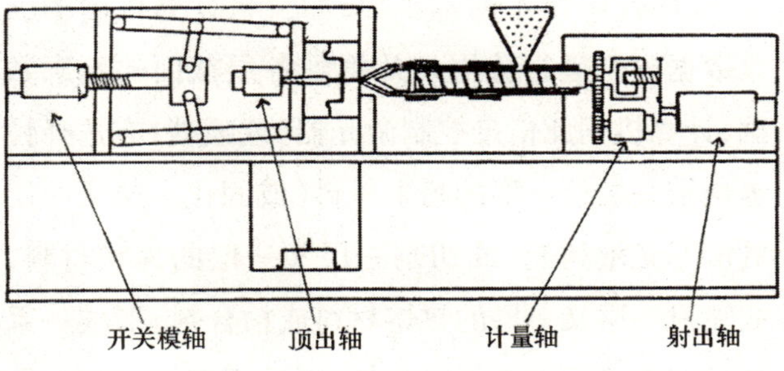

图 1 各运动轴部的控制型态

全电式射出成型机各个运动轴部的位置/速度控制与一般 CNC 机器的控制是相同的,其中比较特别的是保压、背压的压力控制。此压力控制的良莠对射出成型品的质量具有决定性和关键性的影响,良好的 *V/P* 切换压力与位置控制是成型制品质量稳定和合格的评估指针。射出轴的控制动作包含多段射速的速度控制、多段保压的压力控制及多段计量背压的压力控制。计量轴的控制动作包含多段计量转速的速度控制。开关模轴的控制动作包含多段开关模的速度及位置控制、低压模具保护的关模控制。顶出轴的控制动作包含多段顶出、顶退的速度及位置控制。另外,射座移动(前进、后退)轴的控制动作包含速度及位置控制。

全电式射出成型机的主要动作轴由伺服电动机驱动取代液压驱动,保证了精密的位置和速度控制,除了精密和准确外,其最重要的优点是省电、省能源,符合环保要求。依成型制品之不同,该机可比一般传统的液压机省电 50%~70%;因为没有油的升温而须冷却的问题,可节省水 80%~90%。另外,该机还有噪声低、没有油污等特点。对于医疗用品、精密光学仪器等适合在洁净室生产的制品,全电式射出成型机有绝对优势。

自从工业研究院机械所于 20 多年前研发出台湾第一台全电式射出成型机后,紧接着震雄机械厂股份有限公司的主导性产品辅导计划——智能型全电式射出成型机研发成功,随后台湾业界竞相投入研发。2006 年,由百塑、富强鑫、诠宝、东元精机、台稳(台中精机)、全立发机械厂等公司联合成立了全电式塑化成型与控制研发联盟。经过 20 几年的发展,除台中精机公司、全立发机械厂公司和诠宝工业公司生产出全电式塑化成型机外,其他射出机制造商大都只是处于研发完成阶段,尚未正式将产品推向市场。

全电式射出成型机的重要且关键零组件是永磁式伺服电动机、智能型控制器和滚珠导螺杆,而伺服电动机和滚珠导螺杆大都来自日本和德国。因为需要进口,这两种关键零组件且订购量小、价格高，成本难以下降，故台湾机与日本机的售价相比并无较大的差距和竞争力。在售价受到压低的情况下，全电式射出成型机销售的利润率比液压机还低，这也是业界未能大力发展该机型的主要原因。另外，台湾的伺服控制技术和经验无法跟上日本及德国，自然台湾机器的性能、重现性和稳定性也不及日本机和德国机。

对零组件供货商来说，为全电式射出成型机配套的永磁式伺服电动机，其特性是大功率、低惯量、高转矩、高转速，而台湾地区内市场需求量小，未来发展不被看好，厂商无利可图，故不愿投入发展。但是从长远发展来看，伺服电动机的发展和应用与精密工业和智能自动化的发展是息息相关、不容忽视的。近年来，许多厂商渐渐看到市场的利益所在，也开始投入研究发展，已能生产 15kW 以下小功率的永磁式伺服电动机，但还是不符合业界需求。业界需要的是全系列伺服电动机，也就是功率可达到 40kW 的永磁式伺服电动机。现阶段除了射出轴用的高精度和高负荷的滚珠导螺杆须自日本进口外，其他轴用的滚珠导螺杆，台湾厂商已能生产并可满足业界需求。相信以后如果滚珠导螺杆的需求量加大，其生产厂商应会全力配合发展。

〔撰稿人：中国台湾区机器工业同业公会塑橡胶机械专业委员会吴正炜〕

3D 打印技术及其应用进展

一、简介

3D 打印是“增材制造”（Additive Manufacturing）的主要实现形式。“增材制造”的理念区别于传统的“去除型”制造。传统数控制造一般是在原材料基础上，使用切割、磨削、腐蚀、熔融等办法，去除多余部分，得到零部件，再以拼装、焊接等方法组合成最终产品。而“增材制造”与之截然不同，无需原坯和模具，就能直接根据计算机图形数据，通过增加材料的方法生成任何形状的物体，简化产品的制造程序，缩短产品的研制周期，提高效率并降低成本。

3D 打印通常是采用数字技术材料打印机来实现的。以前，3D 打印技术常在模具制造、工业设计等领域用于制造模型，现正逐渐用于一些产品的直接制造，已经有使用这种技术打印而成的零部件。该技术在珠宝、鞋类、工业设计、建筑、工程和施工（AEC）、汽车、航空航天、牙科和医疗产业、教育、地理信息系统、土木工程、枪支以及其他领域都有所应用。

增材制造的优点如下：

不需要生产线，节约成本。可降低约 50%的制造费用。

能做出减材制造做不出来的超复杂结构。

新产品的开发周期大大缩短，产品加工周期缩短 70%。

大大降低了个性化产品的定制成本。

3D 打印不会产生废料、废渣，实现了零排放，对周围的环境影响小，既环保又高效。

3D 打印技术的基本原理是：将计算机内的三维数据模型进行分层切片得到各层截面的轮廓数据，计算机据此信息控制激光器（或喷嘴）有选择性地烧结一层接一层的粉末材料（或固化一层又一层的液态光敏树脂，或切割一层又一层的片状材料，或喷射一层又一层的热熔材料或粘合剂）形成一系列具有微小厚度的片状实体，再采用熔结、聚合、粘结等手段使其逐层堆积成一体，便可以制造出所设计的新产品样件、模型或模具。

自美国3D公司1988年推出第一台SLA快速成型机以来，已经有十几种不同的成型系统，其中比较成熟的有液态光敏树脂选择性固化(SLA)、薄形材料选择性切割(LOM)、粉末材料选择性烧结(SLS)、丝状材料选择性熔融(FDM)、粉末材料选择性粘贴(TDP)以及热塑性材料选择性喷洒等。

根据打印成型技术的不同，其所使用的材料也不同，包括塑料线材、蜡粉、尼龙、光敏树脂、工程塑料、金属粉末等。

二、3D打印技术的应用进展

按产品应用范围划分，3D打印主要分为工业级、医用级和民用级。前两种级别的3D打印机精度很高，可以打印塑料和树脂、金属和高分子材料，能够生产航空航天及汽车所需的部件、医用人造牙齿、关节等，甚至包括人造器官。目前，3D打印主要应用于产品设计、快速模具制造、铸造、医学等领域，图1为3D打印制造技术应用领域分布。

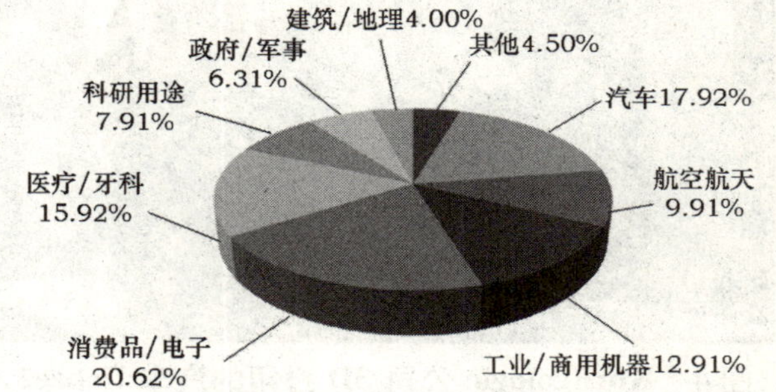

图1 3D打印制造技术应用领域分布

1.工业方面

3D打印在传统制造业的模具设计和生产，汽车制造业以及其他的工业制造方面有广泛的应用。

(1)在模具制造中的应用。EOS采用激光成型技术生产的模具及水路设计比较见图2。用激光成型技术生产的模具生产的产品性能特点见图3。

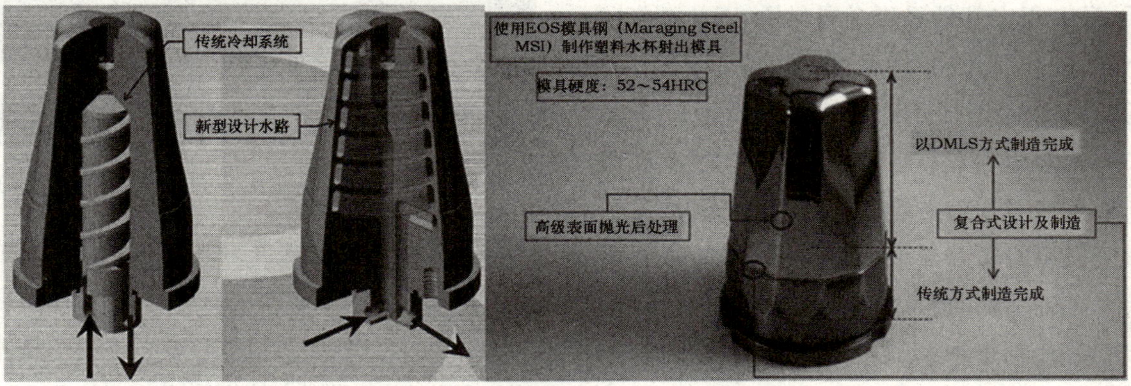

图2 EOS采用激光成型技术生产的模具及水路设计比较

图2中右图所示为传统模具的流道设计，直进直出；新型的水路是使用德国EOS的M280激光烧结设备直接制造出的金属模具，环形的流道设计更加合理高效，可以减少产品翘曲变形的废品率，缩短一半的注塑成型时间，提高效率，节省成本。

(2)3D打印真实汽车，成本5万美元、耗时2 500h。美国当地时间2013年2月28日，KorEcologic公司通过视频网站发布了其研发的世界首款3D打印汽车Urbee2，并透露该车成本为5万美元，整个制作过程比较复杂，从打印模具到组装大概需要花费2 500h。目前已有14个订单。KorEcologic公司3D打印的汽车Urbee2见图4。

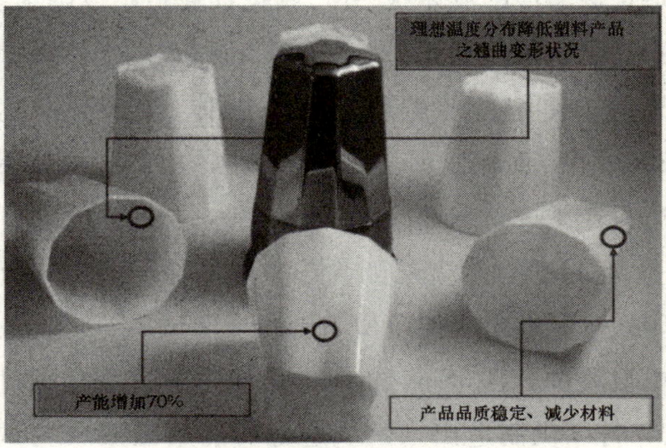

图3 用激光成型技术生产的模具生产的产品性能特点

图 4　KorEcologic 公司 3D 打印的汽车 Urbee2

KorEcologic 公司使用 3D 打印技术"打印"外壳和零部件，研究人员的主要工作包括组装和调试。发布的视频显示，这辆汽车有 3 个轮子，除发动机和底盘的材料是金属，用传统工艺生产外，其余大部分材料都是塑料，整个汽车的重量约为 544.3kg（1 200 磅）。然而现在并不能完全通过 3D 打印技术制造汽车，原因是许多零件采用不同的塑料材质，还有很多部件采用金属材质，因此要打印整部汽车，则需要 3D 打印机可以胜任打印各种材质的耗材。这在目前还难以实现。

（3）华盛顿大学工程学院用 3D 打印机和废旧牛奶瓶制造了一艘游艇。2012 年夏天，西雅图格林湖公园举行了每年一次的划船比赛，来自华盛顿大学工程学院的参赛船是一艘和真船一样的船，而实际上，它是把塑料牛奶瓶弄碎熔化后，用 3D 打印机打印出来的塑料船（见图 5）。打印机是用计算机控制的等离子切割器，它可以把塑料熔化成薄薄的流体状，并可根据计算机指令喷射。这样制造出了尺寸为 2.5m×1.2m×1m 的船体。如果他们使用商业塑料丝打印船体，造价会高达 800 美元，而他们用了 250 个干净的空牛奶瓶，最后只花了 3.2 美元。

（4）美国弗吉尼亚大学两位学生通过 3D 打印技术制造出一架模型飞机并成功试飞。这架飞机机翼展开达 65in（约 2m），所有零部件都是通过 3D 打印机制造出来的。这是目前第三架成功试飞的利用 3D 打印技术制造的模型飞机。美国弗吉尼亚大学学生打印的模型飞机见图 6。

图 5　利用废旧奶瓶和二手激光打印机打印出的游艇

图 6　美国弗吉尼亚大学学生打印的模型飞机

（5）航空。2013 年 1 月 18 日，国务院公布 2012 年度国家科学技术奖获奖情况，北京航空航天大学王华明教授以"飞机钛合金大型复杂整体构件激光成形技术"获国家技术发明奖一等奖。该技术使我国自行设计研制的首型舰载战斗机——歼-15 从零起步跨越到第三代战斗机的行列，达到了美国最先进的舰载机"大黄蜂"的技术水准。图 7 为利用"飞机钛合金大型复杂整体构件激光成型技术"研制的飞机，其风挡在高速飞行时要承受巨大动压，窗框由钛合金制成。

（6）月球计划。2012 年 7 月，美国宇航局（NASA）测试了新一代 3D 打印机，它可以在绕地球飞行时制造设备零部件，并希望把这种打印机送到火星上。2013 年 2 月初，欧洲航天局宣布，将利用 3D 打印技术在月球上建立首个人类基地，月球基地建筑材料的 90%都可能实现就地取材。目前已经生产出大约1.7t的蜂窝状建筑材料，用以演示未来的建筑材料样式。月球基地设计了一种承重的“悬链”式穹顶，结合可压力充气的细胞状单元格结构的墙壁，以保护宇航员免受微流星体和空间辐射的伤害。

图7　利用“飞机钛合金大型复杂整体构件激光成型技术”研制的飞机

2.医学方面

美国威克森林再生医学研究所用3D打印技术为一个病男孩卢克定制了膀胱模子，并用其自身细胞在模子内发育成可发挥膀胱功能的器官。这个人造器官让卢克避免了终生依赖透析的命运。目前，该研究所正尝试利用喷墨打印机原理，用细胞替代墨水，直接打印制造人体组织和器官。

2013年3月初，美国借助3D打印技术及计算机断层扫描/磁共振成像数据，用美国牛津高性能材料公司生产的生物兼容塑料为一位患者成功替换了75%的受损颅骨。

3D打印机打印出人工关节，帮2岁小女孩摆脱了病痛。两岁的艾玛天生患有关节挛缩症(AMC)，这抑制了她的肌肉发育，使骨头变得僵硬。最有效的一种治疗方式是采用WREX设备及一种特别的石膏来帮助AMC病人。其通过借助松紧带、人工关节的支持来提升他们的四肢。问题是艾玛现在太小了，不适合用WREX设备，所以威尔明顿·德尔研究所的Tariq Rahman博士和Whitney Sample设计师打印了一个缩小版的模拟设备。模拟设备打印的艾玛身上的关节见图8。

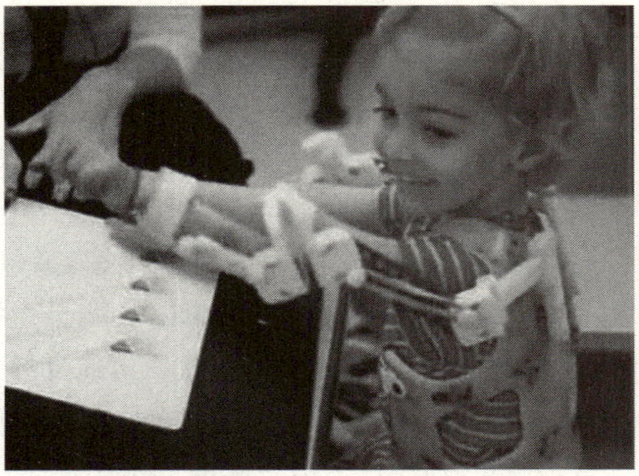

图8　模拟设备打印的艾玛身上的关节

两位采用的是原WREX设计图纸，把它按照艾玛的比例缩小，所用的ABS塑料(工程塑料)已被证明足够坚固，能够保证日常使用。

3D打印技术在医学方面的一个重要应用是制造义齿。由于每个人的口腔和牙齿各不相同，当他们进行牙齿修复时均需要个性定制，这就注定了义齿的唯一性。如果每套牙齿都铸造模具将是很大的浪费，采用3D打印则不仅可以满足个性定制需求，同时采用无模生产又能降低成本，并进一步缩短制造周期。牙医用传统方式生产假牙需要两周，而利用3D打印技术只需1小时。上海正雅齿科科技有限公司打印的牙模每年预订量超过5万个。

2013年2月21日，美国康奈尔大学和威尔·康奈尔医学院的研究人员合作，利用3D打印技术和含有牛耳活细胞的凝胶造出一种新型人工耳(图9)，无论在外观还是功能上，其均可与真耳相媲美。研究人员指出，这种新型生物工程替代耳可作为整形外科手术的一种方案。

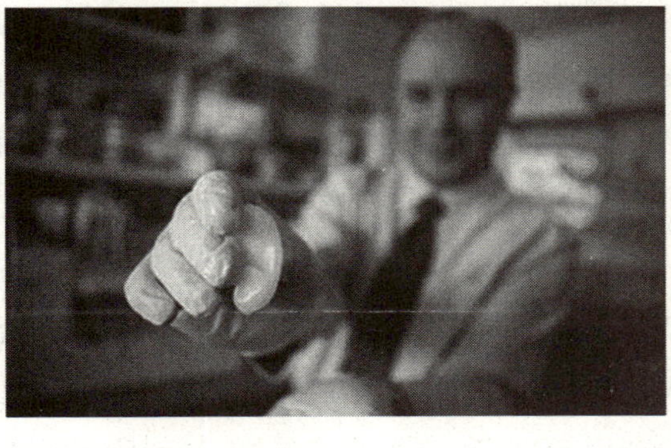

图9　打印出的人工耳

另外，超过 90%的耳内助听器可以用 3D 打印技术生产。一方面，在生产过程中可以利用智能软件优化助听器声频特性；另一方面，采用该技术可以使其生产成本大幅降低。

日本诊所利用 3D 打印技术制造天使模型（图 10）。日本 Fasotec 公司和 HirooLadies 诊所合作推出了胎儿 3D 打印服务“天使的形状”，可通过母亲躯干的 CT 或 MRI 扫描图打印出胎儿的 3D 树脂模型。这项服务被称为“天使的形状”，它是通过 CT 或者 MRI 扫描母亲的躯干得到一个数字模型，然后根据这个模型利用两种树脂打印出一个 3D 的胎儿模型。打印出的成品是未出世宝宝的复制品，一个白色的不透明胎儿包裹在母亲透明无色的子宫中。

图 10　3D 打印的天使模型

3.消费品

3D 打印技术广泛用于消费品行业，涉及珠宝、服饰、鞋类、玩具、创意 DIY 作品的设计和制造。

作为一家创业型 3D 打印公司，将制作工厂设在美国纽约的 Shapeways 公司号称 3D 打印界的亚马逊。珠宝加工一直都是个性化定制行业里的领跑者。但是苦于传统加工行业技术的局限性，而使得很多极具概念性的设计胎死腹中。现在，有了 3D 打印机，珠宝行业的加工技术、加工成本及造型复杂程度都可以不用担心了。这家 Shapeways 公司有大量的设计师们对珠宝类项目情有独钟，并且已开始利用 3D 打印技术制造首饰，其创意还是很让人惊叹的。

Sivam Krish 是一名来自澳大利亚阿德莱德的 3D 打印爱好者，他一直致力于研究可用于珠宝设计的 3D 打印算法。目前，Sivam 已经在 Kickstarter 开了一家店铺，并且他的目标是销售额达到 3 000 美元，用来向未来的投资者证明他的创意珠宝设计不是小众产品，具有更广阔的发展前景。3D 打印的首饰见图 11。

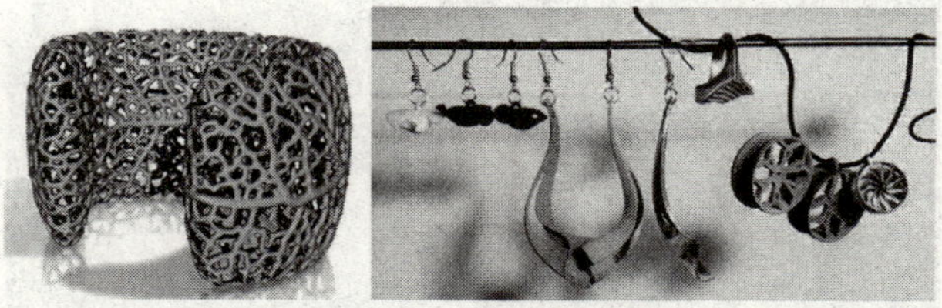

图 11　3D 打印的首饰（左图为 Shapeways 公司打印的首饰，右图为 Sivam Krish 打印的各色饰品）

2012 年巴黎时装周有多位设计师展出了 3D 打印的服装。其中有一家设计公司用于制造时装的 3D 打印技术来自 3D 打印机制造商 Stratasys 公司和比利时添加剂生产企业 Materialise 公司，其中 Stratasys 公司所研发的名为“Objet Connex Multi-material 3D”的最新 3D 打印机能够同时打印出软硬两种质地的物品。

除此以外，3D 打印还被用来打印尼龙高跟鞋、眼镜及更多的首饰珠宝等消费品。Freedom of Creation 设计公司生产的服装和美国时尚工作室 Continuum Fashion 设计的鞋子见图 12。

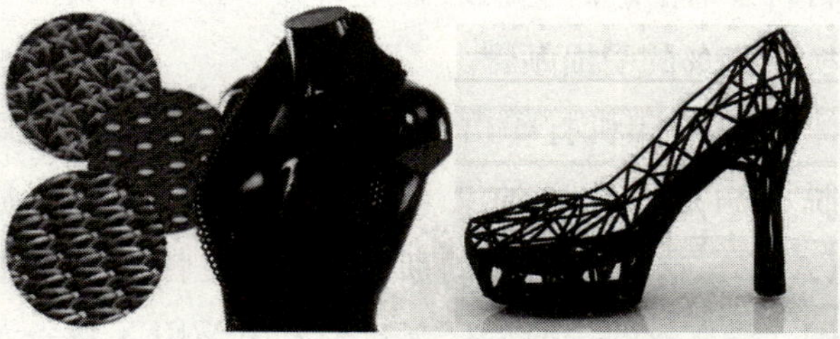

图 12　Freedom of Creation 设计公司生产的服装和美国时尚工作室 Continuum Fashion 设计的鞋子

图 12 右图所示的这款高跟鞋由美国时尚工作室 Continuum Fashion 设计，名叫 Strvct，是一款网格状充满未来感的鞋子。整个鞋面和鞋跟都用尼龙

模具造价约为注塑的 1/4)，锁模力小(吹塑型坯的吹胀压力一般低于 1MPa，而注塑模腔内熔体压力一般为 15～140MPa)，能耗较低，适应性强(可成型结构复杂、双壁的制品)，成型的工业制件整体性好、综合性能好、附加值高、缺陷较小、成本较低。因此，吹塑技术在汽车等工业中得到越来越广泛的应用。

近期，吹塑工业配件向复杂化和大型化方向发展。然而，汽车工业的配件吹塑中存在材料消耗较大、加工能耗较高和生产效率较低等突出问题。例如，汽车内部的各种连接管和通风管结构复杂，多呈三维弯曲状，其吹塑时会产生大量的飞边。如某汽车配件制造公司采用常规吹塑技术生产的一种汽车管件的飞边质量是零件本身质量的 2 倍多；吹塑的某车型排水罐连接管的飞边质量为零件本身质量的 9 倍。此外，对结构复杂且壁厚差异较大的吹塑制件，存在表观性能和成型合格率较低等问题。常规吹塑技术生产的汽车管件见图 1。

图 1　常规吹塑技术生产的汽车管件

针对上述工业配件吹塑中存在的问题，近 10 多年来，华南理工大学研究组全面、深入地对吹塑进行了理论研究，并在此基础上，研发成功多种高性能低能耗的设备和关键技术。

一、理论研究概述

1. 吹塑三阶段的建模、仿真和分析

聚合物吹塑包括型坯成型、型坯吹胀和制品冷却三个阶段，它们直接影响吹塑制品的尺寸和性能，而且是决定吹塑过程中材料和能量消耗的主要因素，很有必要对这三个阶段的机理问题进行研究。为此，华南理工大学研究组从吹塑过程中抽提出所存在的基本科学问题，提出新模型和新理论以及集成的模拟方法，对吹塑三阶段的共性机理进行了研究，着重使理论分析、数值模拟和实验研究相协调，促进对新现象和新规律的创新研究。

(1) 型坯成型。型坯成型阶段主要受离模膨胀和垂伸这两种复杂流变现象的影响，它们的综合效应决定了型坯吹胀前的尺寸和形状。

1) 型坯尺寸的神经网络模型预测。基于实验或有限元模拟获得的系列数据，建立了可在一定范围内预测型坯尺寸(直径和壁厚)分布的神经网络(NN)模型。结果表明，所建立的 NN 模型预测的型坯尺寸分布与实验结果相当吻合(误差平方和小于 0.01)，并且揭示了型坯尺寸的分布规律。进一步，建立了两个串联的 NN 模型，其中 NN 模型 1 用于预测不同加工参数下型坯长度随时间的演变，NN 模型 2 预测不同型坯长度下型坯上若干(如 20 个)位置的尺寸。综合这两个 NN 模型，可预测任意长度或时刻下型坯上若干位置的尺寸。预测任意长度或时刻下型坯上若干位置尺寸的两个串联的神经网络模型见图 2。

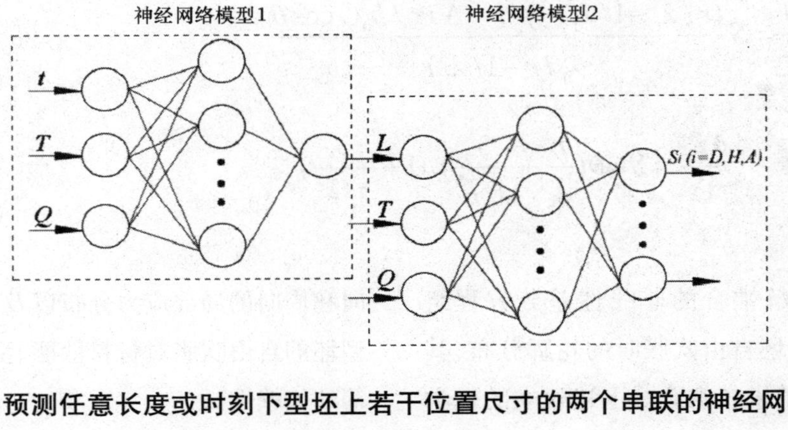

图 2　预测任意长度或时刻下型坯上若干位置尺寸的两个串联的神经网络模型

采用上述的建模方法，每一实验只能获得一个数据组对 NN 模型进行训练，这样，就需要较多的实验次数。为此，建立了如图 3 所示的 NN 模型，可预测型坯上任意位置的尺寸。此外，采用这种建模方法，每一试验可获得若干（如 20 个）数据组，从而可大大减少实验次数。预测型坯上任意位置尺寸的神经网络模型见图 3。

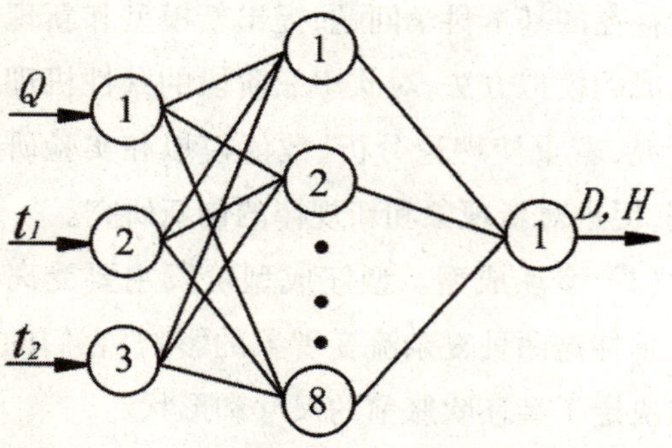

图 3　预测型坯上任意位置尺寸的神经网络模型

上述研究表明，将 NN 方法应用于受多因素影响的型坯成型的研究，可确定型坯尺寸与机械参数、材料性能参数和加工参数之间的定量关系，具有以下优点：不需或最少的简化假设，不需采用本构方程，可在线预测，较快的响应。利用建立的 NN 模型预测的结果与实验结果相吻合，为型坯尺寸的在线控制提供了理论依据。

2）变机头模口间隙下型坯尺寸的模拟。针对目前商业软件无法模拟变机头模口间隙下型坯膨胀的难题，在对型坯膨胀进行有限元模拟的基础上，采取“分割集成”的方法，提出了一种可有效地模拟变间隙下型坯膨胀的巧妙方法，为复杂制品吹塑的模拟提供了新思路。该方法简述如下：对每个预设的模口间隙，均采用有限元法进行一次模拟；把在各个模口间隙下模拟获得的型坯子段（S_1，S_2，…，S_n）组合在一起，即可得到模口间隙变化情况下挤出的整段型坯，最终获得的型坯轮廓和尺寸分布与实验结果较为吻合。

（2）型坯吹胀。吹胀阶段型坯要经受大变形，且涉及几何、材料和接触三方面的非线性，故对其建模和仿真有较大的难度。

从对型坯（薄壳）微体积元的力平衡出发，建立了型坯自由吹胀的物理模型（见图 4）。基于薄膜近似和 neo-Hookean 本构关系，推导出描述型坯自由吹胀的数学模型：

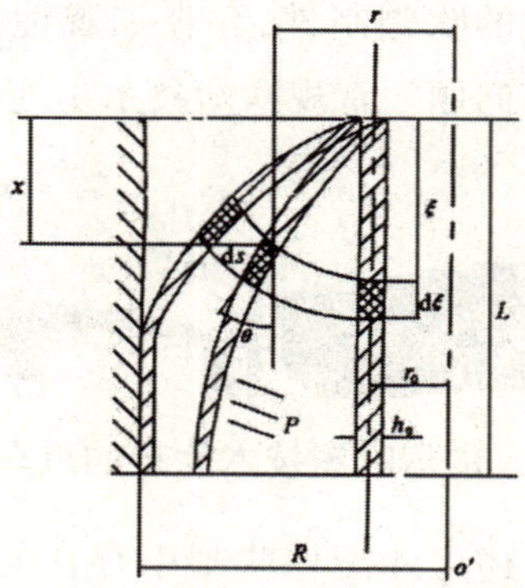

图 4　型坯自由吹胀的物理模型

$$\mathrm{d}\tilde{r}/\mathrm{d}\tilde{x} = S\mathrm{tg}\theta \tag{1}$$

$$\frac{\mathrm{d}\theta}{\mathrm{d}\tilde{x}} = S\frac{(\tilde{r}/\lambda_1 - 1/\lambda_1^3\tilde{r}^3)/\tilde{r} - \Delta Pr_0/h_0 G\cos\theta}{\lambda_1/\tilde{r} - 1/\lambda_1^3\tilde{r}^3} \tag{2}$$

$$\frac{\mathrm{d}\lambda_1}{\mathrm{d}\tilde{x}} = S\mathrm{tg}\theta\left(\frac{\tilde{r}}{\lambda_1} - \frac{3}{\lambda_1^3\tilde{r}^3}\right)/\left(1+\frac{3}{\lambda_1^4\tilde{r}^2}\right) \tag{3}$$

采用打靶法求解耦合的非线性差分方程组（1）~（3），得出了型坯自由吹胀时的轮廓分布，其与可视化实验观察结果较吻合。上述建立的数学模型可用于预测型坯自由吹胀时局部的拉伸比、轴向和周向的局部应力分布以及壁厚分布，还可预测型坯的自由吹胀对材料性能、型坯尺寸和加工参数等的依赖性。

进一步地，以 Mooney-Rivlin 本构关系描述型

坯吹胀时的流变行为，采用有限元法，对型坯的自由吹胀和受约束吹胀进行了理论模拟，着重考虑无量纲化后的综合因素对型坯吹胀的影响。

通过可视化在线观察，发现拉伸吹胀过程中型坯存在海豚型、积沙型和双泡型三种轮廓演变模式。在此基础上，推导出型坯轴向和周向的应力分布：

$$\sigma_l=\begin{cases}\dfrac{F}{\pi\delta^2+2\pi R\delta}=\dfrac{F}{\pi\delta(\delta+2R)}=\dfrac{F}{\pi\mu}\\[2ex]\dfrac{F+P\pi R_m^2}{\pi\delta(\delta+2R)}=\dfrac{F+P\pi R_m^2}{\pi\mu}\end{cases}\tag{4}$$

$$\sigma_h=\frac{2RlP}{2l\delta}=P\frac{R}{\delta}=P\nu\tag{5}$$

由上两式可知，与型坯厚度和内径相关的两个参数（μ 和 ν）的变化导致型坯应力的变化。结合应力分布、温度分布和材料本构关系，分析了不同型坯轮廓演变模式的形变机理，有助于优化型坯的设计和设定合适的加工条件。

更进一步地，提出了一种高弹态 PET 大形变的黏弹性本构模型：

$$\sigma=\sigma_{op}+\sigma_y=\frac{nkT}{\sqrt{3}}\sqrt{N}\pounds^{-1}\left[\frac{I_1^{1/2}}{\sqrt{3N}}\right]\frac{1}{I_1^{1/2}}\left(B-\frac{1}{3}I_1 I\right)+\kappa(J-1)I+\frac{RT}{\nu}\{\frac{\Delta H}{RT}+\ln\frac{2\dot{\varepsilon}}{\dot{\varepsilon}_0}\}(1-\exp(-(\lambda-1)/\lambda_{ref}))\tag{6}$$

可见，上述模型采用 Eyring 活化机理和 Arruda-Boyce 八链模型分别描述应力应变关系中的屈服流动和应变硬化特征。采用该本构模型，对拉伸吹塑中的传热和接触等非线性效应分别建模，分析型坯的形变机理和应变诱导结晶，预测应力、应变、应变率和应变硬化分布。

上述预测的吹胀阶段型坯的形状变化、变薄性能和壁厚分布，为根据预期的过程参数优化设计吹塑模具或针对已有设备条件优化过程参数、以低成本（如采用最少的原料消耗）成型出最佳的制品提供了理论依据。

（3）制品冷却与固化。制品的冷却效率直接影响吹塑的生产率和能耗，而且是制品内形成的晶体结构的主要影响因素之一，其少量变化就会导致晶体生长从而使制品性能发生较大变化。根据上述情况建立了吹塑制品冷却阶段的三维温度场、结晶动力学和制品杨氏模量（E）的数学模型：

$$\rho\frac{\partial H}{\partial T}\frac{\partial T}{\partial t}=\frac{\partial}{\partial x}\left(k_x\frac{\partial T}{\partial x}\right)+\frac{\partial}{\partial y}\left(k_y\frac{\partial T}{\partial y}\right)+\frac{\partial}{\partial z}\left(k_z\frac{\partial T}{\partial z}\right)\tag{7}$$

$$\frac{\mathrm{d}\theta}{\mathrm{d}t}=nK(T)(1-\theta)\left[\ln\left(\frac{1}{1-\theta}\right)\right]^{(n-1)/n}\tag{8}$$

$$E^{1/5}=E_{AM}^{1/5}(1-X_c)+E_{CR}^{1/5}(X_c)\tag{9}$$

通过模拟，预测了吹塑制品壁内的瞬态温度分布，并与实验结果进行了比较，这为进一步分析制品的微结构性能（取向度、结晶度、密度和残余热应力）和最终性能提供了温度数据。例如，采用下述的热-黏弹性本构模型，对复杂制品的残余应力和翘曲进行了模拟：

$$s_{ij}(x,y,z,t)=\int_{-\infty}^{t}G_1(\xi-\xi')\frac{\partial e_{ij}(x,y,z,t')}{\partial t'}\mathrm{d}t' \tag{10}$$

$$\sigma_{kk}(x,y,z,t)=\int_{-\infty}^{t}G_2(\xi-\xi')\frac{\partial}{\partial t'}\left[\varepsilon_{kk}(x,y,z,t')-e_{th}(x,y,z,t')\right]\mathrm{d}t' \tag{11}$$

2.吹塑制品壁厚的控制策略

工业生产中通过型坯壁厚程序控制器对吹塑制品壁厚进行控制，其存在依赖操作人员经验进行反复调试、调试过程中原材料消耗量大和制品质量较不稳定等缺点。随着吹塑制品复杂程度的提高，采用这种技术难以获得合适的制品壁厚分布。为此，提出了吹塑制品壁厚的控制策略。

（1）吹塑制品壁厚迭代优化与控制的建模及策略。提出了吹塑制品壁厚迭代优化与控制的总体方案如图5所示，目的是根据制品壁厚要求反向推算型坯机头模口间隙曲线应如何设置，才能使被挤出的型坯能吹塑出给定壁厚的制品，而又尽可能地减少材料的使用量。该方案由两部分四阶段组成，简述如下：采用有限元法对型坯成型和吹胀进行模拟，估算初始的机头间隙曲线；以该初始间隙曲线为基准，通过正交实验和灵敏度分析，反推理论上最优的间隙曲线，并按该曲线进行实验。采用实验获得的制品壁厚分布和对应的模口间隙曲线，建立NN模型；采用嵌入有模拟退火算法的遗传算法进行全局优化，并采用上述NN模型计算目标函数值，以推导出一条新的机头模口间隙曲线，根据制品壁厚要求对该间隙曲线进行迭代优化，以使最终得出的制品壁厚完全落入目标区间。其中，为提高NN建模的训练速度，提出并采用了一种快速BP神经网络算法（QLMBP）。

（2）吹塑制品壁厚的智能化控制策略。提出了一种集数值模拟、最优化技术、在线检测和在线控制于一体的吹塑制品壁厚智能化控制策略，简述如下：

1）型坯壁厚优化。对吹塑过程进行有限元模拟，利用模拟结果建立型坯壁厚分布与优化目标函数之间的NN模型，采用该模型实时求解优化迭代过程中的目标函数，结合多种群并行遗传算法，以获得所需的吹塑制品壁厚为目标，建立型坯壁厚优化的数学模型，求解该模型获得优化的型坯壁厚分布曲线，并根据实验获得的机头模口间隙与型坯壁厚之间的关系确定优化的初始机头模口间隙曲线。

2）制品壁厚在线检测。构建多通道超声波检测装置，开发具有多通道数据采集、信号处理、壁厚识别和壁厚输出功能的检测软件，实现吹塑过程中制品壁厚的模内在线检测。

3）自整定模糊高阶PD型迭代学习控制算法设计。结合模糊算法和迭代学习控制算法，提出一种自整定模糊高阶PD型迭代学习控制算法原理（见图6），其在迭代学习的基础上增加一个自整定模糊高阶PD型控制器，充分发挥迭代学习控制和模糊控制的优点，既提高鲁棒性又保证精度。

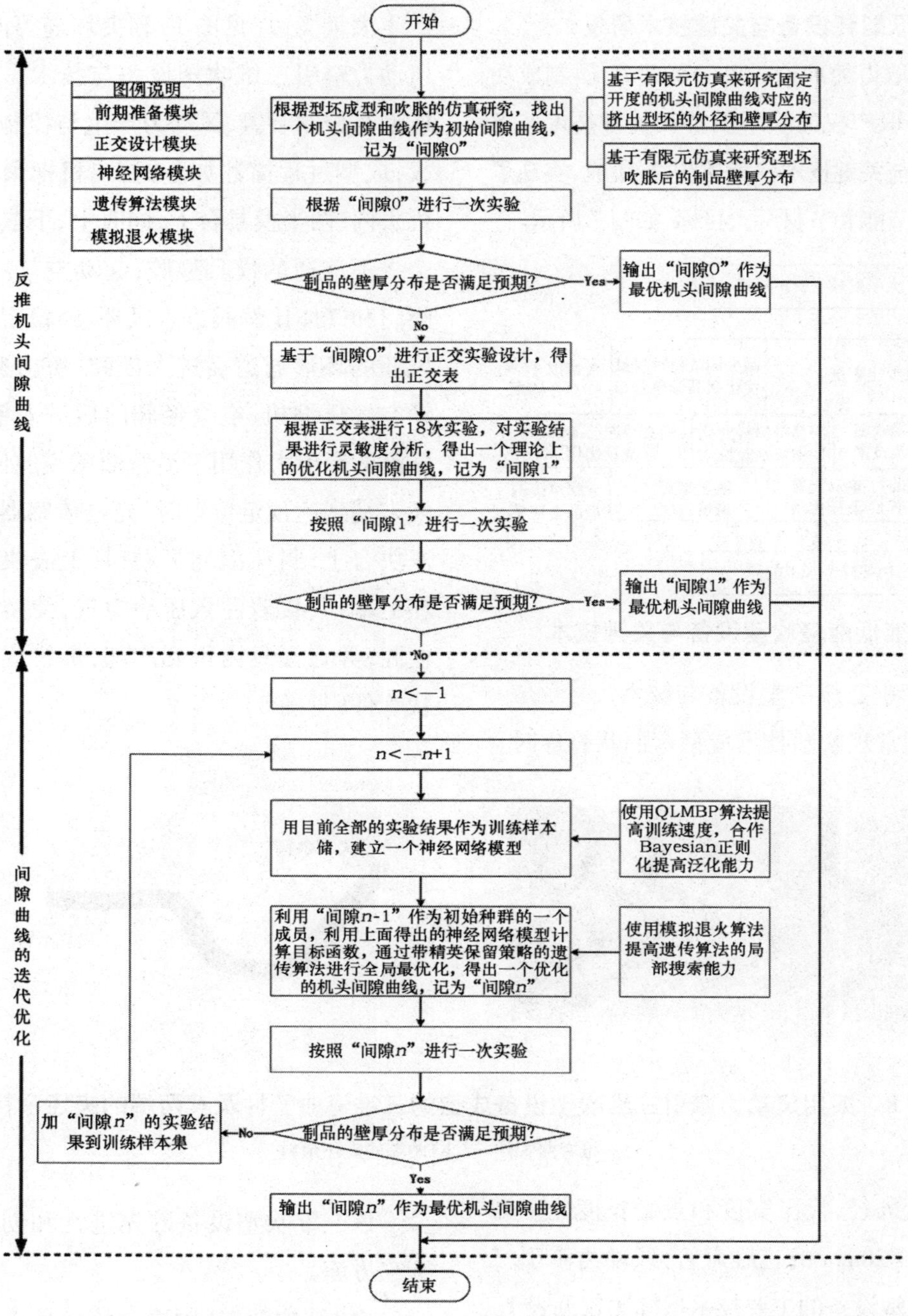

图5 吹塑制品壁厚迭代优化与控制的总体方案

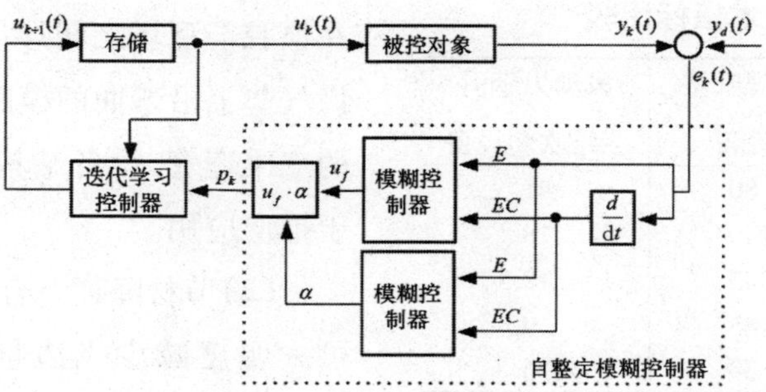

图6 自整定高阶PD型模糊迭代学习控制算法原理

二、高性能低能耗设备与关键技术研发

在上述研究取得的理论成果的基础上，研制成功多种具有自主知识产权的吹塑设备和关键技术。下面介绍四种设备与关键技术，对它们进行集成，实现了复杂制件吹塑的节能和节材两大目标，如图7所示。

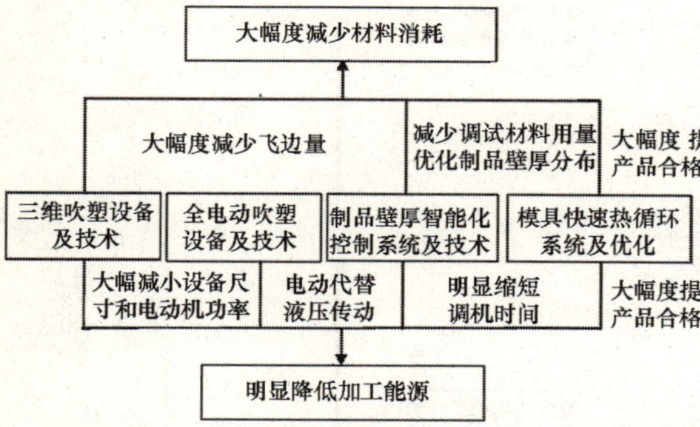

图7　高性能低能耗吹塑设备与关键技术

1. 风动力牵引三维吹塑设备与技术

为解决采用常规吹塑技术成型弯曲状管件时产生大量飞边（见图1）和夹坯缝等问题，研制成功风动力牵引三维吹塑设备与技术。该设备由型坯成型与控制装置、风动力产生与控制装置和模具构成，成型过程简述如下：挤出机把聚合物熔体泵入机头内，两半模具合上，同时上、下嵌块打开形成一个上下连通的模具型腔；起动空气压缩机，空气经阀门和气体比例阀进入风环，经稳定后的气流通过风环的环形通道后进入模腔；挤出型坯，并同时起动空气压缩机，空气经阀门后进入型坯内；型坯在气流的牵引力作用下沿弯曲的模腔向下移动，当型坯末端到达预定位置时，光电传感器发出信号使下嵌块合上，封住型坯下端口，上嵌块合上并封住型坯上端口，接着注入压缩空气，使型坯吹胀而贴紧模腔，并在模具内得到冷却，最终成型为三维弯曲状管件（见图8）。

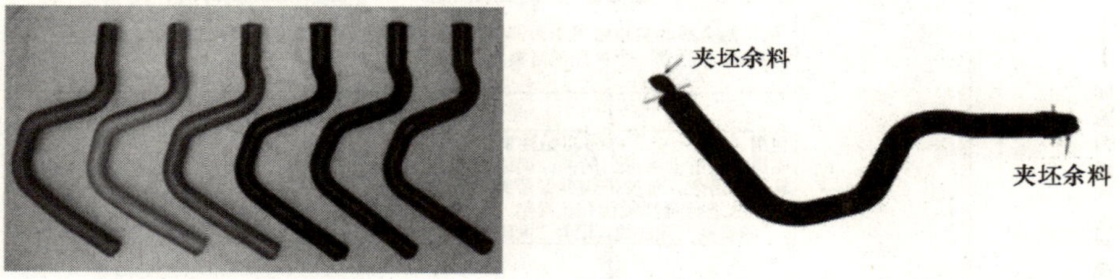

a)　　　　b)

图8　采用风动力牵引三维吹塑设备成型的三维弯曲管件及其两端的夹坯余料

a）三维弯曲管件　　b）两端的夹坯余料

对图8所示外径、投影宽度和投影长度分别为36mm、240mm和420mm的三维弯管，风动力牵引三维吹塑与常规吹塑设备的主要技术指标比较见表1。

表1　风动力牵引三维吹塑与常规吹塑设备的主要技术指标比较

技术指标	常规吹塑设备	风动力牵引三维吹塑设备
挤出机直径（mm）	80	45
型坯机头直径（mm）	140	18
主电动机功率（kW）	45	18.5
加工飞边量（%）	85①	9.5②
生产量（件/h）	59	136

①包括夹坯余料。

②无加工飞边，仅为夹坯余料。

该三维吹塑设备的先进性和创新性体现在如下三方面。

（1）结构简单、紧凑。该设备主要利用风动力产生与控制装置形成的气流牵引着型坯，并借助在模腔与型坯之间形成的气垫，使型坯“悬浮”在该气垫上沿弯曲的模腔移动而成型为几乎无飞边的三维弯管，设备结构较简单、制造成本较低，便于推广应用。

（2）节材降耗。合模时仅在型坯两端夹坯，故可大幅度减少飞边量（比常规吹塑减少20%～90%，对图8所示弯管减少约89%），提高材料利用率，减小除飞边和飞边破碎回收等的加工量；成型

相似的三维弯管时，可采用明显较小的挤出机和型坯机头，模具夹坯口刃短，明显降低锁模力。这些可大幅度降低加工能耗，如对图8所示弯管，单件制品加工能耗降低约53%。

（3）制品性能高。型坯进入模腔后，其外表面与模腔表面不会过早地接触，这可避免型坯发生凹陷变形，使制品周向壁厚分布较均匀；尤其是由于制品轴向上不形成夹坯缝，可明显提高其力学性能和使用寿命，使该设备特别适于生产受压的三维弯管（如汽车进气和排气管件等）；对内部有流体流动的弯管，轴向无夹坯缝还可避免流动不稳定等现象；飞边量少不仅使回收料加工量小，也可提高制品的性能。

2. 吹塑制品壁厚智能化控制系统与技术

长期以来依靠操作人员的经验通过“试错法”来调控吹塑制品的壁厚和性能，这与快速发展的吹塑技术很不相称，更难适应大型、复杂吹塑对制品尺寸和性能所提出的较高要求。为此，在上述吹塑制品壁厚控制策略研究的基础上，研制成功吹塑制品壁厚智能化控制系统，其硬件包括模内制品壁厚超声波在线检测、工控处理和模口间隙控制三个模块，控制流程如图9所示。

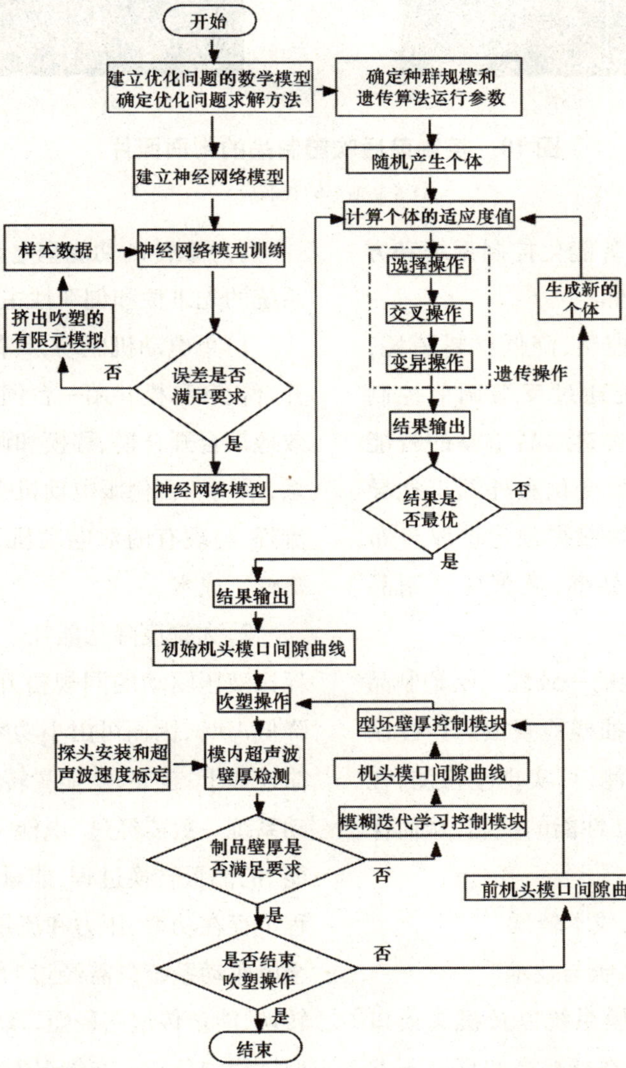

图9　吹塑制品壁厚智能化控制流程图

以一个轴对称吹塑制品（其目标壁厚为 1.3 mm）为控制对象，图 10 显示了控制前后制品的剖面照片。显见，控制前制品的壁厚分布明显不均匀，经迭代控制后壁厚分布均匀性明显提高（1.3mm±0.1mm）。还以图 8 所示三维弯管轴向的平均周向壁厚作为控制目标进行了离线控制，经 5 次迭代后，弯管轴向 14 个位置的壁厚完全落入预定的目标壁厚范围。

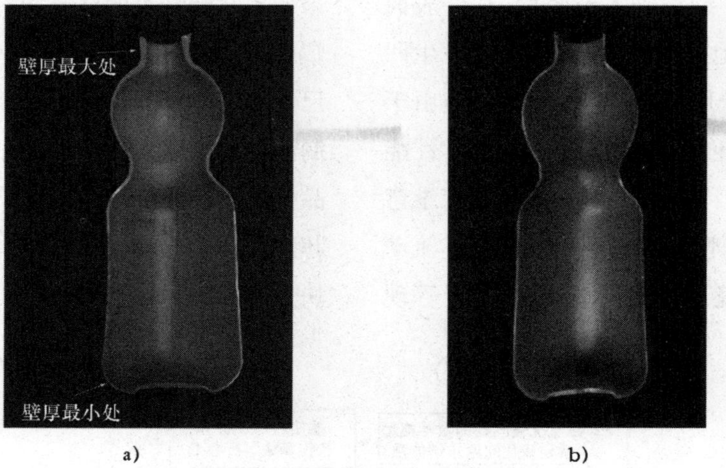

图 10　控制前后吹塑制品的剖面照片

a）控制前　b）控制后

所研制的吹塑制品壁厚智能化控制系统和方法具有如下的先进性和创新性。

（1）实时测量反馈调节控制，降低材料消耗，提高制品性能。该控制系统通过反馈调节控制机头模口间隙曲线，实现对吹塑制品壁厚的智能化控制，克服因各种内部参数变化和外部干扰导致的制品壁厚偏差，明显缩短获得预定壁厚分布的时间，降低材料消耗和废品率，显著提高制品性能。

（2）保证制品壁厚和性能的一致性。吹塑制品壁厚和性能的传统控制采用抽样检查法。该控制系统对制品壁厚进行在线检测，可实现全检测，在线检测的壁厚数据可用于制品性能的控制，从而保证制品壁厚和性能的一致性。

（3）操作简单，实现容易，成本较低。

3.全电动吹塑设备关键系统与技术

传统的吹塑开合模和移模系统以及机头模口间隙调节系统由液压驱动，存在能耗高和环境不友好等缺点。因此，全电驱动替代液压驱动成为必然趋势，以适应当前全球低碳、环保、节能和减排的要求。

（1）双传动功能全电动开合模和移模系统。该系统的先进性和创新性主要体现在如下两方面：

1）单电动机驱动，具备双传动功能。解决了因开合模和移模共用一台伺服电动机带来的难题，有效地耦合开合模、移模和调模这三种功能之间的关系，采用一台伺服电动机完成开合模和移模的整个流程，与现有的双电动机开合模和移模系统相比，降低了成本。

2）大幅度降低能耗。经实测和分析，其实际能耗比液压驱动的同规格开合模和移模系统的能耗降低 10%，因而可由小功率伺服电动机驱动。原因简述如下：首先，从能量转换和传递方面看，液压驱动系统一般需经过“电能→机械能→液压能→机械能”的能量转换过程，能量传递路径长，且在传递过程中存在功率、压力和流量损失，系统的总效率低；全电驱动系统只需经过“电能→机械能”一次能量转换，能量传递路径短，效率明显较高。其次，从成型过程中负载分布情况看，液压驱动开合模系统的能耗主要用在合模后的型坯吹胀和制品冷却阶段，其时间较长；电驱动开合模系统的能耗主要用于合模与开模，此时主要克服摩擦阻力，由于采用具有

自锁特性的肘杆机构，在其撑直锁模后电动机即停止运转，因此，在型坯吹胀和制品冷却阶段并不消耗能量。

（2）型坯机头模口间隙电动调节系统。该系统采用两台普通三相异步电动机代替伺服电动机，并通过离合器换向装置控制滚珠丝杆副的运动方向，控制过程简述如下：控制器接收壁厚调节开始信号，从编码器读取机头芯棒的当前位置；由当前目标位置结合输出状态计算一个动作步长后的目标位置，将计算位置与目标曲线进行对比并计算误差，当误差超过所设定的允许误差时，改变输出状态，反之则保持当前输出状态并进入下一个循环；当控制器接收壁厚调节结束信号时，制动离合器锁定，控制循环终止。吹塑机头模口间隙电动调节系统见图 11。

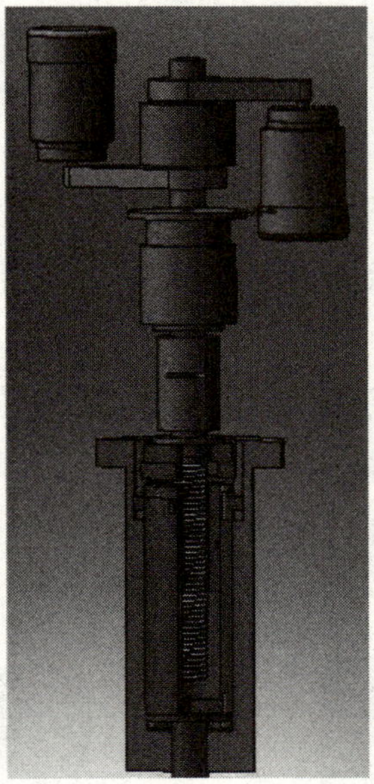

图 11　吹塑机头模口间隙电动调节系统

该模口间隙电动调节系统具有如下的先进性和创新性。

1）结构紧凑，工作可靠，对电动机的要求低。采用两台低功率的普通电动机驱动，避免了现有技术中要求电动机既要响应快速又有较高负载能力的问题；采用离合器和联轴器等紧凑可靠、冲击较小的连接方式，而不需采用齿轮和链轮等在往复运动中可能出现间隙和冲击的传动机构；与现有同等规格吹塑设备的机头模口间隙电动调节系统相比，该系统能耗可降低 60%。

2）响应迅速，适于复杂制品成型。离合器的吸合和释放时间很短，在一个型坯成型周期中，可多次对模口间隙进行调节，适于壁厚分布较复杂制品的成型。

包含上述全电动开合模和移模系统以及模口间隙电动调节系统的全电动吹塑设备的能耗比同等规格普通吹塑设备的能耗降低 45%～55%。

4.吹塑模具快速热循环系统与优化

吹塑过程中模具的温度一般始终远低于塑料的热变形温度，对某些制品这会导致表面较粗糙等问题，要对制品表面进行后处理，从而提高成本。

以吹塑高表观性能的汽车导流板为研究对象，开发了相应的快速热循环成型技术。考虑导流板及其吹塑模具的结构特点等因素，采取电加热和流体冷却的方式动态地控制模具温度。为提高模腔表面温度分布的均匀性，并尽量缩短成型周期，对模腔的热响应进行了分析，简述如下：建立模腔热响应的简化模型；采用中心复合试验设计方法确定优化变量（相邻两根加热棒之间的中心距、加热棒与模腔表面之间的距离和加热棒的直径）的值，对相应的响应变量（加热时间和最高温度）进行有限元模拟，获得响应变量的响应曲面模型；对该模型进行方差分析，分别对两个响应变量的模拟结果和模型预测结果进行比较；建立优化变量的综合优化模型，通过粒子群算法获得优化结果。通过有限元模拟并适当调节电热棒功率密度，最后获得很均匀的模腔表面温度分布。

通过上述的建模和优化，在吹塑过程中动态地调节模具温度，可明显减小吹塑中模具始终维持低温而引起的制品缺陷问题，以吹塑 A 级表面的工业制件。所研制的汽车导流板模具及成型的导流板如图 12 所示。

a)

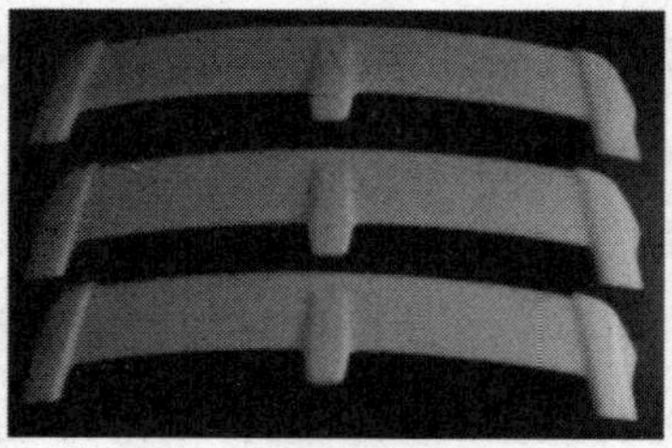

b)

图 12　研制的汽车导流板模具及成型的导流板

a）汽车导流板模具　b）成型的导流板

三、结语

上述研究使聚合物吹塑、建模仿真、流变学、控制、工程化技术和系统集成有机地结合，取得了涉及多种技术的具有核心自主知识产权的关键吹塑设备与技术，符合我国把节约资源作为基本国策的战略，并符合聚合物成型加工和装备向绿色制造（低能耗、全回收、零排放）方向发展的趋势。

［撰稿人：华南理工大学黄汉雄］

微注射成型技术的最新研究进展

1.前言

随着科学技术的进步，产品不断向微型化方向发展，微机电系统（MEMS）在美国、欧洲、日本等工业发达国家或地区已经形成了一个新的产业，我国微/纳米系统的发展方兴未艾。微制品市场在近几年不断扩大，美国 Yole Development 公司指出，2015 年全球微机电系统（MEMS）市场的总产值将达到 200 亿美元。为满足微制品巨大的市场需求，各国纷纷投入巨资对微成型技术展开研究。

同金属粉末、陶瓷、玻璃、硅这类材料相比，聚合物因其良好的生产工艺，已成为生产微制品应用最多的材料，图 1 为几种微型高分子制品。

虽然微成型技术有许多种，如热压、化学刻蚀、LIGA、微细电火花等，但以生产效率而言，当属微注射成型效率最高。微型高分子制品在汽车工业、信息技术、精密机械、航空航天、生命科学和医药工业等诸多前沿领域具有十分广阔的应用前景，表 1 为微注射成型产品的典型应用。

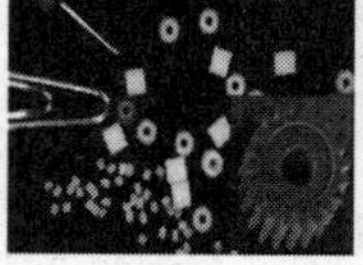

a)

b)

c)

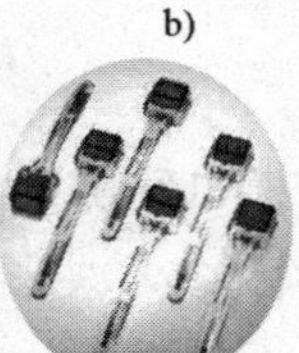

d)

图 1　微型高分子制品

a）微齿轮　b）微阀　c）微光纤插接器　d）医学用微针

表 1　微注射成型产品的典型应用

聚合物材料	深宽比	最小结构厚度（μm）	应用举例
PMMA	20	20	光纤插接器
PC	7	350	电解容器
PA	10	50	微型齿轮
POM	5	50	给定孔径的过滤器
PSU	5	270	微流控设备组件
PEEK	5	270	微泵泵体
LCP	5	270	微电子设备
PE	230	20	微执行器组件
PA 12-C	10	50	静电微阀壳体

2.微注射成型的技术特点

微制品所需注射量很小，如果利用常规的注射成型机生产微型制品则需要有很大的浇道，浇道部分通常占总成型物件的90%左右，物料浪费严重，如图2所示。

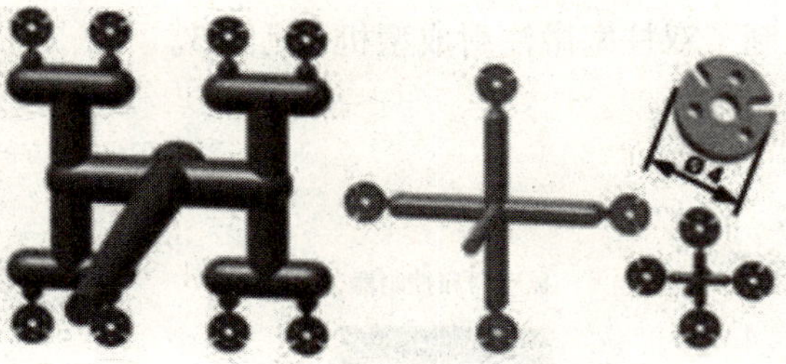

图 2　微制品及其浇注系统

在实际生产中，如果采用传统的中、大型注射成型机配合多模腔模具实现微型零件的批量生产，这不仅对模具的流道平衡设计要求很高，而且零件的成型品质也难以控制。因此，对于微型制品的注射成型，需要专用的注射成型机即微注射成型机来适应零件微型化和高精度的要求。

由于在微注射成型过程中，存在微型腔充填困难，会产生微尺度效应，因此，现有成熟注射理论和技术不适用于微成型。

此外，微注射成型还有以下特点：

①产品性能测试困难。

②成型工艺参数确定困难。

③成型加工环境要求高。

④微成型模具加工困难，成本高。

3.微注射成型模具

微注射成型模具的关键技术包括模温控制系统、排气系统、合模机构、顶出机构、型腔镶块设计及其加工方法，模芯的加工主要采用光刻技术、微机械加工技术等，表2为微注射成型模具型腔的主要加工方法。

表 2　微注射成型模具型腔的主要加工方法

加工方法	典型机构尺寸（μm）	典型深宽比	模具镶块材料
超精密铣削	100~1 000	10~50	镍，铝
电火花加工	10~1 000	10~100	钢
激光烧灼及电镀	5~500	1~10	镍合金
硅微细加工及电镀	2~500	1~10	镍合金
UV-LIGA 及电镀	2~500	1~10	镍合金
LIGA 及电镀	0.5~1 000	10~100	镍合金
电子束光刻及电镀	0.1~0.5	1~2	镍合金

4.微注射成型机

针对微制品不断增多的需求及其成型特点，自20世纪90年代以来，欧洲、日本和美国的一些公司就与科研机构合作开发了各类专用微注射成型机。目前，国外主要设备供应厂商包括 Battenfeld、Dr. Boy、BAbyplast、Demagergoteeh、Arburg、Ettlinger 及 Sodick 等。

（1）微注射成型机的技术特性

1）高注射速率　微注射成型零件质量、体积微小，注射过程要求在短时间内完成，以防止熔料凝固而导致零件欠注，因此，成型时要求注射速度高。传统的液压驱动式注射成型机的注射速度为200mm/s，伺服电动机驱动式注射成型机的注射速度为600mm/s，而微注射成型工艺通常要求聚合物熔体的注射速度达到800mm/s以上，利用聚合物熔体的剪切变稀原理，以高注射速度降低熔体的黏度，使其顺利充填微尺度型腔。

2)精密注射量计量　微注射成型零件的质量仅以毫克计量,因此,微注射成型机需要具备精密计量注射过程中一次注射量的控制单元,其质量控制精度要求达到毫克级,螺杆行程精度要达到微米级。而传统注射成型机通常采用直线往复螺杆式注射结构,注射控制量误差相对较大,无法满足微注射成型的微量控制要求,对零件成型品质的影响较大。

3)快速反应能力　微注射成型过程中注射量相当微小,相应注射设备的螺杆/柱塞的移动行程也相当微小,因此要求微注射成型机的驱动单元必须具备相当快的反应速度,从而保证设备能在瞬间达到所需注射压力。

(2)微注射成型机的分类。综合国内外微注射成型机研究现状,以塑化方式进行分类,可将微注射成型机分为传统的螺杆/柱塞式微注射成型机、微分注射成型机以及超声塑化微注射成型机三类。

1)螺杆/柱塞式微注射成型机　现有微注射成型机大多采用螺杆或柱塞实现高分子材料的塑化,该类注射成型机又分为螺杆式、柱塞式、螺杆柱塞混合式 3 种。

①螺杆式。微注射成型机的塑化、计量和注射均由一组螺杆完成,各单元旋转和往复运动均在一条轴线上,构造简单,容易控制。但是由于螺杆前端有止逆环结构,设备对一次注射量的控制精度较差,影响了零件成型质量的稳定性。螺杆式虽然塑化效果较好,但是仍然存在着小尺寸螺杆加工难度大,使用寿命有限,塑化时间较长,以及一次塑化量过大等问题。

②柱塞式。柱塞式微注射成型机包括单一柱塞型和柱塞—柱塞型两种。单一柱塞型将粒状或粉状的塑料向前推送,绕经一鱼雷状分流梭,经由喷嘴注入模腔,分流梭的功能是将塑料分散于管内部表层,使塑料更容易塑化;而柱塞—柱塞型是由两组柱塞分别完成塑化和计量注射功能,该型微注射成型机通常塑化量较小,塑化的品质不高,混料性能也较差。德国莱比锡塑料中心的 Jüttner 等人研制了双柱塞微注射成型机, 见图 3。

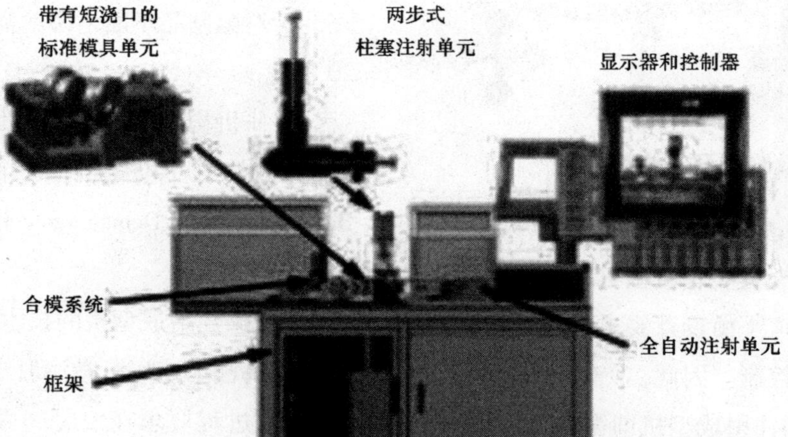

图 3　德国莱比锡塑料中心研制的微注射成型机

③螺杆柱塞混合式。微注射成型机以螺杆作为塑化单元,完成混料与塑化,以小直径柱塞配合伺服电动机与控制器作为微注射单元,完成精密计量与注射。该类型微注射成型机又可按塑化计量机构设计分为二段计量式和三段计量式。螺杆柱塞混合式微注射成型机综合了柱塞式和螺杆式的优点,以螺杆作为塑化单元,柱塞作为计量和注射单元,使微注射成型的控制精度和零件的成型品质均有明显提

高，但是通常其结构较为复杂，控制和维护较柱塞式和螺杆式烦琐。图 4 为 Battenfeld 公司研制的螺杆柱塞式微注射成型机及其注射结构简图。表 3 为国外几种商用微注射成型机规格对比。

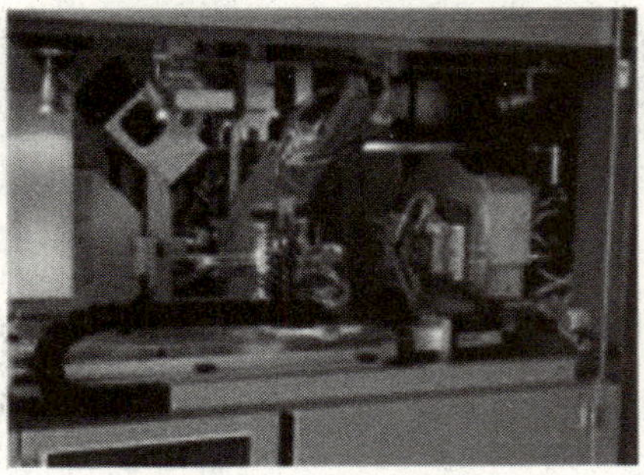

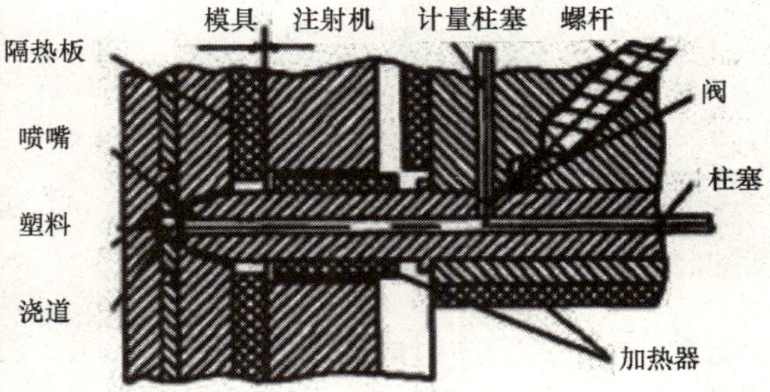

图 4　Battenfeld 微注射成型机及注射塑化单元结构图

表 3　国外几种商用微注射成型机规格比较

制造商	型号	锁模力（kN）	注射量（cm^3）	注射压力（MPa）	塑化单元（螺杆/柱塞）	控制单元
Battenfeld	Microsystem 50	56	1.1	250	14mm 螺杆	全电
Babyplast	Babyplast 6/10	62.5	4	265	10mm 柱塞	油压
Boy	12/AM 129-11	129	4.5	245	12mm 螺杆	油压
Sodick	LD0-5Eh2	49	4.5	197	14mm 螺杆	全电

此外，一些研究机构基于上述塑化方式研制出了微注射成型机。

④德国亚琛工业大学的 IKV 研究所一直在从事微注射成型机方面的前沿研究，该研究所设计并制造了一种新型的微注射成型机，如图 5 所示。该微注射成型机采用预塑化和注射分离的设计，注射推杆的直径为 2mm，注射量为 5~300mg。

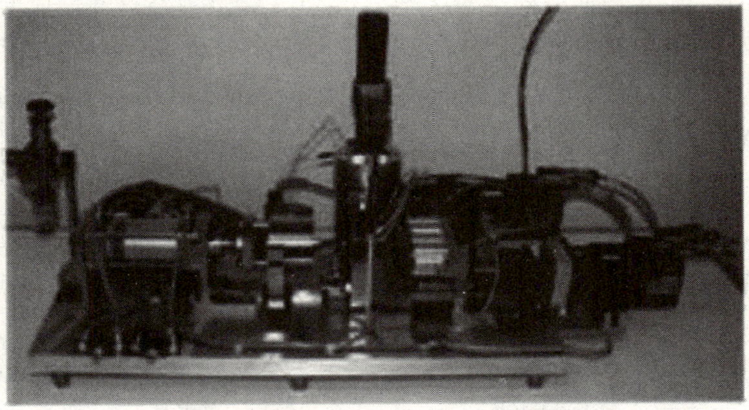

图 5　IKV 研发的微注射成型机

⑤中国台湾国立成功大学的张智仁开发了一套外挂式微射出单元。该单元将柱塞射出机构与模具设计为一体，利用外挂式微射出单元便可在一般往复式螺杆成型机上实现微注射的功能。图 6 为外挂式微注射成型机。

图 6　外挂式微注射成型机

⑥香港理工大学研制了一台精密微注射成型机，如图 7 所示。其注射速度可达 1 000mm/s，锁模力可达 20kN，该机器采用竖直的组合方式以提高精度。

图 7　香港理工大学研发的精密微注射成型机

⑦日本新兴公司采用圆盘状的碟形螺杆对聚合物颗粒进行塑化，在此基础上研制出碟式螺杆微注射成型机，如图 8 所示，其整体尺寸较一般注射成型机缩小 80%左右，一次注射量最小为 700mg，注射压力为 200～300MPa。

图 8　日本新兴公司生产的碟式螺杆微注射成型机

2）微分注射成型机　北京化工大学杨卫民教授基于微制品成型的熔体微分原理和微分注射成型的理念，提出了微分注射成型机的设计思路，其塑化方式仍为螺杆式。

熔体微分原理是在压力作用下将一股熔体均匀地分流为多股熔体，且可以对分流熔体进行计量，实现一分多、大分小、小分微。微分系统的核心是熔体微分泵，该微分泵与行星齿轮泵的基本原理相同。微分注射成型理论是在传统的注射成型技术中增加微分系统，高分子聚合物的熔融塑化注射除了通过传统的注射成型机的注射塑化系统进行外，还需要借助微分系统来完成，其中微分系统具有熔体分流、输送、增压和计量的功能。以微分注射成型理论开发的微分注射成型机可以实现多台微注射成型机的功能。

3）超声塑化微注射成型机　德国 IKV 研究中心的 W. Michaeli 等提出利用超声振动实现聚合物熔融塑化，即“超声塑化”的概念，图 9 为该研究中心设计的超声塑化实验装置。

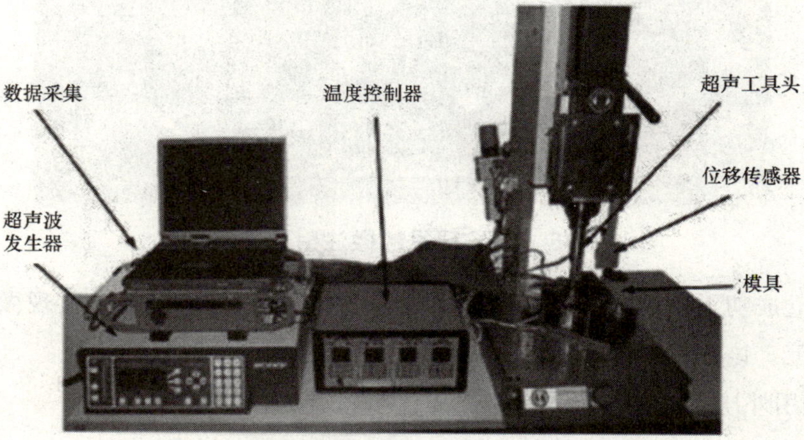

图 9　德国 IKV 研究中心设计的超声塑化实验装置

西班牙巴塞罗那加泰罗尼亚模具协会（ASCAMM）名下的 Ultrasion 公司推出了一款名为 Sonorus 1G 的超声塑化微注射成型机，该机直接采用超声振动实现聚合物的塑化，生产周期小于 5s，塑化时间约为 1s，塑化量在 0.05～2g 之间。该微注射成型机外观及成型的微制品如图 10 所示。

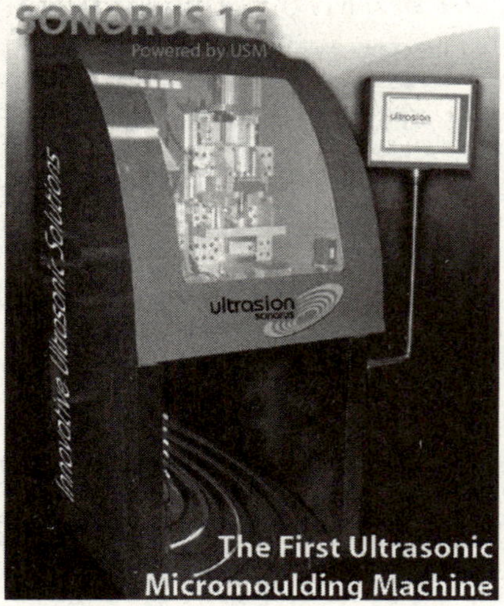

a)

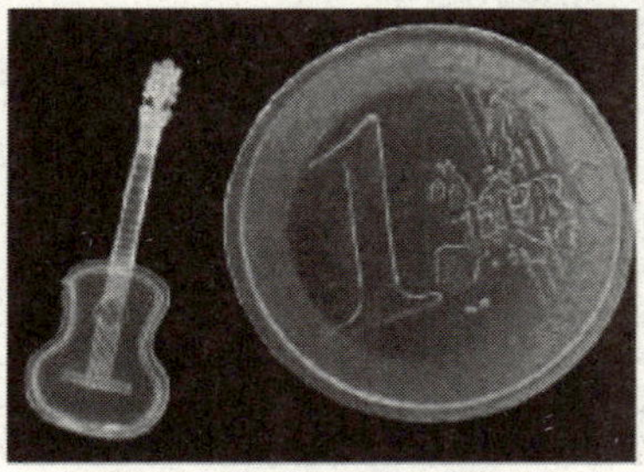

b)

图 10　西班牙 Ultrasion 公司的 Sonorus 1G 超声塑化微注射成型机及其成型制品

a）Sonorus 1G 超声塑化微注射成型机　　b）Sonorus 1G 成型的制品

目前，国内主要有中南大学、大连理工大学、天津大学从事超声塑化微注射成型的研究，其中，中南大学蒋炳炎教授负责的课题组对超声振动下聚合物的塑化过程进行了研究，结果表明，提高超声波作用时间和作用功率都能显著提高聚合物超声熔融塑化量，改善塑化物料的微观形态，与无超声波作用下的加热塑化相比，超声塑化生成的聚合物球晶更小，具有更好的塑化效果。

超声塑化微注射成型机的塑化方式完全不同于传统的螺杆/柱塞塑化，是利用超声波振动系统提供的超声波塑化聚合物颗粒，成型对象主要是质量为毫克级的微型高分子制品，塑化时间只需 5s 左右。其工艺过程如图 11 所示。

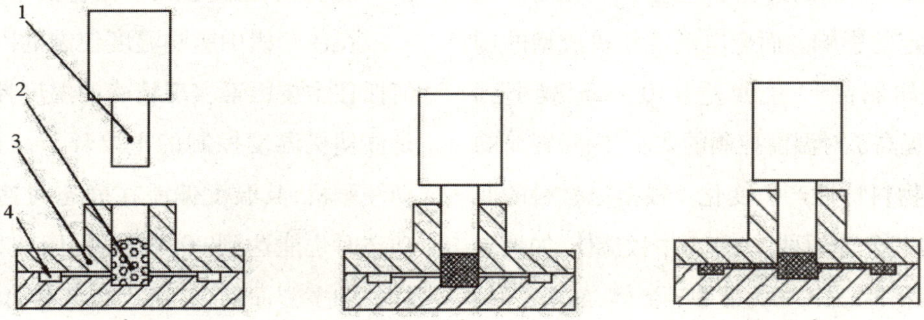

图 11　无螺杆超声塑化微注射成型工艺过程

a）进料　b）聚合物无螺杆超声塑化　c）聚合物微注射成型

1—超声工具头　2—聚合物　3—微模具　4—微型腔

该课题组目前已开始超声塑化微注射成型机样机的研制工作，初步设计的样机外观如图12所示。

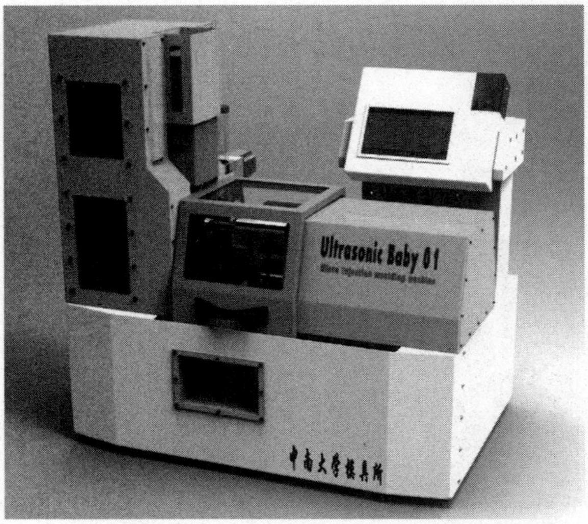

图12　超声塑化微注射成型机样机效果图

5.总结

微注射成型技术在先进制造领域发挥着日益重要的作用，微注射成型机是注射成型设备发展的一个新方向，开创了微细结构零件和系统制造研究的新途径。

在微注射成型机的研制过程中，塑化方式的选取非常关键，传统的三种塑化方式（螺杆式、柱塞式以及螺杆柱塞混合式）各有特点，适合不同微细结构零件的需求。采用微分注射技术可以实现对流道的无限细分，该技术可应用于在常规注射成型机上成型微制品。超声塑化微注射成型机以其独特的塑化方式实现聚合物颗粒的塑化，有望从根本上解决微制品成型过程中一次塑化量过大、能耗过高等问题。

〔撰稿人：中南大学机电工程学院高性能复杂制造国家重点实验室彭华建、蒋炳炎〕

全电动注塑机中的高精度温度控制要素研究

一、引言

在注塑机成型产品的过程中，温度的变化对产品的精密度有一定的影响。而全电动注塑机成型的制品更加精细，如制品尺寸偏差从0.1mm减小到0.01mm。这更提高了对温度控制的要求，因为料筒的温度变化会使物料特性产生变化。根据原材料的变形特点，可以将其分为两种：一种为牛顿流体，如聚碳酸酯、乙烯共聚物等；另一种为非牛顿流体，如聚乙烯、聚氯乙烯等。牛顿流体对温度变化比较敏感，在螺杆剪切、料筒加温时，温度的升降都会对其粘合度有影响。一般而言，熔体的温度上升会使粘合度降低，从而影响产品的质量（如飞边、物料分布不均匀等）。

本文主要从硬件和软件两方面分析影响温度的要素，提出合适的改善方案，使温度控制更为准确和减少温度偏差，从而满足对制品精密度的需求。

二、影响温度控制的硬件因素

在注塑机中影响温度控制的因素是多样的，如何抓住主要因素实现精确的温度控制，一直以来都是注塑机温度控制的重要环节。日本生产的全电动注塑机，其温度偏差在静态时达到±0.2℃，并且动态时也能达到±0.5℃。我们期望通过硬件以及软件的多方面配合，在新的全电动注塑机上实现这个目标。

1.温控系统对温度控制的影响

图1为温度控制系统的组成。下面将在同一台注塑机上采用两台有代表性的欧系和台系温控系统进行测试。在升温后达到稳定状态下，料筒的加温区最大温度偏差如表1所示。

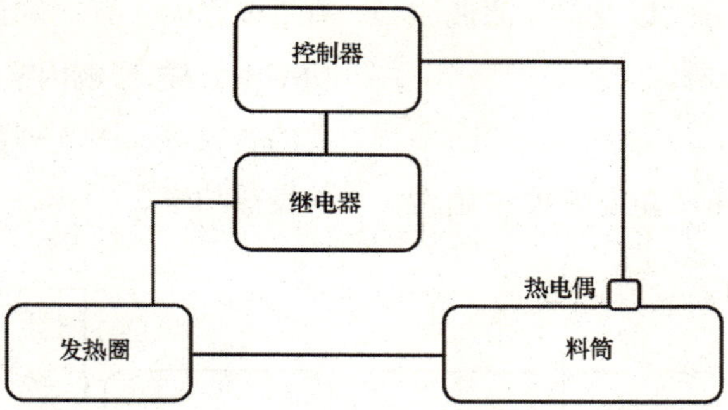

图 1　温度控制系统的组成

表 1　各个温区稳态温度的极值差异　　（单位:℃）

台系控制器	射嘴	温区 1	温区 2	温区 3	欧系控制器	射嘴	温区 1	温区 2	温区 3
最大值	296.7	285.2	282.5	281.3	最大值	301.0	285.5	284.6	280.4
最小值	294.1	279.4	279.3	279.1	最小值	299.5	284.6	284.1	279.8
最大温差	2.6	5.8	3.2	2.2	最大温差	1.5	0.9	0.5	0.6

由表 1 可知，同一台液压注塑机，采用不同的计算机温控系统能够达到不一样的控制精度。普通注塑机与日本全电动注塑机的温控精度（±0.2℃）有较大差别。

2. 热电偶的选择使用

根据热电偶测温原理，要求热电偶参考端温度应恒定，一般恒定在 0℃。同时，热电偶分度表是在参考端温度为 0℃的条件下制作的，显示仪表按分度表刻度。在使用中，应使热电偶参考端温度保持在 0℃，对于不是 0℃的环境，甚至是在温度波动的环境下，就需要对参考端温度进行补正。

不同种类的热电偶也有不同的特点，贵重金属的热电偶一般精度更高、响应更快，高响应的热电偶能将温度信息更快反馈到控制系统中。我们针对进口热电偶（A）和国产热电偶（B）进行了温度相应测试，不同规格热电偶反应时间比较见表 2。

表 2　不同规格热电偶反应时间比较

组别		温度 1(℃)	初始时间(s)	温度 2(℃)	结束时间(s)	升温斜率(℃/s)
第一组	热电偶 A	45.0	2.210	128.8	30.706	2.94
	热电偶 B	44.0	2.210	99.3	30.706	1.94
第二组	热电偶 A	29.8	1.661	109.9	30.098	2.81
	热电偶 B	30.6	1.661	88.4	30.098	2.03

A 型热电偶具有灵敏度高、稳定性较好、抗氧化性能强、价格便宜等优点，在注塑机中得到广泛应用。

将注塑机上的热电偶 B 替换成热电偶 A，测试其静态的温度偏差（如表 3 所示），通过比对可以发现，温度的差异值减少了。

表 3　稳态温度下温度的变化值

（单位:℃）

	射嘴	温区 1	温区 2	温区 3
最大值	300.800 02	285.399 99	280.200 01	270.399 99
最小值	299.600 01	284.700 01	279.700 01	269.800 02
最大温差	1.200 01	0.699 98	0.500 00	0.599 97

除此以外,热电偶的安装方式以及信号滤波方式对温度控制也有很重要的影响。

3.发热圈的功率

发热圈的功率对升温的速度和温差的精确性有重要影响。日产和国产液压注塑机上的发热圈功率不一样,影响因素有发热圈的横截面积以及料筒的直径等。图3列出这两种机型在不同温区中的发热功率。

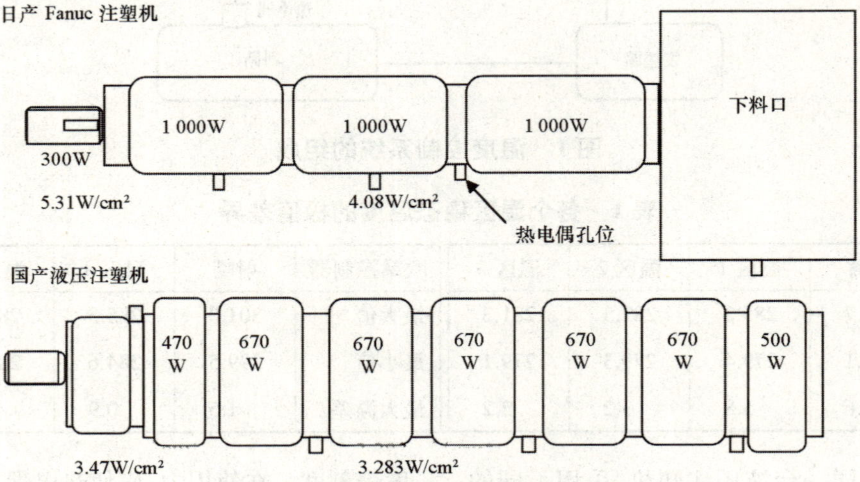

图3　两种机型发热圈功率比较

图3列出了两种机型的射嘴和其他温区发热圈的功率。对于单位面积加热功率高的料筒,温控系统的输出灵敏度会更高。但是,单位面积下电阻式发热圈的功率不可能无限地提高,它受制于发热圈本身的材料。

陶瓷发热圈、红外加热管和电磁加热等方式都可以改善加热效果,它们各有优缺点。其中,电磁加热可以大幅提高料筒的单位面积发热功率,极大地提高加热系统的热灵敏度。但是,电磁加热目前还没能找到取代石棉的隔热材料,所以还不能广泛使用于注塑机行业。

4. 护罩对温度的影响

在注塑机料筒上,防护罩除了能保护人身安全外,还能减少热能的散失,达到节能的效果。另外,由于护罩的封闭性造成料筒向外散热缓慢,当温区之间的设定温度不一样时,温区之间的热传递就会增加稳态后温度的偏差。考虑到防护罩存在与否及种类不同的因素,对无护罩、不锈钢护罩、保温棉护罩三种不同的状况进行了静态温度下的测试,测试结果见表4。通过表中数据可以直观地看到防护罩对加热料筒的影响。

表4　不同护罩时温度达到稳态的比较　(单位:℃)

护罩种类		射嘴	温区 1	温区 2	温区 3
无护罩	最大值	300.800 02	285.700 01	280.399 99	270.800 02
	最小值	299.399 99	283.899 99	279.399 99	269.600 01
	温差	1.400 02	1.800 01	1.000 00	1.200 01
不锈钢护罩	最大值	300.600 01	285.200 01	280.800 02	270.899 99
	最小值	299.399 99	284.700 01	280.100 01	269.800 02
	温差	1.200 01	0.500 00	0.700 01	1.099 97

（续）

护罩种类		射嘴	温区 1	温区 2	温区 3
保温棉护罩	最大值	300.800 02	285.399 99	280.200 01	270.399 99
	最小值	299.600 01	284.700 01	279.700 01	269.800 02
	温差	1.200 01	0.699 98	0.500 00	0.599 97

从表 4 中可以看到，在没有护罩的情况下，温区 1、2、3 的温度变化更明显；有护罩的料筒控制精度更高。这是由于护罩将料筒与外界隔绝，减少了外界环境对料筒加热的干扰因素，温控系统就可以对料筒实现更好的控制。

但另一方面，在没有护罩的情况下，射嘴和温区 1 升温得更快一点，而在温区 2、3 的温升斜率没有太大的区别。这是因为射嘴和温区 1 段的料筒单位面积较小，发热功率更大，而温区 2、3 的发热功率较小，并且靠近落料区（跟周围环境接触较多）。一般情况下，射嘴和温区 1 升温得更快；当有防护罩的情况下，射嘴和温区 1 与外界的散热减少了，更多的热量通过热传递给了温区 2、3，所以，刚开始加热时，在有护罩的情况下，射嘴和温区 1 加热得较慢，这样可以避免刚开始加热时造成的温区间的温差过大，引起料筒内材料的碳化现象，有助于料筒加热时不同温区的同步升温。

由于有防护罩时料筒散热慢，加上温度系统本身是一个滞后系统，因此，对于某些对加热温度较敏感的材料，可以考虑在增加防护罩的情况下安装风机，加快料筒压缩段的散热速度。

三、影响温度控制的软件因素

1.温控程序的任务结构

图 4 为关于温控程序的任务结构，包括 PWM 输出的任务以及 PID 控制和 PID 自整定的任务。图 5 为温控程序的拓扑结构图，包括程序控制的目标对象和控制输出单元。

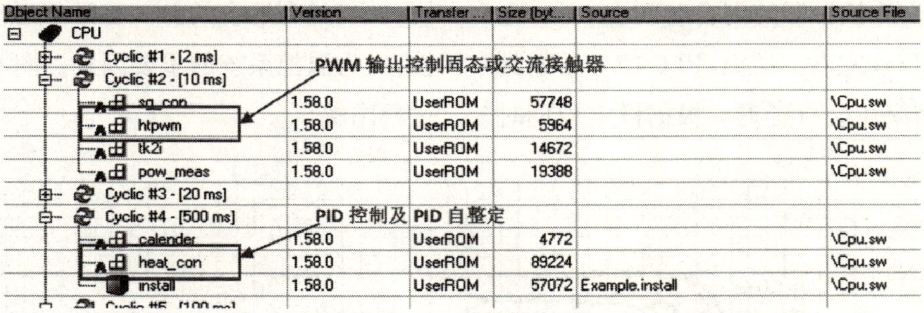

图 4　温控程序任务结构

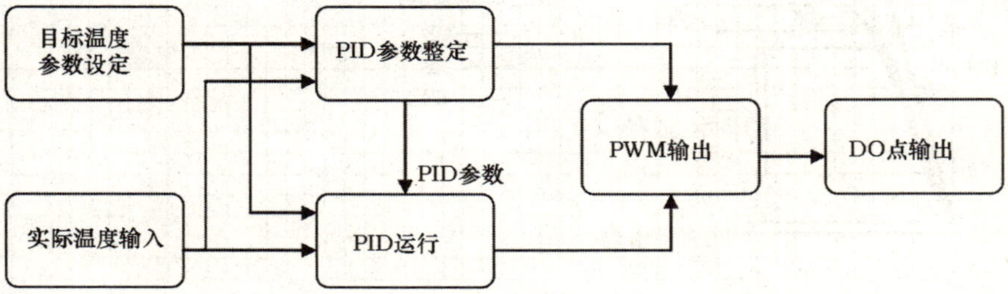

图 5　温控程序拓扑结构

2.PWM 控制

PWM 即脉冲宽度调制，它是利用数字输出使模拟电路的输出电压在工作条件变化时保持恒定。而在实际控制过程中，由于控制的电压为交流电压，其电势在一周期内呈正弦曲线变化。也就是说，在整个电压周期内其电压是一直变化的，但是每半个周期或其倍数周期内的有效电压却是恒定的。由于我国工频电压的频率为 50Hz，为了对交流电压进行有效的定量控制，因此可以将 PWM 设在 10ms 或其倍数的任务循环周期中控制。

通过减少 PWM 本身的脉宽周期时间，可以使输出单元运行得更快，形成一种“细化温度调控单位”的效果。例如，减少系统周期时间（从 20s 到 5s）、脉冲时间（最小输出时间从 1s 到 0.5s），这样的调节提高了升温的灵敏度以及稳态温度后的准确性，温度控制精度大幅提升。

PWM 控制的对象一般为固态继电器或交流接触器。如交流接触器，由于它是机械式的开和闭，过于频繁的跳动会影响其寿命（1 800 次/h，频率在 2s/次）。一般的交流接触器的闭合时间在 60ms 左右，开闸时间在 80ms 左右。所以，PLC 信号传递到它上面，到动作结束还会有延迟。根据设定周期时间，考虑到交流接触器的延迟时间，是足够长的。并且发热圈也有一定的周期限制，它不能在 1s 内适应电压的急速改变。故交流接触器的 PWM 脉宽时间最好为 5s 或以上。而固态继电器具有高寿命、响应快、噪声低的优点，其 PWM 脉宽时间可控制在 1~2s 之间，但它的电流过载和过热能力比交流接触器低。此外，对于过零型固态继电器本身，其对过零电压的阶跃响应时间大约为 20ms，所以其 PWM 最小脉冲宽度应控制在 20ms 或以上。

3. PID 自整定

PID 自整定是温度控制器常有的功能，因为温度本身是一个滞后系统，在控制温度时，实际的温度具有滞后性，会产生偏差。所以造成加温功率不高，以及温度超调而不能及时反馈。再者，现有的 PID 参数并不一定跟周围的条件（如环境温度等）相匹配，而加热优化正是根据机械加热的状态，对 PID 数值修改和优化。同时，也产生了前馈的作用，在达到额定温度前调节 PWM 的数值，减少输出以达到减少超调的效果。在温度稳态的状态下，静态误差也相对减少。针对各种机器本身设计的不同，如何找到适合的 PID 参数以适应机器本身的特性，成为温控系统的重要因素。图 6 为 PID 自整定过程图解。

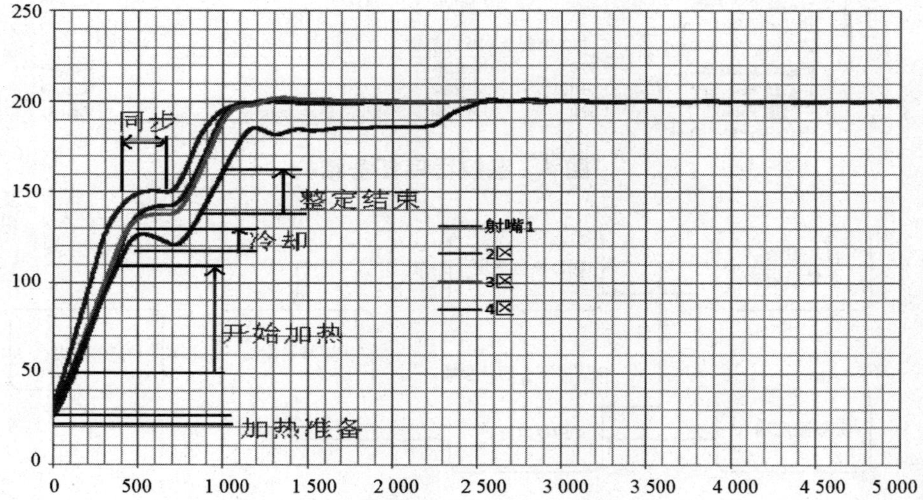

图 6　PID 自整定过程图解

从图 6 可以看到，在标准模式下，温度的自整定分为五个阶段：

（1）加热预备阶段，等待料筒温度稳定。

（2）所有发热圈全速升温一段时间，系统 PWM 输出 100%。

（3）加热 500s 之后，各个温区停止加热，进入同步阶段。

（4）受环境影响，料筒自冷却。这是为了检测环境对料筒的影响，得出料筒的散热效果。

（5）自整定过程结束，PID 参数随之发生改变并生效，系统按目标温度开始加热。

4. PID 控制

料筒的加热是一个滞后系统，通过 PID 参数来影响升温的超调、静态误差以及稳态时间等。PID 参数对温控系统的影响见表 5。

表 5　PID 参数对温控系统的影响

参数	上升时间	超调	稳定时间	静态误差	稳定性
K_p	减少	增加	微调	减少	减少
K_i	减少	增加	增加	去除	减少
K_d	微调	减少	减少	没影响	增加（值小）

此外，综合比较各个温区，温区 4 的升温曲线和其他区域（1、2、3）比较，升温比较慢，在冷却过程中的温度跳动变化大，以及温度达到稳态的时间相对滞后。原因不仅是该区发热圈单位面积的发热功率较小，也跟该温区与落料口比较靠近，受外界影响较多有关。因此，该区域的 PID 参数与其他三区有较大区别，表 6 中的数据也验证了该 PID 理论。

适当调节 PID 参数后，从 3 000s 之后（稳态）截取各个温区的温度值，观察其最大值和最小值，详见表 6。

表 6　加热优化的稳态温度比较

（单位：℃）

	射嘴	温区 1	温区 2	温区 3
最大值	200.4	200.5	200.5	200.8
最小值	199.5	199.4	199.7	199.7
极值差异	0.900	1.099	0.800	1.100

射嘴的温度差异极值达到±0.45℃。不仅 PID 的数值在加热优化中得到修改，温度的极值（静态环境下）也得到改善。

5.冷却方式

注射机中的冷却有料筒冷却和油温冷却，料筒冷却主要是针对 UPVC，其控制的方式可以通过专家模式找到适合的冷却 PID 参数进行控制，也可以用施密特触发器的原理来控制。而油温冷却考虑到其水阀的使用寿命，一般使用施密特触发器来控制。

四、综合测试结果

综合文中所做的测试及分析，对整个温控系统进行优化设计。经过测试证实，在整个升温的过程中，超调减少，温度的偏差也在达到设定温度后很快稳定（±0.2℃）。

五、总结

该文从硬件和软件两个方面阐述了对注塑机温度控制的影响因素，提出使其误差值减少、反应时间缩短、优化控制参数的建议。由于影响注塑机温度的条件有很多，而温度的稳定性又将直接作用在物料的特性上，从而直接影响到产品的精密度。观察、监测、研究以及运用各种测量的数据，可以制定一套相对完整的控制方案，选用效能更高的硬件，如热电偶、发热圈等，尽可能减少在注塑机料筒中的温度偏差，在提高产品质量的同时，也能提升能源的使用效率。

〔撰稿人：伊之密精密机械有限公司陈立尧、彭雨春〕

浅谈螺杆式挤出机的优化设计

一、引言

作为聚合物加工成型主要设备之一的螺杆挤出机，在聚合物加工行业得到越来越广泛的应用，在其他行业也将得到更多的应用。标志螺杆挤出机工作性能的主要技术参数有螺杆直径、长径比、转速范围、拖动螺杆的电动机功率、生产塑化能力、机筒的加热功率和分段数、机器的中心高和外形尺寸等。这些参数是衡量和选用挤出机的主要依据，也是设计螺杆挤出机首先要确定的技术参数。

根据聚合物在螺杆挤出机中三种物理状态的变化过程，通常将螺杆挤出机的螺杆分为加料段、熔融段和计量段。

由于螺杆的几何结构非常复杂，所以难以建立一个能全面反映螺杆挤出机优化设计的数学模型。即便能建立理想的螺杆挤出机优化设计的数学模型，由于影响因素复杂，设计变量多，其求解也非常困难，所以按螺杆的功能段建模并进行优化设计，较为符合实际。

二、螺杆挤出机优化设计的理论与方法

1.螺杆挤出机优化设计的理论基础

(1)理论依据。机械优化设计有两个重要的环节：一是建立优化问题的数学模型，二是选择优化问题的求解方法。对于三段式螺杆挤出机，物料依次经过固体输送、熔融和熔体输送等不同的输送阶段，并且各段的输送机理各不相同。因此，螺杆挤出机加料段、熔融段和计算段优化设计的理论基础也各不相同，分别为：由达内尔和摩尔提出并经塔德摩尔和柏罗伊加以完善的、建立在固体摩擦机理上的固体输送理论，建立在马多克等人数学物理模型基础上的熔融理论，以及流体动力学理论。

(2)优化目标。在保证挤出物质量的前提下，达到最高生产率或最小功耗。

(3)设计变量。一个设计方案可用一组基本参数的数值来表示。其中，需要优选的独立参数称之为设计变量。螺杆的设计变量通常为螺杆直径、长径比、螺纹升角和螺杆槽深等。

2.螺杆挤出机优化设计的特点

螺杆挤出机优化设计的特点是：设计变量多，多目标与单目标优化设计并存；数学模型的多维性和非线性；设计变量中多种纲量并存。

3.螺杆挤出机优化设计可采用的算法

常用的约束优化设计算法有约束坐标轮换法、约束随机方向法、复合形法、拉格朗日乘子法和遗传算法。

4.螺杆挤出机优化设计的方法

常用的螺杆优化设计方法有解析法、图解法和计算机模拟仿真法。

5.螺杆优化设计的一般过程

根据挤出过程的现象建立物理模型，根据物理模型建立数学模型，应用相关优化设计软件编写螺杆优化设计程序，将程序输入计算机并通过改变优化目标的取值进行优化计算，通过对计算机输出的优化结果进行分析和验证，得出螺杆优化设计的参数。

三、研究成果

螺杆挤出机优化设计可分为单螺杆挤出机优化设计和双螺杆挤出机优化设计两大类。

1.单螺杆挤出机螺杆优化设计的研究

早在 1994 年，梁基照在假设固体塞内无速度分布的情况下，对螺杆挤出机体积流动速率的数学

表达式进行了修正，阐述了螺杆优化设计的理论基础，包括理论依据、优化目标和设计变量等。论述了螺杆优化设计的特点，即设计参数多、优化目标多和约束条件多等。介绍了螺杆优化设计的方法，包括解析法、图解法、正交设计法、统计分析法、CAD法和可靠设计法等。

到了2001年，梁基照以固体塞输送理论为理论分析依据，并假定：物料与螺棱侧面因摩擦作用及压力升高而消耗的能量较少，可忽略；理论螺棱宽度小于实际螺棱宽度，可忽略螺棱顶宽。以单位产量能耗最小为优化目标，建立螺杆挤出机加料段螺杆优化设计目标函数，以螺杆外径、螺槽深度和螺纹升角为设计变量，得出挤出机加料段螺杆优化设计模型。ϕ65mm和ϕ85mm两种塑料挤出机螺杆的优化结果表明，优化后的螺杆较原机的螺杆设计方案能耗降低50%左右。但是由于假设条件与实际情况存在一定的矛盾，如螺杆的槽形假定为矩形，而实际中一般为梯形，使得优化计算的结果存在一定的误差；但其中对单螺杆挤出机的优化设计所做的理论和实践装置的测试，为进一步螺杆优化设计奠定了基础。

2002年，梁基照根据熔融混合和塑化机理，以熔融理论中牛顿模型为假设条件，对螺杆熔融段进行优化设计，建立了螺杆熔融段优化设计数学模型。根据数学模型，选择约束复合形法进行寻优，对ϕ70mm单螺杆进行优化设计，可得螺杆熔融段起（末）端的螺槽深度、螺棱棱宽的最佳值分别为15mm、4mm、7mm，螺杆升角的最佳值为22°。

同年，梁基照应用计算机技术对螺杆挤出机计量段螺杆主要的几何结构参数进行优化设计，在假定物料流体在螺杆与机筒之间的流动为两平板之间的等温黏性流动的前提下，推导出挤出机计量段的生产能力表达式：

$$Q=\frac{\pi D^2 nH_3\cos\varphi\sin\varphi}{2}-\frac{\pi DH_3^3\sin^2\varphi}{12\eta_1}\cdot\frac{p}{L_3}-\frac{\pi^2D^2\delta_f^3\tan\varphi}{10\eta_2 b}\cdot\frac{p}{L_3}$$

其中，η_1代表螺槽中的熔料黏度，η_2代表间隙（δ_f）中的熔料黏度，可查表获得。然后建立数学模型，对ϕ65mm单螺杆挤出机进行优化设计，应用约束随机方向算法求解，求出计量段螺槽深度、螺顶宽度、螺杆螺顶与机筒之间间隙的最佳值为3mm、7mm、0.35mm，螺杆升角的最佳值为30°。

2.双螺杆挤出机螺杆优化设计的研究

利用一维、非线性优化算法，对啮合性同向双螺杆挤出机螺杆机型进行优化设计，优化目标为最小的温升、最低的能量消耗，在最短的轴向距离内建立最大的压力梯度，并用质量方程进行验证，用系统的实验进行检验。

四、展望

目前，对螺杆挤出机优化设计的研究虽然取得了一些成果，但还存在一些问题，有待进一步的研究和完善。笔者认为今后螺杆挤出机优化设计的研究应着重以下几方面：

（1）螺杆挤出机的设计理论有待于进一步研究，设计理论是优化设计的基础，特别是螺杆机构几何参数和螺杆挤出机流量、功率函数和挤压模型的研究。

（2）目前，螺杆优化设计的研究主要集中在中小型的螺杆挤出机上，如何将中小型螺杆挤出机优化设计的研究成果应用在大型螺杆挤出机上，也是需要关注的问题。

（3）目前，螺杆优化设计的研究主要集中在单螺杆挤出机上，对双螺杆挤出机的研究很少，所以，双螺杆挤出机优化设计的研究有待加强。

〔撰稿人：广东乐善机械有限公司孔育麟〕

浅谈精密注塑成型技术在改善微型电子接插注塑件质量和精度上的研究

众所周知，在科技高速发展的今天，随着电子整机向数字化、多功能化和小型化方向发展，电子系统向网络化、高速化和宽带的方向发展，小型电子接插件也向小型化、高密度、高频化、抗干扰等多功能方向发展，并在消费类电子产品、汽车电子、医疗电子、信息电子、自动化等电子产品中得到了广泛的应用，每年以较快的速度增长。

小型电子接插件一般由两部分组成，一是塑料件，用于满足接插件的绝缘、结构及其他电气性能要求；二是金属件，有插针和金属片，主要满足其导电性能。小型注塑件本身具有精度高、壁薄、整体结构尺寸小的特点，又要满足小型电子接插件的高密度、抗干扰、耐高温、耐电弧性、阻燃性、绝缘性等电气性能，因而常规的注塑设备无法满足其成型要求。要注射成型出质量较高、符合小型电子接插件设计要求的接插件，并保证这些小型电子接插注塑件的性能、质量、可靠性及长期使用的稳定性，必须要有专业的注塑设备，合理的模具设计及注塑工艺。

现在许多注塑机制造企业将研发重点放在突破微型精密电子接插件的注塑成型难关上。从技术层面上分析：目前研发制造的小型电子接插件专用注塑机是根据小型接插件形状复杂、精度高、壁薄、整体结构尺寸小的特点，并在综合分析小型接插件各种成型条件和要求（精确的温度控制、高注射速率、高压注射、精密注射量计量、快速反应能力）的基础上，运用现代数字控制技术、注塑机工程化技术、关键结构技术、五轴联动伺服机械传动技术等先进技术，专门为小型接插件的注塑成型设计制造的专用注塑设备。该类型注塑机以伺服电动机为动力，配以滚珠丝杠、齿形带以及齿轮等元器件来驱动各个机构，数字控制系统采用了PLC控制、变频控制、PID温度控制和伺服控制等先进控制技术，在实现了精确的温度控制、精密的注射量控制、高压和高注射率及大幅度节能的同时，避免了液压注塑机常有的噪声、发热和油液泄漏现象。在注塑机构造上，采用了螺杆柱塞混合式结构和PID温度控制方式，有效保证了塑化和计量的稳定性，其主要技术特性具体表现在以下几个方面：

一、先进的数字控制系统

由于小型接插件专用注塑机具有高速性的特点，因此，控制系统的精确性和响应速度的快速可靠便尤其重要。为了获得最高效率，小型接插件专用注塑机的开合模、顶针前进后退、注射防涎、储料及喷嘴前进后退五个动作可同时操作，要求控制系统能控制五轴联动，运算速度快，在较恶劣的环境中工作稳定，抗干扰能力强。小型接插件专用注塑机控制系统为数控系统，系统包括：专门的多级位置控制、多级速度控制、多级保压控制、多级背压控制、多级螺杆转速控制等多级注射反馈控制系统，专用的温度控制系统，采用PID技术，运用专为小型接插件注塑成型设计的FUZZY控制算法的温度控制器精确控制料筒及喷嘴温度，专用的数字化、高精度、高速运行的伺服驱动控制系统及计算机集中监视和管理系统。

1.精确的温度控制

在注塑过程中，熔体温度是一个很重要的参数，其高低取决于料筒温度和料筒内螺杆与塑料之间的剪切热。在小型接插件注塑过程中，熔体温度取决于料筒温度，熔体温度的控制表现为对料筒温度的控制。若料桶温度太低，塑料在螺杆间产生不必要的剪切力，并因此产生冷固化，容易对机器造成损坏。而温度过高时，塑料分子间发生交联，会使组织疏松，产生发泡现象，尤其在精密注塑中这更是不允许的。同时，不同塑料制品采用的塑料原料不同，而塑料原料根据制品的工艺要求其最佳注射温度各不相同，并且其对注塑机料筒的不同区段也有不同的温度要求。因此，需对料筒温度进行分段控制。小型接插件专用注塑机料筒温度采用PID分段闭环控制，其控制精度可达±3℃。其螺杆及喷嘴温度控制更精确，升温时超调量小，温度的波动小，控温精度在±0.15℃以内。

2.五轴联动控制

小型接插件专用注塑机的开合模、顶针前进后退、注射防涎、储料及喷嘴前进后退五个动作可同时进行，通过数字控制系统可以实现五轴联动控制。

3.伺服驱动控制

小型接插件专用注塑机有五个大小不等的伺服电动机，它接受由控制器给出的运动指令，实现精确的旋转，并带动滚珠丝杠旋转，进而驱动移动模板的开合、螺杆的前进(注射)后退(防涎)、喷嘴的前进后退和顶针的前进后退，同时，储料装置的前进后退也由伺服电动机直接驱动螺杆旋转来实现。

4.注射速度控制、保压压力控制、熔胶背压控制及合模力控制

小型接插件专用注塑机具备了5~10级的注射速度和多段保压控制以及熔胶背压控制。通过位移/速度传感器、旋转编码器、张力传感器、熔体压力传感器和闭环注射控制器的配合使用，实现注射成型过程中熔胶背压、注射速度和保压工况的精确闭环控制。

二、专用的塑化系统设计

由于小型接插件成型的特殊性，需对塑化系统做专门设计。具体如下：通用注塑机为提高注射压力，螺杆直径选用都比较小，这对于小注射量还相对吻合，但是要实现高速和大转矩运转就非常困难；通用注塑机为提高注射精度，需要设计专用的螺杆止逆结构，同时，由于止逆结构在运转过程中是运动的构件，必将导致机构磨损，随着磨损的加剧，注射精度也将下降，所以，小型接插件专用注塑机必须设计更耐磨、更灵活的止逆结构；由于不同原材料对螺杆的要求不同，因此，必须对小型接插件注塑件原材料做单独研究，并专门设计塑化件；小型接插件对产品的重量、尺寸等的稳定性要求极高，所以，塑化件对塑料的塑化能力和塑化质量的要求极高。针对以上要求，对塑化件做专用化设计，选择特殊材质及特殊的表面处理工艺，提高螺杆表面致密性、耐磨性和耐蚀性。止逆结构采用具有高抗磨性的双合金材料，结构上彻底摒弃通用化设计，专门针对不同原料及各种不同系列小型接插件的要求，做PVT分析，建立螺杆设计数据库，使小型接插件专用注塑机更适合于小型接插件注塑件的注塑。

1.高注射速率

注射速度是精密注塑机的一个重要指标，因为热熔融塑料从开始注入模腔到完成填充之间有一段时差，这段时间越短越好。热熔融塑料注入模腔后即开始冷却，为了使浇口处与模具型腔内的材料均匀冷却，应采取高速注射。小型接插件专用注塑机采用适合高速注射的专用滚珠丝杠注射系统作为高速注塑的动力源以缩短时差，注射系统注射速度可达到400mm/s以上，这对小型接插件注塑件的注塑非常有利。

2.高压注射

小型接插件注塑件注塑时需要较高的注射压力，以提高注塑件的密实度，减小收缩变形，保证制件精度。小型接插件专用注塑机采用大转矩伺服电动机系统满足高压注射系统的要求，在成型过程中，机器通过大转矩伺服电动机驱动高速丝杠，即

可达到高压运行状态，产品注射压力可达 250MPa。

3.精度和重复精度高

小型接插件专用注塑机具有精度高、重复性好等特点，高精密度注射成型可以轻易实现。塑料塑化时螺杆的转动由伺服电动机驱动，伺服电动机的转速很稳定，因此，塑料塑化的稳定性高。注射动作是由伺服电动机带动滚珠丝杠来完成的，由于滚珠丝杠的位置精度可以达到 0.003mm，所以，每次注射动作的精度也可相应达到 0.003mm。由于采用多级反馈控制，包括多级位置控制、多级速度控制、多级保压控制、多级背压控制、多级螺杆转速控制等，使注射动作的重复精度大为提高，重复精度在 0.1%以内，保证了制品质量的稳定。

4.计量精度

要使塑料制品保持较高的稳定性，每次注入模腔的热熔塑料量必须相等，也就是说每次加料时螺杆的复位精度要求一致。但事实上，螺杆复位时的位置是不可能完全一致的，螺杆的直径越大，系统惯性就会越大，位置精度就越难控制。小型接插件专用注塑机螺杆直径一般在 28～40mm 之间，比同类机型的螺杆更细，因此，螺杆的复位精度可控制在 0.2mm 以内。此外，产品采用程序实现注射量的精确控制，质量控制精度可达到毫克级。

5.耐蚀性强、耐磨性好

为了防止各种塑料对螺杆的腐蚀，提高螺杆的耐磨性，采用了特殊合金材料制成的高强度、高耐磨且细而短的专用螺杆，其表面经镀铬处理，使注塑设备有较好的耐蚀性。

三、专用的锁模连杆机构

由于小型接插件体积小，成型周期短，所以对锁模机构的运行平稳性及高速性要求极高，需针对这些要求对模板等锁模元件进行高刚性、低挠度设计，但由于运行时的设备零件的质量较大，惯性就较大，就这方面而言又要求降低零件的重量。降低重量和提高刚性在很多情况下很难同时做到。因此，针对接插件模具的特点进行了专用化设计，将模板设计为弹性结构，把锁模力指向模具中央，这可降低对锁模力的要求。同时，弹性结构使得模具安装面和受力面不直接相连，这样就可有效提高挠度。这种设计一方面可减轻重量，另一方面可改善挠度，特别适合小型接插件模具。

四、速度控制范围宽、响应性好

小型接插件专用注塑机由于采用伺服电动机，其速度控制特性较好，速度变化范围大，高、低速相差近 1 000 倍。同时，伺服电动机控制的注射压力和注射速度变化时间非常短，从高速向低速转换平滑，具有非常高的响应特性，特别适合在小型制品、短注射行程的场合使用。

五、成型效率高和使用成本低

小型接插件专用注塑机的工作效率很高，使用成本低廉。小型接插件的注射速度是一般液压式注射机的 1 倍左右，高速注射满足了部分制品的需求，同时提高了注射效率和成品率，降低了生产成本。

六、节约能源

传统的油压传动机械由于全部动作都需通过油路来实现，所以不可避免地具有油压控制损失（Δp）、管路损失、阀阻等流动损失，以及泵的容积效率、摩擦损失等。这种能量损失在高流量时特别明显。据统计，液压式注塑机由于高压节油造成的能量损耗高达 36%～68%；同时，油压系统在待机状态下仍有上述损失。而伺服电动机运转时无流动损失、控制损失，磁滞损失极低。而且在待机时伺服电动机不转动，因此能耗低。小型接插件专用注塑机由于使用滚珠螺杆将伺服电动机的旋转运动转成直线运动，而滚珠螺杆的摩擦阻力远低于液压缸，且无任何冷却系统，因此，整体效率远远超过油压机械。实践表明，一般小型接插件专用注塑机比传统液压式注塑机省电 1/3（包括加热部分，同等设备相比）。如不包括加热部分，小型接插件专用注塑机的耗电仅是传统注塑机的 1/10～1/8。

七、清洁、噪声低

小型接插件专用注塑机的主要制动组件是交流同步伺服电动机。伺服电动机的控制特性为噪声低、惯性低、激活阻力小、加减速控制容易，无液压系统中存在的液压泵脉冲、气泡、泄压等问题，因此，更容易设定激活及停止斜率，激活振动低。实践表明，小型接插件专用注塑机比液压式注塑机的噪声低 10~15dB，已达到国内企业近年来为突破绿色贸易壁垒而纷纷实施的 ISO14001 国际认证标准。

近年来，随着社会经济的快速发展及人民生活水平的不断提高，电子产品的市场前景广阔。小型电子接插件作为电子产品的重要配件，市场前景必定非常广阔。可以预测，消费类电子产品、汽车电子产品、医疗电子产品、信息电子产品、自动化电子产品等将成为今后 10 年内有望拉动电子产品消费增长的主要产品。其发展对小型电子接插件提出了更高的要求。而国内现有的微小型电子接插件注塑设备还远远不能满足电子产品生产企业的需求，因此，开发生产小型电子接插件专用注塑机具有广阔的市场前景。

〔撰稿人：泰瑞机器股份有限公司岳钦杨〕

注塑成型技术在汽车塑件领域的应用与实践

随着汽车产业的快速发展，在环保与节能的全球经济增长前提下，汽车工业中以塑代钢成为汽车革命性的发展趋势。塑料及其复合材料不仅可减轻零部件约 40%的重量，还可使生产成本降低 40%左右。国际上越来越重视新型车用塑料材料与配件的开发，塑料零件在汽车工业中的用量迅速上升，工业发达国家已将汽车用塑料量的多少作为衡量汽车设计和制造水平高低的重要标志。目前，国内汽车的材料约 10%以上由塑料构成，塑料在汽车中的应用范围正在由汽车内部装饰扩展到汽车外部结构。除聚烯烃材料近来在汽车领域的应用量大增外，聚氨酯、增强复合材料等在汽车行业中的运用也日益增加，“以塑代钢”为塑料工业提供了更加广阔的发展前景。越来越多的汽车零部件正逐步由使用金属制造转向使用塑料制造。注塑件在汽车零部件中所占的比例越来越高，注塑产业也成为汽车产业供应链上最为关键的环节之一。

在这一趋势下，近年来企业加大了在汽车工业相关的配套领域的研发工作。由于汽车复杂零件的塑料件有其特殊性，所以，其注塑成型在设计上应充分考虑到如下因素：

(1)汽车保险杠、仪表板等常用的树脂材料为改性 PP 和改性 ABS 等改性树脂。由于不同树脂材料有不同的吸湿性，为满足成型时的水分含量要求(一般要求≤0.2%)，树脂原料在进入注塑机螺杆预塑计量之前，都要经过热风干燥或除湿干燥处理。改性 PP(PP+EPDM)树脂的吸湿性较小，一般采用热风干燥机在 80~100℃的条件下干燥 2~3h 即可；改性 ABS(PC+ABS)的吸湿性较强，在成型干燥前，应用除湿干燥机进行除湿干燥处理。在设计汽车复杂塑料零件成型系统上要充分考虑除湿干燥系统的运用。

(2)目前，国内汽车用塑料件基本为无玻璃纤维增强的塑料制品。与使用含有短切玻璃纤维增强的树脂相比，成型无玻璃纤维增强塑料件所用注塑机的螺杆的材质和结构有较大的不同。注塑机在设计上，螺杆料筒一般选用合金钢材质，并采用特殊的热处理加工工艺，以保证其耐蚀性和强度。

(3)由于汽车零部件与常规产品不同，它的型腔面十分复杂，受力不等、应力分布不均，因此，在注塑机设计中应重点考虑其成型产品所需的加工能力。注塑机的加工能力体现在合模力和注塑能力(以最大理论注射容积来表示)两方面。注塑机在成型制品时，其锁模力必须大于模具型腔压力产生的开模力，否则，模具分型面将会分开而产生溢料。确定注塑机锁模力的公式如下：

$$P_{锁模} \geq P_{型腔} \times F / 100$$

式中：$P_{锁模}$为注塑机的锁模力(或称合模力)，单位为kN；$P_{型腔}$为模腔平均压力，单位为MPa，与制品结构形状、精度要求和每模型腔数等有关，取值范围一般为25～40MPa；F为模具型腔、浇道和进料口的水平重叠投影面积，单位为cm^2。

为保证可靠的锁模，注塑成型时的工艺锁模力必须小于注塑机的额定锁模力。注塑机的最大理论注射容积(注塑能力)与注塑机合模力(吨位)相匹配，是注塑机在出厂前以聚苯乙烯(PS)为基准树脂标称出来的注射容量。

(4)针对汽车复杂塑料零部件的特性，目前使用较多的国内注塑机驱动形式和锁模机构为液压机械式、全液压式曲肘及中心部直压锁模机构。泰瑞公司经过多年努力，突破传统框架约束，成功研发出了二板锁模直压、复合锁模形式的机械结构。这种结构的优越性在于它的开模行程远远大于液压曲肘合模结构的开模行程，至少在2倍以上，满足了汽车大型塑件(如保险杠、仪表板等)的生产需求。另外，采用4个复合液压缸同步锁模，用小流量实现大吨位的平稳锁模，锁模力高于同吨位的液压曲肘锁模结构的锁模力，可对汽车大型复杂塑料零部件的成型复合面精度给予充分保证。

(5)由于汽车零部件的型腔面十分复杂，在设计时需考虑其特殊性，配置一些特殊的功能，如多组抽芯功能、时序控制功能、配套换模装置功能、配套取件机械手装置功能等，这些特殊功能使注塑机在生产汽车塑料零部件时优势十分明显。在汽车保险杠的生产过程中应用这种注塑机，为了缩短生产节拍，提高生产效率，可通过取件机械手自动取出模具开模顶出后的大型塑料制品件，多组抽芯功能使大型塑料制品平稳整体顶出，不会产生顶白或开裂现象。目前，在这种注塑机的注塑系统中使用的多为3轴取件机械手，个别机型使用了6轴取件机械手。

汽车复杂零部件注塑件的特殊外观和尺寸要求提高了汽车注塑件的开发门槛和风险。Moldflow公司在产品设计阶段，分析注塑件的成型可行性，通过对产品的变形及成型工艺的分析，评估并优化产品设计，同时指导下游厂商进行模具及注塑优化。经过技术人员坚韧不拔、同心协力的不懈努力，泰瑞机器股份有限公司已经研发成功、推出了新一代D系列汽车复杂塑料零部件专用注塑生产线，并在2013年广州国际橡塑展上展示了部分产品和技术。

展会上进行的现场生产演示，充分展现了采用汽车复杂塑料零部件专用注塑生产线的注射成型过程，体现出运用D系列汽车复杂塑料零部件专用注塑生产线生产汽车塑料件的优势，主要有：

(1)采用树脂材料对汽车零部件进行塑料成型，使得形状复杂的汽车零部件加工十分便利。例如，仪表板如用钢板加工，往往需要先加工成形各个零件，再分别用连接件装配或焊接而成，工序较多。而用塑料可以一次加工成型，加工时间短，精度有保证。

(2)由于塑料制品的弹性变形特性能吸收大量的碰撞能量，对强烈撞击有较大的缓冲作用，对车辆和乘员起到保护作用，因此，现代汽车上都采用塑化仪表板和转向盘，以增强缓冲作用。前后保险杠、车身装饰条都采用塑料材料，以减轻车外物体对车身的冲击力。另外，塑料还具有吸收和衰减振动与噪声的作用，可以提高乘坐的舒适性。

(3)塑料耐蚀性强，局部受损不会腐蚀。而钢材制件一旦漆面受损或者先期防腐做得不好就容易生锈腐蚀。塑料对酸、碱、盐等抗腐蚀能力大于钢板，如果用塑料做车身覆盖件，则汽车十分适宜在污染较大的区域中使用。

(4)根据塑料的组成成分，通过添加不同的填料、增塑剂和硬化剂来制出所需性能的塑料，改变材料的机械强度及加工成型性能，以适应汽车不同部件的使用要求。例如，保险杠要求材料具有相当的机械强度，而坐垫和靠背就要采用柔软的聚氨酯泡沫塑料。更方便的是塑料可以通过添加剂调出不同颜色，可省去喷漆的麻烦。有些塑料件还可以电镀，如ABS塑料具有很好的电镀性能，可用于制作装饰条、标牌、开关旋钮、车轮装饰罩等。

目前，国内比较成熟的汽车复杂塑料零部件专用注射生产线，其产品设计注重能耗及速度，不仅能缩短循环周期，相应提高产能；还能降低能耗，直接减少成本，实现了节能环保、高响应速度、高重复精度等优点，保证了产品在市场上的竞争力。其锁模力设定范围6 000~320 000kN，适用于注射大型制品，如汽车前端模块、门板、汽车仪表板、座椅底盘和座椅靠背等汽车部件。应用玻纤增强热塑性塑料制作汽车部件，可减轻汽车自重。另外，采用先进的成型技术和设备生产汽车塑料部件，还可大大提高产品质量。

该生产线可生产的汽车塑料外装饰件主要部件有保险杠、挡泥板、车轮罩、导流板等，汽车内装饰件主要部件有仪表板、车门内板、副仪表板、杂物箱盖、座椅、后护板等。锁模力6 000~30 000kN，射胶量为1 848~47 601g，直正二板设计，长度比一般大型注塑机约短30%以上；快速15s调模、节省换模时间，拥有多项专利授权技术；特快开模速度，可达700mm/s，以8s完成开、锁模；与高校合作，自主研发计算器控制器。

一般注塑成型汽车前后保险杠、仪表板等大型汽车塑料件的成型节拍为60~100s不等。采用制作精良、冷却系统好的注塑模具以及配合取件机械手可缩短成型周期，提高生产效率。

随着社会经济的快速发展及人民生活水平的不断提高，塑料在汽车上的应用会越来越广泛，“以塑代钢”也必将成为今后汽车制造业的主流，汽车塑料零部件产品的市场前景广阔。可以预测，全球车用塑料消耗量正在逐年增加，车用塑料部件已从内饰件扩展到外饰件、结构件扩展到功能件、动力系统扩展到转向制动系统，特别是模块化制件。因此，开发生产汽车复杂零部件塑料件专用注射成型系统仍将具有很大的发展空间，市场前景良好。

〔撰稿人：泰瑞机器股份有限公司岳钦杨〕

燃气用聚乙烯管材的应用状况

一、燃气用聚乙烯管材的应用状况

作为塑料管材发源地的欧洲，PE管材早已成为燃气管和供水管方面应用的主要产品，除此之外也应用在其他一些工业领域。聚乙烯燃气管具有耐腐蚀、化学稳定性好、耐环境低温性能好、重量轻、管材连接方便可靠、抗震性强等特点。工业发达国家的实际应用证明了聚乙烯管材是当今世界上最理想的燃气（包括天然气）管道。

在2013年11月举行的“燃气安全事故分析交流会”上，港华燃气做了“地质沉降带运行管网燃气泄漏、爆燃事故”的报告，在安全措施及现状管理措施中提出建议，设计时管材可优先选用SDR11、PE100的PE管材。

从美国燃气用各类管材的震后调查数据（图1）、英国国家破坏数据库和瑞典管网破坏数据分析（图2），可以看出聚乙烯管材无论是在地震还是在非地震的情况下破坏率都是最低的。

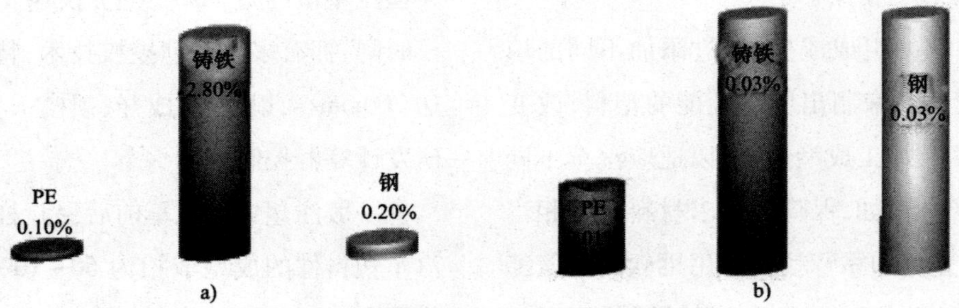

图1　美国震后各类燃气管道泄漏率

a）燃气分配主管道的泄漏　b）燃气入户管道的泄漏

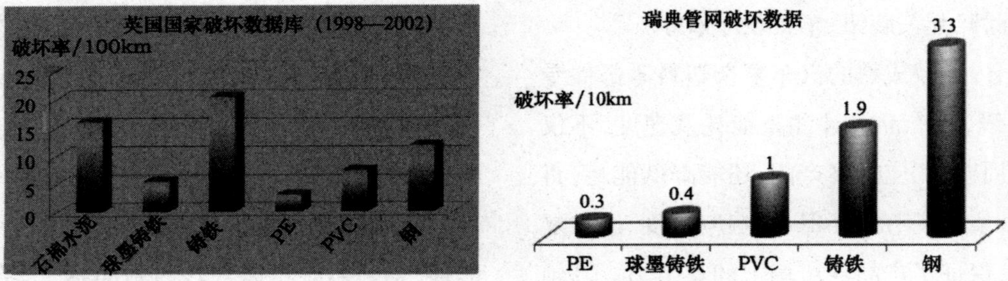

图2　非地震情况下管道破坏图示

国内燃气用埋地聚乙烯管材的应用则始于20世纪80年代中期，由于燃气供应系统工程技术的滞后，聚乙烯燃气管材直到90年代末才开始大量被采用。同时，国家相继颁布了与聚乙烯燃气管材使用相关的一些标准和规程，从而为聚乙烯燃气管道在市政燃气工程中的大规模应用确立了理论依据。2004年建设部发布的《建设部推广应用和限制禁止使用技术》中，聚乙烯燃气管道系统也是市政燃气管的首推产品。从聚乙烯燃气管道使用量来看，2008年，城镇燃气埋地PE管道总量约14万t。在随后的燃气市场上，PE100管道用量年增长率在10%以上，目前，聚乙烯管道用量占到了燃气用塑料管道的60%以上。

二、燃气用聚乙烯管材国产化在推广过程中须解决的问题

我国在聚乙烯燃气管材的研制与生产方面，有两大因素制约着这种管材产能的提升和产业的发展，即技术装备和原料。在装备与技术方面，燃气公司要求国内企业引进德国巴顿菲尔德等公司的挤出、控制技术与设备；原料则依赖进口北欧和巴塞尔的产品。这使得企业投资大，生产成本高，产品价格居高不下，导致燃气用聚乙烯管材竞争力不强，产能提升缓慢。

众所周知，若想生产出高质量的PE100管材，

可靠的和高品质的原材料是关键因素;管道原料的测试比管道本身的测试需要更长的时间和更严格的程序;管道的生产程序不能提高材料的性能,材料决定管道的性能;只有用高标准的原材料才能生产出高质量管材。

在原材料方面,国内燃气公司在燃气管道设计标准中始终未将国产原料列入其中。实际上,国产PE100材料性能已达到国际标准。上海石油化工股份有限公司于21世纪初从北欧引进了世界先进的双峰聚乙烯技术,其YGH041T黑色管道料于2005年通过瑞典国家测试和鉴定研究院按ISO9080标准进行的PE100等级认证,这是国内最早获得的PE100管道料的“国际通行证”。另外,经国家权威部门鉴定,该产品的安全、卫生等指标,全部符合GB15558.1—2003和GB/T17219—1998标准,与进口产品没有区别,可作为高品质产品在燃气埋地管和生活饮用水管等领域使用。

在生产设备方面,国内燃气公司要求聚乙烯管材生产企业使用进口设备,这导致国产燃气用聚乙烯管材加工设备至今也无法进入国内燃气管市场。而在国外市场上,我国生产的燃气用聚乙烯管材挤出设备已应用了多年,土耳其、俄罗斯、伊朗、科威特这些国家都在使用我国生产的设备加工PE100管材。

三、燃气用聚乙烯管材生产技术

要想保证PE100管材的产量与质量,必须选用质量可靠稳定的树脂原料,必须采用比较先进的、精度比较高的设备、模具,采用比较合理、适用的定径方法与良好的控制工艺,采取严格的质量控制手段。

浙江双林塑料机械有限公司经过攻关,掌握了生产高性能PE100管材所需的同步控制挤出、牵引、冷却等核心技术。生产线主要采用带有IKV系统高效机筒、主副螺纹(BM结构)加混炼结构螺杆、模具截面多点温控技术,螺旋分配器结构的模具,牵引驱动直流调速技术、多级真空定型,配置旁路真空辅助系统及重力计量壁厚控制技术等,解决了聚乙烯(PE)材料挤出成型过程中材料塑化均匀性及大口径管材融垂等技术难题。

四、结束语

笔者认为,若想燃气用聚乙烯管材这种高品质的产品在我国得到广泛应用,就须让管材加工企业减小投资,降低生产成本。而要实现这一目标就必须走原料国产化、设备国产化的道路。希望燃气公司、石化公司、设备制造公司、管道加工公司能在燃气协会、管道协会的带领下,在国务院36号文件的指引下,紧密合作,同心协力完成我国的城市基础设施建设目标。

〔撰稿人:浙江双林塑料机械有限公司李德辉〕

我国塑料机械绿色节能技术新进展与未来发展

欧洲塑料和橡胶工业机械制造商委员会(EUROMAP)最新发布的统计数据显示,我国在2012年继续位列全球塑料机械第一大国的地位。我国塑料机械行业在整体营业额居于第一位的同时,在高性能设备开发方面也积极进取,尤其是在绿色、低碳、节能等全新技术开发方面发展迅速,推出了多种创新产品。

本文重点围绕《CPRJ中国塑料橡胶》在2013

中国国际塑料橡胶工业展览会(简称 CHINAPLAS 2013)前后对国内展商的采访报道,总结过去一年我国塑料机械节能技术发展的新特点,并以一己之见提出我国塑料机械行业新技术开发值得关注的一些方向。

一、我国塑料机械节能技术发展的新特点

1.热点一:全电动技术

由于全电动驱动系统具有优异的节能效果,以及高精度、高洁净度等特点,使得全电动技术的应用已从注射机扩展到几乎所有涉及间歇工作的塑料加工机械领域。就我国全电动注塑机市场而言,全电动技术的应用表现出以下三个特点。

(1)我国全电动注塑机已进入全球领先阵营。毋庸置疑,"海天"全电动注塑机已经成为全球全电机市场不容忽视的一支力量。2013 年 9 月 6 日,海天国际控股有限公司旗下子公司宁波长飞亚塑料机械制造有限公司于海天展示中心举办了"全电动注塑应用成套解决方案展示与研讨活动"。活动期间展出了 8 套不同医疗应用案例的全电动注塑整体解决方案,集中演示的产品包括:注射针筒、吸头、穿刺器、采血管、留置针软管接头及大输液组合盖内盖等,数百名专业人士参加了这一活动。在活动开幕致辞中,海天国际战略总监 Franz 表示:"我们成立长飞亚的目的就是制造高精度的全电动注塑机。数据显示,2013 年,我们已经进入我国全电动注塑机市场的前三位。如今,长飞亚系列全电动注塑机已经获得我国及全球客户的认可。"

(2)我国领先的注塑机供应商纷纷进入全电动注塑机市场。近年来,我国越来越多的注塑机供应商进入了全电动注塑机市场,并开始了向批量化生产发展。

在 2013 德国杜塞尔多夫国际塑料及橡胶博览会上,大同机械有限公司展出了一台 105t Ge 全电动注塑机,并现场演示了其生产 9.7in(1in = 0.025 4m)平板保护屏的过程。大同机械有限公司市场部及国际贸易部总监何惠武介绍,大同机械有限公司的全电动注塑机目前已销售了几十台,是继海天国际控股有限公司之后国内第二家实现全电动注塑机批量化生产的厂家。大同机械有限公司的全电动注塑机系列产品目前已有四种型号,除现场展出的 105t 机型外,还有 55t、155t、205t 三种机型。

在全电动注塑机生产开发之外,我国越来越多的注塑机厂家开始推出针对特殊应用的全电动技术解决方案。例如,在 CHINAPLAS 2013 上,丰铁机械(苏州)有限公司展出了一台双色液态硅胶电动射出机(FT-400R2),其搭配了标准转盘机和电动射出副射台,并现场制造了双色液态硅胶产品;广州一道注塑机械有限公司展出了具有 96 腔瓶坯和 24 腔瓶盖的全电动注塑机,其具有稳定、快速、节能的特点。

(3)全电动技术进入更多领域。在塑料机械行业,全电动技术已开始进入除注塑机之外的更多机型,如热成型机、中空成型机、滚塑成型机等。我国供应商也在多个领域推出了全电动机型。

全冠(福建)机械工业有限公司在 CHINAPLAS 2013 上展示了一款 1 出 10 穴的全电动直线式吹瓶机,其最大容量达 0.6L,单机产能可达 13 000 瓶/h。其台湾总公司——台湾铨宝工业股份有限公司生产的一款 1 出 12 穴全新直线全电式吹瓶机(CPSB-LSS12),整机设计以节能、高速及弹性生产为出发点,耗电量较传统直线式吹瓶机节省约 30%,并将高压气体回收装置列为标准配置以降低气体消耗量。香港雅琪集团有限公司和中山凤记机械有限公司等也都推出了全电动中空成型机。

台州市日高机械科技有限公司推出了 24 腔电动型压盖机。电动型压盖机的产能是注射成型机产能的 3~5 倍,而单台设备日耗电量仅为注射成型机的 30%~40%;在同等产能情况下,日耗电量仅为注射成型机的 10%~15%。而与液压式压盖机比较,在同等产能下,电动型压盖机的能耗仅为液压式压盖机能耗的 30%~40%。

2.热点二:混合动力技术

混合动力注塑机已经成为我国节能型注塑机的主打机型。如今,混合动力技术也已不再是注塑机的专用技术,中空成型机也开始越来越多地使用混合动力(伺服驱动)技术。

(1)混合动力注塑机实现每一个细节的节能。随着混合动力注塑机成为不同厂家主推的节能机型,越来越多的厂家开始关注对各种细节的改进给主机带来的优异性能与节能效果。

泰瑞机器股份有限公司在2013年主推的梦想D系列高性能伺服注塑机,是在其原有的TRX系列产品的基础上,结合多年来使用者和设计者的改进要求而设计的、以全系列标准化和模组化为基础的注塑机。从整体的动力配置上,该系列注塑机是依据塑料制品成型过程中的各个动作的功率和转矩需求进行动力配置,而不是像传统动力配置那样,依据所需的最大功率和转矩进行配置,从而达到各个不同工艺阶段的节能效果。

宁波华美达机械制造有限公司M8系列注塑机,在设计时充分考虑了不同客户的个性化需求,将各部件尽量模块化,以方便快速的定制化生产。例如,油路系统可选用定量泵系统、变量泵系统或者伺服节能系统,这样可以在不改动任何零件的基础上实现油路系统的互换。再如,锁模部分的润滑系统采用点对点智能定量润滑方式,可在保证润滑效果的同时,节省润滑油用量。

(2)中空成型机进入混合动力技术时代。在注塑机大量使用伺服驱动技术的同时,中空成型机也开始大量采用伺服驱动技术。

在CHINAPLAS 2013上,苏州同大机械有限公司展出了其新研发的HSII-5L型高效智能化吹塑机。该机采用了性能更加稳定的抱肘式开合模机构,锁模力提高了30%;液压系统采用了全伺服控制加蓄能器的方式,在达到节能目标的同时,可以保证各执行元件的快速动作、平稳无冲击,特别在移模过程中最大瞬时速度可达1.2m/s,速度提高了40%。

江苏维达机械有限公司推出了效率更高、性能更卓越、操作更便捷的MSZ60H型伺服注吹中空成型机。该机与原来的MSZ60型注吹中空成型机相比有多项重大改进。该机具有以下特点:节能效果明显,采用伺服电动机通过电压信号对齿轮泵压力流量进行精确匹配控制,根据负载的变化提供系统所需压力和流量,比MSZ60B型注吹中空成型机采用叶片泵驱动节电约40%;回转液压缸带缓冲装置,使回转动作快慢结合、运行平稳;采用优化控制程序,进一步提高了机器的运转性能,再结合机械结构改良,使制品生产周期缩短了15.5%。

陕西秦川机械发展股份有限公司推出的SCJ200型和SCJ1500型全自动塑料中空成型机,也均采用了液压伺服系统,设备每小时可节电10kW·h。

柳州精业机器有限公司推出的WISB注拉吹成型机为一步法成型机,双工位180°对称分布,可令注坯与吹塑同步进行,双工位也简化工作步骤,降低了模具投入成本。设备采用伺服电动机驱动系统,节能效果更加明显。另外,该机配置的伺服定位机构使工作更加平稳可靠。

3.热点三:高效兼具节能

很多时候,塑料加工行业在实现高效率的同时,也往往带来了单位能耗的降低。在挤出新技术方面有不少这样的例子。

(1)整线效率提升的同时更节能。我国在挤出节能技术开发方面,一方面,是主机性能提升带来了高效节能效果,另一方面,对生产线配套辅机的关注则成为各厂商关注的热点。

苏州金纬机械制造有限公司在CHINAPLAS 2013上推出了HDPE供排水管、燃气管节能高速挤出生产线。与普通生产线相比,其节能达到35%左右,生产效率增加了1倍多,不但可以节省场地以及人力成本,还提高了生产效率。该生产线在管材切割方面采用了无屑切割,既可保持生产环境清洁、无噪声,又使切口光滑齐整。

常州市恒力机械有限公司展出了塑料挤出扁丝机组和塑料圆桶编织机两条生产线。据该公司的展出的塑料挤出平模扁丝机组比同类设备生产速度提高 35%,能耗降低 7%;展出的塑料圆筒编织机比常规设备能耗降低 23%,速度提高 75%。

PET 直接挤出技术也是近年来挤出节能的典型新技术。我国已有多家厂商推出了 PET 直接挤出成型系统。南京越升挤出装备有限公司的 PET 直接挤出系统可节电 35%,已经应用于双向拉伸聚酯薄膜(BOPET)领域。南京创博机械设备有限公司在 CHINAPLAS 2013 上展出的 PET 回收料免干燥片材挤出生产线由两台双螺杆挤出机挤出复合片材,完全免除了上游的干燥工序。据该公司介绍,根据其客户统计,一条产能为 400kg/h 的生产线每年节省电费 40 万~50 万元。

改进冷却技术是实现挤出系统节能的有效途径之一。中云集团有限公司推出了全新的 PE/PP 高速水冷型双壁波纹管生产线。该生产线通过应用全面革新的模块冷却技术,使带有较高压力的冷却水注入密封的模块内部并进行高速循环,实现了波纹成型模块的快速高效冷却,其带来的直接效果是生产线产量的大幅度提高。产量的大幅度提升,使耗电量大幅降低,耗电量最高可降低约 50%。

佛山捷勒塑料设备有限公司推出了膜宽为 2m 的九层共挤高阻隔吹塑薄膜生产线,该装备使 PA 和 EVOH 两种原料可共用同一挤出螺杆,在更换薄膜品种和产品结构时,不需停机更换螺杆,减少了冲洗机器的时间和原料浪费。采用模块化翼型铜铝合金散热片和翼型陶瓷加热圈组合的高效机筒加热系统技术,加热效率可达 7W/cm^2,螺杆和机筒可快速升温和降温,使单位产品的能耗降低 10% 左右。

挤出模头设计也是节约材料、实现绿色加工的重要一环。浙江精诚模具机械有限公司在 CHINAPLAS 2013 上推出的用于七层共挤高阻隔流延薄膜机的封边模头配备了七层包边分配器,采用国际先进的聚合物熔体流变仪,结合流变仿真分析软件,设计出最佳的流道。通过分配器的调节达到每一层薄膜厚度的均匀性、挤出量比例的可调性。自动模头使加工灵活性更高、产品规格的切换时间更短。独特的封边结构和包边设计节约了原材料,降低了生产成本。

(2)无屑切割成为型材、管材生产线广泛采用的新技术。从过去两年的中国国际橡胶塑料展览会可以看出,无屑切割已经成为各种管材、型材切割设备生产厂家主推的技术。广东联塑机器制造有限公司在 CHINAPLAS 2013 上推出的 110 PVC 高速无屑切割机是其最新研发的产品,其具有以下特点:能耗低,仅有一个 1.5kW 的切割电动机(比行星切割节能 80%);噪声低,低于 70dB,有效改善了工作环境;体积小,无屑切割系统的尺寸仅为 1 310mm×625mm×1 310mm,长度比行星切割设备缩短一半以上,但切割速度却提高了 1/3;切割时无任何尘和屑产生,切割环境干净;刀片耐用,旋转体公转时,刀片自转,刀片磨损均匀耐用,并且可实现不停机在线更换刀片。

昆山市众捷塑料机械有限公司展示了两台无屑切割机,分别是 PE630 无屑切割机和 PVC 双出无屑切割机。宁波康润机械科技有限公司展出的产品也包括一台大口径无屑切割机。

4.热点四:辅机节能更受关注

随着塑料加工业自动化水平的不断提高,辅助设备的使用价值日益凸显,因此,主机厂家对辅机节能更加关注,而辅机的节能性能也成为辅机设备技术提供商展现其竞争力的一个重要方面。

上海携晟机械制造有限公司与其奥地利合作伙伴开发制造的挤出生产线真空节能系统,大大降低了传统挤出生产线产品成型后的真空功率额外损耗。该系统采用伺服阀和计算机全自动控制,在保证高品质、大产量生产挤出成型产品的过程中,真空部分节能达 90%,同时,采用了计算机全自动控制系统，降低了挤出生产过程中对操作工水平的依赖，节能的同时大大降低了产品的废品率。

东莞信易电热机械股份有限公司生产的HDD系列无热再生除湿干燥机配备了无热再生式干燥器，此装置可持续提供低露点(-40℃及以下)的干燥风，使干燥机以较低的干燥温度快速对原料进行干燥，且无再生加热部分，干燥过程不受环境温度和湿度的影响，达到更加节能的效果。同时，该机配备了先进的比例调节装置，可配合精密微机控制程序，根据原料类型等参数精准控制干燥风量，避免浪费压缩空气，节约能源，降低成本。

按需提供个性化的辅助设备是节能的一个重要方面。为了更好地符合客户需求，上海松耐机械制造有限公司设计制造了一款新型微量称(GBL-11)，适用于精确计量少量原料的工艺中，尤其适用于试验设备，以及在生产过程中需要添加少量的添加剂的场合。新产品非常灵巧便捷(尺寸仅为420 mm×270 mm×540mm)，并在结构上特别是在原料的传输技术上进行了全面革新。

智美智能机器有限公司推出了ZM-FQS型家用保鲜袋全自动收卷封切机，突破了传统封切机复式结构设计的瓶颈，提出了全新滚动式封切方式的设计理念。与传统机型相比，产量提高可达3倍，人工成本降低可达80%；与国外进口机型相比，体积缩小了50%。

近年来，针对塑料机械加热系统改造出现了多种新的加热技术，如电磁感应加热、红外加热等。广东能之原节能技术有限公司推出的纳米红外节能电热圈可有效改善传统电热圈散热快、温度过高等问题。据介绍，新型纳米红外电热发生器的使用可显著提升电热转换效率，热效率高达99.8%以上；突破性地采用单向红外辐射传导方式，使热量有效传导到受热体，提高电热圈的温控精度。加厚保温层以减少热损耗，新型涂层的使用使电热圈表面温度维持在45~70℃，改善了车间作业环境。

杭州方圆塑机股份有限公司推出的SPZ100-200E节能高效型自动成型机，拥有精确的蒸汽控制系统。该机运用了杭州方圆塑机股份有限公司的专利技术——先导式蒸汽阀和压力传感技术，使整个加热周期缩短30%以上，蒸汽消耗量节省35%。同时，合理的主管道配比、高效中央真空系统的运用，极大地提高了加热、冷却等关键工艺的速度。

模具结垢会导致不良品产生或产品品质下降，以及整体能耗增加等，高效率的模具清洗同样意味着显著的能源节约。东莞京工自动化有限公司在CHINAPLAS 2013上展示了Kakura卡古系列电解模具清洗机、模具水路清洗机。该公司大客户经理段玉琴介绍，东莞京工自动化有限公司开发的电解模具清洗机可彻底清除模具表面的任何污垢，即使对任何复杂形状的模具也可以高效清除，可提高清洗效率5倍以上，降低采用其他表面处理方法可能引起的模具尺寸变化而产生的不良品率，可深入到模具内部除油、锈、硫化物、树脂碎末及瓦斯气等污垢。

塑料机械行业节能技术的方向与案例还有很多，不再一一列举。

二、我国塑料机械行业节能技术的未来发展

上述列举了我国塑料机械行业节能技术发展的部分共性特点，未来我国塑料机械行业技术的发展应该重点从以下几个方面加以关注。

1.脱离设备概念去思考研发的方向

我国塑料机械企业应重点关注以下几个方向：特别关注终端应用行业的迫切需求；关注材料行业的新产品、新进展；要广泛涉猎，关注跨行业的技术发展，可否为我国塑料机械行业所借鉴或开拓创新的思路。

2.积极关注全球塑料机械行业的新技术进展与未来需求

我国塑料机械企业应特别关注以下几个方向：

关注行业热点技术；积极关注客户个性化的需求；关注以往可能并不成熟的技术应用探索，因为，相关行业技术改进，可能为塑料机械行业带来新的发展契机；应积极关注不同聚合物成型技术之间的跨平台应用，其有可能组成新的系统化解决方案，提升企业竞争力。

3.绿色、低碳、节能技术开发，应更多地从工艺角度考虑

节能不只是主机的节能，而是要从整条生产线的角度考虑；高品质、高效率生产最终都能够带来显著的节能效果；人性化的产品设计，能够带来的节能效果常常不可小视；驱动系统之外，加热、冷却系统的改进所能带来的节能效果往往更容易实现，而且效果显著。

拓宽思路会为我国塑料机械企业由大变强提供更加坚实的基础，并缩短我国塑料机械技术与全球塑料机械领先技术之间的差距。

〔撰稿人：《CPRJ 中国塑料橡胶》段庆生〕

行业概况

逐一分析塑料机械行业各分行业的发展方向

行业概况

塑料注射成型机行业概况

塑料注射成型机(又名注塑机),是塑料机械行业的重要组成部分。当前,我国塑料机械已成为传统机械制造业中发展最为迅猛的行业之一,年需求额加大,未来几年,我国塑料机械行业仍将持续增长。而从整体来看,注塑机产量、出口量、总产值均领先于其他塑机设备,已经成为塑料机械工业最重要的组成部分。

2013 年,行业经济运行中困难依然较多,但总体运行平稳。在原材料、人力成本上涨,国际经济形势复杂多变的背景下,党中央、国务院坚持稳中求进的工作总基调,稳定宏观经济政策,创新宏观调控方式,着力深化改革开放,加快推进转型升级,努力保障和改善民生,国民经济呈现稳中有升、稳中向好的发展态势。同时汽车、建筑、家用电器、食品、医药等行业对注塑制品需求的日益增长,推动了整个注塑成型技术的发展和提高,也带动了注塑加工业中小型企业的发展。

一、2013 年前三季度注塑机行业发展态势

1.行业形势复杂多变,平稳发展

2013 年,全球经济环境复杂多变,整个塑料机械行业发展几经波折,总体呈现平稳趋势。第一季度,市场逐步回暖,业内企业重拾信心;第三季度,突如其来的弱势行情,行业发展不甚理想;直到第四季度,市场走势再次“回暖”。

根据 2013 年聚乙烯、聚丙烯的消耗数据,我国的塑料业正处于平缓的低潮时期。2008 年国际金融危机引起的急速的经济放缓波及到大量的实体行业,2012—2013 年塑料机械行业呈现逐步下降的趋势。在总体市场销量上,2013 年度的市场行情比上年稍有回升,实现平稳增长。2013 年 1—9 月我国塑料机械制造工业主要经济指标走势见图 1。

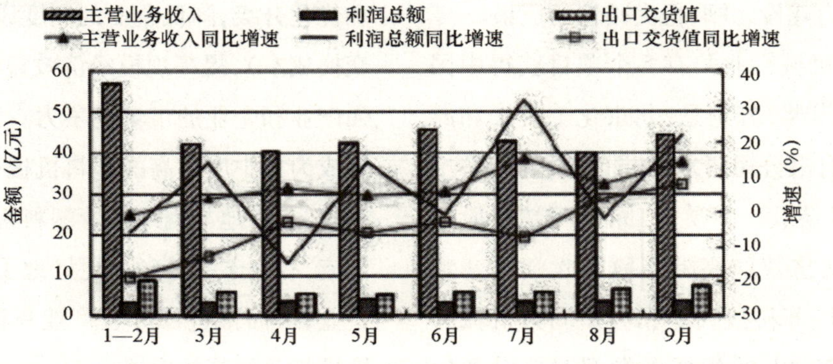

图 1　2013 年 1—9 月我国塑料机械制造工业主要经济指标走势

注:数据来源于国家统计局。

2.深入落实抓质量

我国“百年大计,质量第一”的观点已深入国民经济发展的各个领域。2013 年注塑机行业依旧强化质量意识,深入落实质量问题,坚持以质量取胜,力求提升行业、产品的竞争力,促进经济发展方式的转变。

注塑机企业还积极参与标准化体系建设，如《塑料注射成型机能耗检测和等级评定的规范》、GB/T 25157—2010《橡胶塑料注射成型机检测方法》、GB 22530—2008《橡胶塑料注射成型机安全要求》等。

作为中国塑料机械工业协会会长单位的博创机械股份有限公司，将2014年确定为“质量年”，全力稳抓产品质量，对产品生命周期的整个环节进行质量控制。

3.两化融合、绿色发展取得新进展

在市场“倒逼”机制作用下，塑机行业许多企业通过发展高端产品开拓新的市场空间，研发、试验建设投入力度明显加大，注塑机产品类型多样化，已开始倾向于生产自动化、智能化、节能减排、绿色制造的高端产品，逐渐改善我国注塑机能耗高、控制水平低、性能不稳定的问题，摆脱向国外进口代表高分子复合材料加工技术水平的大型、精密、低能耗高端注塑机的局面，促进了生产效率、加工质量和管理水平的提高，实现行业发展的转型升级。

4.科技创新再创新高

随着时代和行业的发展需求，业内企业已树立强烈的科技创新意识，高度重视重大关键技术的研发攻关，加快科技成果向现实生产力的转化，着力解决产学研脱节等体制机制性障碍，最大限度地提升注塑机创新能力建设，并取得突破性的成果。

2013年塑料机械行业共有5个项目获得中国机械工业科学技术奖，分别是：北京化工大学和潍坊凯德塑料机械有限公司研发的“聚合物高速挤出成型技术及装备”荣获一等奖；广东金明精机股份有限公司“九层共挤智能高阻隔薄膜吹塑成套装备”荣获二等奖；江苏科技大学和苏州同大机械有限公司的“TDB-2000L吹塑托盘专用制造设备生产线”荣获二等奖；佛山市顺德区震德塑料机械有限公司的“曲轴式射出全电动注塑机”荣获三等奖；博创机械股份有限公司的“四物料共塑精密成型装备研发及产业化”荣获三等奖。

另外，高端装备制造商力劲科技集团凭借多色注塑技术创新成果——三色车灯专用注塑机EFF-CTA PT 1300V，再度荣获2013香港工商业奖“机器及机械工具设计奖”。

博创机械股份有限公司自主研发制造的“BU6800超大型两板式伺服节能注塑成型机”也已面市。该设备是当前亚洲地区生产制造的锁模力和注射量都最大的伺服节能两板式注塑机，可广泛应用于汽车、管道、电缆通信等行业，为我国经济发展提供新的设备支持。其锁模机构采用拥有自主知识产权的二板式液压锁模系统，满足了大型注塑机较大开模行程的特殊要求，而且比传统的铰式注塑机减少一块模板，减少了钢材使用，符合节能降耗的时代要求，为国内塑料机械行业树立了标杆。该设备有效填补我国自行研发制造超大型注塑机的空白，结束我国超大型注塑机完全依靠国外进口的现状，开启了国产注塑机的新纪元，为我国超大型注塑机的生产积累了宝贵经验。

5.关注区域集群发展

塑料机械行业一直着力发展区域产业集群，打造特色区域经济。产业集群的不断升级，使得专业化分工不断深化，产业链不断延长，有利于提高区域生产效率，产生滚雪球式的集聚效应，促进集群内新企业的快速衍生与成长以及产业结构的调整和优化升级，降低企业的制度成本（包括生产成本、交换成本），提高规模经济效益和范围经济效益，增强产业和企业的市场竞争力。当前，江苏省已经发展成为集中度很高的塑料机械行业产业集群，企业有效、及时地与当地主管塑料机械行业的领导沟通交流，有利于主管领导更好地了解塑料机械行业及企业，从而推进江苏省产业集群的持续发展，进而推进行业经济的发展。

二、2013年前三季度生产及销售情况

我国是世界上最大的注塑机生产以及消费基地，市场潜力巨大。在世界范围内节能减排和高效环保的呼声越来越高的大环境下，高精度、高速和节能注塑机已经成为当今市场的主流产品。

近年来伺服节能型注塑机逐渐受到大众青睐，其高性能的伺服变速动力控制系统可节电 30%～80%，符合环保节能理念，适应当今“绿色”市场潮流。当前，海天国际、震雄集团、博创机械、申达机器、东华机械等多家企业已经研发出伺服节能注塑机，且部分实现量产。

2013 年 1—9 月，我国塑料机械行业规模以上企业有 377 家，前三季度主营业务收入 356.81 亿元，同比增长 7%；利润总额 27.06 亿元，同比增长 6%；与 2012 年同期相比，各项指标企稳回升。2013 年前三季度我国塑料机械行业规模以上企业主要经济指标见表 1。

表 1　2013 年前三季度我国塑料机械行业规模以上企业主要经济指标

序号	指标名称	金额（亿元）	同比增长（%）
1	出口交货值	52.66	-6.00
2	流动资产	342.66	9.78
3	流动资产中应收账款	89.73	15.36
4	存货	103.04	3.51
5	存货中产成品	32.83	-2.53
6	资产总计	498.80	9.50
7	负债总计	246.52	7.31
8	主营业务收入	356.81	7.00
9	主营业务成本	284.90	2.28
10	主营业务税金及附加	1.86	15.42
11	销售费用	16.83	0.87
12	管理费用	23.89	12.49
13	财务费用	3.38	10.22
14	财务费用中利息支出	3.00	-12.25
15	利润总额	27.06	6.00
16	税金总额	12.09	17.88
17	应交增值税	10.23	18.34

注：数据来源于国家统计局。

三、2013 年前三季度注塑机进出口分析

我国注塑机企业规模、产能以及产量都居世界前列。高分子复合材料加工业巨大的发展潜力，为注射成型机迅猛成长开拓了广阔空间。同时国内塑料制品需求的迅速增长和出口的增加也带动了塑料机械产业的发展，国内塑料机械行业已出现出口热，这要求我们坚持巩固出口产品竞争优势，稳定出口市场。

2012 年我国注塑机贸易出现显著转折点，出口首次超过进口，实现 11 185 万美元的贸易顺差。2013 年我国注塑机贸易顺差进一步扩大，前 9 个月达到 15 814 万美元，总体呈现良好发展趋势。这一方面因为越来越多的海外制造商在我国建造注塑机生产工厂，促进了注塑机的出口；另一方面则是近两年市场需求不强，导致注塑机进口出现下滑；而西方部分国家经济有所复苏，拉动了投资增长，从而带动了注塑机的进口需求。2006—2013 年我国注塑机进出口差额见图 2。

图 2　2006—2013 年我国注塑机进出口差额

注：数据来源于海关总署、水清木华研究中心。

1.进口数据统计

根据海关数据统计，2013 年前三季度我国进口注塑机 4 372 台，金额 52 266 万美元，数量和金额同比分别下降 16%和 18%。前三季度从德国、日本、韩国、意大利、美国、奥地利、瑞士以及中国台湾等主要注塑机产地进口的金额下降近 21%，其中从日本和意大利进口的金额分别下降 26%和 20%，从中国台湾进口的金额下降 48%，从瑞士进口大幅下降 66%。可见当前我国已逐步发展高精密、高性能、高技术含量、高附加值的，符合社会需求的高端机型，减少从发达国家进口大型精密注塑机。

2.出口数据统计

根据海关数据统计，2013 年前三季度我国出口注塑机 17 251 台，同比增长 11%；实现出口额 68 080万美元，同比增长 0.7%。在我国注塑机前

10 位出口市场中，越南增长近 29%，美国则高速增长 38%。我国注塑机产品国际竞争力明显增强，出口量不断增长。2013 年 1—9 月我国塑料机械进出口量变化情况见图 3。2013 年 1—9 月我国塑料机械进出口额变化情况见图 4。2013 年 1—9 月我国塑料机械进出口贸易逆差见图 5。

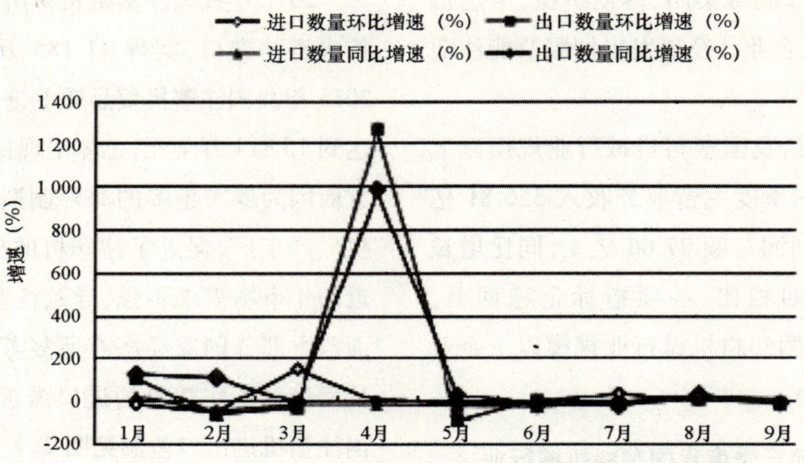

图 3　2013 年 1—9 月我国塑料机械进出口量变化情况

注：数据来源于中国海关。

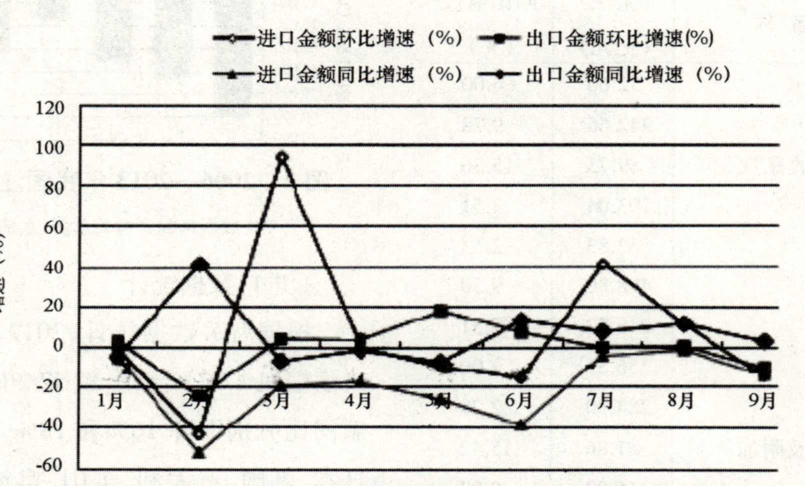

图 4　2013 年 1—9 月我国塑料机械进出口额变化情况

注：数据来源于中国海关。

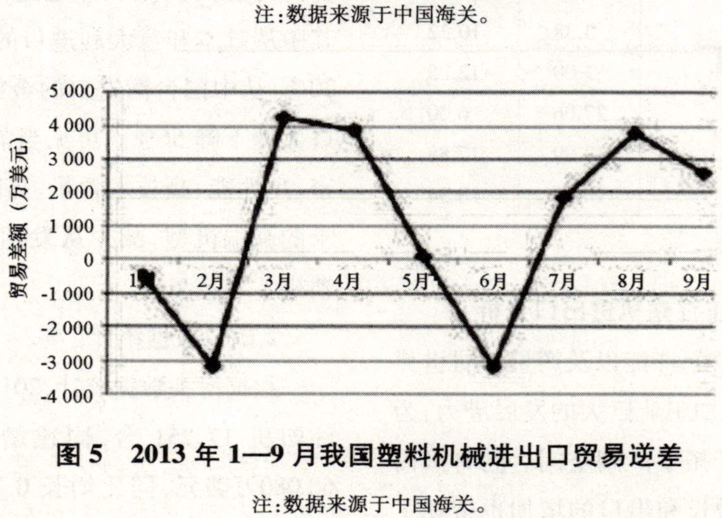

图 5　2013 年 1—9 月我国塑料机械进出口贸易逆差

注：数据来源于中国海关。

四、2014年行业面临形势和发展走势

就未来而言，塑料工业依然是朝阳行业，以塑代钢、以塑代木、节能环保是行业发展的必然趋势，在企业发展上，文化塑造、品牌战略是未来的发展方向。当前，塑机行业的发展仍面临极其严峻的内外部形势。国际金融危机的影响长期存在，国际竞争日趋激烈，经济增长的需求在倒逼经济结构的转换并呈现出新的特征。塑机行业自身经济运行中仍存在诸多不确定性和制约性因素，例如行业集中度低、产品质量、低价竞争等问题尚未得到有效解决，一些中小型企业走出困境依然步履艰难。在新的一年及未来，行业需要全面深化改革，制定政策，全面贯彻中央经济工作会议精神，调整产业结构，向智能制造方向发展，同时发挥协会的组织协调作用以及行业标杆的模范带头作用，加大改革力度。

〔撰稿人：博创机械股份有限公司饶启琛〕

中空塑料吹塑成型机行业概况

一、行业基本情况

中空塑料吹塑成型机一般简称中空吹塑机，又称为中空机、吹塑机，是塑料加工行业的三大重要装备之一。

中空塑料吹塑成型机主要由机头、挤出塑化装置（挤出机）、机架、合模机、吹胀装置、液压系统、伺服液压系统、气动系统、电气控制系统及模具、周边辅助设备等组成。

2012年，在出口方面，受国际金融危机、欧债危机、多国经济调整、中东一些国家社会动荡、伊朗核危机等综合因素的影响，我国中空塑料吹塑成型机的总体出口量减少；而国内一些行业在前几年高速发展后进入一段时间的调整期，对中空塑料吹塑成型机的需求出现负增长。这导致了我国中空塑料吹塑成型机整个行业的生产、销售情况与上年相比，除少数明星企业以外，均有不同程度的下降，一些企业下降幅度较大，少数企业由于经营不善和多年积累的各种管理问题，出现停产、半停产状况。

在这种情况下，一些明星企业仍继续保持2011年度的发展势头，加强了企业管理、产品研发、技术创新等方面的工作，努力克服各种困难，开发市场，产销仍然保持上年的基本水平。加快技术创新工作，产品研发和技术创新工作有了一些新的进展，设备制造水平与设备制造质量不断提高，中空塑料吹塑成型机的一些重要技术项目获得重大技术突破，有一些重要零部件的研发制造已打破国外同行的长期垄断，研制出更加适合我国国情和现状的关键部件与设备，使其达到高的技术水平。

明星企业中，苏州同大机械有限公司、陕西秦川机械发展股份有限公司、香港雅琪集团广东开平塑料机械厂2012年度中空塑料吹塑成型机销售产值均达到1.6亿元以上，继续保持了2011年度的发展势头。

在中国塑料机械工业协会组织的“2012年度中国塑料机械行业优势企业排序”中，苏州同大机械有限公司、陕西秦川机械发展股份有限公司、广东乐善机械有限公司进入中国中空塑料吹塑成型机制造行业前3强。

中空塑料吹塑成型机优势明星企业研发制造的设备与生产线进入一些世界高端市场，许多吹塑

设备与生产线已经进入欧洲及美国，高性能、高质量、高性价比的产品已经赢得这些工业发达国家吹塑制品行业厂家的肯定。我国部分高端中空塑料吹塑成型机设备的研发技术水平与制造质量已经达到世界先进水平。

但是，也有个别中空塑料吹塑成型机制造企业的研发制造水平不高，设备质量以及稳定性、耐用性较差，少数设备出口到一些欠发达国家，由于设备质量差、后期技术服务与配件供应等方面的原因，影响了设备的正常使用，从而影响了中国制造设备的声誉，这值得引起全行业的高度重视。

二、主要企业生产、研发情况

1.苏州同大机械有限公司

苏州同大机械有限公司主要研发、生产0.01~5 000L全系列的中空塑料吹塑成型机组与高速、全自动化生产线，产品除在国内销售以外，46%左右的吹塑机设备销售到海外68个国家与地区。2012年该公司生产销售各种不同规格的中空塑料吹塑成型机组、生产线约500台(套)，实现销售产值近2亿元。

2012年该公司继续保持2011年的发展势头，加快技术创新步伐与新产品研发的速度，成功研制了多款新型中空塑料吹塑成型机组和生产线，5L、15L、30L双工位高速吹塑生产线的研制和不断的技术创新与技术进步，进一步为中小型塑料桶的高速生产和全自动生产奠定了良好的基础，为国内外吹塑制品制造厂家提供了更多的优质中空吹塑机生产线。在成功研制TDB-2000L、TDB-1600L吹塑托盘高速生产线的基础上，进一步研制了TDB-500L、TDB-800L、TDB-1200L等多款吹塑托盘高速生产线，并且成功实现了其他大型吹塑容器的兼容生产，可有效提高大型中空塑料吹塑成型机生产线的利用效率，降低容器制品厂家的设备采购成本，已经有多条吹塑托盘生产线销售到国内外吹塑制品厂家。

2012年该公司还不断推进全系列的中空塑料吹塑成型机的各类技术创新工作，进一步优化塑料成型机头的流道设计，大幅度提高吹塑机的制造水平，提高中空塑料吹塑成型机设备的换色、换料的工作效率，同时还将新技术应用到公司过去出厂的老设备上，进一步提高了制品生产厂家的生产效率与制品质量，并且大量节约了换色、换料的原料成本，缩短了换色、换料的周期，受到了新老吹塑制品生产客户的欢迎与肯定。

2012年该公司成功研制TDB-50AT专用吹塑机组，主要用于吹塑成型汽车塑料风管制品。该机组采用两种不同材料成型，可实现风管软—硬—软、硬—软—硬材料的转换，满足一些汽车特殊风管的吹塑成型。该特殊吹塑机组的研制成功，可为汽车吹塑配件制品生产厂家提供新的设备选择，与同类进口设备比较，可节约投资。经过测试与试生产，该机组完全达到了同类进口设备的功能和生产效率，吹塑成型的风管制品达到同类进口吹塑机设备加工成型的质量水平。

2012年该公司进一步加大对超大型、重型数控加工设备的资金投入，公司购进了超大型数控龙门加工中心，可以实现对尺寸为6 000mm×2 500mm×2 200mm的超大型部件的精细加工，可确保这些超大型部件的加工质量与精度要求。同时，该公司推进对所有大型零部件与结构件进行时效处理与表面喷砂处理的新技术，在进一步提升大型、超大型中空塑料吹塑成型机的内部质量，消除这些零部件的残余应力方面取得了很好的效果。该公司还进一步地开展数控加工、材料处理新技术方面的试验工作，以更快地提高中空塑料吹塑成型机的内外质量水平。

2012年该公司加快与科研院所的合作步伐，与江苏科技大学合作建立了企业研究生工作站，研发多个不同型号的新型中空塑料吹塑成型机组与生产线，这些新型吹塑成型设备的成功研制，使吹塑机设备进一步升级换代。同时，该公司还与多所大学的专业研究院所进行多个专业技术研究项目的合作，这些研究工作进展顺利。该公司聘请了德国工程师进行中空塑料吹塑成型机的设计工作，所有这些新技术的研究与新型设备的研制工作均取得较快的技术进展，已经取得许多阶段性的技术成果。2012年该公司申请国家发明专利约10项，实用新型专利与外观设计专利共20多项，在独立研发与合作研究方面均取得较快的进步。

2012年该公司在独立研制成功的“动则灵”柔性曲环径向控制系统的基础上，进一步推广使用该技术，同时对多点控制的柔性环芯模技术进行深入的研究工作。该公司在多款机型上使用了伺服电动机液压节能系统，使这些设备实现了节能、高速、高效运行。许多新技术在中空塑料吹塑成型机上实现应用，进一步提升和稳定了该公司在吹塑机方面的技术优势。

该公司研制成功的TDB-2000L、TDB-1600L两条高强度吹塑托盘生产线在其子公司——张家港市同大机械有限公司运行良好，主要用于研制、生产高强度吹塑托盘。2012年，各种不同规格的高强度吹塑托盘生产、销售工作取得了较好的效果。同时，张家港市同大机械有限公司起草了《吹塑平托盘国家标准（推荐稿）》，2013年度通过了国家专家组评审。截至2012年年底，张家港市同大机械有限公司共研制了10多款高强度吹塑托盘，其中1 600mm×1 600mm×150mm超大型吹塑托盘、1412内叉口吹塑托盘、免人工卸货吹塑托盘等不同用途的吹塑托盘均是国内首创并投入大批量生产。

2012年该公司继续开展吹塑技术人才的技术培训工作，加快为国内客户培训吹塑技术人才，截至2012年年底，共为国内客户培训吹塑技术人才和设备调试人才300多名，对于提高吹塑制品厂家的技术水平和稳定制品质量起到了较好的作用。

该公司正在筹建江苏省省级机电技术研究中心，以期更加深入、广泛地研究中空塑料吹塑成型机的各类相关技术，进一步提升企业的各项技术水平，提高高新技术的研发与创新能力。

2.陕西秦川机械发展股份有限公司

陕西秦川机械发展股份有限公司2012年继续保持良好的发展势头，实现销售产值2.5亿元。制造、销售各种较大规格的中空塑料吹塑成型机组140台（套）。

2012年该公司研发新产品主要有：

（1）SCJC30×3三层带液位线塑料挤出吹塑中空成型机。SCJC30×3三层带液位线塑料挤出吹塑中空成型机主要用于生产20~30L三层带液位线包装用塑料桶，该桶主要用于液体及固体化工危险品及非危险品包装、食品包装、日用化工产品包装。制品采用三层结构，三层可各自采用不同的配方，可避免被包装物的污染，并减少生产过程中各种塑料添加剂（如色母料）的用量，在内外两层用新材料，保证制品外观和包装卫生标准的前提下，中间层可部分或完全采用回收材料，降低生产成本，为社会提供对环境更友善的包装产品，提高制品循环回收利用率。

该机组采用了先进的三层共挤机头、专利技术成型机锁模机构、底吹机构等设计，改变了传统的上吹模式，使设备更适合于高质量产品的生产。

（2）SCJJ50塑料节能型中空机。SCJJ50塑料节能型中空机主要用于生产以吹塑级高密度聚乙烯为原料的中空容器，如化工原料容器、涂料桶、食品包装桶、汽车风管等。该塑料中空机生产的中空容器的容积范围为30~50L。

SCJJ50塑料节能中空机采用节能降耗新技术，为用户最大限度降低使用能耗，实现最大的经济效益。

SCJJ50塑料节能中空机主要新技术包括两个方面：

① 设备的加热系统采用了先进的电磁感应加热系统，替代传统的铸铝加热圈和陶瓷加热圈加热，较传统加热方式加热时间缩短，加热能耗降低，加热系统可实现节电40%。

② 液压系统采用伺服电动机液压节能动力系统技术，较一般传统的液压系统节能70%。

3.香港雅琪集团广东开平塑料机械厂

香港雅琪集团广东开平塑料机械厂2012年继续保持2011年的发展势头，实现销售产值1.9亿元，制造、销售多种型号与规格的中空塑料吹塑成型机组、生产线200多台(套)。

该公司2012年成功研发LIN-90-TSI中空塑料吹塑成型机高速生产线，采用双工位生产20~30L塑料桶，可以实现单模头、双模头生产。该生产线设计合理，制造工艺精良，设备运行稳定可靠，外观美观大方。采用伺服电动机液压系统，节能明显，各个运行动作平稳、噪声低。该生产线为全自动生产线，可以实现全自动化生产，可实现无人化或是少人化生产，对于提高吹塑制品工厂的自动化水平和制品质量水平能够起到很好的保障作用。该中空塑料吹塑成型机全自动生产线的技术水平达到了世界领先水平。

该公司研发制造的多种规格型号的全自动中空塑料吹塑成型机生产线除满足国内高端制品厂家的需求外，主要出口到海外市场，满足海外吹塑制品生产厂家对高端设备的需求。该公司在中空塑料吹塑成型机方面每年均有多项技术创新，在国际市场上，该公司研发、制造、销售的中空塑料成型机组、生产线高端机占有重要地位。

该公司2012年除了研发制造多款先进可靠的中小型中空塑料吹塑成型机组、生产线以外，还制造、销售了多款大型中空塑料吹塑成型机组、生产线，研发与制造水平及设备质量均有较快的提高与进步。

三、关键配套技术与关键零部件的研发现状

1.塑料型坯控制系统

塑料型坯控制系统主要有轴向型坯控制系统(AWDS)和径向型坯控制系统(PWDS)，国内中空塑料吹塑成型机已经普遍采用轴向型坯控制系统，径向型坯控制系统采用较少。近几年，国内一些中空塑料吹塑成型机的研发、生产优势企业投入了较大的人力、财力进行了相关技术的研究与试验，已经取得重大技术进展。从近年的试验情况来看，国产径向型坯控制系统新技术的研发已经获得非常可喜的进步，在未来几年内可能加快技术推广的步伐，形成新的市场竞争力。径向型坯控制系统主要有3种控制模式，它们是：

①柔性曲环径向型坯控制系统(又称弹性环径向型坯控制系统)。

②口缘修型式径向型坯控制系统。

③飘移口模径向型坯控制系统。

过去，柔性曲环径向型坯控制系统主要技术由德国的一些厂家掌握，市场售价很高，例如，用于200L塑料桶成型机的一套柔性曲环径向控制系统配套价格在20万欧元左右。近年来，苏州同大机械有限公司进行了深入的研究与试验，在构成柔性环的材料、计算机设计、计算机模拟试验、柔性环热处理、精密加工、装机试验等方面进行了大量的工作，已经初步形成了适合我国国情的柔性环型坯控制系统。与德国同类产品相比，其具有制造成本较低、操作维护方便、控制精度高、耐用度高、应用机型广泛等特点，在未来的一些中、高端中空塑料吹塑成型机组上有望获得较多的应用与推广。

口缘修型式径向型坯控制系统是陕西秦川机械发展股份公司研发成功的径向型坯控制系统，经过多年的使用，技术已经基本成熟，该技术主要应用于该公司生产的SCJ-230型吹塑机上。该机主要用于生产200L的双L环塑料桶。

目前，飘移口模径向型坯控制系统主要技术由德国相关厂家掌握，主要应用于一些生产汽车塑料风管的吹塑机组上，该技术在型坯壁厚相差较大的风管类吹塑制品方面有其独特的控制优势。苏州同大机械有限公司已经对这一高难、高新技术开展研发，并且已经取得重大技术进展。如果这一技术获得突破，将解决汽车塑料风管吹塑生产中的径向控制难题，将使国产中空塑料吹塑成型机的型坯控制技术跨上一个新的高度。

用于轴向与径向型坯控制的液压伺服阀，国内已有多家研究所、厂家能够研发与生产，上海衡拓实业发展有限公司（上海704所）研发制造的射流管式伺服阀具有抗污染能力强，反应速度快，耐用度高，规格、型号较多，维护方便等特点，已经完全可以取代进口伺服阀。

用于多点型坯控制使用的伺服阀控制器，国内已有厂家研制成功30点的塑料型坯控制器，其他更多点数的控制器技术研发工作还没有获得更多的突破。目前多数中空塑料吹塑成型机制造厂家普遍采用MOOG公司的控制器与相关配套产品。

2.可编程序控制器（PLC）

目前，中空塑料吹塑成型机普遍采用日本、德国产可编程序控制器，国产控制器相关研发工作严重滞后，到目前为止，还没有合适的国产可编程序控制器可供采用，这值得引起相关控制器研发厂家的重视。

3.伺服电动机液压控制系统

目前，已有多家中空塑料吹塑成型机研发、制造厂家在中小型吹塑机上推广使用伺服电动机液压系统，节能效果明显，单项节能可达40%左右，设备的技术档次明显提升。从机型和制品成型周期情况来看，在制品容量50L以内、成型周期在90s以内时，伺服电动机液压系统有明显的节能优势和较高的性价比。制品成型周期较长的产品和大型、超大型中空塑料吹塑成型机组、生产线可采用其他的节能技术，如液压储能节能技术等。

4.伺服电动机直驱挤出机节能系统

伺服电动机直驱挤出机控制系统已经在塑料挤出机生产线上获得应用，节能效果比较明显，单项节能可达30%~40%。由于中空塑料吹塑成型机的工况与挤出机生产线有较大差别，简单的采用移植该技术的方法难以满足吹塑机的工艺要求。苏州同大机械有限公司与国内某知名工业大学合作进行相关技术的研究，已经获得重大技术进展，并且已经取得了阶段性的成果。

5.高效、节能挤出机塑化系统

高效、节能挤出机塑化系统一直是中空塑料吹塑成型机的主要零部件，对于提高吹塑机的产能和工作效率起到非常关键的作用，一直是各吹塑机研发制造厂家技术研发的重点之一。近几年来，随着不同品种的HMWHDPE材料的广泛应用，能够顺利加工这些材料的挤出机塑化系统成为吹塑机技术进步的一个重要方向。苏州同大机械有限公司、陕西秦川机械发展股份有限公司均研制出多种不同规格的高效、节能挤出机塑化系统，满足了加工如齐鲁石化生产的DMDY1158高分子量粉料聚乙烯的需要，取得了较好的效果。

6.多层吹塑成型机头

多层吹塑成型机头是中空塑料吹塑成型机的重要零部件之一，对于塑料型坯的有效形成与制品壁厚的均匀分布起到非常关键的作用。陕西秦川机械发展股份有限公司研制的汽车六层塑料燃油箱的成型机头、200L塑料桶的双层成型机头，苏州同大机械有限公司研制的四层带液位线成型机头、多层顺序挤出机头、多层储料机头和超大型扁平储料机头等高效吹塑成型机头代表了近年来中空吹塑机制造行业的技术创新水平。比如，超大型扁平储料机头的技术创新，给许多大型、超大型扁平形状的吹塑制品成型开辟了一条新的技术路线。

四、技术研发趋势

近几年来，国内外各类制造行业虽然受到国际金融危机的较强冲击，经济复苏乏力，但是由于各国工业发展的不均衡，对中空塑料吹塑成型机组、生产线的需求仍然有一定的增长，这是我国中空塑料成型机制造行业的机遇，值得国内相关设备制造厂家加以重视，进一步做好市场细分工作，采用不同档次的设备适应国内外吹塑制品厂家的不同需求。但是，不管哪种类型的吹塑机设备，运行稳定可靠是最基本的条件，吹塑机设备的高可靠性仍然是我国研发制造中空塑料吹塑成型机整个行业应该特别重视的环节，采用低质、低价、恶性竞争的方式已经不能适应未来国内外市场的变化了。

在欧洲及美国等工业发达国家与地区的中空塑料吹塑成型机的需求市场上，由于 20 世纪 80 年代投入使用的吹塑机设备已经基本进入更新换代时期，因此，这些市场对技术先进、设备运行稳定可靠、产量高、节能效率高、自动化程度高、可实现无人化与少人化操作的中空塑料吹塑成型机组与生产线的需求较为迫切。

一些发展中国家对中空塑料吹塑成型机组、生产线有不同的市场需求，设备主要需具有稳定可靠，换色、换料时间周期短，节能，操作简单，调试、调整简单快捷，方便使用，设备价格相对较低等特点。

国内吹塑制品行业的设备市场也已经悄然发生了较大的变化，用工成本、水电价格、塑料原材料价格的不断攀升，对中空塑料吹塑成型机组、生产线已经产生了许多新的要求。

国内物流业近几年发展迅速，对耐用型吹塑托盘的需求量将有较快的增长。随着各地一些大型冻库的建设使用以及冷链物流的发展，对抗低温的吹塑托盘、吹塑型储物箱、冷藏箱的需求将有较快的增长。

在国内物流市场托盘租赁运输与托盘对流运输发展不完全的情况下，免人工卸货吹塑托盘的市场有较大的发展空间，特别是一些大宗货物的铁路、公路运输方面免人工卸货吹塑托盘将是未来几年的发展重点之一。

传统农业使用的大型、超大型储水罐，抢险救灾需要的小型救生设备、塑料担架，应急物流需要的吹塑型塑料集装箱等，以及旅游、休闲用的许多吹塑制品均对中空塑料吹塑成型机组提出了许多不同的要求。这些市场的不同需求，必然将带动中空塑料吹塑成型机的技术创新与技术进步，值得引起中空塑料吹塑成型机设备研发制造厂家的高度重视。

1. 自动化程度更高的大型、超大型中空塑料吹塑成型机组、生产线

(1) 大型、超大型多层塑料储水罐、储水箱生产线。随着现代化设施农业的推进，以及缺水地区改善生产、生活环境的需要，大型、超大型塑料储水罐、储水箱的制造在国内外市场均有一定的需求。从目前的情况看，主要需要提高这类设备的设计水平和制造质量，不断提高设备运行的稳定性和可靠性。技术改进上主要应该在挤出机塑化系统、储料机头、合模机、液压系统等方面做进一步的提高和改进。

(2) 各种不同规格的吹塑托盘生产线。随着国内外物流业、冷链物流、大型冻库、高位货架、化工、化肥、粮食加工等许多行业的高速发展，特别是环境温度较低的工作状态下，吹塑托盘有其独特的优势，在未来几年内将有一个高速发展期，多种不同规格的吹塑托盘专用生产线将会获得长足的发展。随着托盘标准化与托盘周转运输的推进，以及托盘租赁业的发展，通用吹塑托盘将获得更多的市场份额。新型吹塑托盘生产线将主要集中在 500 型、800 型、1200 型、1600 型这几种设备型号内。随着对环境保护要求的提高和降低吹塑托盘成本的迫切市场需要，多层吹塑托盘将是未来吹塑托盘发展的主流，多层吹塑托盘里、外层采用全新材料，内层采用回用料、回收料吹塑成型。因此，研发多层吹塑托盘中空塑料成型机组、生产线是未来几年吹塑托盘成型设备的主要重点之一。此外，由于企业用工成本的不断上升和吹塑托盘生产规模的扩大，采用机器人操作系统自动化去飞边的吹塑托盘生产线的研制将受到重视。同时，废吹塑托盘的高效、节能回收设备也将是研发重点之一。

(3) 特种大型、超大型吹塑制品成型机组与生产线。随着吹塑制品的不断开发，一些特种大型、超大型吹塑制品的生产有了市场需求，与之配套的吹塑成型设备有了研制的市场基础，因此，一些专用吹塑制品的成型设备或生产线将是研发的内容

之一。

2.各种不同规格全自动化中空塑料吹塑成型机组、生产线

(1)随着中空塑料吹塑成型机组、生产线的更新换代,市场需要的各种不同规格的全自动化吹塑机将进一步进行技术创新与档次升级,高速、节能、无人化、少人化操作的全自动化的吹塑生产线将受到更多的重视。全自动吹塑成型、全自动去飞边、自动计量、自动检测、自动打包、全自动粉碎边料等吹塑成型全自动生产线将是未来几年的重点发展方向之一。

(2)多维吹塑成型机组、生产线。我国目前已经成为汽车制造大国,随着汽车制造的升级换代,与汽车配套的多种塑料风管及其他塑料管道将采用更多的多维吹塑成型设备,以确保这些风管与管道的吹塑成型质量。未来几年各种不同配置的多维吹塑成型设备的研发也是重点之一。

五、行业发展趋势

①随着一些明星企业技术创新工作和各项管理创新工作的推进,研发能力与创新能力不断提高,近几年来一些明星企业的销售产值与二线厂家的距离明显拉大。随着国内外市场认可度进一步提高,研发、制造、销售能力的进一步集中将会更加凸显;明星企业的品牌效应已经开始显现与形成,随着这些明星企业管理创新、技术创新、市场细分等工作的不断深入,我国中空塑料吹塑成型机制造行业的市场竞争规则正在逐步形成;国内相关明星企业研发制造的中空塑料吹塑成型机组、生产线已经获得国内外诸多客户的认可,这种趋势已经形成,并将进一步加快发展。未来几年将是国内一些中空塑料吹塑成型机优势制造企业的重要发展机遇期,可能获得更加快速、更加稳定的发展。

②一些专用中空塑料吹塑成型机型的研发与生产将会更为专业化,设备的技术创新需要有一个较长时间的周期,许多创新经验不是短期内可以取得的。专机的研发与制造、销售将向一些厂家聚集,这有利于逐步形成中空吹塑机市场的分工。

③一些中低档次的中空塑料吹塑成型机市场销售的竞争将进一步加剧,这类设备制造厂家的市场状况可能进一步恶化,有可能推动相关企业的重组或是淘汰。

④产、学、研的合作步伐将明显加快,新型吹塑机的研发周期将进一步缩短,技术创新的水平将进一步提高,一般性的制造将向精细化制造转化,更为专业化的研发、制造、调试、销售、服务技术队伍将在这一进程中更为壮大。重要零部件、控制器的研发制造将进一步实现国产化,许多相关重要技术创新将在国际上占有重要位置。

〔撰稿人:苏州同大机械有限公司邱建成〕

我国塑料挤出发泡成型机械行业发展概况

一、行业概况

泡沫塑料是以塑料为基本组分并含有大量气泡的聚合物材料 ,也就是以气体为填料的复合塑料。泡沫塑料的品种非常丰富,较常见的传统泡沫塑料主要有聚氨酯(PUR)、聚苯乙烯(PS)、聚氯乙烯(PVC)、聚乙烯(PE)、聚丙烯(PP)及酚醛树脂

(PF)等品种。由于发泡材料中含有大量气体,因此,其不仅质量轻、比强度高,而且具有优异的隔热、隔声、缓冲等性能。近20年来,国内外泡沫塑料工业发展很快,其应用面越来越宽,特别在包装、运输及建筑等行业,泡沫塑料已占有不可取代的地位。因此,塑料挤出发泡成型机械在塑料机械领域中的地位也日益提高。

随着科学技术的发展,新的泡沫塑料品种、新的成型方法不断地出现并逐渐完善。针对塑料发泡产品市场的巨大需求,国内塑料发泡机械生产企业加大科研投入,并不断引进、消化、吸收国外先进技术,大力开发塑料发泡技术和加工装备。我国塑料挤出发泡成型机械历经了产品从无到有、从小到大、从弱到强的艰难历程,形成了具有自主知识产权和较强国际核心竞争力的朝阳产业。目前,我国塑料挤出发泡成型机械行业具有规模以上生产企业100多家,可生产板、片、膜、网、异型材、管、棒等9大系列、200多个品种的塑料发泡机械,具有年产5 000多台(套)的生产能力,产品远销到200多个国家和地区。随着科学技术的发展,泡沫塑料的用途逐步被认识,并且在逐步扩大。当前,泡沫塑料的应用已遍及各行各业,特别是在包装、建筑、生活日用品和高科技等领域,泡沫塑料已占有不可取代的地位。进入21世纪以来,我国塑料工业,特别是我国塑料挤出发泡机械工业,取得了科学发展、跨越发展。

二、生产发展情况

塑料发泡材料品种繁多,分类方法也多种多样。塑料发泡材料的分类方法如下:根据发泡倍率不同,可分为高发泡塑料和低发泡塑料两种;根据泡体质地的软硬程度,可分为硬质泡沫塑料和软质泡沫塑料及半硬质泡沫塑料;根据泡孔结构不同,可分为开孔泡沫塑料和闭孔泡沫塑料;按照发泡原理不同,可分为物理发泡塑料、化学发泡塑料和机械塑料发泡三种。其中,机械发泡塑料由于发泡率低、泡孔分布不均匀、生产耗能较大,应用范围并不广。当前,国内塑料生产企业主要生产物理发泡塑料和化学发泡塑料的挤出成型设备。

(一)物理发泡塑料挤出机械

1.市场应用及分布情况

塑料物理发泡是在挤出成型过程中利用发泡剂的物理相态变化,形成大量气体并均匀分布在高分子材料的过程。物理发泡塑料挤出机械主要用于生产发泡倍率在4倍以上的产品,由于发泡倍率较高(一般达到20~60倍)、质轻,广泛应用于保温、隔热、包装等领域,其主要代表产品有XPS型、PSP型、EPE型、EPP型物理发泡塑料挤出机械等。

据不完全统计,我国专业从事物理发泡塑料挤出机械生产的厂家共计50余家,但规模以上企业不到10家,已经形成一定规模并且在国内外市场具有一定影响力的企业有山东通佳机械有限公司、上海金纬机械制造有限公司、河北广兴泡塑机械有限公司、青岛德意利塑料机械有限公司、南京法宁格机械有限公司及重庆捷成机械有限公司等。随着高倍率发泡材料在减振包装和建筑节能保温等领域的广泛应用,我国塑料挤出物理发泡机械行业进步较快,产业规模迅速扩大,目前已经形成山东地区和长三角地区两大产业基地,每年产值在10亿元以上,产品种类齐全、市场竞争力强,可有效替代进口,年生产能力达到3 000多台(套),每年为下游用户创造社会产值500多亿元,新增就业岗位30多万个。

目前,XPS型、PSP型、EPE型、EPP型等塑料挤出物理发泡机械,除在国内市场占有绝对优势外,国际市场竞争力也不断增强,已出口到近200个国家和地区,销售市场从原来的主要是发展中国家市场,到现阶段的工业发达国家和发展中国家市场协调发展,市场份额稳步上升。最近几年,我国物理发泡塑料挤出机械的出口量呈快速上升趋势,由2005年的不足1 000万美元,上升至2010年的近1.2亿美元,2011年达到1.5亿美元,2012年达到1.46亿美元,2013年则达到1.57亿美元。

2006—2013 年物理发泡塑料挤出机械出口创汇情况见表 1。

表 1 2006—2013 年物理发泡塑料挤出机械出口创汇情况

（单位：万美元）

年份	产品型号				合计
	XPS	EPE	PSP	其他	
2006	1 300	650	400	450	2 800
2007	2 900	820	500	680	4 900
2008	3 700	1 200	980	1 520	7 400
2009	4 600	1 800	1 200	1 600	9 200
2010	5 800	2 000	1 600	2 000	11 400
2011	7 000	3 600	2 200	2 200	15 000
2012	6 000	3 500	2 500	2 600	14 600
2013	7 000	3 600	2 500	2 600	15 700

2.产品技术创新与国际市场竞争能力

（1）大型 CO_2 发泡全自动 XPS 生产线。目前，国内物理发泡塑料生产企业大都采用氟利昂-22（HCFC-22）或氟利昂 142B（HCFC142B）做发泡剂，其含有氟氯分子，对大气环境和臭氧层具有一定的破坏作用。根据“蒙特利尔”约定，发展中国家在 2020 年以前要逐步减少和冻结氟利昂的产量，在工业发达国家氟利昂已经被禁止使用，我国也在 2013 年开始冻结氟利昂的产量，并在 2030 年完全禁止氟利昂的生产和应用。还有一些物理发泡塑料生产企业用丁烷、二甲醚做发泡剂，这不仅在生产过程中易燃，而且在使用过程中，由于产品中含有大量的可燃气体，容易着火。CO_2 来源于空气，经空气分离产生 CO_2 气体并进行有效利用，可以大大提高产品的环保水平，年可为物理发泡塑料挤出机械产业减少氟利昂排放近千万吨，既有效保护了环境，又以其低廉的成本推动了新型节能产品的推广和应用。因此，CO_2 将成为氟利昂的理想替代产品。但是，由于 CO_2 活性较强，随着压力和温度的变化，其密度也会变化，这容易在挤出机内部产生气相和气液相分离，不利于发泡过程的稳定控制。

由山东省物理发泡塑料机械工程技术研究中心立项开发的“环保多元共混物理发泡板材技术及装备”通过了省级鉴定，该产品采用超临界 CO_2 和共沸体系的水溶性多组分发泡剂替代传统的氟利昂发泡剂。新型发泡剂成本低廉、来源广泛，是氟利昂发泡剂的理想替代品。2013 年山东通佳机械有限公司开发出了 75 平行双螺杆挤出塑化、200 单螺杆混合冷却的全自动 CO_2 发泡 XPS 板材生产线，该生产线从失重式喂料、精密注入、高效挤出到翻转式冷却、四边边缘成型、堆垛、打包，全部实现集中自动控制，产量大、高效、节能、环保。每条生产线每年可以减少氟利昂的排放量为 600t，对环境保护起到积极的作用。

在 PE/PS 泡沫塑料行业，我国向世界多边基金组织申请并获批氟利昂淘汰项目 30 个（包括 5 个伞形项目），涉及 100 多家企业，共获得多边基金赠款 3 000 多万美元。2013 年，氟利昂淘汰项目进入了设备订购阶段，淘汰项目计划的实施将为国内的塑料发泡机械生产企业提供良好的市场机遇。

（2）可降解生物高分子材料发泡技术及装备制造技术。聚乳酸（PLA）是利用有机酸——乳酸为原料生产的新型聚酯材料，聚乳酸有良好的生物可降解性，使用后能被自然界中的微生物完全降解，用它制成的各种制品埋在土壤或水中，6～12 个月即可完成自动降解，在微生物分解下生成碳酸气和水，它们在阳光下，通过光合作用又会生成起始原料——淀粉。

生物质高分子材料——聚乳酸（PLA）、聚羟基脂肪酸酯（PHA）是被世界视为继金属材料、无机材料、高分子材料之后的“第四类最具广泛应用价值和环保应用价值的新型高分子材料”，是国家列入“九五”“十五”“十一五”“863”和《国家中长期科技发展规划》的重点科研攻关项目之一。针对 PLA、PHA 生物质高分子材料的流变特性和物理发泡材料的加工性能要求，华南理工大学、北京化工大学、山东物理发泡塑料机械工程技术研究中心等单位，围绕相关加工技术展开研究开发，现已具备工业化生产条件。新型生物质高分子发泡材料加工技术和装备制造技术的成功开发，为我国发展可循环经济和提高环境保护水平提供了良好的技术支撑。

山东通佳机械有限公司承担研发的“PLA聚乳酸全降解发泡片材生产技术及装备”被列为国家“火炬计划”项目和山东省技术创新项目，并获得济宁市科技进步奖。该项目已通过山东省科技厅和经信委的科技成果和新产品鉴定，目前已形成年产40台（套）的生产能力。按照每台年生产能力为1 000t的保守产量计算，可年生产新型生物质发泡高分子材料40 000t，减少白色污染效果显著。

2013年，山东通佳机械有限公司还开发出了以CO_2为发泡剂的PLA聚乳酸全降解发泡片材生产线，该生产线摆脱了以前使用的丁烷发泡剂，采用了CO_2做发泡剂，做到了更安全、环保、高效及节能。

（3）EVA挤出物理低发泡高弹性型材生产技术及设备。EVA（乙烯-乙酸乙烯酯共聚物）低发泡型材，是以EVA为主要原料，加入其他辅助材料后，通过高精密计量、高压注入发泡剂，然后挤出成型而制造的弹性发泡体。EVA低发泡体有优越的高抗压性能，极低的吸水率和透湿系数，以及可靠的尺寸稳定性，柔软的质地、良好的减振性、优良的弹性等优异的物理性能，可应用于各种电器、电子、精密仪器、汽车、包装、室内家具等领域。

目前，国内外EVA低发泡型材生产企业大都采用AC（偶氮二甲酰胺）为发泡剂，进行化学填充与发泡，这种方式生产的EVA低发泡体中的发泡剂不可能完全分解，还是有一定的毒性，并且成本也比较高。山东通佳机械有限公司开发出了高压注入物理发泡剂（丁烷、CO_2等）来生产EVA低发泡型材，这种型材质地柔软、弹性优异、抗高压，性能完全超过国外利用化学发泡生产的EVA低发泡体，并且成本低、环保，手感及外观也非常好。

（4）大幅宽EPE（可发性聚乙烯）发泡膜、片生产线。大幅宽EPE发泡膜具有幅宽大、防潮、防振、隔热、隔声、抗撞、抗静电、耐候性优良及使用寿命长等优点，广泛应用于农业、水产的隔热、防振、防潮方面，建筑工程用材方面，日用产品和体育器材方面，及其他防振、防损方面。

2013年，EPE发泡膜的幅宽增加趋势非常显著，从1 000mm幅宽的普通包装发泡膜到1 800mm、2 200幅宽的爬爬垫，再到3 000mm以上幅宽的隔热、防振、防潮用膜，随着幅宽不断增加，生产难度也不断提高。山东通佳机械有限公司在EPE发泡膜方面有多年积累的经验，于是成立专业课题组对该类设备进行设计开发，开发出了螺杆直径200mm、幅宽3m以上的EPE发泡膜生产线，可为国内外客户提供设备与技术支持。

（5）PET发泡工艺技术。聚对苯二甲酸乙二醇酯（PET）是乙二醇和对苯二甲酸的缩聚反应产物，是高结晶度、高熔点的线性大分子材料。作为一种热塑性工程材料，PET具有良好的力学性能、电绝缘性、耐化学药品性及耐蠕变、耐疲劳及耐摩擦等特性，目前除用于生产纤维外，还进一步拓展到用于生产各类容器、包装材料、薄膜、胶片、工程塑料等。

发泡PET因性能优越已应用于生产生活中的多个领域。PET为高结晶度材料，加工温度较高，大多数低分子量和分子量分布较窄的工业PET树脂在达到结晶熔融温度后熔体强度很低。在发泡过程中，尤其是在挤出工艺的高剪切速率下，随着气泡的长大，PET表面张力和熔体强度不足，气泡壁不断变薄，容易导致泡孔的破裂。因此，提高熔体强度以防止泡孔破裂是PET发泡成型的前提。经过扩链的PET具有低熔体流动速率、高挤出胀大比、高黏度、高剪切敏感性以及显著的非牛顿行为和高储存模量，其性能更有利于发泡。为了获得较高的熔体强度，国内外已经研究出了几种PET扩链的方法，包括固相缩聚法、增黏改性法等。目前，挤出发泡法能实现连续化生产，可成型各类制品，是发泡 PET 工业化生产的主要方法。欧美一些发达国家已经掌握了 PET 挤出发泡的生产技术并实现了工业化生产，而我国在这一领域还处在起步阶段，因此，需要从配方、工艺、设备等各方面开展研究工作，使我国尽快实现 PET 发泡成型的工业化生产。

(6) PVC 连续挤出微孔发泡技术。微孔发泡塑料是指泡孔直径在 1~10μm、泡孔密度在 10^9~10^{12}个/cm^3 的一种新型泡沫材料。微孔发泡塑料具有比强度高、冲击韧度高、吸能抗震性强、隔声隔热性能好等优点，广泛应用于工业、农业、交通运输、军事、航天等领域。近年来，人们对聚合物共混制备微孔发泡材料表现出极大的兴趣。

PVC 具有耐候性好、弹性模量高、化学稳定性好、不易吸潮、成本低等优势，自 1930 年首次面世以来，现在已经发展为主要的热塑性塑料之一。PVC 经过微孔发泡后，不仅能降低密度、节约成本，而且还有许多优异的物理和力学性能，如质轻、冲击强度高、韧性高、隔热隔声性能好、电导率和导热系数低等。PVC 微孔塑料是一种新型的材料，具有卓越的仿木性能，可以用于替代木材，节省森林资源，保护生态环境，具有很大的开发潜力。PVC 微孔塑料的配方对最终产品有很重要的影响。PVC 微孔塑料的发泡成型方法也由最初的间歇成型法，发展到现在的连续挤出成型法，取得了不小的进步。但是，我国对 PVC 微孔塑料的研究起步很晚，到目前为止，也只有少数几个单位从事 PVC 微孔塑料试验和理论方面的研究。连续挤出成型法为 PVC 微孔塑料的工业化生产提供了可能性，将振动力场引入到微孔发泡过程为 PVC 微孔塑料连续挤出成型提供了新的思路和研究方向。

(二) 化学发泡塑料挤出机械

1.市场应用及分布情况

塑料化学发泡是指将发泡剂均匀地分散在树脂中，其化学发泡剂在一定的温度下迅速分解产生气体，从而使塑料形成以气体为填充物的复合材料。由于化学发泡剂产生的气体一般为 N_2 和 CO_2，而 N_2 和 CO_2 在塑料熔体中的溶解度远没有物理发泡剂大，所以，化学发泡剂的添加剂量一般较少，而发泡率则只有 0.5~5 倍。化学发泡材料的密度较大，富有优良的力学性能，产品一般应用于装饰、家装等领域。如 PVC 发泡材料、PVC 木塑发泡材料、PE 低发泡材料、PS 低发泡装饰材料等。

目前，生产化学发泡塑料挤出机械的厂家较多，主要以生产 PVC 化学发泡板材和 PVC 木塑发泡装饰型材与建筑模板为主。PS 发泡镜框和 PE/EVA 低发泡密封片材生产设备的市场需求量也呈逐年上升趋势。化学发泡塑料产品种类繁多，生产设备也多种多样，机械装备与模具生产企业分布较广，主要集中在山东省、长江三角洲和珠江三角洲地区，具有代表性的企业有山东通佳机械有限公司、上海金纬塑料机械有限公司等。

2.产品技术创新情况

(1) PE/PP 聚烯烃木塑芯层发泡技术。木塑复合材料虽具有很多优点，但是树脂和木粉的复合会使其延展性和耐冲击性下降，材料脆，密度也比传统的木制品大 3~4 倍，其机械强度（拉伸强度和弯曲强度）比未填充木粉的塑料要小，限制了它的广泛应用。为了克服上述缺点，扩大木塑复合材料的使用范围，将发泡技术引用到木塑复合材料的加工过程中，取得了良好的效果。经发泡的木塑复合材料由于具有良好的泡孔结构，可钝化裂纹尖端并有效地阻止裂纹的扩展，从而显著提高了材料的抗冲击性和延展性，且大大降低了制品的密度，不仅节约原料，而且隔声、隔热性能也较好。因此，其在建筑结构材料、汽车内饰、航天、物流、园林、室内装潢等方面得到极为广泛的应用。

(2) PVC 系列化学发泡板材生产技术及设备。随着化学发泡工艺技术的进步，其应用也日益广泛，特别是在家装和以塑代木等领域，已经得到了市场认可,并呈逐年上升的态势。采用结皮发泡技术和共挤复合芯层发泡技术制备的PVC发泡板和PVC木塑发泡板材,由于具有优越的物理性能,在替代木材方面优势突出,因此具有广阔的市场空间。

(三)其他塑料发泡机械

PE、PP交联发泡材料具有耐热性高、弹性好、手感细腻、耐撕裂性高等特点,其生产设备按照交联方式可分为化学交联设备、辐射交联设备和硅烷交联设备等。

化学和辐射交联设备方面,随着加工技术和制造技术的进一步完善和进步,我国已具备XPP、XPE、IXPE、EVA交联发泡材料生产装备的生产能力。目前,山东通佳机械有限公司、上海金纬塑料机械有限公司已成功生产制造了XPE、IXPE交联发泡片材生产线近15套,并成功交付客户使用,填补了国内空白,有效替代了进口设备,还实现了出口创汇。

通过技术攻关,硅烷交联物理发泡PE片材生产工艺技术及装备目前也形成了产业化生产。硅烷交联PE物理发泡片材设备是利用大长径比的特殊螺杆推进原料,先后注入硅烷交联剂、发泡剂、泡孔稳定剂、催化剂,经过螺纹元件的压缩与强力混合,逐渐塑化熔融接枝成为均质的塑料熔体,同时再加入低沸点丁烷物理发泡剂,在螺杆中进行混合和冷却,在口模的作用下,挤出发泡成为优质的塑料泡沫片材。在挤出过程中,材料在过氧化物的催化下,引发自由基,并进行硅烷接枝反应,制成遇水分子进行水解交联反应,形成三维立体空间网状结构。这种片材不仅可以适用在较高温度场所,耐温可达120℃,还因材料的无毒、无味及耐药性,也可用于食品的包装。还可以使用于对环境条件要求比较苛刻的场所,如油、酸、碱、高温、潮湿等环境。

由于旺盛的市场需求,塑料挤出发泡成型机械行业在形成不到20年的时间内,得到了较快的发展。但由于我国塑料机械产业,特别是塑料挤出发泡成型机械行业起步比较晚,在很多方面还存在不足,主要表现在两个方面:第一,自主研发能力不足,基础装备不够精良;第二,缺乏国家标准,厂家规模良莠不齐,在价格方面竞争激烈,不少小型或作坊性质的小企业以低价冲击国内、国际市场,严重扰乱市场秩序,对市场的健康发展极为不利。

塑料发泡机械这个新兴的朝阳产业要保持快速健康茁壮的成长,势必要加大基础装备的投入和加大自主创新能力建设。另外,要加快行业标准的制定,形成良性竞争、有序发展的局面,进一步促进产业的稳定、持续、健康发展。

三、塑料挤出发泡成型机械市场的发展前景

由于我国发泡塑料巨大的市场需求和发泡塑料技术水平的不断提高,发泡塑料产业朝着高发泡、高填充的方向发展,为此,塑料挤出发泡成型机械的生产厂家应该加强设备的研发,在市场的导向下,对重点产品加大投资力度,使之尽快向产业化推广。具体体现在以下三个方面:

(1)研发方面。应加强自动化水平研究,体现设备的人性化设计,减少人力资源的成本。

(2)高新领域方面。应不断地涉足高科技领域,提高产品的技术含量和产品附加值。

(3)新兴发泡技术方面。开发微孔发泡材料加工技术和塑料加工节能技术;在氟氯烃发泡剂替代技术方面,开发水发泡剂或空气发泡剂,以增加产品的社会效益。

随着塑料工业的高速发展,一些新型复合材料的不断开发和应用,塑料发泡材料的种类越发多样化,应用范围越来越广,其在高端制造和高附加值领域的应用需求越来越大,在飞机、航天、汽车、高铁、军工等领域的保温隔热、结构填充等方面起到了不可替代的重要作用。

"十二五"时期是我国全面建设小康社会的关键时期,也是装备制造业加快转型升级的攻坚时

期。综合判断国际、国内形势，我国装备制造业仍处于大有作为的战略机遇期，既面对难得的历史机遇，也面对诸多风险和考验。塑料挤出发泡成型机械行业定将为我国全面建成小康社会做出积极贡献。

〔撰稿人：山东通佳机械有限公司张建群〕

滚塑成型加工行业发展现状

与快速发展的我国塑料加工业一样，滚塑成型加工业在国内也正处于方兴未艾的发展时期。2012年，在业界同仁的共同努力下，滚塑产品的应用范围不断扩大，滚塑市场的规模日益增长，滚塑行业正被越来越多的人了解，滚塑加工作为塑料加工的一个重要分支，行业地位逐渐提高。2012—2013年，国内滚塑成型加工行业取得了可喜的进展。

1.滚塑企业首次挂牌上市

2012年国内滚塑行业的一个标志性事件，就是上海康捷保新材料股份有限公司在上海股权交易所挂牌上市，股份简称康捷保，股票代码：100003。康捷保作为国内滚塑行业的一家老牌企业，以生产快餐业配送所需的各种系列食品保温箱著称，产品具备保温、保鲜、安全、增温、卫生、健康、便捷及环保等诸多功能。在2008年北京奥运会、2010年上海世博会、2010年广州亚运会、2011年深圳大运会等大型活动中，该公司产品都得到了广泛应用，品牌声誉日渐提高，企业规模不断壮大。在众多部门机构的大力支持下，经过一系列规范改制后，康捷保终于开创了国内滚塑企业公开挂牌上市的先河。

2.国家领导人关心滚塑产品

2012年9月15日，第二届中国海洋经济博览会暨第二届中国海洋经济投资洽谈会在浙江省宁波市国际会展中心举行，由浙江省嵊泗洋山滚塑游艇科技开发有限公司开发的滚塑聚乙烯船艇参加了这一展会。展会期间，时任全国人大常委会副委员长的陈昌智，浙江省省委书记、省人大常委会主任赵洪祝（现为中共中央书记处书记），舟山市市委副书记、市长周国辉等各级领导来到参展的滚塑船艇旁，认真听取了该公司总经理陈健华对滚塑船艇情况的汇报，对这一节能环保的滚塑产品给予了好评，并鼓励该公司加大对产品的宣传推广，使之能够得到广泛的应用。这是我国滚塑产品首次得到国家级领导人的好评与认可。

3.国内主要塑料展会首次设立滚塑专区

2012年9月22—25日，国内塑料业四大展会之一的第十二届中国塑料交易会在台州市国际会展中心举行。为突显展会对滚塑这一快速发展的塑料加工业分支的重视，主办方在3万多m^2的展区中设立了一个滚塑专区，专门用来宣传推广滚塑行业、滚塑企业及滚塑制品等，使该展会成为国内唯一一个设有滚塑专区的行业主要展会。来自国内滚塑行业的一些重要企业纷纷亮相这一滚塑专区，台州当地的滚塑企业如台州市合力塑胶制品厂、温岭市旭日滚塑科技有限公司等也参加了滚塑专区的展示。作为商务部重点支持的行业展会，如此重视滚塑行业，不仅为其他塑料展会作了一个榜样，也充分说明了塑料行业开始认识和重视滚塑行业的发展。

4.滚塑产品被列入重点推广技术目录

为贯彻落实《国家“十二五”科学和技术发展规划》和《轻工业“十二五”发展规划》，进一步推动轻工行业科技进步，加大新技术推广应用力度，2012 年 8 月，中国轻工业联合会在国内组织征集并编制了《“十二五”轻工行业重点推广技术目录》。经专家评审，国内共有 174 个项目被列入该目录，“新型滚塑游艇技术开发及产业化”作为唯一的滚塑项目进入该目录。这是滚塑项目首次被列入《“十二五”轻工行业重点推广技术目录》，标志着滚塑项目的影响力得到进一步的扩展。中国轻工业联合会要求包括中国塑料加工工业协会在内的各行业协会，积极做好新技术在行业内的推广应用，以推动我国轻工业科技进步和整体技术装备水平的提高，为建设轻工业强国作出贡献。

5.滚塑专委会脱离停摆重现活力

国内滚塑行业的主要组织——中国塑料加工工业协会滚塑专业委员会因种种原因停摆数年后再次启动。2013 年 4 月 7—9 日，由中国塑料加工工业协会主办的中国塑料加工工业协会滚塑专业委员会换届大会暨 2013 年年会在江苏省无锡市举行。中国塑料加工工业协会常务副理事长曹俭，中国塑料加工工业协会专家委员会秘书长王德禧，中国塑料加工工业协会副秘书长、塑料管道专业委员会秘书长王占杰，国际滚塑联盟主席 Ravi Mehra 先生及澳大利亚滚塑协会主席 Leisa Donlann 女士等参加了会议。来自国内滚塑制品生产、原料、设备及模具等相关企业的代表 100 多人参加了本次会议。会议由中国塑料加工工业协会副秘书长刘姝主持。

本次会议对中国塑料加工工业协会滚塑专业委员会进行了换届改选。中国塑料加工工业协会副秘书长、会员部主任刘姝介绍了专业委员会换届工作领导小组的工作情况、专业委员会换届情况，传达了中国塑料加工工业协会的换届要求，向会员代表详细介绍了专业委员会换届选举的原则和办法。会议审议并通过《中国塑料加工工业协会滚塑专业委员会工作条例》，调整并确定了新的会费标准。大会选举了中国塑料加工工业协会滚塑专业委员会第二届常委会，产生了主任 1 名、常务副主任 1 名、副主任 13 名、常委 33 名及秘书长 1 名。新当选的专业委员会主任、慈溪市德顺容器有限公司总经理罗宏宇致辞，提出了专业委员会 2013 年的工作计划和工作目标，并推荐产生了秘书处组成人员。

中国塑料加工工业协会常务副理事长曹俭肯定了本次专业委员会的换届工作，赞同新一届专业委员会的工作计划和工作目标。曹俭指出：作为世界塑料加工大国，我国塑料制品的加工规模已经是世界第一，但滚塑业的发展与我国塑料工业在世界上的地位还不匹配。我国滚塑行业特点十分明显，滚塑企业数量已居世界首位，虽已成为世界滚塑大国，但还应努力把我国建成世界滚塑强国。曹俭副理事长要求，新一届专业委员会领导班子应扎实工作，努力创新，承前启后，开创专业委员会工作的新局面。会议期间，还邀请了国内外的滚塑专家就滚塑业的一些热门话题作了演讲交流。

饱受诟病的行业组织能否在这次换届改选后给滚塑行业带来耳目一新的感觉，国内滚塑企业都在翘首企盼着。

6.滚塑产业继续壮大发展

承袭了几年快速发展的势头，这一年来国内滚塑业的发展仍十分强劲。据粗略估计，国内滚塑企业数量已达 400 余家，位居世界滚塑企业数量之首。这些滚塑企业基本上属于中小型的民营企业，范围包括滚塑原料的生产、改性和经销，滚塑设备的设计、生产和销售，滚塑模具的设计、生产加工和销售以及滚塑制品的生产与销售等。全年滚塑原料使用量约 15 万 t，年产值达 40 亿元。

值得一提的是，由于没有权威的统计机构和调查，对国内滚塑行业的一些基本数据存在着多种版本。如一些乐观的数据显示，目前国内的滚塑企业已达 900 余家，年原料使用量达 25 万 t，年产值约

90亿元等。这些不同说法本身就反映了滚塑行业的现状。加上滚塑行业的确存在着一定的特殊性，如有些较大的企业或集团公司，本身的主营业务并不是生产滚塑制品，而是注射、吹塑、玻璃钢或者生产其他行业的产品，但该企业也有滚塑设备，碰到滚塑制品时也自行生产，当这些企业被列入滚塑企业时，该企业那些比滚塑制品远远大得多的产值有时也被计算到滚塑产值里。这就要求行业的相关部门、企业、机构等要通力合作，在公开、透明、公正的基础上，把国内滚塑业的家底真正摸清楚，为滚塑行业的健康发展打下良好的基础。

在滚塑设备方面，目前还是明火摇摆式和封闭烘箱式两大类。两者各有优势，都有存在和发展的理由，如明火摇摆式设备具有投资少、可做大型制品、维护检修简单方便等优点，在可预见的未来，大型的明火摇摆式设备仍将是无可替代的。但是，对于封闭烘箱式设备具有热效率较高、更易控制产品的生产过程、更能保证产品的质量、生产环境有较大改善等优势，业内的认识也已渐趋一致。因此，那些简陋的小型明火摇摆式设备正在逐渐被封闭烘箱式设备所替代。在今后新增添的滚塑设备中，如果不考虑做大型制品或以最少资金投入这两个因素，封闭烘箱式滚塑设备将成为越来越多滚塑企业的首选装备。实际上，这种趋势与滚塑加工从早期的粗大型制品逐渐向现在的精小型制品发展的趋势也是一致的。以前一提起滚塑行业，人们首先想到的就是大型水罐、大型储运罐等。现在的滚塑产品，除了大型产品雄风依在外，还出现了越来越多的小型精致的产品，如透明的灯饰、逼真的肢体等。而这也是近年来我国滚塑业快速发展的鲜明特征。

在滚塑设备制造领域，经过多年的发展，国内已有浙江慈溪德顺、山东烟台方大、浙江温岭旭日、浙江安吉大洋、浙江杭州本凡等十几家滚塑设备厂，所生产的滚塑设备已从最初的明火摇摆式和穿梭式发展到如今的多臂多工位式，我国滚塑设备的生产从无到有，取得了显著的进步，年生产量已居世界前列。但客观地说，国内目前生产的滚塑设备基本上还是以国外20世纪八九十年代的滚塑设备为主，在使用材料、节能效率、控制精度、自动化水平等方面与当今国际先进水平仍有较大差距。在滚塑设备制造领域要赶上世界先进水平，我国滚塑界仍有相当长的一段路要走。

〔撰稿人：上海华塑商务咨询有限公司鲍志成〕

塑料吹膜设备行业概况

塑料薄膜是塑料加工工业最大的应用领域，广泛应用于居民的日常生活、工农业生产、医疗卫生、建筑施工、路桥工程和交通运输等方面。

薄膜吹塑工艺是将塑料原料通过挤出机熔融挤成薄管，然后趁热用压缩空气将其吹胀，经冷却定型后得到薄膜制品，是塑料薄膜最重要的成型工艺之一。塑料薄膜吹塑设备体现了一个国家在金属材料、机械工程、机电一体化等基础装备制造领域的技术发展水平，对促进下游薄膜产品应用的技术提升、成本降低和市场需求扩大等诸多方面具有重大的意义。

一、行业环境分析

1.塑料加工工业

塑料加工是以塑料制品加工为核心，涵盖原

料、机械、模具、助剂的新兴制造业，是为工业、农业、建筑、交通运输、电子和航空航天等各行各业提供重要产品和特殊材料的国民经济基础性产业。作为塑料加工装备和手段的塑料机械，其技术发展水平直接决定着一个国家或者地区塑料加工工业的技术水平，同时，塑料加工工业也对塑料机械的发展起着引领和带动作用。

国家统计局统计数据显示，2012 年我国合成树脂表观消费量达到 7 063.3 万 t，比上年增长 6.8%。规模以上企业塑料制品产量达 5 781.86 万 t，同比增长 8.99%，比上年同期 22.35%的增幅回落 13.36 个百分点；塑料制品业规模以上企业 13 246 家，累计完成工业总产值 16 757.29 亿元，同比增长 15.04%。

另据中国塑料加工工业协会的统计，2012 年我国规模以上企业（销售收入 2 000 万元及以上）完成塑料薄膜产量 970.25 万 t，同比增长 9.33%；工业总产值 2 222.93 亿元，同比增长 14.23%。塑料薄膜仍然是塑料制品加工应用领域最大的门类之一。2008—2013 年塑料薄膜产业依然保持良好的发展趋势，整个统计期间薄膜总体产量保持两位数的高速增长，2013 年塑料薄膜总产量预计超过 1 000 万 t。2008—2013 年塑料薄膜产量统计见表 1。

表 1　2008—2013 年塑料薄膜产量统计　（单位：万 t）

薄膜类别	2008 年	2009 年	2010 年	2011 年	2012 年	2013 年（预测）
BOPP	195.8	230.0	252.0	280.9	311.9	340.0
BOPET	54.3	60.0	80.5	98.8	110.0	176.0
BOPA	3.8	4.5	6.9	7.4	8.5	9.0
CPP	37.0	52.0	57.6	63.0	71.4	73.0
功能性复合膜	135.0	150.0	210.0	258.0		
多层共挤包装膜	132.0	150.0	170.0	186.0		
软包装薄膜	557.8	646.5	799.0	875.1		

2012 年，中国塑料加工工业协会于六届二次理事会上通过了《塑料加工业“十二五”发展规划指导意见》，指出“十二五”时期中国塑料加工工业的发展目标之一是“完善科技创新体系。……重点行业关键技术和装备自主化率力争达到 30%～40%……”。同时指明了主要任务和产品的发展重点和方向，“塑料是未来材料技术革命的重要领域，要紧紧抓住国家重点支持新型战略产业的发展机遇，……围绕‘功能化’这一核心，开发新型塑料材料，如高阻隔多层共挤复合薄膜、……太阳能光伏发电配套材料、锂电池隔膜、光学膜等新型材料。”“大力推行清洁生产，提高节能减排水平，……推广新型高效变频技术、电磁感应加热替代电阻加热技术……降低生产成本，提高企业经济效益和市场竞争力。”

2.塑料机械工业

根据国家统计局和中国海关的统计，我国塑料机械工业 365 家规模以上企业 2012 年分别实现工业总产值、工业销售产值、出口额 462.06 亿元、444.73亿元和 76.66 亿元，与上年同期持平或出现了不同程度的下滑。中国塑料机械工业协会分析其主要原因：一是国内内需市场总体不旺，投资增长受到多重制约，转方式调结构压力难度增大；二是国际市场环境复杂多变，国际金融危机的深层次影响导致贸易保护主义抬头。

从经济效益指标来看，2012 年我国塑料机械行业主营业务收入利润率为 8.83%，高于全国机械工业 6.81%的平均水平，位居机械工业 22 个主要分行业的第 2 位。能够在世界经济整体形势低迷、国内经济下行压力较大的背景下取得如此成绩，已经来之不易。

二、行业发展趋势

1.节能、高效是未来塑料挤出设备新技术发展热点

（1）节能将成为技术竞争力的基本要求。随着人们对节能认识的不断提高，节能已成为全球制造业最为关注的发展方向。而在薄膜挤出生产过程中，能源消耗占总成本的3%～5%，是除原材料成本之外最大的成本支出项目，因此，节能不仅是国家和产业可持续发展的宏观要求，更可为用户带来实实在在的利益，成为企业产品竞争力的重要体现。

近年来，我国吹膜设备技术开发者在该领域各方向开展研发活动，从低速大扭矩交流伺服电动机直接驱动技术到低温塑化螺杆设计，从新型模头的开发到各种新型加热技术的应用等，在我国市场逐步推广并被接受。广东金明精机股份有限公司已经成功开发出低速大扭矩电机直驱挤出机，并成功向高端市场推广，相比传统的减速箱连接方式，传动效率高，能耗大大降低；而且结构简单、体积小，安装维修保养方便，噪声大大减少，无漏油，改善了工作环境。针对加热系统，部分塑机企业积极开发国际最新的电磁感应加热圈加热技术，用电磁加热工艺取代传统的电阻加热。据有关部门的实验测试，节电效果达到30%以上。

（2）高效率。对挤出技术而言，高效与节能不可或缺，以相同的设备条件实现更高的产量，已经成为吹膜设备行业的发展趋势。开槽式挤出机技术、新的风环冷却系统、优化设计的模头流道，都为吹膜机产能的提升奠定了基础。高产能吹膜机的产量已经达到过去流延机的标准。

2.三层结构已经成为市场主流，五层PE薄膜开始进入市场

随着科技的进步及市场需求的提高，终端市场对薄膜要求的提高促进了多功能薄膜材料的发展。由于对终端消费市场的众多要求已经无法靠单一品种的材料满足，通过不同薄膜材料的多层复合搭配满足需求已成为未来薄膜生产技术发展的必然趋势。

随着市场竞争的加剧，生产厂家必须考虑所购买的设备既具有专业性又能兼顾灵活性。2010年在德国杜塞尔多夫国际塑料及橡胶展（简称K展）上首次出现五层共挤PE吹膜概念，现在用户已经逐渐接受五层PE薄膜，并且开始进行有市场针对性的薄膜产品应用开发。广东金明精机股份有限公司成功开发了五层共挤PE复合薄膜吹膜机和五层共挤PE热收缩薄膜吹膜机，并开始着手五层共挤重包装薄膜专用吹膜机的研制。

3.专业化和精细化促进行业进步

随着产品专业分工的细化，吹膜机整机也细分为不同的部件，一些专业细分工厂通过专注于某一类部件的技术研发，开展专业化生产取得技术优势和成本优势，包括各种辅机在内的专业厂家发展迅速。机筒螺杆和减速箱是发展比较早、也是当前发展比较成熟的产业；称重系统、测厚系统、风环、过滤器也成为独立的细分行业。整机厂家更多地专注于核心模具的研发和系统集成，转型成为薄膜制造厂家提供模块化定制服务和整体服务方案的供应商。

专业化和精细化促进整体吹膜设备行业的发展。螺杆材质从过去传统的38CrMoAL逐渐发展到42CrMo，甚至双金属；称重系统也分别演变为批次称重混料和失重称重加料两种模式；风环从传统的单风口、双风口结构发展到水冷却IBC、双级风环等多种结构；从而极大地优化了设备采购成本、运行成本，提高了薄膜生产的效率和制品质量。

4.产业链合作不断深化

塑料薄膜行业以吹膜设备为加工手段，以塑料原料为加工对象，生产出合格的塑料薄膜产品，并提供给下游厂家（彩印厂、软包装厂）加工成最终制品（软包装袋、收缩薄膜）。因此，原料厂家、设备厂家、薄膜生产厂家携手合作、信息沟通共享，通过原料和设备的定制开发、配合薄膜生产厂家生产工艺

开发具有技术优势、成本优势和市场优势的薄膜制品，成为行业发展的趋势。

多年来，行业内塑机制造企业通过与埃克森美孚、陶氏化学、巴斯夫等世界知名原料供应商进行战略合作，根据原料商研发的新型材料特性研制相关生产设备，或者根据设备的特性开发相应的材料配方，通过合作举办新材料展会等方式引导下游市场需求的发展，在向下游厂商推广新材料的同时激发设备使用者对新设备的关注和购买。另一方面，塑机制造企业也加强与薄膜制品生产厂家的合作，针对薄膜厂家一些特殊产品和特殊生产工艺进行设备的改造和深度定制，不仅提高了薄膜生产厂家的市场竞争优势，也提升了吹膜设备厂家的技术实力。广东金明精机股份有限公司通过与薄膜制品厂家的合作开发了自粘保护膜专用吹膜设备和在线外涂敷宽幅PO农膜专用吹膜设备，提升了国内保护膜和高端农膜的技术含量。

三、行业发展主要影响因素

1.有利因素

(1)下游塑料制品行业增长迅速，仍然是带动塑料机械需求的强劲动力。塑料薄膜产业是塑料加工工业中最大的门类，总体产量依然保持两位数增长的良好发展趋势。高端功能薄膜逐步实现国产化，电容膜、锂离子电池隔膜、光学膜等领域近几年产能扩充很快，为国产设备及其技术升级提供了广阔的市场空间。

(2)我国制造业整体实力提升。一方面，我国基础工业包括金属材料、金属表面处理、机电控制等产业进步飞速，为塑料机械的技术提升奠定了基础。同时，我国塑机行业本身在技术开发、经验积累方面，对于加工对象和塑料制成品市场的理解和判断更加成熟，从而提升了塑机设计制造的技术水平。

(3)国家产业政策对于装备制造业的支持。塑料行业是关系国计民生的重要行业，塑料机械尤其是高端装备的自主研发及产业化一直是国家产业政策鼓励的发展方向，重点将朝着组合结构、专用化、系列化、标准化、复合化、精密化、大型化、个性化和智能化方向发展，同时要满足节能、节材、高效的要求。《中共中央关于制定国民经济和社会发展第十二个五年规划的建议》明确提出“推动先进装备制造业的发展，强化核心关键技术研发，积极有序发展高端装备制造等产业，加强财税金融政策支持”。《国务院关于加快培育和发展战略性新兴产业的决定》也将高端装备制造业作为现阶段重点培育和发展的七大新兴产业之一。2012年2月14日，工信部、科技部、财政部和国资委联合颁发了“关于印发《重大技术装备自主创新指导目录》的通知”，其中塑料机械作为成型加工装备单列行业，这充分体现了国家主管部委对塑料机械的重视支持和期望。

2.不利因素

(1)人民币汇率上升仍然是最大的经济制约因素，贸易保护主义思潮抬头。我国的塑料机械在国际市场具有越来越明显的性价比优势，出口额不断增长。来自中国外汇交易中心的信息显示，2011年人民币对美元汇率全年涨幅达到5.1%，2012年人民币对美元平均汇率较上年再升值2.32%。以美国为首的西方国家通过或明或暗的货币量化宽松政策转移其国内经济增长乏力危机，印度开始对产自中国的注塑机征收反倾销税反映国际贸易保护主义思潮抬头的趋势，这些都削弱了我国塑料机械出口的价格优势，进而影响产品出口。

(2)高端外协产业发展较慢。由于塑料机械产品结构专业且复杂，各大型厂商一般对部分非标准机械加工件采用外协加工的生产模式，而将主要的生产能力集中在附加值较高的环节。但由于我国的塑料机械外协加工企业数量不多，在高端塑料机械领域的精密外协企业就更少，且没能与各塑料机械行业形成良好的产业链，在外协机械加工件的加工质量、加工精度、交货时间等方面给塑料机械行业带来一定的影响。

(3)国内经济大环境影响塑机产业良性发展。塑料机械是一个需要持续投入时间和精力经营,长期进行技术积累、经验积累、品牌积淀的资金技术密集型产业。当前,国内以房地产为代表的暴利行业已经动摇了部分从业者的心态。

四、行业竞争情况

1.竞争格局及市场化程度

2012年,我国塑料机械行业规模以上企业365家,比上年增加35家,而全行业完成工业总产值462.06亿元,同比下降1%,说明2012年整个塑机行业状况确实不太乐观。

2012年的市场格局基本维持原状,塑机产业依旧集中在华东、华南等几个经济较为发达的地区。吹膜设备主要分布于东北的大连地区、山东的莱芜地区、华东的沪宁地区、华中的武汉地区、华南的佛山和汕头地区,而且北方地区农膜设备和地膜设备比较多,南方地区包装膜和专用膜设备比较多。这其中既有我国轻工装备发展历史的原因,也是改革开放后经济发展模式选择的结果。

2.行业内主要竞争企业

在全球范围内,薄膜吹塑设备的知名厂商主要如下:

(1)德国温德默勒与霍尔舍公司(W&H):成立于1869年,主要产品包括薄膜吹塑设备、流延机、印刷机、复合机、制袋设备和灌装封口包装设备等,是当前全球吹塑机市场份额最高的企业,在全球130多个国家里,有超过5 000个客户。其越来越重视作为全球第二大经济体的中国市场,当前占据国内多层高阻隔吹膜设备的大部分份额。

(2)德国莱芬豪舍-凯孚尔公司(Reifenhauser-Kiefel):是由过去的莱芬豪舍公司挤出业务和凯孚尔公司合并而成。莱芬豪舍公司成立于1911年,主要生产薄膜吹塑机、流延机、热成型板机等。

(3)意大利马奇公司(Macchi):成立于1961年,主要生产薄膜吹塑机和流延机,产品主要销往全球50多个国家,拥有超过1 000个客户,在意大利、法国、西班牙、葡萄牙、韩国等市场占有率较高。

(4)加拿大宾顿公司(Brampton):成立至今已经30多年,主要生产薄膜吹塑机,在加拿大、美国、亚洲、中东、拉丁美洲和新西兰地区具有一定的竞争优势。

(5)大连橡胶塑料机械股份有限公司:成立于1907年,2001年8月在上海证券交易所上市。主要生产橡胶机械专业设备和塑料机械专业设备,产品销往全国(包括香港、澳门、台湾)34个省、市、自治区,远销欧、美、亚、澳、非等70多个国家和地区,2008年和2009年营业收入分别为4.85亿元和4.26亿元。

(6)湖北轻工机械股份有限公司:成立于1958年,是原轻工部定点生产轻工机械设备及各种零部件的专业化厂家,主要生产薄膜吹塑机,年生产制造能力约200台(套)。

(7)上海昆中机械有限公司:成立于1992年,港资企业,主要生产薄膜吹塑机、印刷机械、复合设备及分条机械。

(8)佛山捷勒塑料设备有限公司:成立于2008年,主要专注于包装薄膜挤出加工装备的研发、设计与制造,在多层高阻隔吹膜设备领域具有知名度。

(9)广东金明精机股份有限公司:成立于1987年,主要生产薄膜吹塑机、流延设备和中空成型机,年生产制造能力超过200台(套),是当前国内最大的专业薄膜挤出加工设备制造商之一。

公司掌握的核心技术——多层共挤技术代表塑料机械行业的未来发展方向,在该技术领域公司已实现九层共挤,达到了国内同行业的最高技术水平;在五至七层共挤领域实现了大规模产业化,处于国内同行领先地位。公司近年成功研制的用于生产多层宽幅农用膜、输液袋膜、糙面土工膜等产品的生产设备,打破了上述设备依赖进口的局面。

此外,公司加大了将多层共挤领域的研究成果进行产业化的力度,并积极与上下游知名企业合作,努力开拓下游应用领域,推出满足各种需求的塑料生产设备，应用领域也逐渐从包装行业拓展到医疗卫生、农业、汽车零部件、建筑工程及军工等领域。

在农膜设备领域，公司瞄准国际先进国家的农业生产和农膜应用技术，成功开发外涂敷 PO 农膜吹塑设备，解决了农膜制备、电晕处理、在线涂覆、烘干、冷却、收卷等诸多技术难题，提高了产品档次和技术水平。同时，着手开发五层共挤农膜设备，生产长效流滴农膜，解决了农膜的使用寿命和功能寿命不一致的问题，大大延长了农膜的扣棚时间。

2012 年年底，公司二期厂房基本建成投产，标志着公司的规模和产能又提升到一个新台阶。公司全面扩展产品线，进入流延设备生产领域。

〔撰稿人：广东金明精机股份有限公司陈浩〕

分析塑料机械行业主要经济指标及进出口情况

综述
FORSTAR® 新协力·科仕特
专文

行业概况

统计资料
invt 英威腾
产业集群

产品与项目

展会专栏
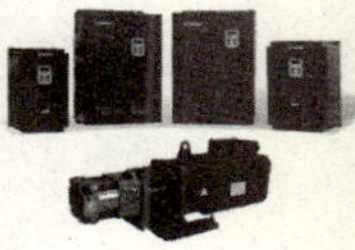
标准
JCTIMES 精诚
政策法规

大事记

附录

统计资料

2012年塑料加工专用设备制造业主要经济指标
1990—2012年塑料机械行业主要经济指标汇总
1990—2012年塑料机械行业工业总产值及占比
2009—2012年塑料机械行业概况图表汇总
2012年单个税号塑料机械进口价格指数
2012年单个税号塑料机械出口价格指数
2012年塑料机械进出口综合价格指数
2012年单个税号塑料机械进口平均价格指数图
2012年单个税号塑料机械出口平均价格指数图
2012年塑料机械进出口综合价格指数图
2013年我国塑料机械进口情况
2013年我国塑料机械出口情况

2012 年塑料加工专用设备制造业主要经济指标

项　　目	企业数（家）	其中：亏损企业（家）	工业销售产值（当年价）（万元）	其中：出口交货值（万元）
合　计	**378**	**59**	**4 477 267.9**	**840 865.6**
一、按企业所在省市分列				
北京市	1		7 545.7	78.0
天津市	1		2 497.8	15.5
河北省	4		52 640.8	
山西省	1	1	309.6	
内蒙古自治区	1	1	2 544.7	
辽宁省	5	1	84 843.4	9 827.3
黑龙江省	1		7 574.0	
上海市	23	4	516 981.7	276 667.5
江苏省	78	13	626 097.2	130 449.9
浙江省	134	24	1 565 803.6	298 711.2
安徽省	6		25 364.2	
福建省	7		67 802.4	1 354.9
江西省	1		17 245.5	
山东省	27	1	437 016.8	15 551.9
河南省	9		68 957.4	
湖北省	8	4	42 423.7	606.6
湖南省	1		2 259.0	
广东省	65	10	862 821.8	107 602.8
四川省	5		86 538.6	
二、按企业注册类型分列				
国有企业	1	1	309.6	
股份合作企业	2		15 525.3	7 871.1
国有独资公司	1	1	3 171.1	
其他有限责任公司	49	6	419 339.5	23 426.6
股份有限公司	5		106 018.2	30 959.1
私营独资企业	20	2	170 356.7	2 599.0
私营合伙企业	4		13 533.3	5 207.6
私营有限责任公司	167	21	1 332 476.2	142 966.5
私营股份有限公司	6		86 038.2	544.0
其他企业	6		49 573.6	976.8
合资经营企业（港或澳、台资）	22	6	304 385.4	62 287.1
合作经营企业（港或澳、台资）	2		20 572.4	2 471.4
港、澳、台商独资经营企业	38	11	916 057.2	130 970.5
港、澳、台商投资股份有限公司	3	1	120 676.5	352.4
中外合资经营企业	11	2	120 485.1	23 155.1
中外合作经营企业	1		5 953.3	
外资企业	40	8	792 796.3	407 078.4
三、按企业规模分列				
大型企业	3		603 438.5	73 108.0
中型企业	36	2	1 150 401.3	422 569.9
小型企业	333	56	2 712 102.1	345 187.7
微型企业	6	1	11 326.0	
四、按企业控股情况分列				
国有控股	2	2	3 480.7	
集体控股	4		54 137.1	18 358.5
私人控股	263	31	2 219 145.8	223 163.1
港澳台商控股	56	16	1 277 702.9	176 818.1
外商控股	44	8	820 944.1	407 185.6
其他	9	2	101 857.3	15 340.3

（续）

项　　目	流动资产合计（万元）	应收账款（万元）	存货（万元）	其中：产成品（万元）
合　计	**3 159 537.1**	**803 380.6**	**947 055.2**	**321 412.0**
一、按企业所在省市分列				
北京市	3 715.8	1 958.0	660.8	191.6
天津市	3 166.6	688.5	1 768.0	325.3
河北省	5 352.1	1 661.7	2 508.4	1 560.5
山西省	1 632.9	125.5	740.6	356.2
内蒙古自治区	6 909.8	409.0	143.9	143.9
辽宁省	92 979.3	4 779.2	6 545.4	810.9
黑龙江省	1 542.8	988.8	495.9	16.5
上海市	307 789.2	123 481.1	99 211.2	26 217.9
江苏省	371 662.8	118 039.6	121 544.3	34 903.7
浙江省	1 503 252.9	335 882.4	426 157.5	169 241.9
安徽省	9 375.0	72.1	6 101.6	412.0
福建省	14 377.6	3 942.3	5 751.4	2 172.0
江西省	2 310.4	351.7	1 010.4	478.7
山东省	62 757.0	12 803.1	20 690.2	7 678.5
河南省	11 595.2	2 468.3	1 336.9	875.2
湖北省	12 190.2	4 435.3	4 299.4	1 269.2
湖南省	265.0	124.0	86.0	
广东省	737 721.4	187 988.5	246 245.6	73 750.9
四川省	10 941.1	3 181.5	1 757.7	1 007.1
二、按企业注册类型分列				
国有企业	1 632.9	125.5	740.6	356.2
股份合作企业	3 698.4	425.8	3 078.7	89.3
国有独资公司	2 801.7	778.2	1 015.4	616.7
其他有限责任公司	195 547.0	66 097.6	53 262.2	23 073.5
股份有限公司	171 863.9	14 822.7	32 064.9	7 532.8
私营独资企业	31 841.6	11 437.4	11 118.3	6 664.6
私营合伙企业	8 609.9	2 923.8	1 291.4	267.4
私营有限责任公司	723 907.0	196 836.9	199 192.8	64 910.6
私营股份有限公司	3 995.9	499.5	2 359.4	989.6
其他企业	27 127.4	9 508.1	9 369.2	941.1
合资经营企业（港或澳、台资）	251 370.4	66 833.4	90 465.5	24 136.4
合作经营企业（港或澳、台资）	15 660.2	2 595.2	6 781.4	93.5
港、澳、台商独资经营企业	1 005 037.6	224 735.3	269 659.9	114 629.7
港、澳、台商投资股份有限公司	138 158.9	14 502.6	67 008.2	27 204.7
中外合资经营企业	117 595.3	28 409.1	30 031.5	13 638.4
中外合作经营企业	3 957.8	36.7	1 361.6	12.8
外资企业	456 731.2	162 812.8	168 254.2	36 254.7
三、按企业规模分列				
大型企业	613 299.0	74 504.7	166 900.5	78 685.6
中型企业	959 866.6	275 599.5	256 037.2	86 357.9
小型企业	1 578 075.2	450 694.2	522 469.9	155 818.8
微型企业	8 296.3	2 582.2	1 647.6	549.7
四、按企业控股情况分列				
国有控股	4 434.6	903.7	1 756.0	972.9
集体控股	37 411.8	6 933.0	14 583.2	5 590.7
私人控股	1 201 479.2	312 488.7	318 201.3	105 273.2
港澳台商控股	1 359 295.4	291 655.3	420 701.0	163 277.6
外商控股	478 588.4	171 639.8	173 483.7	39 584.8
其他	78 327.7	19 760.1	18 330.0	6 712.8

（续）

项　　目	固定资产合计（万元）	固定资产原价（万元）	累计折旧（万元）	其中：本年折旧（万元）
合　计	**1 060 637.5**	**1 618 208.6**	**677 468.9**	**118 936.8**
一、按企业所在省市分列				
北京市	1 109.5	1 553.8	444.3	109.8
天津市	2 069.3	2 811.0	741.7	193.8
河北省	4 800.3	4 756.4	1 234.8	263.6
山西省	442.7	3 018.5	2 575.8	80.2
内蒙古自治区	1 881.0	1 881.0		
辽宁省	15 727.7	24 782.1	9 698.7	2 117.2
黑龙江省	1 579.8	3 165.7	1 644.2	297.2
上海市	65 291.4	107 881.7	45 600.4	6 745.7
江苏省	133 605.2	191 488.2	63 185.0	13 861.1
浙江省	438 608.0	655 684.1	262 585.2	43 792.2
安徽省	10 369.7	10 062.9	2 160.3	733.6
福建省	6 594.9	8 649.3	2 260.9	654.6
江西省	951.0	849.9	101.1	62.5
山东省	112 694.7	137 924.0	72 984.1	13 860.5
河南省	9 097.1	7 501.5	790.7	277.8
湖北省	14 566.3	15 238.0	3 238.8	377.1
湖南省	1 869.0	1 568.0	9.2	8.0
广东省	225 756.8	398 059.6	180 016.2	30 791.1
四川省	13 623.1	41 332.9	28 197.5	4 710.8
二、按企业注册类型分列				
国有企业	442.7	3 018.5	2 575.8	80.2
股份合作企业	1 368.4	2 771.6	1 408.2	331.4
国有独资公司	8 177.3	8 340.9	1 404.0	74.8
其他有限责任公司	99 454.0	129 723.5	52 458.0	10 313.1
股份有限公司	26 265.8	46 814.0	20 548.2	3 588.5
私营独资企业	28 516.1	59 548.1	34 817.4	5 954.5
私营合伙企业	3 214.9	5 243.6	2 035.8	419.7
私营有限责任公司	328 660.2	487 786.9	212 555.8	41 969.3
私营股份有限公司	16 259.3	35 842.2	22 675.3	4 075.4
其他企业	12 963.5	15 865.3	4 458.9	884.4
合资经营企业（港或澳、台资）	79 978.2	117 713.0	43 718.6	7 518.0
合作经营企业（港或澳、台资）	930.3	3 037.5	2 107.2	131.5
港、澳、台商独资经营企业	231 680.8	352 605.2	146 830.0	18 938.2
港、澳、台商投资股份有限公司	66 358.6	93 620.8	27 262.3	6 305.2
中外合资经营企业	27 325.7	37 088.0	12 306.8	2 689.5
中外合作经营企业	30.8	509.4	478.6	6.2
外资企业	129 010.9	218 680.1	89 828.0	15 656.9
三、按企业规模分列				
大型企业	179 065.2	251 678.4	94 528.2	14 705.7
中型企业	272 579.7	445 917.5	185 770.6	30 445.8
小型企业	608 085.8	918 111.4	395 575.6	73 499.1
微型企业	906.8	2 501.3	1 594.5	286.2
四、按企业控股情况分列				
国有控股	8 620.0	11 359.4	3 979.8	155.0
集体控股	5 450.4	11 697.4	6 248.3	801.9
私人控股	519 956.5	788 927.8	352 841.5	68 324.5
港澳台商控股	358 241.7	537 299.4	210 851.2	30 947.3
外商控股	143 149.5	234 309.6	93 712.6	16 747.4
其他	25 219.4	34 615.0	9 835.5	1 960.7

（续）

项　　目	资产总计（万元）	流动负债合计（万元）	其中：应付账款（万元）	负债合计（万元）
合　计	**4 693 799.0**	**2 226 011.9**	**747 637.0**	**2 318 191.1**
一、按企业所在省市分列				
北京市	13 204.5	2 533.6	960.5	2 754.0
天津市	5 548.5	1 247.5	69.8	1 247.5
河北省	11 746.3	3 788.3	135.0	3 796.0
山西省	2 170.3	3 304.0	715.1	3 304.0
内蒙古自治区	8 950.8	8 294.2	1 727.4	8 294.2
辽宁省	137 006.1	12 399.1	3 626.0	12 739.9
黑龙江省	3 122.7	2 729.1	1 508.2	2 729.1
上海市	380 725.4	228 817.0	132 074.0	242 394.3
江苏省	547 434.2	291 686.6	101 788.6	299 149.9
浙江省	2 202 875.1	1 000 317.6	321 099.4	1 013 533.0
安徽省	23 134.2	8 769.5	1 412.4	11 977.0
福建省	24 306.2	9 868.7	1 624.7	10 945.0
江西省	4 012.4	1 688.2	295.0	1 688.2
山东省	185 996.2	39 102.6	4 760.6	53 201.0
河南省	22 986.6	4 315.9	1 644.2	6 897.7
湖北省	27 941.3	20 494.7	5 879.0	21 029.5
湖南省	3 265.1	289.0	256.0	986.0
广东省	1 060 057.5	577 798.4	166 763.1	612 956.9
四川省	29 315.6	8 567.9	1 298.0	8 567.9
二、按企业注册类型分列				
国有企业	2 170.3	3 304.0	715.1	3 304.0
股份合作企业	7 413.5	624.2	269.2	1 075.4
国有独资公司	10 979.0	10 468.2	1 147.9	10 948.2
其他有限责任公司	341 313.1	186 324.0	59 697.4	194 306.0
股份有限公司	234 004.1	33 816.0	10 898.1	35 365.0
私营独资企业	67 139.8	33 690.4	9 056.7	35 523.3
私营合伙企业	13 300.4	8 529.7	2 254.8	8 529.7
私营有限责任公司	1 233 363.2	675 331.3	169 492.5	717 598.5
私营股份有限公司	22 813.2	2 334.9	183.6	6 165.2
其他企业	42 823.5	20 485.4	4 111.9	20 485.4
合资经营企业（港或澳、台资）	352 322.1	143 329.9	43 112.8	157 929.7
合作经营企业（港或澳、台资）	16 693.1	9 291.8	2 128.2	10 030.0
港、澳、台商独资经营企业	1 333 561.7	564 588.4	217 318.2	570 759.6
港、澳、台商投资股份有限公司	234 382.3	137 697.3	18 676.1	141 273.3
中外合资经营企业	157 303.0	80 729.9	28 373.6	80 927.6
中外合作经营企业	3 988.6	2 374.0	530.1	2 374.1
外资企业	620 228.1	313 092.5	179 670.8	321 596.1
三、按企业规模分列				
大型企业	896 901.6	322 920.5	106 533.4	329 201.0
中型企业	1 374 502.2	589 769.6	250 874.7	609 547.0
小型企业	2 412 728.7	1 309 125.2	387 893.1	1 375 246.5
微型企业	9 666.5	4 196.6	2 335.8	4 196.6
四、按企业控股情况分列				
国有控股	13 149.3	13 772.2	1 863.0	14 252.2
集体控股	53 533.1	18 374.9	5 523.3	18 374.9
私人控股	1 986 377.3	969 829.9	258 679.4	1 031 540.3
港澳台商控股	1 862 617.5	819 617.7	275 555.8	841 102.9
外商控股	659 268.8	330 590.3	195 111.0	339 093.9
其他	118 853.0	73 826.9	10 904.5	73 826.9

（续）

项　　目	所有者权益合计（万元）	其中：实收资本（万元）	其　中：1.国家资本（万元）	2.集体资本（万元）	3.法人资本（万元）	4.个人资本（万元）	5.港澳台资本（万元）	6.外商资本（万元）
合　计	**2 360 512.9**	**918 450.6**	**3 021.1**	**29 407.2**	**135 530.0**	**190 729.3**	**392 237.1**	**167 525.9**
一、按企业所在省市分列								
北京市	10 450.5	4 200.0				4 200.0		
天津市	4 301.0	170.0				170.0		
河北省	7 943.8	1 481.0			425.7	1 055.3		
山西省	−1 133.7	3 324.4			3 324.4			
内蒙古自治区	656.5	1 723.5		1 723.5				
辽宁省	121 699.5	17 622.6				17 622.6		
黑龙江省	393.5							
上海市	136 352.6	62 497.3		331.8	5 421.6	2 776.0	5 319.6	48 648.3
江苏省	248 284.2	133 709.0		1 000.0	32 542.7	30 272.1	24 429.3	45 464.9
浙江省	1 189 341.8	482 750.4	519.2	24 803.3	50 465.6	79 626.5	285 384.0	41 951.8
安徽省	11 157.2	4 068.0			558.0	3 510.0		
福建省	13 361.2	7 383.8			3 715.0	1 588.0	2 080.8	
江西省	1 974.2	350.0			350.0			
山东省	122 786.3	22 049.6	775.0	854.4	3 832.4	14 868.9	882.0	836.9
河南省	15 953.4	6 843.0			650.0	6 193.0		
湖北省	6 911.6	5 253.4			3 596.0	1 370.0		287.4
湖南省	2 279.1	1 862.0			1 862.0			
广东省	447 052.5	160 352.6	1 726.9	694.2	28 476.6	24 976.9	74 141.4	30 336.6
四川省	20 747.7	2 810.0			310.0	2 500.0		
二、按企业注册类型分列								
国有企业	−1 133.7	3 324.4			3 324.4			
股份合作企业	6 338.1	3 018.0			5.0	3 013.0		
国有独资公司	30.8	2 000.0			2 000.0			
其他有限责任公司	133 624.0	43 868.0	1 726.9	2 417.7	9 274.9	30 248.5	200.0	
股份有限公司	198 632.1	50 853.3	20.0	24 833.3	405.0	25 595.0		
私营独资企业	31 266.5	7 718.9			2 140.0	5 578.9		
私营合伙企业	4 770.7	3 426.0		1 000.0		2 426.0		
私营有限责任公司	514 411.4	165 422.6			56 171.4	109 209.8		41.4
私营股份有限公司	16 647.1	4 000.0			2 080.0	1 920.0		
其他企业	22 338.1	9 960.0			738.0	9 222.0		
合资经营企业(港或澳、台资)	194 392.3	105 819.1	1 274.2	824.4	28 349.8	3 204.1	62 536.8	9 629.8
合作经营企业(港或澳、台资)	6 663.1	4 404.8		331.8			4 073.0	
港、澳、台商独资经营企业	762 801.8	283 999.4			10 159.0		269 825.6	4 014.8
港、澳、台商投资股份有限公司	93 109.0	56 889.3			2 187.6		54 701.7	
中外合资经营企业	76 375.3	30 363.3			17 827.9	312.0		12 223.4
中外合作经营企业	1 614.5	463.4			463.4			
外资企业	298 631.8	142 920.1			403.6		900.0	141 616.5
三、按企业规模分列								
大型企业	567 700.6	189 978.4					189 978.4	
中型企业	764 605.1	264 582.0		26 526.8	55 568.7	53 983.6	64 113.7	64 389.2
小型企业	1 022 737.3	457 589.4	3 021.1	2 880.4	79 961.3	136 095.7	137 053.9	98 577.0
微型企业	5 469.9	6 300.8				650.0	1 091.1	4 559.7
四、按企业控股情况分列								
国有控股	−1 102.9	5 324.4			5 324.4			
集体控股	35 158.2	28 916.3		24 803.3	218.0	3 895.0		
私人控股	940 368.3	272 114.5	20.0	2 753.5	83 376.1	180 376.0	1 217.4	4 371.5
港澳台商控股	1 021 514.2	440 822.6	519.2	331.8	36 463.0	2 114.4	388 586.5	12 807.7
外商控股	320 174.7	156 226.2			5 966.4		900.0	149 359.8
其他	44 400.4	15 046.6	2 481.9	1 518.6	4 182.1	4 343.9	1 533.2	986.9

（续）

项　目	主营业务收入（万元）	主营业务成本（万元）	主营业务税金及附加（万元）	其他业务利润（万元）
合　计	**4 517 902.5**	**3 553 452.7**	**23 336.1**	**25 606.5**
一、按企业所在省市分列				
北京市	7 462.9	4 595.0	41.7	79.0
天津市	2 244.3	1 387.7	17.1	
河北省	50 956.6	45 081.8	59.7	
山西省	309.6	319.5	2.4	16.8
内蒙古自治区	2 704.9	2 353.3	22.1	
辽宁省	83 212.4	64 644.9	560.5	135.6
黑龙江省	7 926.1	7 227.5	26.8	-1.9
上海市	524 971.8	414 818.2	368.3	3 968.7
江苏省	621 282.1	489 749.7	3 641.3	5 850.6
浙江省	1 618 288.0	1 250 128.2	9 152.7	12 447.0
安徽省	27 657.4	22 377.9	220.6	
福建省	67 174.0	44 402.5	377.7	
江西省	17 677.4	13 627.5	137.7	
山东省	444 008.7	361 739.7	2 002.8	1.9
河南省	64 849.5	54 174.6	862.3	
湖北省	27 640.5	23 952.0	295.8	
湖南省	2 426.0	1 689.0	2.6	
广东省	845 723.2	668 230.1	4 842.7	3 108.8
四川省	101 387.1	82 953.6	701.3	
二、按企业注册类型分列				
国有企业	309.6	319.5	2.4	16.8
股份合作企业	15 525.3	12 321.5	77.2	
国有独资公司	3 171.1	3 270.1	17.4	
其他有限责任公司	417 843.2	339 817.5	2 302.5	434.4
股份有限公司	105 223.7	71 341.1	731.5	272.9
私营独资企业	172 038.4	141 888.4	1 662.5	192.1
私营合伙企业	13 590.8	10 977.7	71.7	15.1
私营有限责任公司	1 303 464.7	1 070 320.7	6 247.4	7 990.4
私营股份有限公司	87 954.5	80 320.1	287.6	
其他企业	64 039.4	53 080.6	347.9	50.0
合资经营企业（港或澳、台资）	285 800.9	222 255.2	1 514.6	1 582.4
合作经营企业（港或澳、台资）	20 572.4	17 898.2		7.8
港、澳、台商独资经营企业	975 223.0	718 020.9	5 679.1	6 097.8
港、澳、台商投资股份有限公司	128 952.6	93 860.1	923.6	718.8
中外合资经营企业	120 415.3	91 925.0	830.3	285.9
中外合作经营企业	6 044.9	5 072.5	24.7	1.0
外资企业	797 732.7	620 763.6	2 615.7	7 941.1
三、按企业规模分列				
大型企业	669 394.5	478 461.9	4 847.1	3 690.4
中型企业	1 122 957.1	869 313.7	4 886.3	8 502.3
小型企业	2 714 166.1	2 195 989.5	13 577.3	13 413.8
微型企业	11 384.8	9 687.6	25.4	
四、按企业控股情况分列				
国有控股	3 480.7	3 589.6	19.8	16.8
集体控股	53 688.4	42 981.9	272.8	2.5
私人控股	2 205 634.5	1 796 197.8	12 417.4	9 226.1
港澳台商控股	1 327 418.2	990 482.9	7 372.5	7 792.4
外商控股	825 462.7	640 285.8	2 770.9	8 094.3
其他	102 218.0	79 914.7	482.7	474.4

（续）

项　目	营业费用（万元）	管理费用（万元）	其中:税金（万元）	财务费用（万元）
合　计	**217 569.7**	**309 138.3**	**10 515.5**	**36 671.7**
一、按企业所在省市分列				
北京市	191.1	1 458.5	7.8	13.0
天津市		739.8	28.5	-1.0
河北省	1 131.4	1 145.9	21.3	119.4
山西省	38.8	293.6	6.8	4.1
内蒙古自治区	37.7	428.3	3.0	0.6
辽宁省	1 949.1	4 753.9	98.6	-1 763.8
黑龙江省	19.5	152.7	14.1	-0.3
上海市	30 578.7	39 597.2	421.8	2 208.0
江苏省	23 545.8	50 768.9	1 602.6	6 857.1
浙江省	103 232.9	127 713.7	5 205.4	15 794.6
安徽省	817.6	934.4	188.5	688.8
福建省	1 223.7	1 288.1	333.0	250.2
江西省	663.2	1 190.2		422.0
山东省	9 100.7	10 794.0	498.3	2 587.2
河南省	778.7	655.8	12.4	435.9
湖北省	914.9	2 940.7	26.4	477.4
湖南省	56.2	42.0		1.2
广东省	43 054.2	56 089.0	1 969.0	8 365.4
四川省	235.5	8 151.6	78.0	211.9
二、按企业注册类型分列				
国有企业	38.8	293.6	6.8	4.1
股份合作企业	631.4	778.8	31.5	22.7
国有独资公司	148.4	1 216.7		351.8
其他有限责任公司	10 218.2	19 386.5	479.3	5 212.6
股份有限公司	5 825.2	9 156.7	364.7	-1 758.2
私营独资企业	3 376.7	12 543.7	297.4	1 617.1
私营合伙企业	765.6	1 357.4	37.2	76.8
私营有限责任公司	39 314.4	85 908.9	3 310.0	15 970.6
私营股份有限公司	770.4	783.2	184.5	464.9
其他企业	1 154.2	2 330.6	80.7	591.1
合资经营企业（港或澳、台资）	16 375.5	20 425.2	778.3	4 631.0
合作经营企业（港或澳、台资）	632.1	1 528.0	32.9	-27.6
港、澳、台商独资经营企业	68 741.6	71 146.4	2 707.3	-477.0
港、澳、台商投资股份有限公司	9 748.4	10 119.0	600.1	3 762.8
中外合资经营企业	4 708.8	11 744.7	235.0	1 438.9
中外合作经营企业	264.9	284.0	2.3	-98.0
外资企业	54 855.1	60 134.9	1 367.5	4 888.1
三、按企业规模分列				
大型企业	67 258.4	48 676.5	1 773.1	-1 248.3
中型企业	48 613.8	83 295.1	2 508.3	7 500.8
小型企业	101 410.5	175 926.5	6 220.4	30 338.6
微型企业	287.0	1 240.2	13.7	80.6
四、按企业控股情况分列				
国有控股	187.2	1 510.3	6.8	355.9
集体控股	2 653.3	3 712.3	82.1	343.9
私人控股	63 906.3	136 692.7	4 751.3	23 080.2
港澳台商控股	90 606.0	96 339.0	3 964.0	5 724.6
外商控股	56 048.1	63 513.6	1 525.4	5 074.9
其他	4 168.8	7 370.4	185.9	2 092.2

（续）

项　　目	其中：利息支出（万元）	营业利润（万元）	投资收益（万元）	补贴收入（万元）
合　计	**43 687.2**	**398 093.1**	**29 586.4**	**14 161.5**
一、按企业所在省市分列				
北京市	12.5	1 252.0	9.5	27.2
天津市		100.7		
河北省	119.4	3 418.4		
山西省	3.7	−345.6		
内蒙古自治区		−236.9		
辽宁省	253.0	10 449.1	160.0	803.7
黑龙江省		497.3		
上海市	968.3	38 869.6	56.7	733.9
江苏省	5 571.8	51 574.8	−1 292.6	93.5
浙江省	25 156.4	156 010.6	32 576.2	7 714.3
安徽省	589.4	2 329.1	56.7	
福建省	219.1	4 487.0	−3 000.0	
江西省	83.3	1 641.9		
山东省	1 738.6	40 272.4	1.3	
河南省	310.1	7 409.6	2.2	
湖北省	470.4	−1 092.7	3.3	63.4
湖南省		124.0		
广东省	7 990.6	72 191.6	1 013.1	4 725.5
四川省	200.6	9 140.2		
二、按企业注册类型分列				
国有企业	3.7	−345.6		
股份合作企业	7.5	1 094.1		12.8
国有独资公司	352.2	−1 616.8	3.3	60.0
其他有限责任公司	4 435.6	41 008.2	453.1	932.8
股份有限公司	622.7	17 250.4	201.5	1 906.7
私营独资企业	1 182.7	10 682.4		
私营合伙企业	80.5	384.9		36.6
私营有限责任公司	15 487.3	79 136.3	−776.6	1 681.3
私营股份有限公司	341.0	5 327.6		
其他企业	609.0	6 879.8	0.7	37.2
合资经营企业（港或澳、台资）	4 383.9	20 558.8	734.3	600.6
合作经营企业（港或澳、台资）	29.7	549.6		0.4
港、澳、台商独资经营企业	7 608.3	133 913.9	28 319.1	3 800.2
港、澳、台商投资股份有限公司	3 719.2	11 432.9	175.5	560.1
中外合资经营企业	1 778.1	10 059.7	4.2	1 323.7
中外合作经营企业		497.8		
外资企业	3 045.8	61 279.1	471.3	3 209.1
三、按企业规模分列				
大型企业	6 083.1	104 897.0	31 094.7	6 007.8
中型企业	9 702.6	115 137.5	−138.0	4 840.4
小型企业	27 811.3	177 994.6	−1 370.3	3 313.3
微型企业	90.2	64.0		
四、按企业控股情况分列				
国有控股	355.9	−1 962.4	3.3	60.0
集体控股	443.0	3 665.9	−13.3	12.8
私人控股	23 983.3	162 605.2	−108.0	5 661.5
港澳台商控股	13 904.8	160 208.3	29 228.9	4 846.6
外商控股	3 248.8	64 940.8	475.5	3 572.5
其他	1 751.4	8 635.3		8.1

（续）

项　　目	营业外收入（万元）	利润总额（万元）	应交所得税（万元）	本年应付职工薪酬（贷方累计发生额）（万元）
合　计	**16 903.1**	**415 841.7**	**60 167.0**	**313 954.6**
一、按企业所在省市分列				
北京市	27.3	1 278.2	191.7	1 239.5
天津市	2.4	102.5	25.6	793.3
河北省	76.1	3 494.5	52.9	1 366.0
山西省	0.1	−357.3		427.5
内蒙古自治区		−236.9		450.0
辽宁省	839.7	11 148.7	2 278.9	4 547.9
黑龙江省	30.6	524.7	116.3	114.5
上海市	1 716.0	40 192.3	8 390.5	40 681.6
江苏省	986.1	51 372.6	9 890.0	54 619.8
浙江省	7 503.0	166 283.8	21 825.4	117 717.4
安徽省	68.8	2 321.9	40.7	1 832.0
福建省		4 487.0	312.4	2 066.6
江西省		1 641.9	410.5	618.0
山东省	2.0	40 273.4	2 190.7	10 216.5
河南省	31.3	7 405.7	527.3	3 026.6
湖北省	122.8	−1 010.1	100.8	2 492.2
湖南省		124.0		132.0
广东省	5 496.9	77 839.6	12 498.9	66 406.7
四川省		8 955.2	1 314.4	5 206.5
二、按企业注册类型分列				
国有企业	0.1	−357.3		427.5
股份合作企业	32.1	1 139.0	270.3	933.4
国有独资公司	119.4	−1 507.6	3.8	921.0
其他有限责任公司	780.4	42 226.8	4 665.3	19 262.2
股份有限公司	2 357.3	19 585.7	3 105.0	9 734.8
私营独资企业	48.5	10 032.7	1 294.7	7 061.7
私营合伙企业	48.7	425.6	104.0	1 330.0
私营有限责任公司	3 879.7	82 322.1	10 800.9	97 405.1
私营股份有限公司	71.2	5 319.4	736.9	3 175.3
其他企业	248.9	7 147.5	1 553.0	5 980.3
合资经营企业（港或澳、台资）	2 155.9	22 867.5	4 056.8	18 939.5
合作经营企业（港或澳、台资）	206.8	754.4	50.7	1 023.2
港、澳、台商独资经营企业	976.3	137 694.5	16 708.1	55 686.2
港、澳、台商投资股份有限公司	213.5	11 004.6	1 759.3	10 018.0
中外合资经营企业	935.7	11 333.0	1 825.1	9 563.7
中外合作经营企业	1.7	494.4	52.8	248.3
外资企业	4 826.9	65 359.4	13 180.3	72 244.4
三、按企业规模分列				
大型企业	1 650.7	108 866.4	11 134.8	36 448.3
中型企业	7 150.1	122 426.3	21 984.0	93 296.1
小型企业	8 087.3	184 527.2	26 939.0	183 579.4
微型企业	15.0	21.8	109.2	630.8
四、按企业控股情况分列				
国有控股	119.5	−1 864.9	3.8	1 348.5
集体控股	259.1	3 934.0	577.7	3 758.3
私人控股	8 075.7	169 716.2	22 305.1	146 212.1
港澳台商控股	3 360.2	165 923.5	21 543.0	80 906.8
外商控股	4 932.0	69 448.8	13 952.1	75 187.6
其他	156.6	8 684.1	1 785.3	6 541.3

（续）

项　　目	本年应交增值税（万元）	本年进项税额（万元）	本年销项税额（万元）
合　计	**138 824.1**	**457 237.4**	**523 128.2**
一、按企业所在省市分列			
北京市	404.7	887.6	1 255.6
天津市	109.8	270.4	378.9
河北省	1 673.6	362.9	355.0
山西省	15.3	51.2	61.5
内蒙古自治区	80.1	338.3	459.6
辽宁省	3 351.2	9 112.2	12 118.5
黑龙江省	214.7	1 169.7	1 370.0
上海市	5 663.7	43 392.9	34 583.8
江苏省	22 990.2	60 814.3	70 006.5
浙江省	54 132.5	202 254.1	236 446.4
安徽省	960.4	828.1	1 034.0
福建省	949.5	5 655.5	7 690.9
江西省	415.2	2 568.5	2 153.3
山东省	17 493.2	23 706.8	35 107.1
河南省	1 855.0	2 059.4	2 960.7
湖北省	756.5	1 565.4	1 882.8
湖南省	42.1		
广东省	23 734.4	96 302.3	108 351.7
四川省	3 982.0	5 897.8	6 911.9
二、按企业注册类型分列			
国有企业	15.3	51.2	61.5
股份合作企业	29.0		
国有独资公司	125.2		
其他有限责任公司	14 196.0	31 881.9	41 574.2
股份有限公司	4 750.0	8 886.3	8 530.8
私营独资企业	6 110.0	11 539.6	13 839.6
私营合伙企业	499.2	1 259.2	756.4
私营有限责任公司	42 614.4	129 425.7	152 833.5
私营股份有限公司	3 548.9	7 595.6	10 629.7
其他企业	1 734.4	8 721.1	10 443.3
合资经营企业（港或澳、台资）	6 917.9	27 438.0	30 595.9
合作经营企业（港或澳、台资）	274.6	2 579.7	2 776.2
港、澳、台商独资经营企业	33 727.4	127 373.5	153 997.9
港、澳、台商投资股份有限公司	6 786.0	15 314.3	21 687.7
中外合资经营企业	3 784.5	14 109.8	16 163.0
中外合作经营企业	132.8	823.4	946.4
外资企业	13 578.5	70 238.1	58 292.1
三、按企业规模分列			
大型企业	26 946.5	98 368.3	124 551.6
中型企业	30 500.2	104 488.0	99 764.4
小型企业	81 267.4	251 195.7	294 766.9
微型企业	110.0	3 185.4	4 045.3
四、按企业控股情况分列			
国有控股	140.5	51.2	61.5
集体控股	246.3	5 531.7	5 154.3
私人控股	74 400.2	203 637.9	242 096.8
港澳台商控股	45 585.8	163 998.5	198 946.4
外商控股	15 069.6	72 889.2	62 398.4
其他	3 381.7	11 128.9	14 470.8

（续）

项　目	主营业务收入利润率（%）	工业资金利税率（%）	流动资产周转率（次）	资产负债率（%）
合　计	**9.20**	**13.70**	**1.43**	**49.39**
一、按企业所在省市分列				
北京市	17.13	35.74	2.01	20.86
天津市	4.57	4.38	0.71	22.48
河北省	6.86	51.49	9.52	32.32
山西省	−115.41	−16.36	0.19	152.24
内蒙古自治区	−8.76	−1.53	0.39	92.66
辽宁省	13.40	13.85	0.89	9.30
黑龙江省	6.62	24.54	5.14	87.40
上海市	7.66	12.39	1.71	63.67
江苏省	8.27	15.44	1.67	54.65
浙江省	10.28	11.82	1.08	46.01
安徽省	8.40	17.74	2.95	51.77
福建省	6.68	27.72	4.67	45.03
江西省	9.29	67.30	7.65	42.07
山东省	9.07	34.07	7.08	28.60
河南省	11.42	48.92	5.59	30.01
湖北省	−3.65	0.16	2.27	75.26
湖南省	5.11	7.91	9.15	30.20
广东省	9.20	11.05	1.15	57.82
四川省	8.83	55.52	9.27	29.23
二、按企业注册类型分列				
国有企业	−115.41	−16.36	0.19	152.24
股份合作企业	7.34	24.58	4.20	14.51
国有独资公司	−47.54	−12.43	1.13	99.72
其他有限责任公司	10.11	19.91	2.14	56.93
股份有限公司	18.61	12.65	0.61	15.11
私营独资企业	5.83	29.50	5.40	52.91
私营合伙企业	3.13	8.43	1.58	64.13
私营有限责任公司	6.32	12.46	1.80	58.18
私营股份有限公司	6.05	45.20	22.01	27.02
其他企业	11.16	23.02	2.36	47.84
合资经营企业（港或澳、台资）	8.00	9.45	1.14	44.83
合作经营企业（港或澳、台资）	3.67	6.20	1.31	60.08
港、澳、台商独资经营企业	14.12	14.32	0.97	42.80
港、澳、台商投资股份有限公司	8.53	9.15	0.93	60.27
中外合资经营企业	9.41	11.00	1.02	51.45
中外合作经营企业	8.18	16.34	1.53	59.52
外资企业	8.19	13.92	1.75	51.85
三、按企业规模分列				
大型企业	16.26	17.75	1.09	36.70
中型企业	10.90	12.80	1.17	44.35
小型企业	6.80	12.78	1.72	57.00
微型企业	0.19	1.71	1.37	43.41

（续）

项　　目	主营业务收入利润率（%）	工业资金利税率（%）	流动资产周转率（次）	资产负债率（%）
四、按企业控股情况分列				
国有控股	-53.58	-13.06	0.78	108.39
集体控股	7.33	10.39	1.44	34.32
私人控股	7.69	14.90	1.84	51.93
港澳台商控股	12.50	12.74	0.98	45.16
外商控股	8.41	14.04	1.72	51.43
其他	8.50	12.12	1.31	62.12

注：本资料主要经济指标计算方法如下：

（1）主营业务收入利润率（%）= 利润总额/主营业务收入×100。

（2）＊工业资金利税率（%）= 利税总额/（流动资产年平均余额+固定资产净值年平均余额）×100。

（3）＊流动资产周转率（次）= 主营业务收入/流动资产年平均余额×12/累计月数。

（4）资产负债率（%）= 负债合计/资产总计×100。

＊因资料中缺少流动资产年平均余额和固定资产净值年平均余额，故上述公式中凡涉及该指标时分别用流动资产合计和固定资产合计代替，特此说明。

1990—2012年塑料机械行业主要经济指标汇总

年份	企业数（家）	工业总产值（当年价）（亿元）	工业销售产值（亿元）	出口交货值（亿元）	工业增加值（亿元）	主营业务收入（亿元）	利润总额（亿元）	利税总额（亿元）	资产合计（亿元）	负债合计（亿元）	从业人员年平均人数（万人）	全员劳动生产率（元/人）
1990	259	11.16			3.21	10.05	0.47	0.98			5.19	6 185
1991	258	15.37			4.39	15.10	0.91	1.65			5.39	8 145
1992	252	23.41	22.27		7.07	30.94	0.09	1.22			5.79	12 211
1993	326	35.52	27.35		10.59	31.36	2.48	3.83	35.63	23.97	5.81	18 227
1994	316	38.20	33.97		10.85	27.17	1.56	3.01	42.76	27.28	4.71	23 036
1995	349	35.64			10.58	32.63	1.17	2.81	49.66	32.50	5.46	19 377
1996	379	47.29	43.86		11.60	39.92	1.82	3.57	55.31	34.86	6.04	19 205
1997	344	55.27	50.91		16.02	44.78	2.36	4.93	62.73	38.62	6.26	25 591
1998	166	53.69	48.81		13.79	47.23	2.63	4.74	69.51	45.47	3.87	35 633
1999	158	58.75	56.39		15.66	53.54	3.99	6.47	72.69	45.45	3.49	43 152
2000	170	73.25	69.24	5.30	19.29	66.44	5.74	8.78	94.02	57.53	3.99	48 346
2001	185	81.60	77.68	6.80	21.39	74.71	5.89	9.24	106.69	65.71	4.15	51 542
2002	215	116.40	111.27	10.00	30.66	105.79	10.43	14.70	130.69	79.77	4.14	74 058
2003	253	130.70	125.49	11.70	34.19	124.79	10.03	14.69	139.65	87.71	4.21	81 211
2004	410	184.98	187.02	28.04	45.71	180.84	16.40	22.35	197.55	111.78	5.46	83 718

（续）

年份	企业数（家）	工业总产值（当年价）（亿元）	工业销售产值（亿元）	出口交货值（亿元）	工业增加值（亿元）	主营业务收入（亿元）	利润总额（亿元）	利税总额（亿元）	资产合计（亿元）	负债合计（亿元）	从业人员年平均人数（万人）	全员劳动生产率（元/人）
2005	379	193.07	181.88	30.15	50.01	183.25	14.60	21.16	192.62	115.34	4.79	104 405
2006	413	221.33	216.08	42.82	57.68	215.66	18.18	25.58	212.12	128.15	5.05	114 218
2007	454	267.73	260.61	53.04	74.25	256.51	22.34	31.14	255.77	147.23	5.39	137 811
2008	546	267.36	251.89	59.45		247.78	16.25	23.74	286.78	165.49	6.07	
2009	544	268.07	260.28	37.70		259.70	18.20	27.15	315.39	170.79	5.60	
2010	565	431.70	413.34	65.40		415.81	39.50	51.99	390.75	202.98	6.49	
2011	347	454.12	434.42	66.99		441.04	42.23		441.68	207.64	6.11	
2012	378	462.06	444.73	84.08		451.79	41.58		469.38	231.82		

注：1. 1998 年以前全国机械工业企业单位的统计口径分为两种，即产值产量部分为全国乡及乡以上工业企业，财务指标部分为全部独立核算工业企业资料；1998 年年报国家统计局将上述两种口径统一调整为全部国有和年产品销售收入 500 万元以上的非国有工业企业；2007 年调整为辖区内全部主营业务收入 500 万元及以上的工业法人企业；2011 年调整为辖区内全部年主营业务收入 2 000 万元及以上的工业法人企业

2. 工业增加值指标在 1993 年以前为工业净产值。

3. 数据来源于中国机械工业联合会。

1990—2012 年塑料机械行业工业总产值及占比

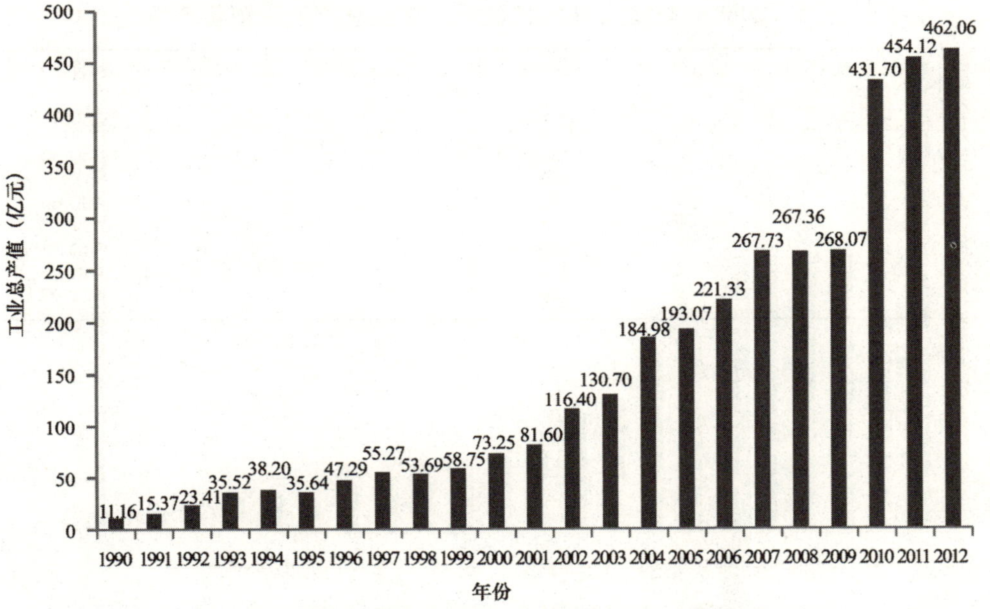

图 1　1990—2012 年塑料机械行业工业总产值

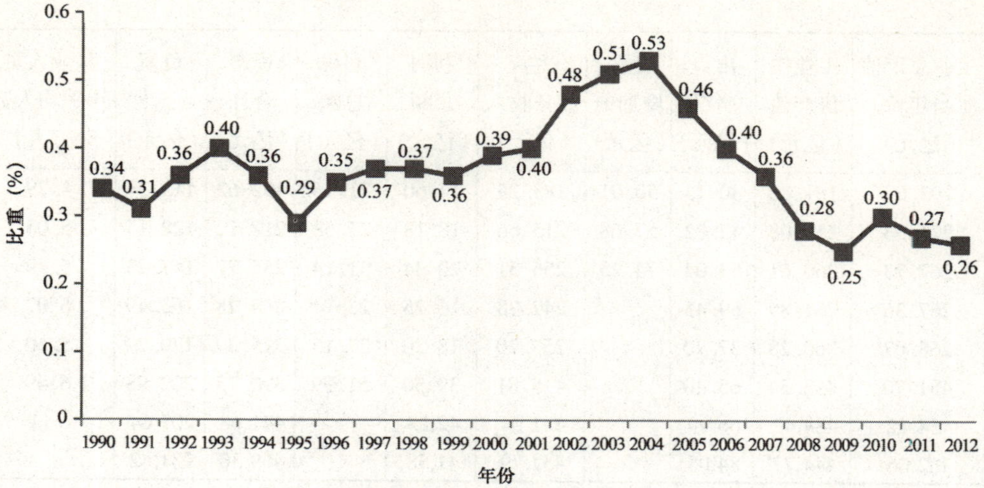

图2　1990—2012年塑料机械行业工业总产值占机械工业总产值比重

注：1. 1998年以前全国机械工业企业单位的统计口径分为两种，即产值产量部分为全国乡及乡以上工业企业，财务指标部分为全部独立核算工业企业资料；1998年年报国家统计局将上述两种口径统一调整为全部国有和年产品销售收入500万元以上的非国有工业企业；2007年调整为辖区内全部主营业务收入500万元及以上的工业法人企业；2011年调整为辖区内全部主营业务收入2 000万元以上的工业法人企业。

2. 数据来源于中国机械工业联合会。

2009—2012年塑料机械行业概况图表汇总

表1　2009—2012年塑料机械行业工业总产值及销售产值

年份	工业总产值（亿元）	工业销售产值（亿元）
2009	258.48	250.85
2010	421.06	400.65
2011	464.51	444.46
2012	462.06	444.73

注：数据来源于国家统计局。

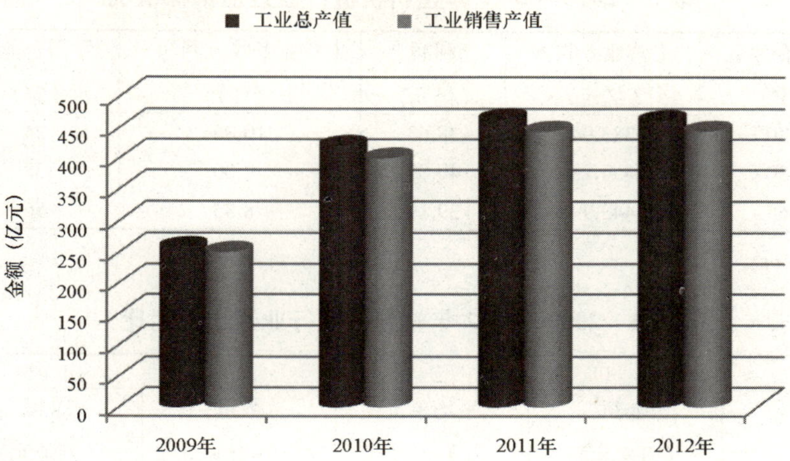

图 1　2009—2012 年塑料机械行业工业总产值及销售产值走势

注：数据来源于国家统计局。

表 2　2008—2012 年塑料机械市场容量

年份	国内塑料机械市场容量（亿元）	其中：进口设备（亿元）	国产设备（亿元）	进口占比（%）	国产占比（%）
2008	348.67	179.51	169.16	51	49
2009	292.33	86.18	206.15	29	71
2010	479.22	134.54	344.68	28	72
2011	511.88	144.03	367.85	28	72
2012	493.85	133.96	359.89	27	73

注：数据来源于国家统计局和中国海关。

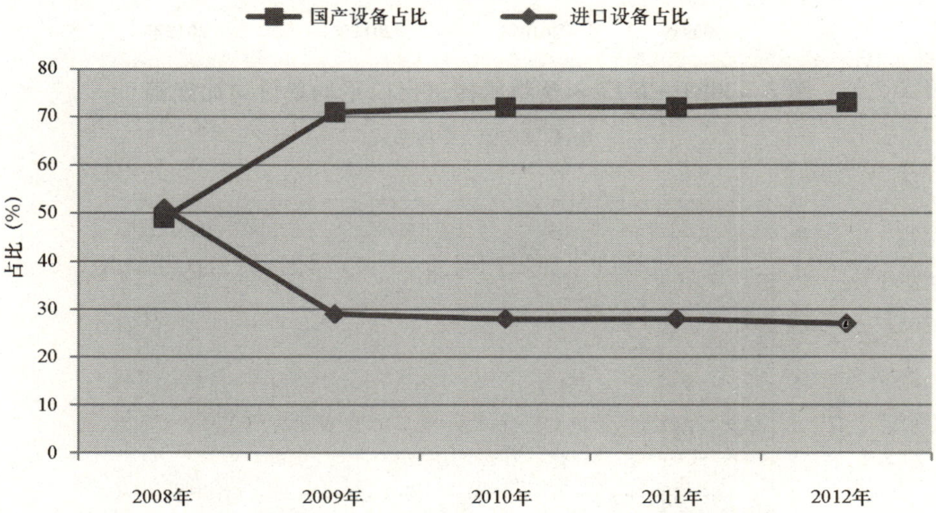

图 2　2008—2012 年塑料机械市场容量走势

注：数据来源于国家统计局和中国海关。

表 3　2010—2012 年塑料机械行业效益指标情况

年份	规模企业数（家）	主营业务收入（亿元）	利润（亿元）	主营业务收入利润率（%）	亏损企业数（家）	亏损面（%）
2010	330	383.94	38.63	10.06	24	7.27
2011	330	454.26	40.87	9.00	38	11.52
2012	365	443.94	39.19	8.83	56	15.34

注：数据来源于国家统计局。

表 4　2009—2012 年塑料机械行业进出口对比

年份	进口			出口		
	数量（台）	金额（万美元）	平均单价（万美元/台）	数量（台）	金额（万美元）	平均单价（万美元/台）
2009	8 400	126 186	15.0	31 875	75 863	2.4
2010	14 961	200 658	13.4	44 493	114 004	2.6
2011	13 704	218 223	15.9	51 665	146 460	2.8
2012	10 482	212 635	20.3	69 693	161 886	2.3

注：数据来源于中国海关。

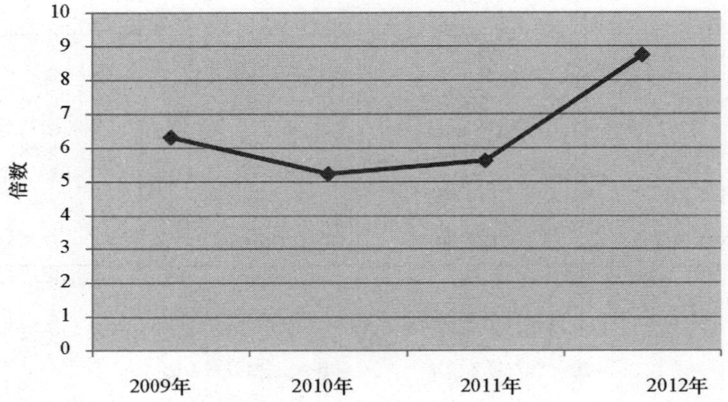

图 3　2009—2012 年塑料机械进出口平均单价对比走势

注：数据来源于中国海关。

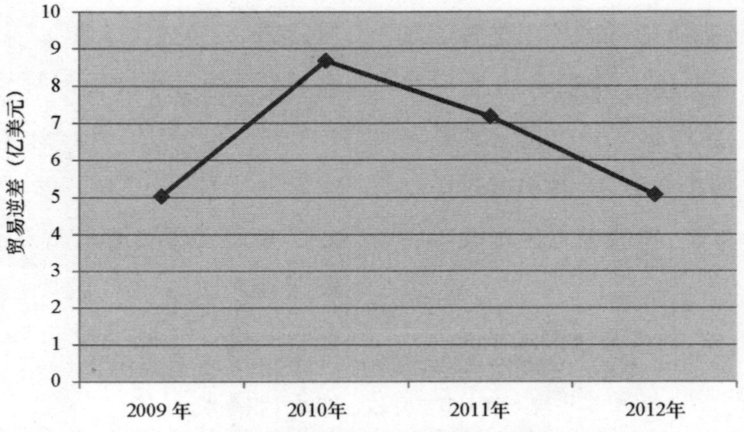

图 4　2009—2012 年塑料机械贸易逆差走势

注：数据来源于中国海关。

2012年单个税号塑料机械进口价格指数

（平均进口单价：万美元）

月份	项　目	注塑机	其他注射机	塑料造粒机	其他挤出机	挤出吹塑机	注射吹塑机	其他吹塑机	塑料中空成型机	塑料压延成型机	其他真空模塑机及热成型机器	其他模塑或成型机器
1	平均进口单价	21	12	25	52	106	47	113	30	92	50	11
	定基价格指数	210	60	11	113	109	168	140	3 000	184	128	79
	环比价格指数	175	75	89	141	186	181	69	120	131	278	61
2	平均进口单价	17	17	56	65	27	50	112	43	19	9	34
	定基价格指数	170	85	25	141	28	179	138	4 300	38	23	243
	环比价格指数	81	142	224	125	25	106	99	143	21	18	309
3	平均进口单价	12	11	92	43	74	40	96	29	3	15	22
	定基价格指数	120	55	42	93	76	143	119	2 900	6	38	157
	环比价格指数	71	65	164	66	274	80	86	67	16	167	65
4	平均进口单价	14	18	43	40	40	83	85	17	8	23	15
	定基价格指数	140	90	19	87	41	296	105	1 700	16	59	107
	环比价格指数	117	164	47	93	54	208	89	59	267	153	68
5	平均进口单价	12	8	101	34	109	55	102	1	101	37	9
	定基价格指数	120	40	46	74	112	196	126	100	202	95	64
	环比价格指数	86	44	235	85	273	66	120	6	1 263	161	60
6	平均进口单价	10	26	249	50	45	46	94	10	56	21	10
	定基价格指数	100	130	113	109	46	164	116	1 000	112	54	71
	环比价格指数	83	325	247	147	41	84	92	1 000	55	57	111
7	平均进口单价	10	19	39	69	53	23	118	3	144	11	15
	定基价格指数	100	95	18	150	55	82	146	300	288	28	107
	环比价格指数	100	73	16	138	118	50	126	30	257	52	150
8	平均进口单价	11	36	113	82	159	37	117	14	51	27	8
	定基价格指数	110	180	51	178	164	132	144	1 400	102	69	57
	环比价格指数	110	189	290	119	300	161	99	467	35	245	53
9	平均进口单价	12	16	83	53	66	48	100	23	51	22	15
	定基价格指数	120	80	38	115	68	171	123	2 300	102	56	107
	环比价格指数	109	44	73	65	42	130	85	164	100	81	188

（续）

月份	项　目	注塑机	其他注射机	塑料造粒机	其他挤出机	挤出吹塑机	注射吹塑机	其他吹塑机	塑料中空成型机	塑料压延成型机	其他真空模塑机及热成型机器	其他模塑或成型机器
10	平均进口单价	12	17	76	53	69	48	106	22	49	21	15
	定基价格指数	120	85	34	115	71	171	131	2 200	98	54	107
	环比价格指数	100	106	92	100	105	100	106	96	96	95	100
11	平均进口单价	12	11	17	35	22	27	156	25	14	10	16
	定基价格指数	120	55	8	76	23	96	193	2 500	28	26	114
	环比价格指数	100	65	22	66	32	56	147	114	29	48	107
12	平均进口单价	13	6	99	24	125	13	102	28	75	17	16
	定基价格指数	130	30	45	52	129	46	126	2 800	150	44	114
	环比价格指数	108	55	582	69	568	48	65	112	536	170	100

注：表中数据以2011年1月为基期。

2012年单个税号塑料机械出口价格指数

（平均出口单价：万美元）

月份	项　目	注塑机	其他注射机	塑料造粒机	其他挤出机	挤出吹塑机	注射吹塑机	其他吹塑机	塑料中空成型机	塑料压延成型机	其他真空模塑机及热成型机器	其他模塑或成型机器
1	平均出口单价	4	3	2	5	3	0.4	1	4	3	1	3
	定基价格指数	200	100	200	167	150	20	100	400	300	50	150
	环比价格指数	100	100	100	167	60	13	50	100	150	100	150
2	平均出口单价	4	4	2	4	4	4	3	3	1	2	2
	定基价格指数	200	133	200	133	200	200	300	300	100	100	100
	环比价格指数	100	133	100	80	133	1 000	300	75	33	200	67
3	平均出口单价	4	3	1	4	3	1	2	6	3	1	4
	定基价格指数	200	100	100	133	150	50	200	600	300	50	200
	环比价格指数	100	75	50	100	75	25	67	200	300	50	200
4	平均出口单价	4	2	1	2	2	2	2	5	0.4	1	3
	定基价格指数	200	67	100	67	100	100	200	500	40	50	150
	环比价格指数	100	67	100	50	67	200	100	83	13	100	75

（续）

月份	项　目	注塑机	其他注射机	塑料造粒机	其他挤出机	挤出吹塑机	注射吹塑机	其他吹塑机	塑料中空成型机	塑料压延成型机	其他真空模塑机及热成型机器	其他模塑或成型机器
5	平均出口单价	4	4	2	4	2	3	2	4	1	1	3
	定基价格指数	200	133	200	133	100	150	200	400	100	50	150
	环比价格指数	100	200	200	200	100	150	100	80	250	100	100
6	平均出口单价	4	2	2	6	3	3	0.2	6	0.3	1	2
	定基价格指数	200	67	200	200	150	150	20	600	30	50	100
	环比价格指数	100	50	100	150	150	100	10	150	30	100	67
7	平均出口单价	2	7	1	4	3	1	2	4	1	0.3	6
	定基价格指数	100	233	100	133	150	50	200	400	100	15	300
	环比价格指数	50	350	50	67	100	33	1 000	67	333	30	300
8	平均出口单价	4	1	2	5	3	2	2	5	2	1	3
	定基价格指数	200	33	200	167	150	100	200	500	200	50	150
	环比价格指数	200	14	200	125	100	200	100	125	200	333	50
9	平均出口单价	3	2	2	4	3	1	1	5	1	1	3
	定基价格指数	150	67	200	133	150	50	100	500	100	50	150
	环比价格指数	75	200	100	80	100	50	50	100	50	100	100
10	平均出口单价	4	2	2	4	3	1	0.5	5	1	1	2
	定基价格指数	200	67	200	133	150	50	50	500	100	50	100
	环比价格指数	133	100	100	100	100	100	50	100	100	100	67
11	平均出口单价	3	3	2	3	4	2	2	4	1	1	1
	定基价格指数	150	100	200	100	200	100	200	400	100	50	50
	环比价格指数	75	150	100	75	133	200	400	80	100	100	50
12	平均出口单价	5	4	1	1	3	5	1	5	3	1	1
	定基价格指数	250	133	100	33	150	250	100	500	300	50	50
	环比价格指数	167	133	50	33	75	250	50	125	300	100	100

注：表中数据以 2011 年 1 月为基期。

2012 年塑料机械进出口综合价格指数

月份	进　口		出　口	
	Paasche 价格指数	Laspeyres 价格指数	Paasche 价格指数	Laspeyres 价格指数
1	116	138	121	164
2	102	127	159	174
3	89	95	143	164

（续）

月份	进口		出口	
	Paasche价格指数	Laspeyres价格指数	Paasche价格指数	Laspeyres价格指数
4	72	96	116	150
5	92	93	152	164
6	96	97	100	163
7	71	102	93	118
8	97	119	144	166
9	88	101	120	142
10	88	101	112	142
11	72	88	122	141
12	84	91	93	157

注：表中数据以 2011 年 1 月为基期。

2012 年单个税号塑料机械进口平均价格指数图

说明：数据以 2011 年 1 月为基期。

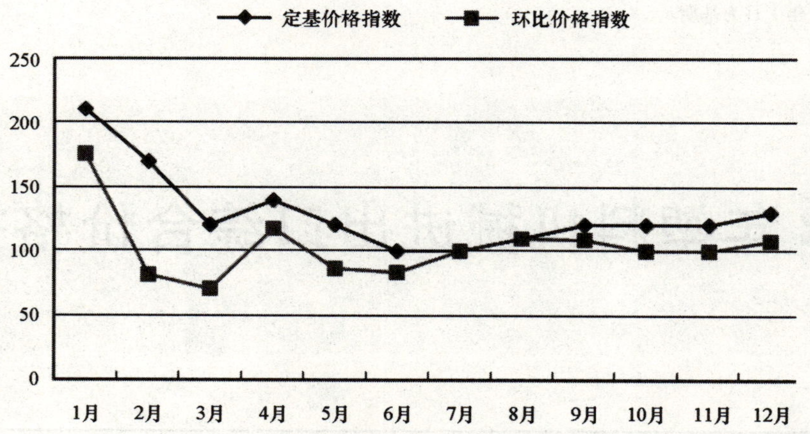

图 1　注塑机进口平均价格指数

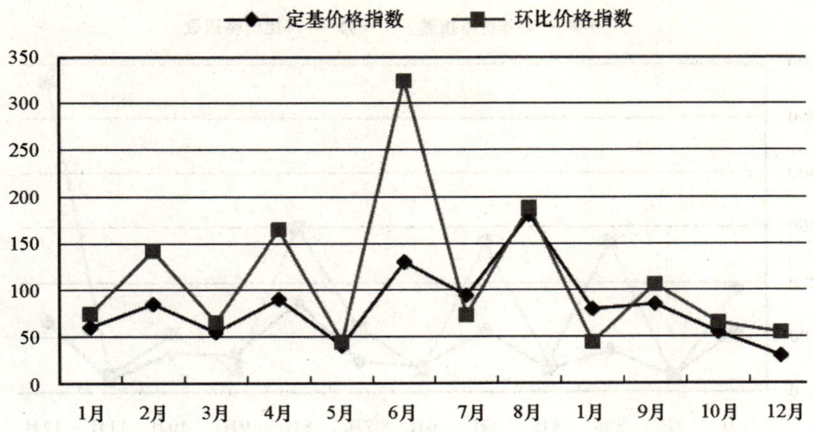

图 2 其他注射机进口平均价格指数

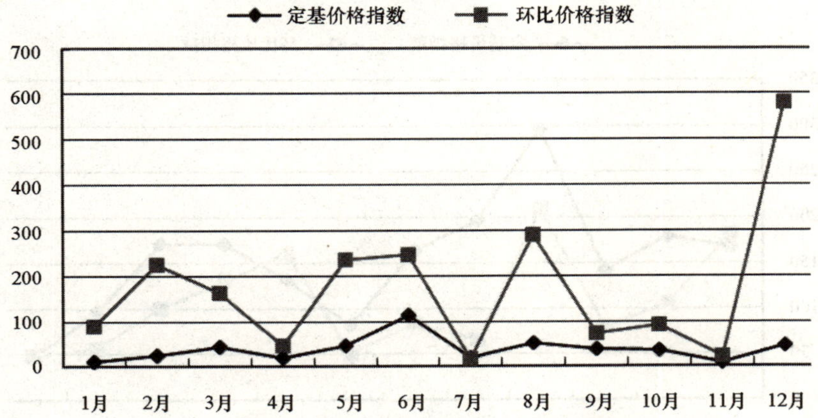

图 3 塑料造粒机进口平均价格指数

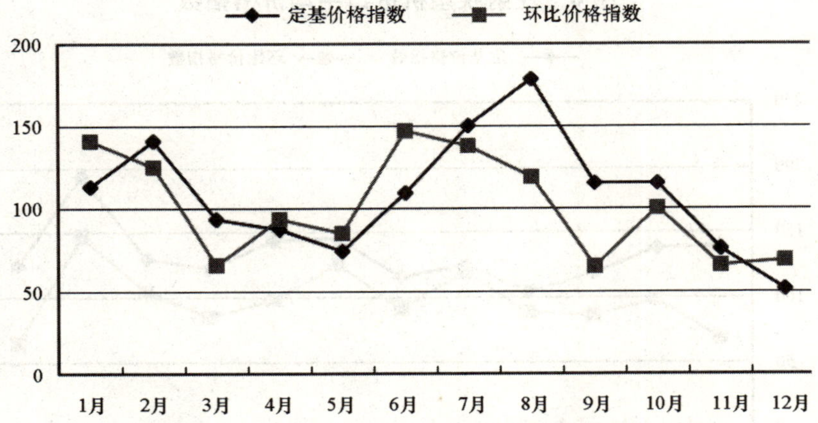

图 4 其他挤出机进口平均价格指数

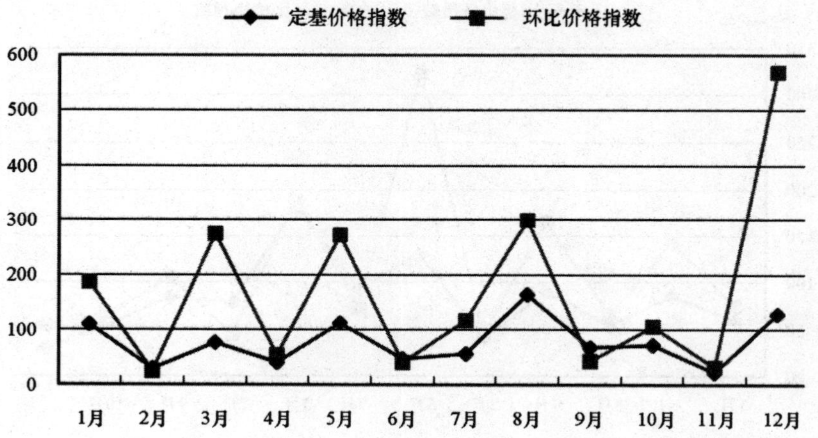

图5　挤出吹塑机进口平均价格指数

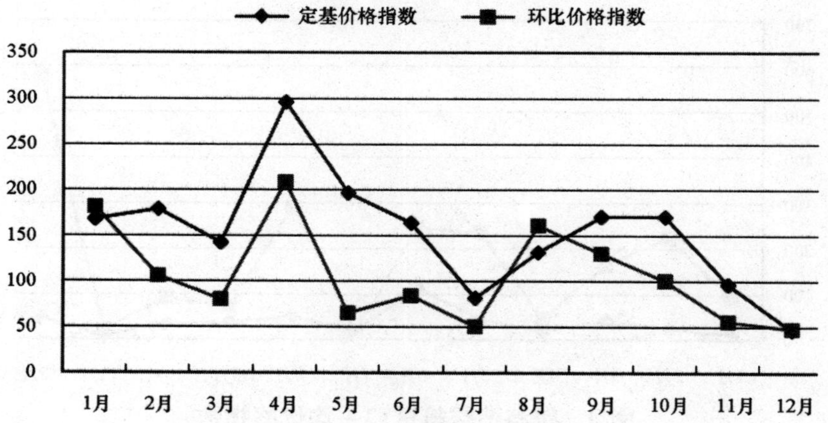

图6　注射吹塑机进口平均价格指数

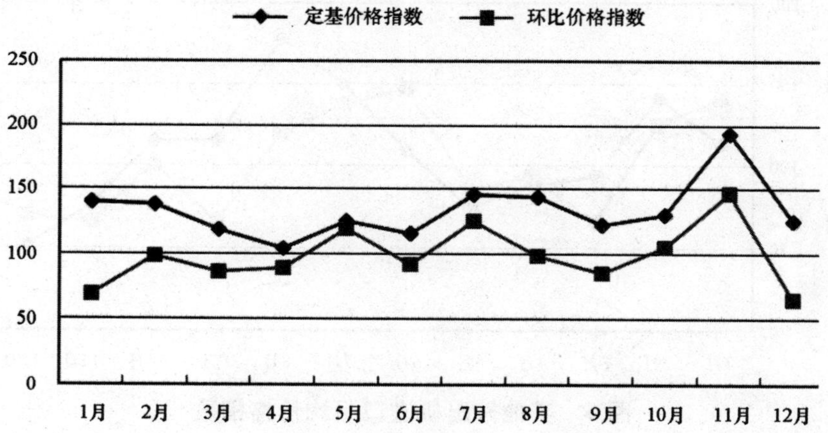

图7　其他吹塑机进口平均价格指数

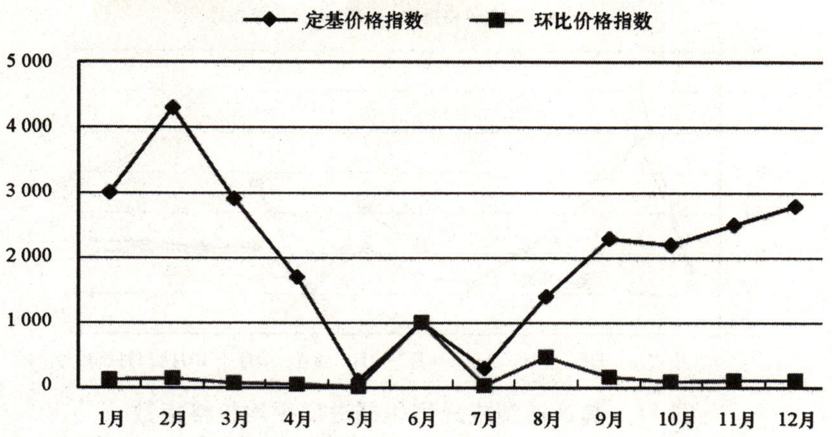

图 8　塑料中空成型机进口平均价格指数

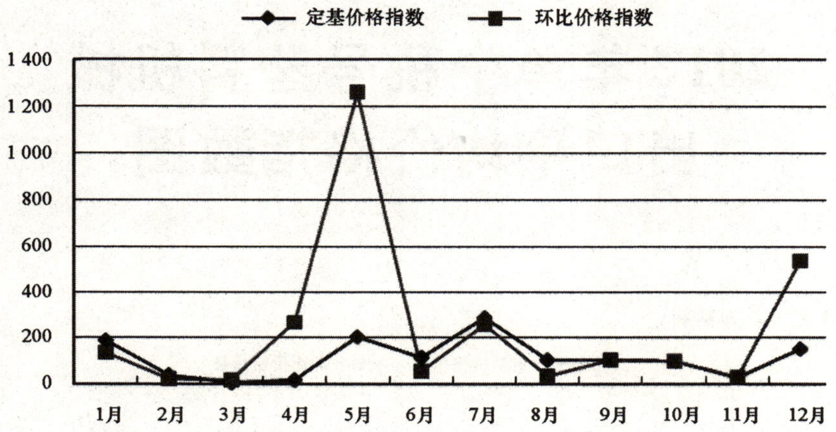

图 9　塑料压延成型机进口平均价格指数

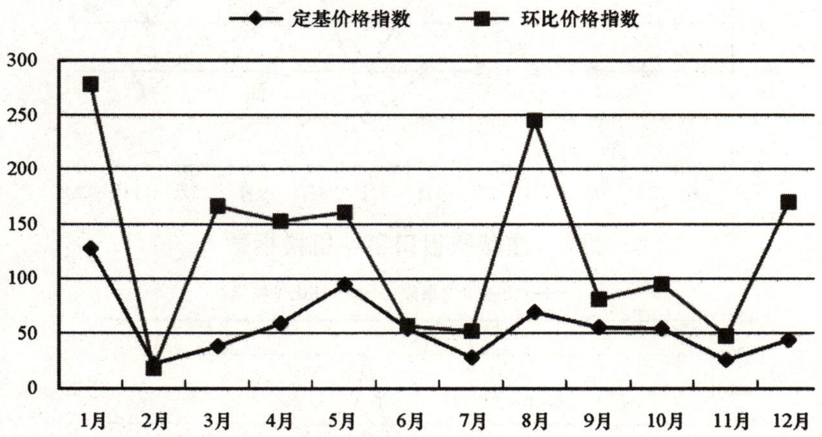

图 10　其他真空模塑机及其他热成型机器进口平均价格指数

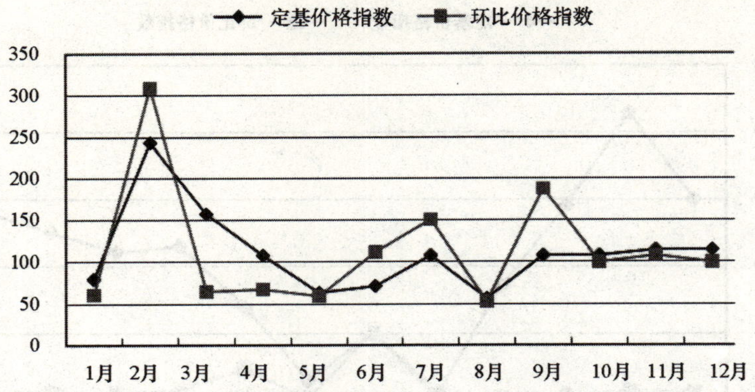

图 11　其他模塑或成型机器进口平均价格指数

2012 年单个税号塑料机械出口平均价格指数图

说明：数据以 2011 年 1 月为基期。

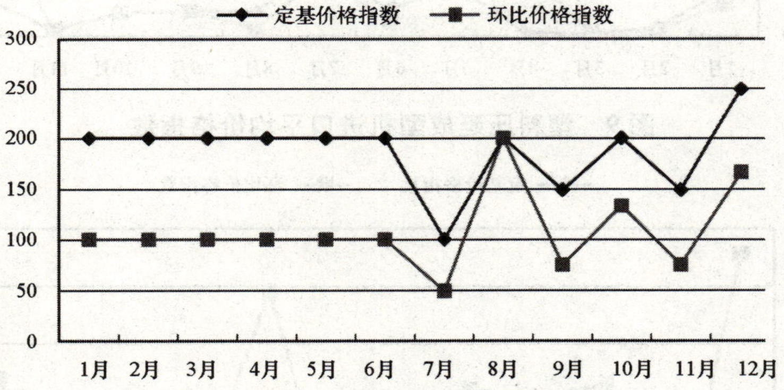

图 1　注塑机出口平均价格指数

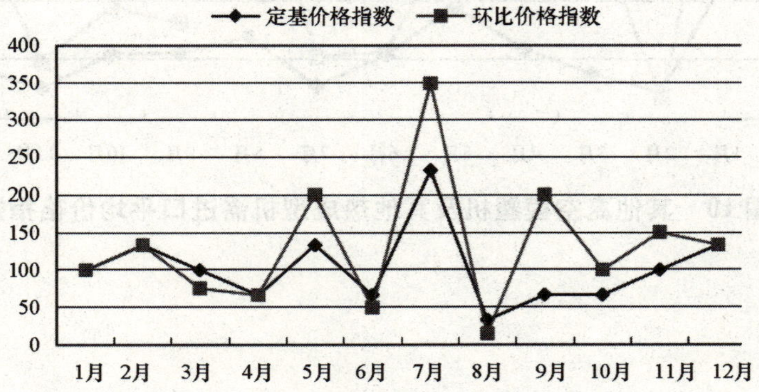

图 2　其他注射机出口平均价格指数

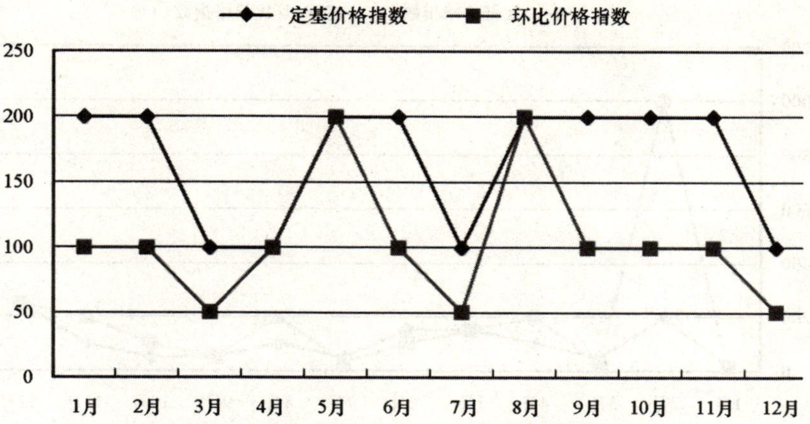

图 3　塑料造粒机出口平均价格指数

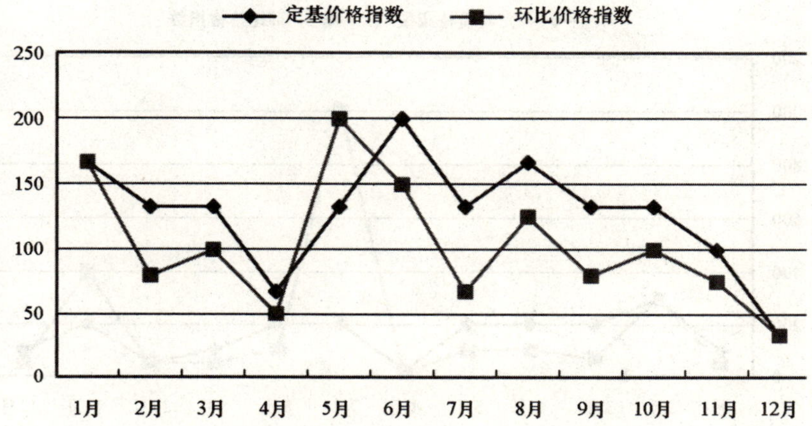

图 4　其他挤出机出口平均价格指数

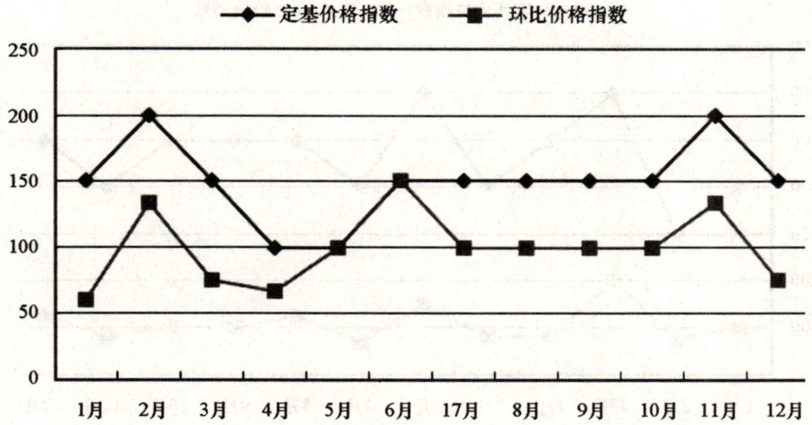

图 5　挤出吹塑机出口平均价格指数

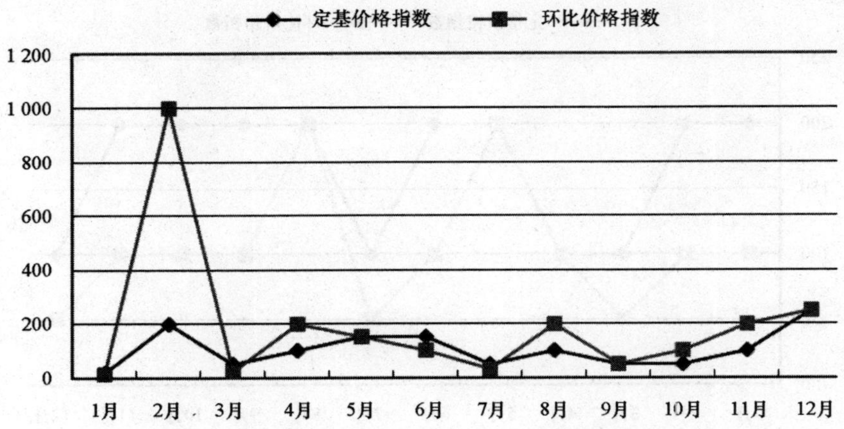

图6　注射吹塑机出口平均价格指数

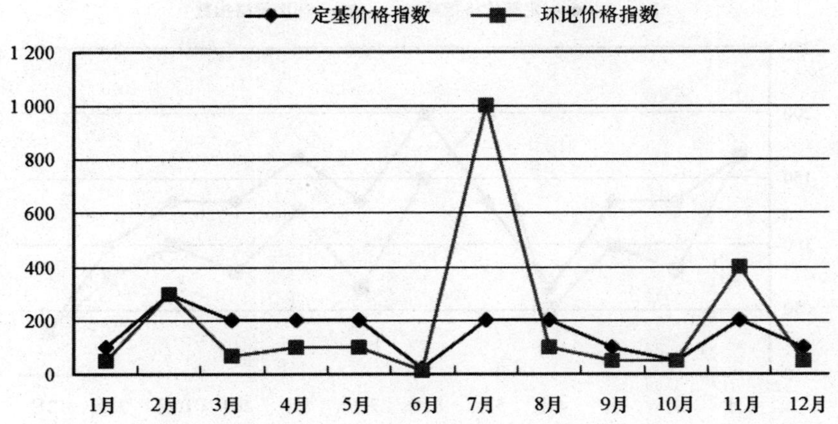

图7　其他吹塑机出口平均价格指数

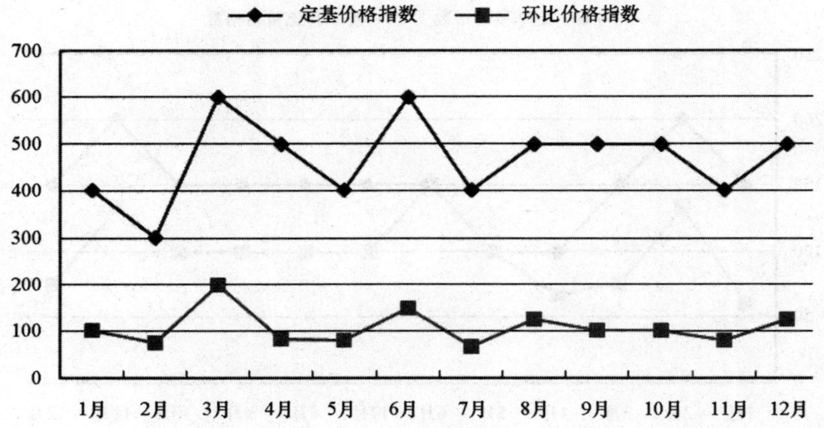

图8　塑料中空成型机出口平均价格指数

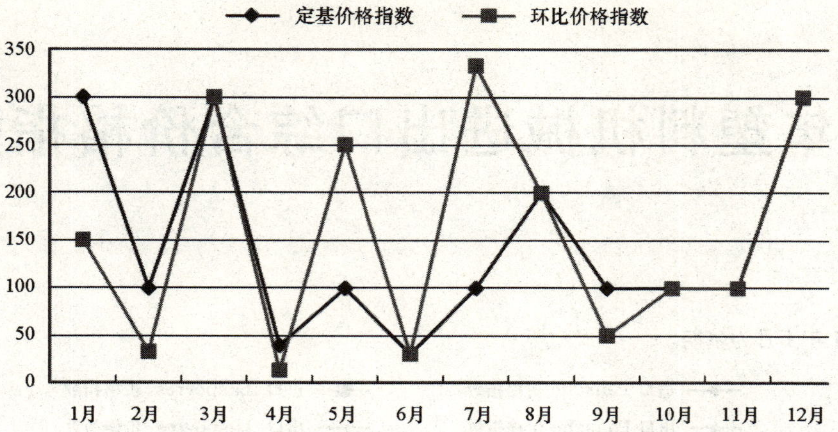

图 9　塑料压延成型机出口平均价格指数

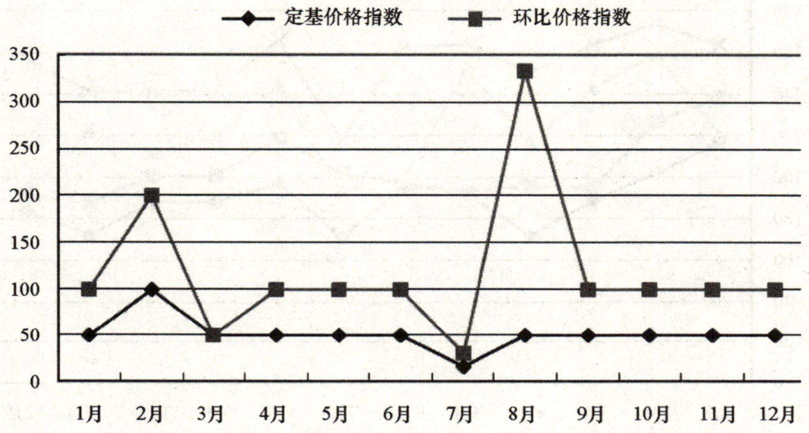

图 10　其他真空模塑机及热成型机器出口平均价格指数

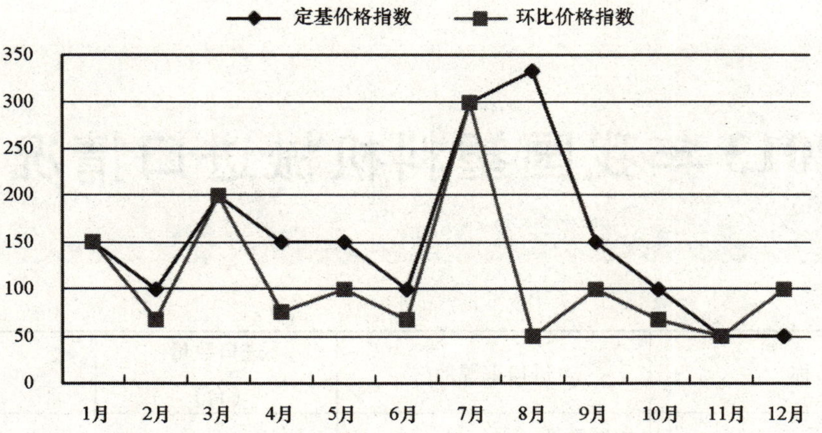

图 11　其他模塑或成型机器出口平均价格指数

2012 年塑料机械进出口综合价格指数图

说明:数据以 2011 年 1 月为基期。

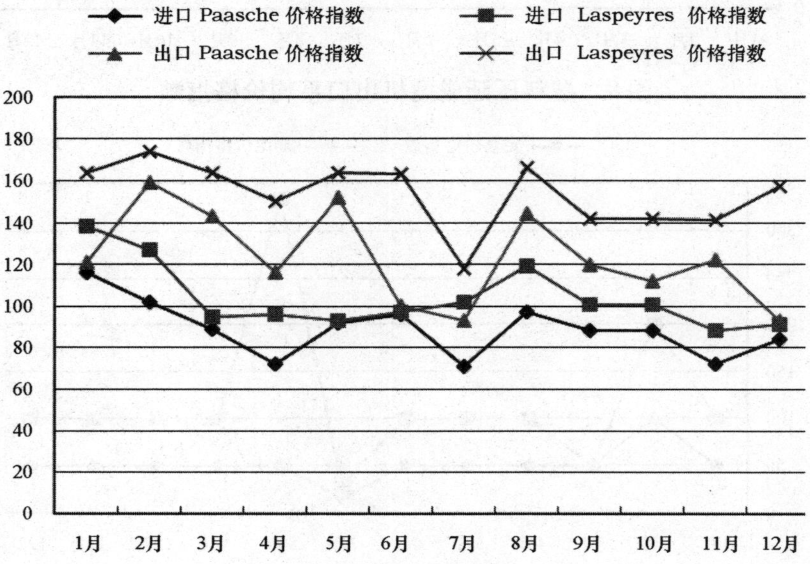

图 1　2012 年塑料机械进出口综合价格指数

2013 年我国塑料机械进口情况

产 品 名 称	进口来源地	进口数量（台）	进口金额（万美元）
注塑机	中国香港	5	6.60
	以色列	3	32.72
	日本	3 282	36 860.49
	马来西亚	1	13.42
	韩国	585	8 368.76
	泰国	1	5.02
	中国	324	2 409.74

（续）

产品名称	进口来源地	进口数量（台）	进口金额（万美元）
注塑机	中国台湾	776	6 239.60
	比利时	4	2.49
	英国	15	3.32
	德国	389	8 330.49
	法国	3	76.82
	意大利	19	880.68
	卢森堡	2	40.00
	荷兰	3	79.91
	西班牙	16	62.33
	奥地利	54	1 426.00
	瑞士	20	1 920.55
	俄罗斯	1	3.50
	加拿大	8	798.29
	美国	203	750.48
注塑机汇总		**5 714**	**68 311.18**
其他注射机	印度	1	22.07
	日本	66	1 074.01
	新加坡	3	41.69
	韩国	19	186.44
	中国	1	2.53
	中国台湾	75	587.56
	英国	3	6.69
	德国	66	1 979.97
	法国	11	246.45
	意大利	27	795.35
	葡萄牙	1	3.09
	奥地利	7	73.55
	瑞士	1	2.97
	美国	35	91.73
	澳大利亚	1	54.85
其他注射机汇总		**317**	**5 168.96**
塑料造粒机	中国香港	2	15.37
	印度	1	10.85
	日本	41	5 868.42
	菲律宾	1	7.00

（续）

产品名称	进口来源地	进口数量（台）	进口金额（万美元）
塑料造粒机	新加坡	1	0.07
	韩国	5	107.82
	泰国	2	12.35
	中国	1	2.30
	中国台湾	34	713.07
	丹麦	1	7.37
	英国	1	22.41
	德国	60	3 839.68
	意大利	4	638.15
	奥地利	26	1 867.17
	美国	4	111.99
塑料造粒机汇总		**184**	**13 224.01**
其他挤出机	印度	4	61.48
	以色列	2	0.11
	日本	115	7 535.00
	马来西亚	3	3.61
	韩国	65	801.44
	泰国	12	107.68
	土耳其	1	1.81
	中国	14	120.51
	中国台湾	211	4 537.62
	南非	2	1.88
	比利时	1	0.71
	丹麦	2	25.34
	英国	50	102.44
	德国	235	18 784.77
	法国	5	162.11
	意大利	24	480.31
	西班牙	3	69.25
	奥地利	13	641.70
	芬兰	2	166.57
	瑞士	3	136.52
	捷克	2	55.16
	巴西	1	0.10
	加拿大	15	235.54

（续）

产品名称	进口来源地	进口数量（台）	进口金额（万美元）
其他挤出机	美国	716	2 813.41
其他挤出机汇总		**1 501**	**36 845.45**
挤出吹塑机	日本	8	342.95
	韩国	8	75.28
	泰国	1	3.49
	中国	1	14.60
	中国台湾	25	510.74
	英国	1	2.65
	德国	29	5 918.66
	法国	1	6.00
	意大利	3	104.65
	奥地利	1	53.03
	瑞士	6	492.35
	巴西	1	0.16
	加拿大	3	299.84
	美国	5	166.26
挤出吹塑机汇总		**93**	**7 990.89**
注射吹塑机	印度	4	34.48
	日本	51	1 960.21
	韩国	1	1.91
	中国台湾	36	226.19
	德国	7	198.00
	意大利	2	68.95
注射吹塑机汇总		**101**	**2 489.74**
其他吹塑机	日本	12	448.32
	中国	1	20.75
	中国台湾	8	227.68
	德国	57	8 607.38
	法国	14	2 067.27
	意大利	3	297.89
	瑞士	1	20.79
	巴西	2	36.00
	美国	7	303.47
其他吹塑机汇总		**105**	**12 029.58**
塑料中空成型机	印度	1	45.72

（续）

产品名称	进口来源地	进口数量（台）	进口金额（万美元）
塑料中空成型机	日本	13	914.72
	韩国	2	21.56
	中国	3	3.28
	中国台湾	31	253.82
	英国	5	0.90
	德国	6	659.22
	美国	8	4.96
塑料中空成型机汇总		**69**	**1 904.17**
塑料压延成型机	日本	14	573.92
	马来西亚	2	9.38
	韩国	5	100.27
	中国	2	26.42
	中国台湾	44	657.00
	德国	12	1 569.28
	意大利	10	727.20
	芬兰	1	51.22
	美国	8	415.35
塑料压延成型机汇总		**98**	**4 130.03**
其他真空模塑机及其他热成型机器	印度	1	0.17
	日本	153	2 427.64
	马来西亚	4	32.00
	新加坡	2	49.14
	韩国	91	1 060.02
	泰国	2	2.42
	土耳其	1	17.29
	中国	22	5.25
	中国台湾	233	1 572.32
	比利时	1	10.31
	丹麦	13	33.41
	英国	28	19.03
	德国	165	5 567.69
	法国	15	187.98
	意大利	30	2 979.21
	荷兰	2	0.32
	西班牙	4	26.29

（续）

产品名称	进口来源地	进口数量（台）	进口金额（万美元）
其他真空模塑机及其他热成型机器	奥地利	4	19.74
	匈牙利	1	91.15
	罗马尼亚	1	0.20
	瑞士	3	175.39
	哥斯达黎加	2	115.84
	美国	100	514.16
	新西兰	1	0.68
其他真空模塑机及其他热成型机器汇总		**879**	**14 907.63**
其他模塑或成型机器	中国香港	2	26.34
	印度	2	0.92
	以色列	34	200.70
	日本	88	1 996.15
	马来西亚	15	405.84
	新加坡	13	84.46
	韩国	112	1 709.12
	泰国	5	47.92
	土耳其	8	62.36
	中国	3	10.94
	中国台湾	251	3 457.52
	比利时	2	68.00
	丹麦	6	26.13
	英国	60	21.84
	德国	80	1 422.59
	法国	9	38.68
	意大利	41	3 062.78
	荷兰	3	194.43
	葡萄牙	16	84.00
	罗马尼亚	2	0.40
	瑞典	1	15.79
	克罗地亚	25	667.79
	美国	213	979.83
其他模塑或成型机器汇总		**991**	**14 584.87**
总计		10 052	181 586.52

〔供稿单位：中国塑料机械工业协会〕

2013年我国塑料机械出口情况

产品名称	出口目的地	出口数量（台）	出口金额（万美元）
注塑机	阿富汗	1	6.62
	巴林	19	54.69
	孟加拉国	321	1 303.12
	文莱	5	9.86
	缅甸	130	475.69
	柬埔寨	25	86.87
	塞浦路斯	2	6.76
	朝鲜	25	83.39
	中国香港	906	3 256.24
	印度	433	1 228.23
	印度尼西亚	1 356	5 900.19
	伊朗	653	2 194.63
	伊拉克	83	185.50
	以色列	68	339.52
	日本	461	2 073.32
	约旦	116	410.12
	科威特	9	89.28
	老挝	6	7.97
	黎巴嫩	66	230.31
	马来西亚	1 120	3 625.95
	马尔代夫	1	2.25
	蒙古	3	88.38
	尼泊尔	7	30.26
	阿曼	10	36.04
	巴基斯坦	298	949.03
	巴勒斯坦	6	28.46
	菲律宾	438	1 774.72
	卡塔尔	1	3.65
	沙特阿拉伯	333	1 144.42
	新加坡	146	602.67

（续）

产品名称	出口目的地	出口数量（台）	出口金额（万美元）
注塑机	韩国	1 228	4 408.39
	斯里兰卡	70	195.25
	叙利亚	17	66.30
	泰国	733	6 301.66
	土耳其	1 354	6 416.04
	阿联酋	90	352.79
	也门	22	56.91
	越南	1 221	4 104.59
	中国台湾	315	996.00
	哈萨克斯坦	72	278.62
	吉尔吉斯斯坦	15	54.06
	塔吉克斯坦	13	44.00
	土库曼斯坦	3	8.65
	乌兹别克斯坦	609	823.00
	阿尔及利亚	271	1 070.33
	安哥拉	21	141.91
	贝宁	6	48.85
	布隆迪	1	63.41
	喀麦隆	16	131.26
	科摩罗	14	12.50
	吉布提	42	76.85
	埃及	510	2 278.41
	赤道几内亚	2	0.03
	埃塞俄比亚	45	170.18
	加纳	41	159.72
	科特迪瓦共和国	72	151.11
	肯尼亚	65	252.14
	利比亚	68	99.02
	马达加斯加	3	8.27
	马拉维	11	74.21
	马里	4	26.50
	毛里求斯	1	2.17
	摩洛哥	67	212.59
	莫桑比克	14	128.02
	尼日利亚	221	925.66

（续）

产品名称	出口目的地	出口数量（台）	出口金额（万美元）
注塑机	塞内加尔	12	89.61
	索马里	3	6.99
	南非	303	1 438.74
	苏丹	159	238.03
	坦桑尼亚	55	261.20
	多哥	9	51.30
	突尼斯	100	341.77
	乌干达	21	95.17
	民主刚果	4	9.79
	赞比亚	4	11.90
	津巴布韦	21	13.29
	厄立特里亚	7	17.52
	比利时	5	145.15
	丹麦	2	5.48
	英国	66	484.98
	德国	171	886.89
	法国	5	47.12
	爱尔兰	1	1.20
	意大利	189	1 077.21
	卢森堡	23	867.23
	荷兰	46	248.63
	希腊	19	123.73
	葡萄牙	22	69.41
	西班牙	66	362.43
	阿尔巴尼亚	2	7.20
	奥地利	4	105.95
	保加利亚	18	54.67
	芬兰	15	41.08
	匈牙利	26	177.31
	马耳他	3	15.48
	波兰	197	787.53
	罗马尼亚	55	164.47
	瑞典	11	53.00
	爱沙尼亚	8	41.05
	拉脱维亚	16	36.48

（续）

产 品 名 称	出口目的地	出口数量（台）	出口金额（万美元）
注塑机	立陶宛	42	142.25
	格鲁吉亚	292	100.34
	亚美尼亚	1	2.05
	阿塞拜疆	21	188.84
	白俄罗斯	30	83.95
	摩尔多瓦	1	2.79
	俄罗斯	1 211	3 496.42
	乌克兰	107	360.00
	斯洛文尼亚	10	76.77
	克罗地亚	14	72.19
	捷克	35	179.06
	斯洛伐克	5	41.53
	前南斯拉夫马其顿	3	5.40
	波斯尼亚—黑塞哥维那	1	2.61
	塞尔维亚	23	148.62
	黑山	1	3.31
	阿根廷	437	1 948.60
	玻利维亚	7	23.78
	巴西	1 397	6 338.00
	智利	1 185	498.19
	哥伦比亚	244	915.30
	哥斯达黎加	18	81.09
	古巴	4	6.90
	多米尼加共和国	14	47.48
	厄瓜多尔	49	347.50
	危地马拉	25	89.54
	圭亚那	1	3.08
	海地	5	19.43
	洪都拉斯	21	59.42
	牙买加	2	3.88
	墨西哥	584	2 841.45
	巴拿马	6	15.84
	巴拉圭	37	117.58
	秘鲁	137	583.31
	萨尔瓦多	13	55.76

（续）

产品名称	出口目的地	出口数量（台）	出口金额（万美元）
注塑机	苏里南	2	34.05
	特立尼达和多巴哥	1	4.07
	乌拉圭	11	41.84
	委内瑞拉	158	1 313.99
	加拿大	43	440.24
	美国	722	6 312.47
	澳大利亚	67	359.02
	斐济	2	5.44
	新西兰	14	212.18
注塑机汇总		**22 976**	**92 371.92**
其他注射机	阿富汗	1	2.45
	孟加拉国	73	57.40
	缅甸	8	43.06
	柬埔寨	2	9.00
	朝鲜	3	3.94
	中国香港	10	37.38
	印度	49	90.62
	印度尼西亚	58	331.95
	伊朗	43	126.90
	以色列	3	14.19
	日本	1	2.78
	约旦	5	11.71
	马来西亚	11	34.64
	巴基斯坦	24	39.99
	菲律宾	2	20.03
	沙特阿拉伯	3	13.16
	新加坡	23	108.79
	韩国	7	33.79
	叙利亚	1	4.00
	泰国	57	119.83
	土耳其	14	59.80
	越南	39	194.76
	中国台湾	6	22.53
	哈萨克斯坦	91	8.29
	乌兹别克斯坦	10	53.18

（续）

产品名称	出口目的地	出口数量（台）	出口金额（万美元）
其他注射机	喀麦隆	4	22.00
	埃及	8	20.13
	埃塞俄比亚	10	53.11
	肯尼亚	1	1.20
	马拉维	2	0.94
	摩洛哥	7	19.17
	莫桑比克	3	3.10
	尼日利亚	23	31.01
	南非	2	16.49
	苏丹	1	9.57
	坦桑尼亚	4	15.20
	德国	6	35.00
	意大利	1	15.75
	葡萄牙	6	34.97
	阿尔巴尼亚	30	0.33
	芬兰	1	8.00
	波兰	3	14.62
	瑞典	2	1.43
	阿塞拜疆	1	0.76
	俄罗斯	29	121.78
	乌克兰	8	92.90
	克罗地亚	1	0.67
	阿根廷	7	15.12
	巴西	22	89.46
	哥伦比亚	7	44.89
	厄瓜多尔	13	76.86
	墨西哥	22	143.72
	巴拉圭	42	156.88
	秘鲁	20	122.67
	委内瑞拉	1	3.35
	加拿大	2	9.98
	美国	12	77.10
	澳大利亚	1	1.45
其他注射机汇总		**846**	**2 703.80**
塑料造粒机	巴林	4	22.27

（续）

产品名称	出口目的地	出口数量（台）	出口金额（万美元）
塑料造粒机	孟加拉国	13	24.94
	缅甸	26	12.72
	柬埔寨	7	31.46
	朝鲜	19	19.71
	中国香港	19	240.09
	印度	123	308.24
	印度尼西亚	305	345.20
	伊朗	49	284.12
	伊拉克	5	6.58
	以色列	15	16.09
	日本	24	72.79
	约旦	5	11.47
	科威特	4	8.07
	黎巴嫩	509	15.77
	马来西亚	162	383.18
	马尔代夫	1	0.50
	蒙古	2	0.82
	尼泊尔	3	2.35
	阿曼	1	0.79
	巴基斯坦	22	36.74
	巴勒斯坦	3	4.00
	菲律宾	27	27.90
	卡塔尔	2	23.45
	沙特阿拉伯	43	129.85
	新加坡	23	95.69
	韩国	44	183.63
	斯里兰卡	4	1.99
	叙利亚	2	1.63
	泰国	65	194.65
	土耳其	43	189.11
	阿联酋	72	144.49
	也门	5	8.84
	越南	313	528.68
	中国台湾	42	93.99
	哈萨克斯坦	42	107.17

（续）

产 品 名 称	出口目的地	出口数量（台）	出口金额（万美元）
塑料造粒机	吉尔吉斯斯坦	3	10.61
	土库曼斯坦	1	2.35
	乌兹别克斯坦	72	98.73
	阿尔及利亚	199	186.89
	安哥拉	82	1.66
	贝宁	4	10.78
	喀麦隆	2	0.88
	吉布提	12	17.86
	埃及	112	141.49
	埃塞俄比亚	31	38.00
	冈比亚	1	0.46
	加纳	155	123.26
	几内亚	1	1.10
	科特迪瓦共和国	2	2.88
	肯尼亚	22	17.78
	利比里亚	1	1.53
	利比亚	6	18.91
	马拉维	2	3.31
	摩洛哥	3	5.05
	莫桑比克	23	16.88
	尼日利亚	76	67.98
	塞内加尔	3	7.35
	南非	133	115.72
	苏丹	36	37.22
	坦桑尼亚	15	14.09
	多哥	11	32.47
	突尼斯	17	31.06
	乌干达	3	1.20
	赞比亚	2	2.89
	比利时	10	4.93
	英国	5	19.81
	德国	20	95.76
	法国	6	12.14
	荷兰	34	6.62
	希腊	17	17.63

（续）

产品名称	出口目的地	出口数量（台）	出口金额（万美元）
塑料造粒机	葡萄牙	1	0.22
	西班牙	7	40.15
	阿尔巴尼亚	1	0.94
	保加利亚	3	11.97
	芬兰	25	38.33
	匈牙利	2	13.62
	波兰	18	76.20
	罗马尼亚	7	10.05
	瑞典	1	0.55
	爱沙尼亚	1	9.50
	立陶宛	10	30.42
	格鲁吉亚	2	4.87
	白俄罗斯	3	1.41
	摩尔多瓦	1	0.95
	俄罗斯	256	615.80
	乌克兰	31	82.99
	斯洛文尼亚	2	9.03
	克罗地亚	2	9.38
	捷克	1	0.09
	斯洛伐克	1	2.65
	黑山	1	0.66
	阿根廷	54	62.39
	玻利维亚	1	3.90
	巴西	59	135.30
	智利	16	37.52
	哥伦比亚	13	25.19
	哥斯达黎加	2	2.33
	多米尼加共和国	9	16.09
	厄瓜多尔	13	29.98
	危地马拉	13	32.84
	洪都拉斯	1	0.38
	墨西哥	63	211.30
	巴拉圭	2	5.50
	秘鲁	25	81.79
	萨尔瓦多	1	4.12

（续）

产品名称	出口目的地	出口数量（台）	出口金额（万美元）
塑料造粒机	乌拉圭	7	13.95
	委内瑞拉	9	13.29
	加拿大	2	3.17
	美国	38	247.46
	澳大利亚	5	81.21
	瓦努阿图	2	0.44
	新西兰	1	8.92
塑料造粒机汇总		**3 882**	**6 723.59**
其他挤出机	巴林	1	3.50
	孟加拉国	69	282.50
	文莱	4	10.19
	缅甸	50	334.41
	柬埔寨	5	42.78
	朝鲜	15	88.94
	中国香港	116	247.86
	印度	1 039	1 191.04
	印度尼西亚	604	2 165.48
	伊朗	366	789.98
	伊拉克	21	70.65
	以色列	51 033	205.10
	日本	72	364.01
	约旦	42	179.09
	科威特	5	13.92
	老挝	2	16.20
	黎巴嫩	20	28.44
	马来西亚	363	1 119.86
	蒙古	2	5.61
	尼泊尔	3	31.82
	阿曼	10	7.41
	巴基斯坦	82	395.45
	菲律宾	65	174.01
	卡塔尔	8	66.24
	沙特阿拉伯	121	477.27
	新加坡	22	63.64
	韩国	84	428.09

（续）

产品名称	出口目的地	出口数量（台）	出口金额（万美元）
其他挤出机	斯里兰卡	12	53.12
	叙利亚	3	3.45
	泰国	440	2 420.43
	土耳其	112	685.54
	阿联酋	102	305.44
	也门	69	22.59
	越南	312	1 748.54
	中国台湾	87	369.86
	哈萨克斯坦	131	553.07
	吉尔吉斯斯坦	19	72.85
	塔吉克斯坦	3	8.64
	土库曼斯坦	5	37.94
	乌兹别克斯坦	179	372.18
	阿尔及利亚	158	317.03
	安哥拉	2	14.31
	贝宁	2	27.42
	刚果	2	5.08
	吉布提	33	27.99
	埃及	155	403.53
	埃塞俄比亚	47	62.25
	加蓬	2	11.92
	加纳	41	123.59
	几内亚	1	1.66
	科特迪瓦共和国	11	47.53
	肯尼亚	27	194.26
	利比里亚	1	6.07
	利比亚	26	77.17
	马达加斯加	1	4.59
	马拉维	59	18.28
	毛里塔尼亚	1	7.20
	毛里求斯	3	4.24
	摩洛哥	35	67.60
	莫桑比克	3	10.67
	纳米比亚	1	1.63
	尼日利亚	169	475.93

（续）

产 品 名 称	出口目的地	出口数量（台）	出口金额（万美元）
其他挤出机	塞内加尔	2	8.95
	南非	205	405.25
	苏丹	54	43.37
	坦桑尼亚	23	90.25
	多哥	6	5.14
	突尼斯	28	107.75
	布基纳法索	1	1.32
	民主刚果	3	6.60
	赞比亚	170	16.66
	津巴布韦	7	9.81
	厄立特里亚	1	2.47
	比利时	1	0.89
	丹麦	11	12.91
	英国	18	31.79
	德国	144	324.93
	法国	12	32.04
	爱尔兰	4	6.80
	意大利	24	105.43
	荷兰	62	54.48
	希腊	10	42.86
	葡萄牙	17	24.28
	西班牙	55	30.57
	阿尔巴尼亚	26	12.33
	奥地利	2	7.12
	保加利亚	24	61.05
	芬兰	103	74.48
	匈牙利	7	64.17
	马耳他	4	7.97
	波兰	47	163.87
	罗马尼亚	11	31.95
	瑞典	2	5.00
	瑞士	21	30.58
	爱沙尼亚	43	73.53
	拉脱维亚	13	48.14
	立陶宛	33	101.05

（续）

产品名称	出口目的地	出口数量（台）	出口金额（万美元）
其他挤出机	格鲁吉亚	7	38.13
	亚美尼亚	8	3.00
	阿塞拜疆	9	78.00
	白俄罗斯	12	80.65
	摩尔多瓦	2	5.28
	俄罗斯	499	2 344.48
	乌克兰	126	360.22
	斯洛文尼亚	2	4.23
	克罗地亚	9	11.02
	捷克	2	31.86
	前南斯拉夫马其顿	2	8.51
	塞尔维亚	4	59.71
	黑山	225	7.18
	阿根廷	68	313.39
	巴哈马	3	10.18
	玻利维亚	9	28.17
	巴西	195	890.14
	智利	30	98.32
	哥伦比亚	25	234.65
	古巴	2	3.05
	多米尼加共和国	3	9.51
	厄瓜多尔	4	54.44
	格林纳达	8	10.19
	危地马拉	3	51.02
	海地	1	4.96
	洪都拉斯	23	67.87
	墨西哥	77	401.92
	尼加拉瓜	3	9.89
	巴拉圭	3	4.13
	秘鲁	34	138.75
	波多黎各	1	7.04
	圣卢西亚	16	10.18
	萨尔瓦多	2	7.22
	苏里南	321	3.56
	特立尼达和多巴哥	2	8.34

（续）

产品名称	出口目的地	出口数量（台）	出口金额（万美元）
其他挤出机	乌拉圭	5	6.06
	委内瑞拉	21	93.73
	加拿大	32	90.74
	美国	114	472.46
	澳大利亚	65	333.52
	斐济	1	2.08
	新西兰	2	13.15
其他挤出机汇总		**59 652**	**25 824.12**
挤出吹塑机	巴林	1	1.78
	孟加拉国	42	116.48
	文莱	10	14.66
	缅甸	41	37.00
	柬埔寨	4	4.54
	塞浦路斯	1	8.25
	朝鲜	20	27.33
	中国香港	40	246.68
	印度	38	358.39
	印度尼西亚	98	694.46
	伊朗	94	173.53
	伊拉克	18	51.79
	以色列	9	15.33
	日本	5	21.42
	约旦	10	18.97
	科威特	1	7.38
	黎巴嫩	4	6.30
	马来西亚	269	230.50
	蒙古	7	6.33
	巴基斯坦	29	120.51
	菲律宾	52	114.60
	卡塔尔	8	10.66
	沙特阿拉伯	35	132.68
	新加坡	66	129.00
	韩国	11	37.68
	斯里兰卡	10	49.63
	叙利亚	2	3.40

（续）

产品名称	出口目的地	出口数量（台）	出口金额（万美元）
挤出吹塑机	泰国	64	395.12
	土耳其	4	21.28
	阿联酋	16	65.81
	也门	11	8.69
	越南	272	832.13
	中国台湾	26	44.52
	哈萨克斯坦	50	44.36
	吉尔吉斯斯坦	3	2.00
	塔吉克斯坦	1	3.35
	土库曼斯坦	2	0.08
	乌兹别克斯坦	102	234.67
	阿尔及利亚	206	204.68
	贝宁	3	13.91
	喀麦隆	4	6.79
	吉布提	4	1.70
	埃及	42	107.19
	赤道几内亚	4	0.18
	埃塞俄比亚	38	42.26
	加纳	22	14.14
	几内亚	1	1.29
	肯尼亚	24	61.18
	利比亚	17	26.21
	马达加斯加	3	4.80
	毛里求斯	1	4.50
	摩洛哥	4	12.29
	莫桑比克	9	5.36
	尼日利亚	73	164.27
	索马里	2	1.25
	南非	27	70.83
	苏丹	15	21.00
	坦桑尼亚	12	79.35
	多哥	1	2.48
	突尼斯	18	22.66
	乌干达	15	18.94
	布基纳法索	1	0.73

（续）

产 品 名 称	出口目的地	出口数量（台）	出口金额（万美元）
挤出吹塑机	民主刚果	4	0.99
	赞比亚	2	4.45
	津巴布韦	5	11.11
	英国	2	14.66
	德国	11	84.14
	爱尔兰	1	0.82
	意大利	14	34.91
	希腊	1	3.70
	西班牙	1	7.58
	阿尔巴尼亚	3	9.54
	保加利亚	4	10.73
	波兰	2	57.45
	罗马尼亚	2	20.11
	瑞典	2	1.68
	爱沙尼亚	2	11.38
	立陶宛	9	17.50
	阿塞拜疆	1	1.30
	白俄罗斯	8	40.91
	俄罗斯	115	252.00
	乌克兰	18	26.33
	斯洛文尼亚	2	9.23
	克罗地亚	1	1.30
	塞尔维亚	3	11.63
	黑山	1	3.03
	阿根廷	18	82.76
	巴西	19	201.71
	智利	32	102.19
	哥伦比亚	18	74.26
	古巴	1	10.31
	多米尼加共和国	5	7.76
	厄瓜多尔	7	42.05
	危地马拉	3	9.95
	洪都拉斯	2	17.04
	牙买加	233	0.23
	墨西哥	41	157.60

（续）

产 品 名 称	出口目的地	出口数量（台）	出口金额（万美元）
挤出吹塑机	巴拿马	2	3.03
	巴拉圭	4	6.73
	秘鲁	18	27.50
	波多黎各	1	0.03
	萨尔瓦多	2	19.66
	乌拉圭	1	1.53
	委内瑞拉	14	33.04
	美国	23	95.08
	澳大利亚	6	64.00
	斐济	1	1.60
挤出吹塑机汇总		**2 687**	**6 774.41**
注射吹塑机	孟加拉国	2	4.86
	文莱	33	40.86
	柬埔寨	1	0.96
	塞浦路斯	1	1.49
	朝鲜	1	0.20
	中国香港	2	6.40
	印度	19	97.41
	印度尼西亚	21	52.47
	伊朗	8	7.95
	伊拉克	3	0.80
	黎巴嫩	1	0.55
	马来西亚	17	38.09
	蒙古	3	8.75
	尼泊尔	12	10.42
	阿曼	1	0.59
	巴基斯坦	284	38.91
	菲律宾	4	5.38
	沙特阿拉伯	4	7.60
	新加坡	5	10.93
	斯里兰卡	2	1.63
	泰国	30	44.06
	土耳其	6	18.12
	阿联酋	2	4.18
	也门	8	9.10

（续）

产品名称	出口目的地	出口数量（台）	出口金额（万美元）
注射吹塑机	越南	12	54.82
	哈萨克斯坦	6	33.47
	吉尔吉斯斯坦	5	1.10
	乌兹别克斯坦	4	10.65
	阿尔及利亚	4	24.01
	贝宁	1	2.88
	佛得角	1	0.60
	埃及	9	20.08
	加纳	1	0.55
	科特迪瓦共和国	1	9.28
	肯尼亚	1	3.66
	利比亚	1	0.81
	马达加斯加	1	1.47
	马拉维	1	0.61
	毛里塔尼亚	3	5.72
	摩洛哥	4	4.17
	莫桑比克	1	4.00
	尼日利亚	26	35.72
	南非	18	53.00
	苏丹	5	13.76
	坦桑尼亚	5	9.62
	多哥	5	6.47
	突尼斯	3	10.80
	赞比亚	2	6.80
	南苏丹共和国	1	0.72
	比利时	1	0.60
	德国	2	8.46
	意大利	2	8.05
	荷兰	11	24.09
	希腊	1	2.03
	西班牙	1	8.17
	立陶宛	2	7.36
	俄罗斯	9	16.14
	乌克兰	10	11.64
	阿根廷	2	1.70

（续）

产品名称	出口目的地	出口数量（台）	出口金额（万美元）
注射吹塑机	巴巴多斯	2	1.81
	巴西	20	28.98
	智利	3	4.55
	墨西哥	7	11.59
	巴拿马	2	2.00
	巴拉圭	1	0.51
	秘鲁	1	0.78
	萨尔瓦多	2	4.45
	乌拉圭	2	2.62
	加拿大	2	15.40
	美国	2	7.22
	澳大利亚	52	20.74
注射吹塑机汇总		**728**	**915.37**
其他吹塑机	阿富汗	4	6.75
	巴林	5	24.77
	孟加拉国	83	187.43
	文莱	3	18.67
	缅甸	88	167.40
	柬埔寨	2	20.98
	塞浦路斯	2	1.30
	朝鲜	20	13.82
	中国香港	46 504	11.64
	印度	145	389.02
	印度尼西亚	207	771.99
	伊朗	395	374.28
	伊拉克	109	67.05
	以色列	26	41.40
	日本	19	219.09
	约旦	47	93.63
	科威特	2	7.50
	老挝	2	2.75
	黎巴嫩	29	53.74
	中国澳门	3	2.16
	马来西亚	179	395.40
	马尔代夫	5	3.91

（续）

产品名称	出口目的地	出口数量（台）	出口金额（万美元）
其他吹塑机	蒙古	17	150.10
	尼泊尔	33	19.53
	阿曼	5	2.33
	巴基斯坦	103	183.44
	巴勒斯坦	4	6.71
	菲律宾	127	59.15
	卡塔尔	1	5.66
	沙特阿拉伯	94	416.65
	新加坡	14	17.10
	韩国	14	64.09
	斯里兰卡	58	29.57
	叙利亚	9	9.46
	泰国	235	894.75
	土耳其	30	158.68
	阿联酋	103	121.75
	也门	118	105.11
	越南	211	413.33
	中国台湾	17	149.47
	哈萨克斯坦	34	65.89
	塔吉克斯坦	3	5.23
	土库曼斯坦	2	0.40
	乌兹别克斯坦	60	146.27
	阿尔及利亚	244	318.10
	安哥拉	30	94.70
	贝宁	23	31.34
	喀麦隆	8	9.75
	佛得角	1	1.77
	刚果	6	42.00
	吉布提	25	18.29
	埃及	169	156.46
	埃塞俄比亚	47	149.78
	加蓬	2	35.39
	冈比亚	2	1.48
	加纳	104	69.15
	几内亚	5	26.10

（续）

产品名称	出口目的地	出口数量（台）	出口金额（万美元）
其他吹塑机	科特迪瓦共和国	10	45.61
	肯尼亚	49	103.16
	利比亚	325	240.07
	马达加斯加	2	3.46
	马拉维	6	5.94
	马里	3	14.77
	毛里塔尼亚	10	27.74
	毛里求斯	1	2.95
	摩洛哥	43	52.60
	莫桑比克	13	25.92
	尼日利亚	1 038	389.85
	卢旺达	2	3.00
	塞内加尔	14	15.61
	塞舌尔	2	3.72
	塞拉里昂	15	19.87
	索马里	5	4.90
	南非	7 610	134.69
	苏丹	253	129.13
	坦桑尼亚	42	100.13
	多哥	10	18.57
	突尼斯	37	39.50
	乌干达	14	33.48
	布基纳法索	5	5.09
	民主刚果	2	8.65
	赞比亚	6	11.47
	津巴布韦	16	34.94
	厄立特里亚	3	3.44
	南苏丹共和国	8	0.04
	比利时	2	0.81
	英国	53	10.00
	法国	4	8.18
	爱尔兰	1	0.70
	意大利	5	36.71
	荷兰	5	4.77
	希腊	1 426	23.42

（续）

产 品 名 称	出口目的地	出口数量（台）	出口金额（万美元）
其他吹塑机	葡萄牙	3	17.76
	西班牙	9	33.18
	阿尔巴尼亚	2	2.80
	保加利亚	8	28.93
	芬兰	66	80.04
	匈牙利	1	17.46
	马耳他	8	11.28
	挪威	1	1.22
	波兰	5	25.70
	罗马尼亚	79	28.05
	瑞典	2	1.15
	爱沙尼亚	1	1.82
	拉脱维亚	2	16.00
	立陶宛	3	3.84
	格鲁吉亚	12	21.61
	亚美尼亚	3	3.00
	白俄罗斯	1	5.10
	俄罗斯	141	280.74
	乌克兰	18	12.85
	斯洛文尼亚	3	3.54
	克罗地亚	10	37.48
	捷克	3	4.32
	前南斯拉夫马其顿	3	5.59
	塞尔维亚	2	2.27
	黑山	4	3.95
	安提瓜和巴布达	1	0.96
	阿根廷	9	18.10
	玻利维亚	8	32.38
	巴西	45	91.98
	智利	30	40.99
	哥伦比亚	66	150.27
	多米尼克	1	0.52
	哥斯达黎加	1	1.34
	多米尼加共和国	14	18.54
	厄瓜多尔	17	36.47

（续）

产品名称	出口目的地	出口数量（台）	出口金额（万美元）
其他吹塑机	危地马拉	10	127.59
	圭亚那	2	7.65
	海地	3	8.90
	洪都拉斯	1	0.62
	牙买加	3	13.31
	墨西哥	65	143.29
	巴拿马	3	3.90
	巴拉圭	28	26.62
	秘鲁	43	83.41
	萨尔瓦多	3	7.16
	苏里南	2	17.70
	特立尼达和多巴哥	4	8.15
	乌拉圭	11	59.19
	委内瑞拉	55	143.76
	荷属安地列斯群岛	1	4.10
	加拿大	8	74.34
	美国	48	180.23
	澳大利亚	5	8.85
	瓦努阿图	1	1.17
	新西兰	2	12.00
	巴布亚新几内亚	4	16.85
	汤加	1	0.92
其他吹塑机汇总		**61 762**	**10 408.37**
塑料中空成型机	巴林	1	0.68
	孟加拉国	14	45.91
	文莱	1	0.95
	缅甸	11	30.76
	柬埔寨	1	3.24
	朝鲜	9	1.89
	中国香港	12	2.10
	印度	35	101.85
	印度尼西亚	61	287.77
	伊朗	25	160.66
	伊拉克	6	19.30
	以色列	2	3.14

（续）

产品名称	出口目的地	出口数量（台）	出口金额（万美元）
塑料中空成型机	日本	1	23.96
	约旦	10	29.93
	科威特	4	11.53
	黎巴嫩	7	18.68
	马来西亚	23	116.62
	阿曼	3	22.58
	巴基斯坦	15	49.20
	菲律宾	17	43.03
	卡塔尔	2	3.56
	沙特阿拉伯	40	314.80
	新加坡	2	6.26
	韩国	7	6.01
	斯里兰卡	5	55.64
	叙利亚	4	10.77
	泰国	34	110.29
	土耳其	12	52.48
	阿联酋	15	49.51
	也门	3	21.38
	越南	94	281.20
	中国台湾	2	11.78
	哈萨克斯坦	6	4.45
	吉尔吉斯斯坦	1	0.92
	塔吉克斯坦	7	2.51
	土库曼斯坦	2	3.02
	乌兹别克斯坦	16	60.60
	阿尔及利亚	22	104.19
	安哥拉	1	1.72
	喀麦隆	1	0.96
	乍得	1	0.60
	吉布提	3	5.90
	埃及	48	191.27
	埃塞俄比亚	1	1.60
	加纳	6	28.36
	科特迪瓦共和国	3	31.04
	肯尼亚	6	18.00

（续）

产品名称	出口目的地	出口数量（台）	出口金额（万美元）
塑料中空成型机	利比亚	7	11.28
	马达加斯加	1	1.41
	摩洛哥	3	18.73
	纳米比亚	2	0.02
	尼日利亚	37	161.68
	南非	11	132.34
	苏丹	92	27.63
	坦桑尼亚	4	38.70
	多哥	4	6.40
	突尼斯	5	26.09
	赞比亚	2	3.82
	厄立特里亚	1	1.40
	南苏丹共和国	27	27.26
	英国	3	58.46
	德国	4	105.16
	法国	1	2.93
	意大利	2	5.58
	荷兰	1	5.32
	希腊	3	6.63
	葡萄牙	1	9.16
	西班牙	1	4.08
	匈牙利	1	0.50
	马耳他	2	5.65
	波兰	2	13.40
	罗马尼亚	2	43.80
	瑞士	1	4.55
	爱沙尼亚	2	9.20
	立陶宛	1	3.20
	格鲁吉亚	7	3.15
	阿塞拜疆	3	8.00
	俄罗斯	37	213.17
	乌克兰	9	33.30
	斯洛文尼亚	1	1.00
	斯洛伐克	1	0.65
	塞尔维亚	1	2.60

（续）

产 品 名 称	出口目的地	出口数量（台）	出口金额（万美元）
塑料中空成型机	阿根廷	2	10.11
	巴西	200	177.60
	智利	4	38.30
	哥伦比亚	15	74.22
	多米尼加共和国	5	35.69
	厄瓜多尔	6	16.69
	危地马拉	2	7.19
	洪都拉斯	2	3.28
	墨西哥	17	84.18
	巴拉圭	1	3.27
	秘鲁	6	24.00
	乌拉圭	5	15.58
	委内瑞拉	13	63.75
	加拿大	1	3.14
	美国	36	231.98
	澳大利亚	9	57.82
	萨摩亚	1	0.34
塑料中空成型机汇总		**1 209**	**4 195.50**
塑料压延成型机	孟加拉国	75	268.45
	缅甸	4	0.86
	柬埔寨	10	3.28
	塞浦路斯	3	8.31
	朝鲜	4	3.55
	中国香港	20	33.31
	印度	277	457.00
	印度尼西亚	71	333.60
	伊朗	17	113.40
	以色列	4	9.93
	日本	7	18.10
	约旦	1	3.33
	科威特	1	0.58
	马来西亚	72	110.98
	蒙古	39	36.16
	尼泊尔	2	0.08
	巴基斯坦	4	9.80

（续）

产品名称	出口目的地	出口数量（台）	出口金额（万美元）
塑料压延成型机	菲律宾	64	25.82
	卡塔尔	3	6.15
	沙特阿拉伯	10	58.41
	新加坡	10	55.60
	韩国	12	84.01
	斯里兰卡	3	29.30
	泰国	32	182.88
	土耳其	17	49.10
	阿联酋	4	10.15
	也门	2	14.76
	越南	84	311.03
	中国台湾	2	7.69
	哈萨克斯坦	79	86.56
	吉尔吉斯斯坦	2	7.55
	塔吉克斯坦	2	19.40
	土库曼斯坦	2	0.08
	乌兹别克斯坦	3	.3.77
	阿尔及利亚	3	10.45
	安哥拉	4	2.17
	埃及	4	15.36
	加纳	4	1.86
	肯尼亚	3	6.05
	利比亚	52	0.18
	马达加斯加	2	3.00
	尼日利亚	2	3.91
	南非	84	63.80
	坦桑尼亚	1	6.87
	多哥	3	10.35
	突尼斯	11	21.07
	英国	62	0.75
	德国	30	0.21
	法国	1	32.54
	意大利	2	3.22
	荷兰	14	8.06
	西班牙	2	0.62

（续）

产 品 名 称	出口目的地	出口数量（台）	出口金额（万美元）
塑料压延成型机	阿尔巴尼亚	1	30.79
	保加利亚	1	0.54
	马耳他	8	11.41
	波兰	3	0.17
	瑞典	6	10.00
	立陶宛	1	4.32
	格鲁吉亚	1	4.50
	亚美尼亚	4	0.06
	白俄罗斯	10	0.15
	俄罗斯	76	35.21
	乌克兰	16	52.22
	阿根廷	7	5.29
	巴西	7	41.03
	智利	3	14.18
	哥伦比亚	2	0.29
	厄瓜多尔	5	4.32
	危地马拉	27	0.33
	洪都拉斯	2	10.18
	墨西哥	8	5.01
	巴拉圭	30	0.29
	秘鲁	7	14.98
	委内瑞拉	11	33.77
	加拿大	52	0.39
	美国	2	0.07
	澳大利亚	2	4.60
	新西兰	50	0.43
塑料压延成型机汇总		**1 568**	**2 838.29**
其他真空模塑机及其他热成型机器	巴林	4	0.64
	孟加拉国	29	34.94
	缅甸	4	11.50
	柬埔寨	5	10.59
	朝鲜	9	13.67
	中国香港	43	63.85
	印度	66	190.08
	印度尼西亚	162	388.23

（续）

产品名称	出口目的地	出口数量（台）	出口金额（万美元）
其他真空模塑机及其他热成型机器	伊朗	35	54.79
	伊拉克	29	32.56
	以色列	85	16.24
	日本	300	185.10
	约旦	54	32.77
	科威特	1	2.20
	老挝	1	0.71
	黎巴嫩	10	5.73
	中国澳门	1	0.16
	马来西亚	381	164.90
	马尔代夫	3	4.28
	蒙古	42	25.98
	尼泊尔	1	1.38
	阿曼	5	2.52
	巴基斯坦	9	20.96
	菲律宾	107	57.57
	卡塔尔	1	0.52
	沙特阿拉伯	35	42.78
	新加坡	109	95.08
	韩国	166	114.92
	斯里兰卡	5	14.38
	泰国	105	448.00
	土耳其	56	46.15
	阿联酋	16	20.00
	也门	4	16.09
	越南	152	298.56
	中国台湾	925	249.41
	哈萨克斯坦	35	45.58
	吉尔吉斯斯坦	12	28.10
	塔吉克斯坦	9	31.57
	乌兹别克斯坦	44	40.79
	阿尔及利亚	53	148.80
	安哥拉	3	13.59
	刚果	1	0.69
	吉布提	1	0.50

（续）

产品名称	出口目的地	出口数量（台）	出口金额（万美元）
其他真空模塑机及其他热成型机器	埃及	32	52.03
	埃塞俄比亚	4	4.62
	加纳	8	22.84
	科特迪瓦共和国	1	1.37
	肯尼亚	40	37.38
	利比亚	6	14.27
	马达加斯加	1	3.28
	毛里塔尼亚	6	0.94
	毛里求斯	3	6.72
	摩洛哥	3	5.91
	莫桑比克	5	9.26
	尼日利亚	38	51.31
	留尼汪	1	4.70
	南非	113	217.18
	苏丹	31	33.51
	坦桑尼亚	10	72.25
	突尼斯	6	7.95
	乌干达	8	3.01
	民主刚果	5	0.78
	赞比亚	6	7.43
	津巴布韦	1	0.60
	英国	667	61.00
	德国	162	45.80
	法国	431	34.88
	爱尔兰	1	0.30
	意大利	4	40.37
	荷兰	544	39.74
	希腊	2	0.71
	葡萄牙	2	5.45
	西班牙	313	23.84
	阿尔巴尼亚	5	13.18
	奥地利	4	2.00
	保加利亚	4	3.89
	芬兰	26	1.35
	匈牙利	2	1.88

（续）

产品名称	出口目的地	出口数量（台）	出口金额（万美元）
其他真空模塑机及其他热成型机器	马耳他	2	1.28
	波兰	53	5.57
	罗马尼亚	26	3.83
	瑞典	21	2.73
	瑞士	290	28.56
	拉脱维亚	13	21.01
	立陶宛	9	6.07
	亚美尼亚	2	10.72
	白俄罗斯	4	6.92
	摩尔多瓦	1	4.65
	俄罗斯	441	187.33
	乌克兰	45	37.70
	斯洛文尼亚	4	3.17
	克罗地亚	2	3.00
	捷克	13	1.67
	斯洛伐克	1	2.27
	塞尔维亚	3	6.21
	阿根廷	56	13.12
	伯利兹	2	1.02
	玻利维亚	4	7.37
	巴西	99	246.53
	智利	27	32.04
	哥伦比亚	4	23.76
	哥斯达黎加	3	0.55
	古巴	1	4.70
	多米尼加共和国	2	6.41
	厄瓜多尔	8	2.50
	危地马拉	6	32.00
	洪都拉斯	1	0.05
	牙买加	1	0.16
	墨西哥	45	96.39
	尼加拉瓜	7	4.88
	巴拉圭	5	16.15
	秘鲁	10	24.07
	特立尼达和多巴哥	1	2.54

（续）

产品名称	出口目的地	出口数量（台）	出口金额（万美元）
其他真空模塑机及其他热成型机器	委内瑞拉	12	70.95
	加拿大	55	18.04
	美国	2 712	251.12
	澳大利亚	63	25.98
	斐济	2	1.98
	新西兰	1 046	76.46
其他真空模塑机及其他热成型机器汇总		**10 715**	**5 101.07**
其他模塑或成型机器	阿富汗	2	0.04
	巴林	5	10.84
	孟加拉国	75	144.73
	文莱	3	7.99
	缅甸	13	101.43
	柬埔寨	3	21.63
	朝鲜	4	5.57
	中国香港	53	105.23
	印度	230	3 000.28
	印度尼西亚	458	1 964.02
	伊朗	117	374.00
	伊拉克	2	7.82
	以色列	2	0.03
	日本	95	184.20
	约旦	7	12.62
	科威特	3	7.98
	黎巴嫩	2	0.70
	马来西亚	90	232.47
	蒙古	3	12.33
	阿曼	3	7.98
	巴基斯坦	39	165.38
	菲律宾	63	17.33
	卡塔尔	7	10.63
	沙特阿拉伯	23	59.00
	新加坡	58	64.33
	韩国	33	172.94
	斯里兰卡	15	29.38
	叙利亚	1	1.38

（续）

产品名称	出口目的地	出口数量（台）	出口金额（万美元）
其他模塑或成型机器	泰国	93	889.20
	土耳其	63	638.05
	阿联酋	16	36.49
	越南	281	2 610.45
	中国台湾	73	895.27
	哈萨克斯坦	18	36.00
	吉尔吉斯斯坦	10	4.50
	塔吉克斯坦	2	1.04
	土库曼斯坦	1	6.00
	乌兹别克斯坦	25	44.51
	阿尔及利亚	15	86.08
	安哥拉	65	1.44
	贝宁	1	8.11
	乍得	1	0.01
	吉布提	9	25.37
	埃及	45	43.31
	埃塞俄比亚	13	33.95
	加纳	21	9.01
	几内亚	2	1.02
	科特迪瓦共和国	12	40.81
	肯尼亚	53	47.19
	利比里亚	1	3.45
	利比亚	25	18.26
	马拉维	3	1.26
	摩洛哥	10	24.23
	莫桑比克	2	0.06
	尼日利亚	142	40.75
	留尼汪	1	14.88
	塞内加尔	5	38.25
	南非	97	76.12
	苏丹	7	22.24
	坦桑尼亚	4	4.14
	突尼斯	35	5.71
	赞比亚	3	1.04
	津巴布韦	7	5.55

（续）

产品名称	出口目的地	出口数量（台）	出口金额（万美元）
其他模塑或成型机器	比利时	12	0.85
	丹麦	2	15.34
	英国	11	7.68
	德国	36	90.82
	法国	5	9.29
	意大利	58	5.77
	荷兰	13	44.03
	希腊	5	4.15
	葡萄牙	1	1.01
	西班牙	9	25.94
	阿尔巴尼亚	1	1.28
	奥地利	5	0.16
	芬兰	1	10.80
	马耳他	1	1.24
	挪威	13	27.15
	波兰	29	79.24
	罗马尼亚	26	15.78
	瑞典	3	4.25
	瑞士	3	0.33
	爱沙尼亚	1	0.33
	拉脱维亚	3	0.77
	立陶宛	7	16.26
	格鲁吉亚	4	55.21
	阿塞拜疆	1	0.15
	俄罗斯	145	269.52
	乌克兰	28	65.23
	斯洛文尼亚	1	0.36
	克罗地亚	1	2.44
	捷克	2	6.08
	波斯尼亚—黑塞哥维那	2	0.98
	塞尔维亚	2	2.85
	阿根廷	11	394.85
	玻利维亚	16	32.26
	巴西	46	82.54
	智利	17	23.79

（续）

产 品 名 称	出口目的地	出口数量（台）	出口金额（万美元）
其他模塑或成型机器	哥伦比亚	14	14.39
	多米尼克	1	33.00
	古巴	3	8.07
	厄瓜多尔	32	31.01
	危地马拉	3	1.60
	圭亚那	2	1.02
	海地	1	26.22
	牙买加	1	0.43
	墨西哥	90	129.31
	巴拿马	6	21.49
	秘鲁	8	14.80
	特立尼达和多巴哥	1	3.00
	委内瑞拉	35	471.43
	加拿大	5	10.94
	美国	16 710	97.32
	澳大利亚	130	14.75
	新西兰	53	13.37
	巴布亚新几内亚	1	7.66
其他模塑或成型机器汇总		**20 187**	**14 634.97**
总计		186 212	172 491.41

产业集群

介绍塑料机械行业特色产业集群，展示企业风采，对企业进行深度报道

综述
专文
行业概况
统计资料
产业集群
产品与项目
展会专栏
标准
政策法规
大事记
附录

产业集群

张家港市塑料饮料机械行业 2013年度发展报告

2013年,张家港市塑料饮料机械行业在错综复杂的经济环境下走过了极其不平凡的一年,塑料饮料机械制造行业总体发展形势有喜有忧、各有千秋,产值较2012年小幅增长,经济效益较上年稍有提高。

一、塑料饮料机械制造行业的基本情况

张家港市塑料机械制造行业注册登记的企业有258家,年产值50多亿元,主要生产挤出机、中空成型机、混合机、废塑料回收造粒机、注塑机、塑木型材生产线及蜂窝板生产线等。其中,挤出机制造行业由于受国家房地产调控政策的影响,以及国际经济复苏迟缓等多种因素影响导致市场需求不旺,特别是受国内挤出机大型生产企业的价格挤压,再加上挤出机行业产能严重过剩,导致张家港市的挤出机生产企业举步维艰,困难重重,大多处于亏损状态,其中很多塑料机械企业采取转产其他塑料机械产品以扭转亏损。

中空成型机生产企业效益普遍较好,主要原因是随着人民生活水平的提高,对包装产品需求越来越多,其中以饮料和食品包装产品需求最为旺盛,加上其他需要中空塑料制品的行业进一步扩大,刺激了中空塑料成型机的产能进一步扩大。一般企业的产能增幅均在20%以上,大企业的产能增幅更是达到了30%以上。混合机生产企业处于不温不火的状况。混合机作为塑料机械的配套设备,是随塑料机械生产行业的变化而变化的。因为整个塑机制造行业没有大的起色,因此,为挤出机和注塑机配套的混合机行业就没有超大规模的发展。废塑料回收造粒机较2012年仍有小幅增长,主要是受环保产业政策利好的影响,加上国家对废塑料回收企业的扶持与支持,使这一行业仍有一定的发展空间。但是,由于废塑料回收造粒机的总体市场需求不大,虽有小幅增长,但增长幅度极其有限。其他如大型吹瓶机生产线以及蜂窝板生产线等塑机产品,虽仍处于扩大发展状态,但由于需求量不大,其发展空间十分有限。

张家港塑料机械制造行业总体规模较2012年有小幅增长,经济效益也有小幅提高,增长的主要原因是中空成型机社会需求进一步扩大,以及对饮料机械产品的强劲需求。预计该行业产品仍有较大的社会发展空间。经济效益较2012年有所提高,主要是由于我国总体经济需求不旺以及产能过剩的双重挤压,原材料价格进一步下降,塑料机械制造企业采购成本降低所致。

饮料机械发展较快,这是随着人们生活水平的进一步提高,对包装饮料和灌装水需求进一步加大所决定的。2013年张家港市饮料机械行业实现总产值近30亿元,利润2.5亿元左右,较2012年增长10%左右,但饮料机械的发展呈现两极分化的状态。大企业由于资金实力雄厚、科技创新能力强,高端饮料机械的生产主要向大企业集中,外商采购和国内大型灌装企业的采购主要面向大企业,促使大企业进一步加速发展。生产小型灌装设备的饮料机械制造企业发展前景并不乐观,主要是国家对小型灌装厂的卫生检测严格化,加上社会需求主要集中在几个大品牌方面,在大品牌尚未到达的地区,小型灌装厂仍有一定的生存空间,在大品牌覆盖的地区,小型灌装厂生产的瓶装饮料几乎没有立足之地。这就导致社会对小型灌装设备的需求进一步减少,从而使小型灌装设备生产企业的规模进

一步缩小。但由于小型灌装设备的门类十分广泛，有些小型饮料机械制造厂及时开发出了适销对路的产品，发展前景仍较好。这也充分体现了人无我有、人有我特的超前发展理念。

从发展的总体情况看，饮料机械的社会需求仍将进一步扩大，市场仍处于高速发展期，未来几年其快速发展的状态将进一步延续，饮料机械制造仍将处于增长期。

截至 2013 年 9 月底，张家港市塑料饮料机械协会会员企业申请发明专利 168 项，已被国家专利局授权批准的有 145 项；申请实用专利 458 项，已授权批准的有 378 项；起草和合作起草行业标准和国家标准 11 项，已被批准的行业标准 4 项、国家标准 5 项；获得国家驰名商标 1 家，江苏省著名商标 8 家，江苏省名牌产品 2 家，苏州市名牌产品 8 家，江苏省工程中心 4 家，苏州市工程中心 11 家，国家级高新技术企业 1 家，江苏省高新技术企业 14 家，国家火炬计划项目 10 项，研究生工作站 9 家，院士工作站 1 家。

二、2013 年张家港塑料饮料机械行业取得的主要成绩

1.集体招标采购取得重大进展

张家港塑料饮料机械行业集体招标采购工作经过几年的积极推进探索，在 2013 年取得了重大进展。在理事会执行会长陈鹤忠、常务副会长徐文良、副会长张尉和黄振芳的共同努力下，通过和投标企业的数次艰苦谈判，终于在 2013 年 7 月取得重大突破，和投标企业常州国茂、江阴克威、陕西西玛、江苏大中及合资企业贝得签署招标供货协议。据张家港市塑料饮料机械协会（简称协会）秘书处初步预计，按招标后的进货价计算，张家港市的塑料机械制造企业每年在电动机采购方面将节省 300 多万元，变速箱方面将节省 500 多万元的成本支出。这次集体招标采购采取了先易后难、先小后大循序渐进的方式，通过多次和供货商沟通，使供货商充分理解集体招标采购是合作共赢的好事，既有利于集体采购方，同时，更有利于供货方做强做大。对需求方来讲，降低了采购成本，买到质量过硬的产品；对供货方来讲，降低了营销成本，减少了一些不必要的开支，节约了大量的人力和物力。

2.安全生产知识竞赛取得良好效果

安全生产是企业的命脉，企业的发展离不开一个安全健康的生产环境。为了促使企业将安全生产放在一个重要的位置，使安全生产知识的普及常态化，2013 年 8 月 26 日，张家港市塑饮机协会和市总工会合作，在沙洲宾馆会议中心举办了有 22 家企业参与的安全生产知识竞赛。这次安全生产知识竞赛受到了市经信委、市总工会的积极支持。竞赛受到了参赛企业的认同，有的企业老总亲自带队参与，并带来了拉拉队助阵。这次安全生产知识竞赛经过半年多的筹备，特别是星 A 机械、联冠机械、同大机械、金荣机械等企业在竞赛前作了充分的准备工作，并在竞赛中取得了好成绩。这次安全生产知识竞赛对于促进塑饮机行业的安全生产普及教育起到了较好的作用。

3.企业科技创新取得新突破

科技创新是企业的生存之道，企业为了在激烈的市场竞争中生存和发展，就必须在科技创新上有新突破。2013 年以来，张家港市塑料机械企业和饮料机械企业在科技创新上有了新突破，有些企业主动引进科技人才，研发新产品。贝尔机械引进德国企业的科技人才，开发出市场认可的中空成型机高端产品；同大机械继续走节能高效的低碳经济发展之路，在伺服系统上采用目前市场上最先进的产品，使产品性能在节能方面有了大幅度提高，获得了市场普遍认可；亿利机械在成功开发窨井的滚塑技术后，又完成了大型化粪池滚塑工艺的开发。总之，企业的科技创新使产品达到节能、低碳、高效，并不断使新开发的产品向产业化方向发展。

4.企业对市场的应变能力大幅提高

在瞬息万变的市场环境中，企业对市场的应变能力有了大幅提高。在市场大环境不景气的情况下，企业为了生存和发展，就必须改变原有的经营思路，不断调整经营策略，学会在困难环境中过日子。一是根据市场形势变化不断调整经营思路，生产适销对路的产品，不断壮大企业实力。二是在开源节流、降本节支中寻找突破口。三是努力学习借鉴先进的管理理念和经营策略。四是通过各种信息平台获取更多的市场信息，以进一步拓展产品的销售空间。总之，在市场瞬息万变的情况下，企业应因地制宜、快速灵活地制定各种应变策略，以便在激烈的市场竞争中立于不败之地。

5.行业公共信息服务平台建设有了新进展

张家港市塑料饮料机械协会秘书处积极推进行业公共信息服务平台的建设。张家港市塑料饮料机械协会主办的中国塑料饮料机械交易网通过改版扩容，为行业企业会员开通了电子商务交易的窗口，使企业不付费即可顺利进入电子商务交易平台。目前，协会还聘专人负责电子商务交易网络的维护运行，使公共服务平台更好地服务于会员企业。

6.企业走联合发展之路有了新尝试

张家港市塑料饮料机械行业最大的特点是企业小而散、多而不强。为了促进行业健康发展，协会曾多次提议企业走联合发展之路，组建企业集团，但是鉴于企业在认识上的差距，未取得实质性的进展。2013 年，繁昌机械联合五合机械和中塑机械合建销售公司，即 3 家企业合建的销售公司可为三家企业提供销售服务，合建的销售公司销售业务有了大幅度提高，减少了销售成本。这种联合发展之路通过初步尝试证明是切实可行的，对减轻企业销售压力、降低营销成本都有一定好处。目前，该项工作仍在积极探索中。

7.赴台湾学习考察取得了新经验

为了进一步提升张家港市塑料饮料机械企业的管理理念和营销水平，2013 年 7 月，协会经中国塑料机械工业协会牵线搭桥，与中国台湾塑料工业协会取得联系，组织 22 家会员企业的 28 名人员参观考察了位于台中市乌日区的饮机生产企业——铨宝工业股份有限公司。铨宝工业股份有限公司是一家集吹瓶机及饮料机械生产的著名台资企业，产品远销世界 80 多个国家及地区。通过参观，大家深有感触，充分感受到了自己企业存在的差距，对铨宝工业股份有限公司在窄小的面积上充分利用好每一寸可利用的空间创造了单位面积最大的经济效益印象深刻，使参观者更加体会到管理是企业产生经济效益的根本所在。

三、2013 年塑料饮料机械行业存在的主要问题

2013 年，张家港市塑料饮料机械行业走过了极为不平凡的一年。虽然全行业整体运行情况仍有一定发展，经济效益稍有提高，但在跌宕坎坷的一年中尝到了市场不景气的苦味，也体会了企业在经济不景气情况下运作的艰难。总结这一年来的行业发展情况，存在以下问题：

1.小富即安的思想，影响了行业的健康发展

有些企业主在经济环境较好时积累了一定资本，这些企业主近年来安于现状、不思进取、无所作为。当看到其他企业因为扩张发展遇到了经济不景气而困难重重时，认为自己不扩张、不发展是一种高明的做法。这种小富即安、不求进取的思想在行业中盛行，使这些企业数年如一日，始终不见发展壮大，严重影响了整个行业的健康发展。

2.企业经营模式的不同使企业间的差距进一步扩大

做企业就像老牛上坡拉车，不进则退。有些企业近年发展较快，一是企业找对了门路，生产了适销对路的产品；二是企业看准了项目即投资上马；三是企业的科技创新力量强，在科技创新上加大投入。这些企业近年发展较快，虽然在市场不太好的情况下也遇到过困难，但这些企业市场应变能力强，经营思路灵活，一旦市场好转，企业就能迅速进入正常运转状态，其抗风险能力强，善于应付各种困难，善于将各种消极因素转变为积极因素，取得了较好的经济效益和社会效益。而一些发展较慢、困难较多的企业，由于缺乏与时俱进的精神，在安

于现状中丧失机遇，这些企业与发展较快的企业差距进一步扩大。

3.企业营销人员频繁跳槽引发了企业间的矛盾和纠纷

企业为了生存和发展，特别是为了扩大出口，建立了强大的营销队伍，并根据营销人员的市场实际销售业绩给予相应的报酬。据统计，优秀的销售业务员，其年薪远高于同企业其他职工的待遇。但随着销售人员经验的逐步积累以及客户资源进一步增多，这些人员就开始向企业提出更高的条件，当条件不能满足时就频繁跳槽。人员的频繁跳槽引发了企业之间的矛盾和纠纷，同时使企业的利润进一步降低。

4.企业多头运作造成资金紧张

有些企业为了进一步扩张，采取多头运作的模式，在遭遇经济不景气的大环境下，资金回笼困难，企业运营受到很大影响，在行业中的信誉度也逐年下降。这种局面的根源虽是由社会大环境不景气造成，但也与企业盲目过度扩张有关。

四、2014 年塑料饮料机械行业发展设想

总结 2013 年的行业发展，许多有益的经验和教训值得吸取。

1.鼓励企业继续开发节能高效低碳的绿色塑饮机械产品

开发节能高效低碳的塑料饮料机械产品，既符合国家的产业发展政策，也符合国际塑料饮料机械制造行业的发展潮流，因此，生产节能高效低碳的塑料饮料机械产品，既是对客户负责也是对国家尽责。因此，企业要在节能、高效、低碳上下功夫，对现有生产的产品进行全方位检测，对不符合国家产业政策的要及时整改，开发符合国家产业政策的绿色塑料饮料机械产品，使张家港市在节能高效低碳的绿色塑料饮料机械产品的生产开发上走在全国的前列。

2.鼓励企业继续走差异化的创新之路

张家港市塑料饮料机械产业之所以长盛不衰，形成了具有地方特色的经济板块，成为我国塑料饮料机械行业的重要生产基地，其根源是张家港塑料饮料机械产业走了一条产业特色的发展之路，使张家港塑料饮料机械产品门类种类之全、品种规格之多，居全国之首，凡是市面销售的各种塑料饮料机械产品在张家港几乎都能找到生产厂家。这种差异化的发展之路，就是张家港塑料饮料机械产业的一大特色。今后，这条差异化的产业发展之路还要进一步加强和巩固，要积极鼓励企业继续走差异化的发展之路，走“人无我有、人有我优、人优我特”的创新发展之路。

3.鼓励企业建立和谐的劳资关系

2012 年，张家港市塑料饮料机械协会在市总工会鼓励支持下，作为全市第一家行业协会，签订了劳动工资集体协商的合同。今后协会将继续推动这项工作，并鼓励企业继续改善员工的工作环境和生活环境，听取员工的意见和建议，充分调动员工的积极性和创造性，建立和谐的劳资关系。

4.继续推进行业集体招标采购进程

2013 年，在塑料饮料机械行业协会理事会的积极支持和推动下，通过艰难的谈判，完成了对减速箱和电动机的集体招标采购工作。今后将进一步推动这项工作的顺利进行，将选择塑料饮料机械行业用量较大、价格波动频繁的零部件扩大招标范围，使企业得到更多的实惠。

5.积极鼓励企业走联合发展之路

协会将继续探索建立企业联合体的发展经验，鼓励兴趣相投、相互认可的企业建立各自独立核算的经济联合体。联合体可以设立共有经营公司，以减少企业的营销和采购成本，同时也可以向国家争取更多的政策扶持。

〔供稿单位:张家港市塑料饮料机械协会〕

前进中的胶州市塑料机械制造业

胶州市塑料机械制造企业以民营企业为主。改革开放后，胶州市民营塑料机械制造企业从小到大，从弱到强，迅速发展成为一支重要的社会经济力量。经过20多年的高速成长、发展，胶州市在塑料机械加工技术领域取得了全国瞩目的进步，部分技术达到了国内领先水平。

一、胶州市塑料机械企业生产发展基本情况

1.胶州市塑料机械企业起步较早，目前处于快速成长期

胶州市塑料机械行业经历了两个重要的发展阶段。第一个阶段是1992—2004年。1992年被普遍视为我国塑料机械经济发展史上的重要分水岭。此前，塑料机械企业经济一度陷入低潮。自从1992年邓小平发表南巡讲话之后，在中共十四大及十四届三中、四中全会上确定的“以公有制为主体、多种经济成分共同发展的方针”和“国家对各类企业一视同仁”的政策为个体私营经济的发展创造了更为宽松的政治环境、政策环境和社会环境。伴随着一系列激励民营企业发展的政策措施的颁布，个体私营企业如雨后春笋般在我国大地涌现，民营经济开始进入高速发展期。胶州市此间注册的塑料机械企业有82家，占目前胶州市塑料机械企业总数的40%。

第二个阶段是2005—2013年。2005年2月25日，我国首部以促进非公有制经济发展为主题的政府文件《关于鼓励支持和引导个体私营等非公有制经济发展的若干意见》（简称为“非公36条”）发布，被视为民营经济走向成熟的重要标志，其内容涉及非公经济的市场准入、融资渠道、企业维权和政府监管等多方面，对非公经济的发展具有重大现实意义。这一时期，胶州市注册的塑料机械企业有145家，占目前胶州市塑料机械企业总数的70.7%。

目前，胶州市共有塑料机械制造企业205家。从胶州市塑料机械企业的发展来看，胶州市塑料机械企业正处于快速成长期。有82家企业处于快速成长期，占企业总数的40%；有65家企业处于稳定期，占企业总数的31.7%；有38家企业处于发展的初期，占企业总数的18.54%；有18家企业处于转折期，占企业总数的8.78%；有2家企业处于衰退期（是管理不善造成的），占企业总数的0.97%。

2.塑料机械企业产业分布较广，实力较为雄厚

从塑料机械企业产业分布来看，涉及产业领域较广，但主要以传统的劳动密集型产业为主，高新技术产业企业涉足不多。其中：从事塑料挤出机生产的企业有120家，占企业总数的58.53%；从事塑料机械配件加工的企业有69家，占企业总数的33.66%；从事塑料制品加工的企业有13家，占企业总数的6.34%；从事塑料机械电子元件生产的企业有50家，占企业总数的24.39%；从事塑料原料生产的企业有4家，占企业总数的1.95%；从事塑料机械电子信息咨询的企业有2家，占企业总数的0.97%。

从企业注册资金来看，注册资金在3 000万元以上的企业有9家，占企业总数的4.39%；注册资金在1 000万~2 000万元的企业有13家，占企业总数的6.34%；注册资金在500万~1 000万元的企业有119家，占企业总数的58%；注册资金在100万~500万元的企业有22家，占企业总数的10.73%；注册资金在50万~100万元的企业有31家，占企业总数的15.12%；注册资金在50万元以下的企业有14家，占企业总数的6.83%。

3.胶州市塑料机械制造企业总体规模偏小,以中小企业为主

从固定资产规模来看,以中小规模的民营企业居多。企业固定资产总额在500万元以下的企业有127家,占企业总数的61.95%;固定资产总额在500万~1 000万元的企业有56家,占企业总数的27.32%;固定资产总额在1 000万~2 000万元的企业有11家,占企业总数的5.36%;固定资产总额在3 000万元以上的企业有6家,占企业总数的2.93%;固定资产总额在1亿~10亿元的企业有5家,仅占企业总数的2.44%。

从企业从业人员数量来看,50人以下的企业居多。从业人员在50人以下的企业有177家,占企业总数的86.34%;从业人员在50~100人的企业有18家,占企业总数的8.78%;从业人员在100~500人的企业有7家,占企业总数的3.41%;500人以上的企业有6家,仅占企业总数的0.29%。

4.塑料机械企业发展环境较好,竞争实力较强

胶州市民营企业的发展环境较好,是外地户籍人员选择创业的理想之地。从民营企业家出生地的区域分布看,有191位企业家是从农村来胶州市创业发展的,占企业总数的93.17%。

从民营企业持有商标情况看,企业品牌意识显著增强。有105家企业持有1个产品商标,占企业总数的51.22%;有82家企业持有2个以上产品商标,占企业总数的40%;有13家企业正在注册产品商标,占企业总数的6.34%;只有5家企业没有注册或不持有产品商标,占企业总数的2.44%。

5.塑料机械企业经营业绩较好,但经营难度日益加大

近年来,在国内外消费需求疲软、原材料上涨、劳动力成本上升等市场环境不佳、经营成本显著上升的背景下,胶州市塑料机械制造企业表现不俗,显示了较强的盈利能力,总体经营状况良好。调查结果显示,截至2012年年底,销售收入超过5亿元的企业有1家,占企业总数的0.48%;销售收入过1亿元的企业有10家,占企业总数的4.88%;销售收入在5 000万~1亿元的企业有15家,占企业总数的7.32%;销售收入在500万~1 000万元的有139家,占企业总数的67.8%;销售收入在100万~500万元的企业有35家,占企业总数的17.07%;销售收入在100万元以下的企业有5家,仅占企业总数的2.44%。

但是,塑料机械制造企业的盈利空间日趋渐窄,经营难度日益增大。在影响企业发展的诸多因素中,主要因素有以下10项,分别是:

(1)企业经营成本高。此类企业有191家,占企业总数的93.17%;

(2)企业用工难。此类企业有180家,占企业总数的87.8%;

(3)企业融资难。此类企业有147家,占企业总数的71.7%;

(4)企业赋税重。此类企业有170家,占企业总数的82.92%;

(5)企业缺失人才。此类企业有170家,占企业总数的82.92%;

(6)行业风险大。此类企业有102家,占企业总数的49.75%;

(7)企业优惠政策少。此类企业有176家,占企业总数的85.85%;

(8)政府干扰过多。此类企业有180家,占企业总数的87.8%;

(9)企业代际传承难。此类企业有193家,占企业总数的94.15%;

(10)企业营销网络少。此类企业有82家,占企业总数的40%。

6.胶州市塑料机械制造企业以家族企业为主,企业家综合素质较高

从胶州市塑料机械企业注册情况来看,企业类型主要有4种,即独资企业、有限责任公司、合伙企业和股份制企业,分别占企业总数的29.1%、15%、44.9%和11%。其中,独资、有限责任公司和合伙制企业多为家族企业,所占比例合计为89%,占塑料机械制造企业总数的一多半以上。胶州市塑料机

械行业的企业家具有研究生学历的有2人，占0.97%；具有本科学历的有106人，占51.7%；具有大中专学历的有79人，占38.54%；具有高中及以下学历的有18人，占8.78%。从企业家所学专业看，主要集中在经济学、管理学、工学等学科，与企业管理、企业经营等紧密相连，分别占28%、23%和17%，其他专业占32%。

7.胶州市塑料机械企业创业者以男性为主，平均年龄已经超过45岁

一直以来，男性作为企业创业者的优势较为突出。从企业家性别比例来看，胶州市塑料机械制造企业创业者以男性为主，男性企业家为198人，占98%；女性企业家7人，占3.41%。从企业家年龄分布来看，50岁以上的企业家有9人，占4.39%；年龄在45~49岁之间的企业家有106人，占51.7%；年龄在40~45岁之间的企业家有52人，占25.36%；年龄在30~39岁之间的企业家有35人，占17%；年龄在29岁以下的企业家有3人，占1.46%。

二、胶州市塑料机械制造企业生产发展的主要特征

1.鲁商经营理念较强

胶州市塑料机械制造企业地域文化特色浓厚。鲁商是山东商人的精英群体，也称为“山东商帮”，始于商周，形成于春秋战国，成熟于两汉。鲁商在我国历史上兴起较早，与徽商、晋商、浙商、粤商一起，被称为“中国五大著名商帮”。鲁商创造的独特的鲁商文化作为一种具有悠久历史的地域文化，是我国古代商业文化的一个重要组成部分，为我国古代商业文化的形成作出了突出贡献。胶州市塑料机械制造企业的企业家有80%是胶州农村人，受地域文化的深刻影响，鲁商文化理念较强，在企业代际传承理念中，他们也将鲁商的经营之道作为代际传承的重要内容之一。

2.塑料机械制造企业品牌优势突出，发展动力强

一是塑料机械制造企业品牌优势突出。品牌是塑料机械制造企业竞争的软实力，也是民营企业健康持续发展的重要保障。胶州市民营企业依托区位优势，积极参与国际合作，在企业发展中，十分重视持有国际、国内著名品牌，企业品牌意识较强。目前，有187家企业共计拥有品牌269个，平均每家企业拥有品牌1.44个，显示了胶州市塑料机械制造企业竞争的优势和软实力。

二是塑料机械企业发展动力强劲。改革开放后，胶州市塑料机械制造企业凭借区位优势，抓住国家实施改革开放政策的机遇，积极开创民营经济发展的新局面，塑料机械制造企业整体呈现较好的发展态势，企业自我发展动力足，在全国同行业中显示出较强的竞争力。有91%的企业处于本行业的中等规模水平以上，其中，有35.5%的企业在同行业中名列前茅；有85%的企业对本行业的发展前景充满信心。

3.塑料机械制造企业总体规模偏小，产业层次不高

胶州市塑料机械制造企业的成长经历波折颇多，直到改革开放后，随着我国经济制度的变迁，塑料机械制造企业才逐渐成为国民经济的重要组成部分。从“抓住机遇先赚取第一桶金，再进一步在细分领域中做大做强，最后形成家族产业”的家族企业发展轨迹看，从创业之初，企业涉及的产业领域主要是非主体、非主流的领域，企业产业层次、管理水平、人才团队、品牌文化等也相对处于较低水平。在未来的发展中，民营企业要加快调整步伐，提升产业层级，借助我国步入产业结构转型升级调整期及时调整自身发展的定位。

4.塑料机械制造企业进入代际传承重要时期，但传承导向性较弱

专家研究结论表明：家族企业的平均寿命为24年，而创业者在位的平均时间也是24年，所以，在家族企业创业者离任的同时，如果家族企业传承效果不佳，企业往往走向消亡。因此，塑料机械制造企业要实现可持续发展，必须未雨绸缪，做好企业的代际传承工作。

三、胶州市塑料机械制造企业结构调整情况

胶州市塑料机械工业起始于20世纪80年代初期，随着我国石油化学工业的发展，胶州市塑料机械工业逐步形成了一个独立的工业部门，迄今为止，胶州市塑料机械生产企业已经发展到200多家，但具有一定规模和实力的企业只有26家（年销售收入5 000万元以上），企业产品科技创新力度不够。胶州市塑料机械的生产总量已经位居行业前列，但人均塑料消费量与发达国家相比却差距很大，而且塑料机械产品的精密度还有所欠缺，缺乏竞争力。

20多年走过来，塑料机械市场似乎并不乐观。不仅企业的发展目标大多没有实现，而且和国外同类产品的价格差别却仍在扩大。客户最注重的不是价格因素，而是生产效率和产品性能。企业需要通过做好技术升级以取得更大的产品附加值。塑料机械制造企业的劳动力和资源的价格优势越来越小，制造企业要靠技术和品质取胜，这就需要引进高端设备来满足生产需求。

胶州市塑料机械制造业未来拥有巨大的发展空间，尤其是一些科技含量高、性能好、价格相对适中的机型，如特大型、精密、专用注塑机，用于生产高阻渗性和耐热性包装材料等的多层共挤吹塑机，生产工业制件（汽车配件等）的吹塑机等，都有很好的发展前景。

科学的法人治理结构是现代企业制度的重要体现。经营权和所有权的分离是法人治理结构的重要组成内容，也是提高企业经营效益的最佳途径和实现塑料机械企业成功转型升级的主要手段。

在企业转型升级过程中出现了许多新的模式、新的方法，但是，从基层做起、从师传授等传统方式依然发挥着重要的作用。塑料机械制造企业的转型升级不仅包括企业经营模式、企业发展理念的转变，还包括企业家精神、企业家文化等诸多内容。

建立完善的职业经理人制度，推进职业经理人专业化、职业化、现代化、国际化，满足市场经济条件下逐步成熟的企业对职业经理人日益增长的需要，这是当前和今后相当长的时期内经济发展的一个战略任务。一是要创造一个利于职业经理人成长的环境。借助国家人才战略、蓝色经济战略等战略优势，实施人才战略，积极培养、吸纳和引进职业经理人。二是完善配套制度，建立规范有序的职业经理人市场机制。要建立完善的职业经理人市场，形成一批为企业主和职业经理人服务的社会中介组织，使其成为企业主和职业经理人之间的桥梁。三是学习借鉴国外先进经验，建立职业经理人评价标准和激励机制。

四、胶州市塑料机械制造企业存在的问题

胶州市塑料机械制造企业在不断的发展过程中积累了丰厚的物质财富和人脉资源，虽然，企业传承的重点是企业的所有权和经营权，但是更为重要的是企业文化的建设和企业家精神的传承。权利和财富的传递是民营企业持续发展的前提和基础，也是塑料机械制造企业持续成长的必要条件，但是仅有权利和财富是很难保证企业“长青”的。

胶州市机械制造企业发展受到的制约因素如下：一是没有建立起现代化的管理制度，这是胶州市民营企业包括塑料机械制造企业要面临的一道门槛。没有优化内部治理模式，也不能建立现代的人力资源管理制度，没有真正做到重视人才、任人唯贤，更无法创建科学的薪酬制度和产权激励制度，从而将短期激励与长期激励结合起来。二是没有完善家族组织和章程、健全利益协调机制；没有有效地配置家族内部人力资源，也没有建立家族成员培训机制和退出机制。三是社会特有的差序格局现象，导致人与人之间在信任程度上的差异。四是家族企业的诸子均分制，导致家族企业公共财产的日渐稀散。五是社会关系中的重关系轻契约现象，导致塑料机械制造企业的强关系、弱组织行为特别严重。

五、胶州市塑料机械制造企业制定战略的方法

胶州市塑料机械制造企业在制定新的战略规划过程中，要充分考虑关键因素，并对关键因素信息进行全面收集和科学分析。

1. 全面收集信息数据库

(1)外部信息收集。企划部、产品规划部、市场部等职能部门通过公司情报体系、咨询机构、聘请外部专家收集信息;通过中华商务网、中国塑料机械网等专业网站和中国塑料机械工业协会、中国工程机械工业协会、国务院政策研究中心等机构的快讯报告收集信息;国内外权威媒体杂志、行业统计分析报告和驻外机构等渠道收集和捕捉各种信息数据,并经过甄别、分类和分析,形成信息专辑和分析报告输入公司信息库。

(2)内部信息收集。各塑料机械制造企业的职能部门要按照"公司级信息收集和业务数据分析管理办法",利用 ERP、QAS 等计算机系统,采取过程跟踪记录、专项记录等方法,对公司内部业务数据信息进行收集,并按技术、质量、采购、人力资源、经营结果等进行分类整理汇总,形成报表、分析报告,输入公司信息库。

2. 科学分析关键因素

各塑料机械制造企业要成立公司委员会、战略办和各职能战略小组,通常采用"五大"分析工具对关键因素进行分析。从战略分析到战略拟定再到战略选择。

3. 外部环境及内部竞争力分析

(1)信息化水平高。

(2)企业文化底蕴深厚。

(3)品牌优势:山东名牌企业占 40%。

(4)弱势:没有与大型塑料机械集团建立资产纽带关系,中高级人才相对企业的战略目标不足,产能相对企业的战略目标不足。

(5)机会:国内政治稳定,GDP 持续大幅增长;我国塑料机械市场呈现稳定增长态势;国际塑料机械高端化明显;地方政府大力支持。

(6)威胁:竞争对手紧逼,竞争加剧;钢铁等材料提价,经销商压价;替代品涌现;国外塑料机械企业纷纷抢滩我国;塑料生产标准等一系列强制性法规出台;国家引导塑料机械厂兼并,集团保护日趋严重。

〔撰稿人:胶州市塑料机械协会胡莹〕

宁波市塑料机械工业 2013 年经济运行概况

一、基本情况

2013 年,宁波市塑料机械制造业面对复杂严峻的国内外发展环境,认清形势,增强信心,沉着应对,加强精细化生产管理,提高自主创新能力,大力推出创新型塑料机械产品,努力开拓国际市场,采取谨慎的资本管理措施,一举扭转了 2012 年宁波市塑料机械工业经济处于底部波动、徘徊的不利局面,取得较为明显的效果。2013 年宁波市塑料机械销售额平稳增长,经济效益良好,经济运行显现稳中有升、稳中有进的良好态势。

2013 年,宁波市规模以上塑料机械制造企业 75 家,全部从业人员平均数 1.56 万人。2013 年 1—12 月,宁波市规模以上塑料机械制造企业完成工业总产值 147.45 亿元,实现利润总额 21.21 亿元,完成出口交货值 33.18 亿元,新产品产值达到 65.39 亿元。

二、2013 年经济运行特点

1.产销平稳增长,产品结构调整进展较快

2013 年,宁波市塑料机械工业完成工业总产值 147.45 亿元,同比增长 13.85%;完成工业销售产值

127.40 亿元，同比增长 8.98%；完成主营业务收入 140.46 亿元，同比增长 12.89%。2007—2013 年宁波市塑料机械工业产销增长情况见图 1。

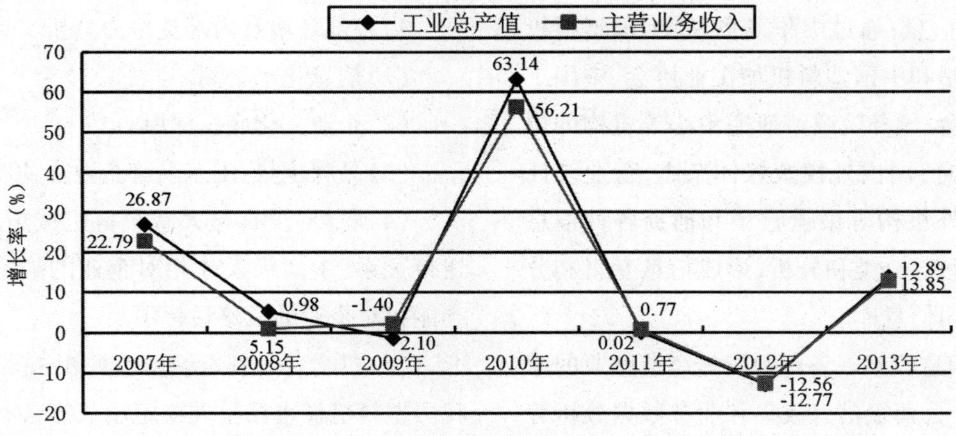

图 1　2007—2013 年宁波市塑料机械工业产销增长情况

2013 年，宁波市塑料机械工业产销平稳增长，主营业务收入实现 12.89%的增长，主要原因有：

（1）塑料机械市场预期转暖，企业信心增加。近年来，随着国家“调结构，稳增长”一系列宏观政策的出台，特别是党的十八大召开以来出现的新局面、新政策、新举措，为宁波市工业持续发展提供了新的活力和动力，各种有利企业发展的因素不断聚集，企业发展的信心增加，市场预期普遍向好的方向转化。不少企业，特别是宁波市大型塑料机械骨干企业积极拟订发展计划，扩大投资规模，加大重大技改项目的建设力度，努力调整产品结构，以求更大发展。

（2）国内经济积极向好，塑料机械市场已经逐步转暖。2012 年下半年受全球经济低速增长及国内经济增长势头减弱的影响，市场整体处于下滑态势，企业信心受阻，导致塑料行业投资水平和速度下降，全市塑料机械销售额仅及上半年的 75%左右。但是，塑料工业是朝阳工业，塑料制品在汽车、医疗等产业的应用日益广泛，社会潜在需求巨大。2013 年，塑料制品的市场需求增长较快，1—11 月全国塑料制品行业累计完成产量同比增长 8.3%以上，塑料制品出口额同比增长 11.0%。十八届三中全会后，调结构、稳增长的政策取向更加明确坚定，对企业的支持力度进一步加大，国内经济向积极向好的方向发展，塑料制品行业的投资水平提高，原先压抑或缩减的塑料机械等设备需求从 2013 年上半年开始释放。塑料机械产品，特别是中、高端塑料机械产品市场需求旺盛，塑料机械企业普遍订单增加，开工充分。

（3）宁波市塑料机械产品结构调整已取得阶段性成果，市场竞争力大幅提高。近年来一批具有自主知识产权、能替代进口的新品相继上市，如全电动注塑机、精密注塑机、大型二板机、多色注塑机以及多种专用机等。这些设备大量进入国内中、高端塑料机械市场，部分已替代进口，并出口国际市场。据中国塑料机械工业协会统计数据，国内塑料机械市场容量国产化比（金额）已由 2008 年的 48.5%提高到当前的 70%左右。同时，伺服注塑机等节能机已逐步成为企业产销主力，加上中高端塑料机械，出货量已占 80%以上。

（4）宁波市的海天等主要骨干企业综合实力雄厚，运行良好，规模不断扩大。2013 年，这些骨干企业对宁波市塑料机械工业主营业务收入增长贡献率较大。据统计，宁波市前十家主要塑料机械制造骨干企业（占宁波市行业销售额 67%左右），主营业务收入增幅为 14.14%，对全市塑料机械工业主营业务收入增长贡献率达到 72.4%。

2013 年，宁波市塑料机械行业新产品产值达到

65.39亿元，新产品产值率44.35%，比上年的37.14%有较大幅度增长，说明宁波市塑料机械产业创新投入和能力进一步提升，产品结构调整进展较快。2007—2013年新产品产值率变化情况见图2。

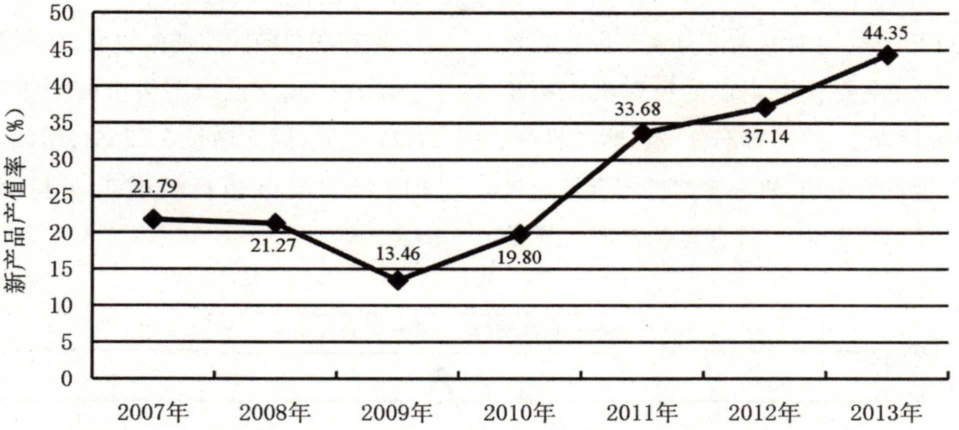

图2　2007—2013年新产品产值率变化情况

2.出口同比平稳增长，出口额占比基本持平

2013年，宁波市塑料机械工业出口交货值完成33.18亿元，同比增长9.26%；出口交货值占销售产值比重为26.04%，比上年增加0.07个百分点，基本持平。2007—2013年出口交货值变化情况见图3。

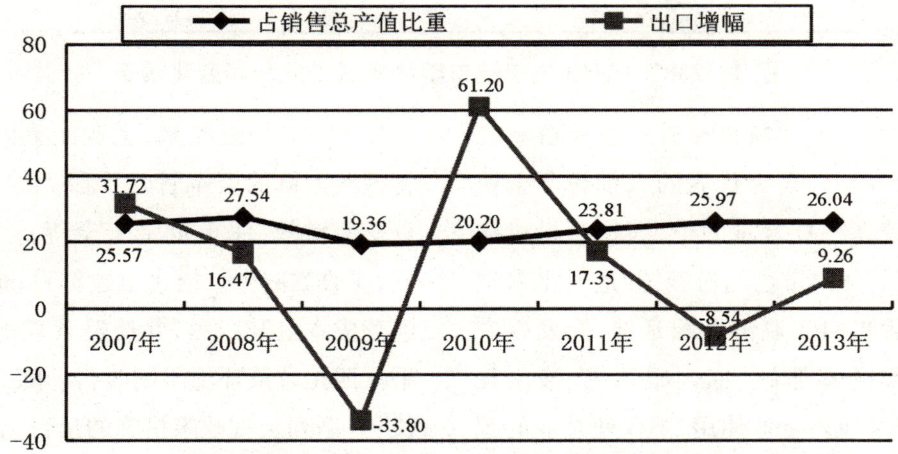

图3　2007—2013年出口交货值变化情况

出口平稳增长，增幅9.26%，这一成绩来之不易。一是近年来，塑料机械自营出口企业，积极研究国际市场，有针对性地调整策略，加大了对国际市场的开拓力度，力争在低迷的市场环境下有所作为。2013年虽然塑料机械对印度尼西亚、巴西的出口额增幅较小，对泰国的出口额大幅下滑，但对部分发达国家、俄罗斯、非洲等出口情况表现良好。二是产品结构调整已初见成效，宁波塑料机械制造水平已大幅提高。近几年来，企业注重科技创新，新机型及技术领先主导机型（大型、超大型注塑机，二板式注塑机，直压式精密注塑机，全电动注塑机等）大量投放且价格适中，在国际市场上的竞争力大幅提升。三是注重国际贸易中的资金安全，特别在与国际热点地区的贸易活动中，既严格审查和控制，又保证了贸易额较大幅度的增加。

虽然出口交货值平稳增长（达9.26%），但销售产值也几乎保持了同步的增长率（12.89%），从而导致出口交货值占销售产值比重变化不大，基本持平。

3.固定资产投资继续增加

2013年全市塑料机械工业资产总计216.46亿元，同比增长12.31%，增加的大部分属于固定资产投资。近几年来，主要骨干企业的投资额大幅增加，多个大型项目开工，并已有部分项目建成投产。中高档机型大量投放市场，核心零部件的自给率也有所增加。这些具有较高科技含量的产品及零部件的自给率增加后，将大幅提升企业的技术能力、产品档次和盈利水平。宁波市塑料机械企业总体经营状况、资产状况良好。

4.利润总额同比增幅较大，获利能力稳步增长

2013年，宁波市塑料机械工业实现利润总额21.21亿元，同比增长33.25%，增幅较大。2007—2013年宁波市塑料机械工业利润变化情况见图4。

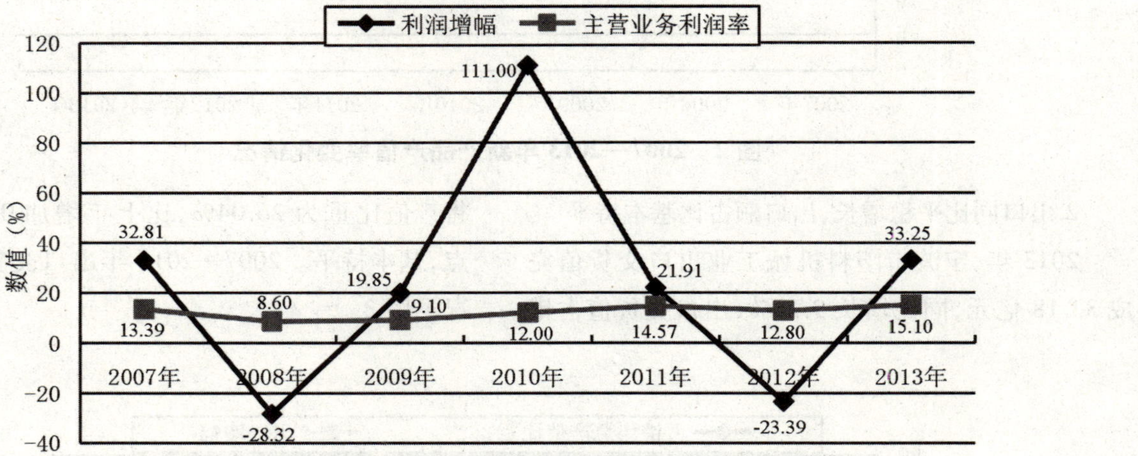

图4　2007—2013年宁波市塑料机械工业利润变化情况

其主要原因：一是塑料机械骨干企业盈利能力大幅提升，以海天公司为代表的一批骨干企业近年来推出有较高科技含量的中、高档塑料机械替代进口，提高了国内市场的份额，并适时出口国际市场。同时适当向产业链上端延伸，开发生产有较高科技含量的零部件（如伺服系统、液压件等）供企业本身及业内企业使用，不仅使企业的盈利能力明显提升，而且对企业利润增长作出较大贡献。据统计，宁波市销售收入前5家的骨干企业，2013年利润达15.34亿元，占全市年利润总额的72%。二是销售额的增加是利润额上升的主要因素之一。企业的管理、财务、销售成本往往维持在一定水平，随着销售额的增加，企业利润空间势必加大。三是近年来，企业注重内部精细化生产管理和审慎的资本管理手段。加强风险控制，注重挖潜增效，注重资金安全等，严格控制赊销比例，应收款减少。通过上述努力，企业有效克服了经营成本上升压力，并使经营成本维持在较低水平。四是政策环境不断改善。随着“调结构，稳增长”一系列宏观政策措施的出台，企业生产外部环境有所改善，负担有所减轻，为企业提升效益提供了良好的契机。

从主营业务利润率来看，2013年宁波市塑料机械工业的主营业务利润率为15.10%，比上年略增2.3个百分点，获利能力稳步增强。

〔供稿单位：宁波市塑料机械行业协会〕

企业风采

以卓越的产品满足全球塑机需求

——青岛顺德塑料机械有限公司

一、创建特色企业文化

青岛顺德塑料机械有限公司(下称顺德塑机)企业文化是顺德塑机的灵魂,是顺德塑机人的行为准则。在长期的生产经营实践中,顺德塑机总结提炼出的一系列使命、愿景、精神、方针、理念,构成了具有顺德塑机特色的完整企业文化体系。

青岛顺德塑机企业文化体系内涵丰富,积淀深厚,经历了启蒙、形成、升华三个阶段:

(1)启蒙期(1991 年)。以赵桂旭同志为核心的领导班子,从"立足现在,放眼未来"的需要出发,提出了"顽强进取、刻意求实、竭诚服务、致力文明"的企业精神和"励精图治、振兴顺德、实现腾飞"的治厂格言,构成了青岛顺德塑机企业文化体系的雏形。正是在这种精神力量的鼓舞下,当年产销量实现翻番,由上一年的 30 台增至 70 多台。

(2)形成期(1991—1999 年)。在"企业精神"和"治厂格言"基础上,在顺德塑机事业的推进和实践中,公司领导逐步提出了理想抱负、奋斗目标、厂风、五种意识、五个观念等多个理念,特别是将"以人为本,力争第一,从零起点"的经营哲学作为顺德塑机企业文化体系的核心,标志着顺德塑机企业文化体系的形成。

核心价值观——"以人为本、力争第一、从零起点"的内涵如下:

以人为本——顺德塑机的经营观,是指企业在发展过程中,以人为核心,最大限度地尊重爱护员工,满足员工自身发展的需要及参与管理的情感。

力争第一——顺德塑机的强者观,是指在全国乃至全世界塑料机械同行中,顺德塑机人人争当龙头的顽强意志和必胜信念,追求卓越,拒绝平凡。

从零起点——顺德塑机的发展观,是顺德塑机辩证发展的经营方略。对待过去的业绩与成功,不自满、不知足、不骄傲、不浮躁;永远保持战斗的姿态和积极进取的精神;一切以成功作为起点,走向新的辉煌。

"以人为本、力争第一、从零起点"的应用体现在:

在聚合发挥之时要突出"以人为本",最大限度地挖掘、发挥和调动顺德塑机的群体潜能。如在产品开发方面,公司领导加大激励力度,实施人本关爱政策,一方面充分调动公司内部工程技术人员的主动性和积极性,另一方面对外"借脑",聘请高层次人才,大大缩短了产品开发周期,新产品层出不穷。

在竞争搏击之时要突出"力争第一",矢志把顺德塑机建设成为世界一流企业。如 1995 年公司领导提出了"三级跳":第一级,当年达到 70 台塑料机械设备无质量事故;第二级,用 3 年时间达到 200 台塑料机械无质量事故;第三级,用 5 年时间达到 350 台塑料机械设备无质量事故。并且,所有的

"三级跳"量化目标全部提前达到。

在喜庆贺功之时要突出"从零起点","从零起点"是争第一之后的"零起点",永不满足,追求无止境。如 1999 年顺德塑机主要经济指标超过同行,跃居行业"龙头"地位,公司领导告诫员工要"从零起点";之后,顺德塑机持续高速发展,每年年底公司举行"总结部署"会,各部门面对下一年度的经营目标"表决宣誓",目的也是为了做好"从零起点"。

(3)升华期(2000 年以来)。公司领导不断丰富和发展企业文化体系,先后提出了四个信用、全优信用、顺德塑机制造观、四项人权观。特别是 2004 年,提出了"用卓越和领先满足全球塑机需求"的顺德塑机使命。顺德塑机企业文化体系在内容上得到了丰富,在外延上得到了发展,已成为公司宝贵的无形资产,得到了广泛的认可。

二、确立长远发展方向与目标

20 世纪 90 年代,顺德塑机捕捉到塑料机械市场蕴含的巨大发展空间和商机,提出"把顺德塑机建设成为一个水平高、批量大、品种多、覆盖面广的塑料机械与塑料制品的生产基地和出口基地,争当我国长江以北两项文明高度发达的典范,跻身国际塑料机械强手之林"的理想和目标。

2009 年基本实现了"我国长江以北两项文明高度发达的典范",结合公司实际,公司领导把理想目标修改为"把顺德塑机建设成为一个水平高、批量大、品种多、覆盖面广的塑料机械与塑料制品的生产基地和出口基地,争当我国两项文明高度发达的典范,跻身国际塑料机械强手之林"。

2012 年,高层召开公司战略研讨会,运用 SWOT 分析方法识别公司发展中具有的"优势"、拥有的"机会"、面临的"威胁"以及存在的"劣势",把顺德塑机的理想目标调整为"水平高、批量大、品种多、覆盖面广的塑料机械与塑料制品的生产基地和出口基地,争当我国两项文明高度发达的典范;称雄国际塑料机械强手之林",并定为公司的愿景。

根据公司愿景,顺德塑机制定的长、中、短期发展方向为:

长期发展方向:以宽系列的塑料机械研发生产经营为核心,向土工格栅生产线、BOPP 聚酯膜生产线、塑料制品和物流服务领域延伸。

中短期发展方向:以塑料机械为主业,通过营销物流拉动,做大做强,以主业控并关键零部件及塑机厂,拓宽产业链,结束蠕动发展,实现跨越发展。

根据公司愿景目标,对应公司长、中、短期发展方向,顺德塑机制订了长、中、短期绩效目标:

长期绩效目标:2020 年达到塑料机械年产销 300 台以上,销售收入达到 10 亿元;年增长率达到 30%以上,利税增长率 15%,达到 1.4 亿元;顾客满意度 86.5 分,员工满意度 82.5 分;实现年产塑料机械 500 台(套)、塑料制品销售收入 4.2 亿元,销售收入合计 14.2 亿元,成为利税超 3 亿元的国际化大规模私营企业。

中短期绩效目标:2016 年实现塑料机械年产销 90 台以上,销售收入达到 5 亿元,利税达到 0.72 亿元;顾客满意度 82.5 分,员工满意度 78.5 分;进入国际塑料机械行业前四强,实现产值塑料机械 4 亿元、物流 0.2 亿元、塑料制品 1 亿元,合计 5.2 亿元,利税达到 0.72 亿元。

三、青岛顺德塑机的共赢模式使各方获益

青岛顺德塑机以满足顾客卓越的动力需求和利益为出发点,在绩效目标中均衡地考虑顾客及其他相关方的利益,通过建立"双赢"的合作伙伴关系,实现企业、员工、顾客、供应商的同步发展。

1.均衡考虑顾客和供应商的相关利益,营造双赢合作格局

倡导"顺德塑机竭诚服务,顾客连续赚钱"的营销理念。青岛顺德塑机关注顾客购买塑料机械后盈利问题,始终为顾客着想,通过为客户提供金融担保、物流货源和信息服务,让用户把主业做强做大。青岛顺德塑机将顾客满意度作为绩效指标,增

强了顾客购买顺德塑机塑料设备的信心和愿望。

2.为股东创造高回报，为员工谋利益

坚持“三个信用”理念，2009—2012 年，青岛顺德塑机先后进行两次股份制改造，获得股东投资 1 亿元，目前对股东的回报累计分红已超过股东投资。落实“以人为本”，制定各种激励政策，充分调动员工的创造性和积极性。如 2011 年公司项目管理绩效奖励高达 2 000 多万元。重视营造良好的人居环境，实施“建成 5 栋多层楼房，彻底消灭所有平房”的安居工程；推行员工职业生涯规范设计，使员工个人职业发展与公司的发展方向统一，提高了员工满意度。

3.与相关合作方共享利益

坚持对外合作准则和“优势互补、利益共享”原则，打造卓越的供应链，结成顺德塑机 YC 结合体。对主要供应商提供资金、技术和必要的人力支持，以增强供应链的配套协作能力，提高供应商的满意度和忠诚度。青岛顺德塑机竭诚接受社会公众的参观考察，共享顺德塑机企业文化，交流管理经验；坚持依法纳税；积极支持公益事业和社区建设，2013 年支付捐赠办学等社会事业达 300 万元以上。

四、营造以人为本的经营环境

青岛顺德塑机不断营造以人为本的和谐经营环境。主要做法包括：

1.建立授权机制

公司领导本着责权对等的原则，建立了一套完善的分级、分权的授权机制。高级职员按销售、生产、财务、管理等系统分线分工行使职权，部门按部门职能，岗位按职位说明书规定的权利和职责开展业务工作，制订业务授权审批工作流程，各层级的职责划分清晰。为了提高领导和员工能力，引导全员经营意识的转变，公司在推行成本中心、责任中心的基础上，进一步提出实施全员经营管理模式，划小经营体，给员工尽可能创造发挥的空间。

2.培养主动参与意识

公司倡导开展“用户满意顺德塑机、员工满意干部”的双满意活动，要求管理人员对员工、顺德塑机人对用户树立和实践四项人权观：人权尊重、人权神圣、人权自律、人权自爱。落实人本理念，全员监控，营造自下而上主动参与管理的氛围，成立专门领导小组，制定项目管理和卓越班组建设相关制度和实施方案，最大限度地保护员工的创造性和积极性。

3.成立创新评定机构

公司成立了专门的创新评定机构，设立创新项目奖励基金，制订管理办法，对创新项目进行评定奖励，鼓励员工进行管理创新和技术创新。青岛顺德塑机的创新机制包括：

（1）保障机制：设立创新评审机构、公司创新评定小组。

（2）创新保障措施：工作流程设计严格把关，创新方案和实施效果两次评审，制定合理化建议制度。

（3）创新实施载体：采取项目经理负责制、项目小组负责制。

（4）激励机制：以专项基金、项目积分的形式实施激励；设立了项目专项奖、管理创新奖、突出贡献奖、合理化建议奖、小改小革奖。

4.建立快速反应机制

公司以顾客和市场为中心，建立三个快速反应机制，缩短产品的开发周期、制造周期和用户服务时空距离。一是通过新产品开发项目管理平台、新产品投放服务同步跟进形成的技术与市场快速对接机制；二是通过销售订单管理制度、拉式生产订单责任链，形成销售与生产系统良性互动机制；三是建立用户投诉意见及时反馈处理的快速反应机制，形成服务半径最小、到位限时服务最短、客户呼叫服务最快的三位一体营销服务网络。

5.营造学习氛围

公司重视人才的教育培养，提出了“为每一个岗位的发展提供机会，为每一个阶层的攀登创造条件”的育人方针，创造各种机会，提供各种条件，造就、选拔、重用人才，以每一个员工的成才和发展来促进企业的成功与发展。如领导带头学习，全部通过了企业高级工商知识资格证书培训，部分高管参加 MBA 培训，每年聘请专家进行 3~5 次的讲座，集体封闭学习和拓展训练等，采取多种激励方式，鼓励员工自学成才，争当对口专业岗位和工种的大师；建立三级培训网络，完善四个培训体系，营造学习的氛围和机制；建立 IBM 企业信息与协同系统知识共享平台，通过委培、短训、专家讲学和远程教育等形式，促进员工学习交流，营造知识共享的学习型企业。

6.争做守法诚信模范

公司领导带头学习《公司法》等企业相关法律，以三五普法教育培养员工合法公民意识；制定《青岛顺德塑机企业文化手册》，以企业文化教育获得员工认同；组织编写《青岛顺德塑机诚信手册》，健全企业诚信体系，规范员工行为；开展公民道德教育和宣传，每年进行文明单位、文明职工、文明家庭、巾帼建功等评比活动。公司上下形成了守法诚信的良好风气，2011 年获得了“胶州市精神文明创建工作先进单位”称号。在商务往来中，坚持诚信准则，严格遵守合同，公开服务承诺监督，服务到位不及时赔偿用户损失，公司连年被评为青岛市重合同守信用单位。接受相关方监督，以此影响经销商、供应商、公众等。

〔供稿单位：青岛顺德塑料机械有限公司〕

创新促发展　“共赢”得天下

——宁波康润机械科技有限公司

2012 年是全球经济跨入新世纪以来最不同寻常的一年，国际经济局面动荡不安及国内经济的风起云涌，使我国的塑料机械行业遇到了前所未有的巨大考验：人民币对美元汇率的大幅升值、国外对我国塑料制品安全的种种猜疑、巨额贸易顺差导致的反倾销调查、国内客户基础变化、原料成本不断上升、产品价格侵蚀和环境法规障碍等等。可以说，塑料机械行业的发展从 2007 年的盛夏一下子过渡到寒冬，不少塑料机械企业在这样严峻的形势下纷纷亏损甚至倒闭。在塑料行业中，无论是上游的国内外原材料供应商、机械企业，还是下游的汽车产业、塑料制品企业等都经受着非同一般的残酷考验。

宁波康润机械科技有限公司（简称康润机械）是一家生产各类塑料管道高速挤出生产线，各类塑料异型材挤出生产线，各类塑料板材、片材、流延膜挤出生产线，各种用途的单螺杆、双螺杆挤出机，各类包装机械，各类饮料机械及物流输送设备等下游周边辅助设备的企业。面对此次经济寒流，公司依靠各级领导的高瞻远瞩和广大员工的坚韧不拔，将这场金融危机变成了一次可贵的机遇——为公司所有员工提供了一段放慢发展脚步来思考过去几年工作的冷静期。

以史为明镜，温故而知新。康润机械在生产、品质、市场营销、技术研发、资本运营和人力资源管理各方面曾经设定过不少目标，做过无数决策，也尝试过一次次大动干戈的改革。在这些目标、决策和改革中，有的远超预期，有的失之交臂；有的准确无误，有的留下遗憾；有的效果可喜，有的惨遭夭折。通过反思与总结，公司更好地勾勒出今后的发展蓝图，做出每一步合理、高效的判断与决策。中国有句古老的谚语：“权力可以维持 10 年，而影响力则可以延续 100 年。”企业的影响力意味着什么？当然不仅指雄厚的财政力量，还包括企业孜孜以求的更高的目标、更大的责任、更新的未来，通过企业的行为激发行业进步，凭借其出色的表现改变商业环境。

一、技术上推陈出新、与时俱进

自2006年7月创建以来，康润机械秉承“做专做强、合作双赢”的核心价值理念，始终以创新作为企业发展的航标与“灵魂”，通过不断吸取外部的先进经验与前沿技术，并依靠自身的力量，加大技术研发和信息化建设的投入，加强国内外技术、人才的交流与合作，注重学习推陈出新的设计理念与前沿技术，力求市场创新、技术创新和管理创新齐头并进，确保公司的技术、管理和产品走在市场的前沿。

该公司现阶段以高速、精密、专业化的产品引导市场，采用引进技术与自主开发相结合的方式，将挤出机产品向全闭环、伺服系列、数字化领域推进。这些产品可以替代进口同类挤出机，并可以实现出口创汇，推进中国挤出技术的发展并创造良好的经济效益和社会效益。截至2008年年底，该公司已设计研发出KR高档型16-1800管材系列、KRsj25-150挤出机系列、KRGF6-2000管材辅机系列及KR2-2000mm模具四大系列共30多个品种。目前，该公司又研发成功高效节能挤出机，并已经投入批量生产。此成果在中国乃至亚洲范围内均属于首创。这款机器采用先进的AC电动机+定量称重挤出系统，与其他同类产品相比，可节能20%~50%，且具备高可靠性、高响应和高精密的性能。除了高效节能挤出机，该公司正在研发在线可变径定径套技术。它是在欧洲成熟技术的基础上，结合我国制造业水平而创新、研发的。该项目目前已申请24项专利技术，在国内处于领先水平，在国际处于先进水平。

“客户的满意，就是我们的追求”，以市场为导向，想客户之所想，急客户之所急。技术创新和研发要站在市场发展的前沿，比客户想得更快、更周到，主动地去引领市场的发展。只有这样才能在市场竞争中立于不败之地，成为行业的常青树。

康润机械设有技术创新中心，拥有30多名经验丰富的优秀技术人员与研发工程师，负责新产品的开发、研制与改进提高，并根据不同客户的需求设计出各种机型的产品，确保把先进的设计理念贯穿于产品设计研发之中。企业研发中心还充分利用当地的优秀科研成果，与国家重点高校北京化工大学、浙江大学合作，建立了康润塑料机械工程研究基地，确保技术创新与时代前沿接轨，保持专业团队的精益化。

二、管理上精兵简政、高效运行

公司治理结构离不开人力资本，好的人力资本架构能够为公司的发展保驾护航。康润机械用人的宗旨是“唯才是用、唯贤是用”，既重视老员工的经验与忠诚，又重视年轻员工的斗志与激情，为每一位员工提供最适合的发展平台。康润机械的企业管理模式既摒弃了家族式的狭隘管理，又破除了官僚式管理，做到生产、财务、市场、研发和人力资源环环相扣、相互协作的和谐管理。

为了避开传统的成本差异化竞争与资源竞争的漩涡，实现企业的高起点，康润机械的技术研发人员打破在“四角的天空”里闭门造车的被动模式，积极与国内外专业技术厂家交流与合作。国外液压控制技术、电器控制技术企业相继到公司进行技术交流。通过对先进设计理念的引入、前沿技术的学习，技术研发人员的综合素质不断提高，设计思路不断开阔。同时，该公司鼓励技术走向市场，让技术研发人员直接面向客户，培养和树立他们的市场观念，让他们更了解市场、更贴近市场。除此之外，该公司还在办事处定期举办各种技术讲座，将公司的技术研发状况和技术性处理技巧传授给每一位营销人员，将他们打造成一支综合能力强、既懂技术又懂销售的营销团队，以便在售前、售中、售后都能很好地服务市场，随时满足客户个性化产品和服务的需要。

三、应对金融危机，彰显康润机械的坚韧不拔

2008年，无疑是让人刻骨铭心的一年。在这

一年里，先有上半年市场的过度激扬：人民币升值，股票市场一路涨停，投资融资轻而易举，央行连续六次加息抑制经济过热；再到下半年的极度低迷：原材料价格暴涨狂跌，劳动力成本急剧增加，出口不振，A股市场触底，央行银根紧缩，商业银行放贷授信慎之又慎。这些大起大落，让大量中小企业，甚至一些大型知名企业，一夜之间破产倒闭。为此，我国政府积极通过降低利息税和印花税，发行国家债券、投入4万亿扩大内需、减息等各种经济与行政杠杆拉动市场，度过经济周期的低谷。

康润机械在这场全球金融暴风雨的席卷中也受到了一定的冲击，但影响在全公司上下一心、众志成城的努力下得到了有效的抑制。在这个资金紧缺的时刻，该公司高层领导带头号召全体员工开源节流，节约每一分一毫成本，在保障日常必需的供应前提下，控制不必要的成本支出，杜绝一切浪费公共资源的行为。在这个斗志备受挫伤的时刻，该公司毫不犹豫地出台了一系列奖罚分明的政策，激励员工发挥主观能动性和创造力，为康润机械的生产、经营、研发和管理出谋划策。在这个难上加难的时刻，该公司一刻都不放松技术研发，研发工作进展卓见成效；不放弃萎靡不振的市场，毅然投入巨额成本去规范管理客户关系，珍惜每一个机会去维持老客户关系，挖掘新客户和新商机，保证每一台出厂的机器品质都能使客户满意。

四、展望未来，以“共赢”的价值观指导信息化建设

创新一定都是史无前例的改变，它可以是水滴石穿的质变；创新不意味着抛弃所有的旧事物，它可以是在原有的基础上改头换面。创新是企业生存和发展的原动力，是支撑企业屹立不倒的血肉之躯。没有创新理念的企业，如同一个失魂落魄的人，失去了在市场和行业中竞争的砝码。康润机械是国家级高新技术企业，国家火炬计划项目承担单位；拥有发明专利65项，实用新型专利412项。

俱往矣，康润机械踏出的每一步和每一次创新，带来的不仅是惊喜，更有希望。从2006年的诞生到今天在同行业中名列前茅，其间充满汗水、辛酸和甘甜。康润机械的经历让所有康润机械人以及康润机械客户相信：康润机械如同一名充满生机活力的战士，崇尚“共赢”的价值观，走信息化的道路，坚持创新的步履，一步一个脚印，踏踏实实地迈向辉煌！

康润机械将一如既往地坚持从客户需求出发，坚持技术创新，做好自己，迎接美好的未来！

新名称　新高度

——上海英威腾工业技术有限公司

2013年11月25日，英威腾集团（简称英威腾）旗下子公司上海御能动力科技有限公司获得工商部门换发登记的新营业执照，正式更名为上海英威腾工业技术有限公司（简称上海英威腾）。

更名后的上海英威腾仍将以交流伺服系统为核心产品，为客户提供包含伺服驱动在内的机电一体化系统解决方案，原KINWAY品牌保留为纺机和液压伺服领域专用产品品牌，通用伺服产品及其他新的产品统一采用INVT品牌。更名后的新公司会一如既往地为新老客户提供优质产品和及时高效的技术服务。

品牌整合有利于英威腾集团内部资源的共享及业务协同，极大提升了研发能力、产品质量管控、供应交付与营销服务能力。随着品牌整合的进一步深化，集团效应将进一步发挥。英威腾人相信，品牌统一战略将有利于为全球客户带来更为完善和有效的产品解决方案，英威腾也将在未来创造更好的经营业绩和盈利能力。

一、企业概况

上海英威腾成立于2005年，属英威腾（股票代码:002334）控股的中外合资公司。公司由多名在自动控制领域卓有建树的留美博士领衔创办，成功地将海外知名大型企业数十年的技术开发和管理经验移植到中国，已发展成为集研发、生产、销售和服务于一体的科技创新型公司，并已拥有苏州御能和宁波君纬两家子公司。公司成立以来曾先后获得张江高科技园区科技型创业企业、上海市高新技术企业、上海市创新型企业、浦东新区企业研发机构等称号。到目前为止，公司已申请发明专利14项、实用新型及外观专利29项，软件注册19项，拥有多个注册商标。

英威腾凭借其掌握的国际先进永磁同步电动机、电力电子、数字控制、传感器、网络及现场总线等核心技术，开发了一系列高端伺服系统和设备专用计算机控制系统，旗下INVT和KINWAY两个品牌的产品已广泛应用于塑料机械、纺机、油田、机床、工业机器人、包装机械、电子制造及光伏等领域。

公司致力于以领先的伺服驱动及自动化技术提升装备制造业水平，为客户创造更多价值，立志成为受人尊敬、客户信赖、全球卓越的工业自动化产品和服务供应商。

二、集团化战略

英威腾成立于2002年，致力于成为全球领先、受人尊敬的工业自动化和能源电力领域的产品与服务提供者，2010年在深圳证券交易所A股上市。英威腾是国家火炬计划重点高新技术企业，目前拥有12家控股子公司及分驻于全国的九大研发中心，拥有各类专利480多项，主要产品涵盖高、中、低压变频器，电梯智能整体机，伺服系统、PLC、HMI，电动机和电主轴，SVG、UPS及光伏逆变器等。英威腾现有员工1 600多人，大型生产基地4个，营销网络遍布国内及海外60多个国家和地区。

英威腾作为国内首家变频器上市公司，拥有非常丰富的渠道开发管理经验和渠道资源，正在筹建集团化的销售和服务平台，供英威腾及其下属12家子公司共享使用，以整个集团的资源优势，及时、高效地服务于市场。通过整合集团产品资源，可以为客户提供工业控制的系统解决方案，实现一站式销售、一站式服务。

三、丰富的产品线

随着公司市场规模的不断扩大，所涉及的行业越来越多，对产品多样化的需求日益迫切。上海英威腾采用通用产品与专用产品相结合的方法，已规划、搭建了通用的软硬件技术平台，在通用伺服平台的基础上选定细分市场进行专用化的二次开发，可为特定设备或客户开发个性化的产品。伺服系统规格0.2~55kW，已可覆盖80%以上的市场需求。具有代表性的产品及解决方案主要有：

1.通用型交流伺服系统

（1）经济型通用伺服产品。DB100系列交流伺服系统主要采用脉冲和模拟量控制，功率范围为0.2~5.5kW。该系列产品均内置制动单元和制动电阻，设计人性化，接线方便，调试简单，具有优异的高速反应性能，且内置共振抑制功能，可有效抑制机械结构的共振现象。DB100系列伺服系统见图1。

图1　DB100系列伺服系统

（2）高精度伺服系统

1）DA100系列高精度伺服系统。该系统是2013年最新推出的通用型高性能交流伺服系统，功率范围 0.2~5.5kW。标配 17 位绝对值编码器；支持全闭环控制；可通过脉冲信号、EtherCAT 等总线通信等方式进行控制，通过组网实现远距离、多轴高速同步控制。主要适用于机器人、数控机床、印刷机械、纺织机械和电子制造等高端应用场合。DA100 系列高精度伺服系统见图 2。

2)MH600 系列高精度伺服系统。该系统是最新研发的 MH600 高精度伺服系统，功率范围 3~45kW。自带 EtherCAT 通信功能；支持 17 位以上编码器和多种编码器接口；响应快速，精度高；可实现位置控制、速度控制和力矩控制；配有电子凸轮及电子齿轮。可适用于全电动注塑机、数控机床、工业机器人和印刷机械等高端领域，其中全电动注塑机应用制品的重量重复精度可达到 0.08‰。MH600 系列高精度伺服系统见图 3。

图 2　DA100 系列高精度伺服系统

图 3　MH600 系列高精度伺服系统

2.专用型电液伺服系统

上海英威腾在进行技术创新的同时深入研究注塑机械工艺流程及参数，将注塑机特定的工艺需求融入到控制软件算法中，使注塑机的能效和制品精度发挥到最佳状态。

据注塑机机型、流量和吨位的不同，上海英威腾提供四类伺服液压系统解决方案来满足不同客户需求，即单泵控制系统、多泵合流控制系统、多泵复合控制系统和多泵多模式控制系统。其中，多泵复合控制系统和多泵多模式控制系统旨在满足海外高端客户对大型注塑机的需求，已远销到韩国、俄罗斯等地。

单泵控制系统的功率范围为 7.5~55kW，可满足大部分 400t 以下的注塑机需求。更大锁模力的注塑机则采用多泵控制系统方案：主伺服驱动器根据上位机的需求，通过 CAN BUS 总线将数字命令传输给各子驱动器进行协调控制，各伺服驱动器根据应用需求确定最节能的工作状态，协同控制各电动机的力矩和转速，确保压力和流量的快速响应和稳定，以及制动过程的平稳转换。多泵合流控制系统最多可实现 16 套伺服液压泵的联动，最大流量可达 4 000L/min。MH500 电液伺服系统见图 4。

图 4　MH500 电液伺服系统

多泵复合控制方案是在多泵液压注塑机中同时采用多组分流与合流的控制方案，与单纯的多泵合流系统相比响应更快、更节能，成型周期更短；多泵多模式控制系统常用于 2 000t 以上注塑机的液压控制，泵的数量在 3 个以上，泵与泵之间有 4 种组合应用模式。

此外，PQ 解耦控制方案、多段 PID 和双排量柱塞泵等多项特色技术的应用，使节能效果和响应速度都有显著提高，也进一步巩固了 KINWAY 品牌伺服电液系统在行业内的竞争力，已在液压注塑机、压铸机、液压磨床等设备上成熟应用。

四、新名称、新高度

8年来，企业投资性质在变、公司名称在变、品牌策略在变，而始终未变的是节能、环保和低碳的主题，以及提升中华民族制造装备水平的社会责任感。公司每一次转变都预示着跨入新的发展阶段。

公司始终坚守“客户至上、品质第一、以人为本、持续创新”的质量方针，以“以领先的伺服驱动及自动化技术提升装备制造业水平，为客户创造更多价值”为使命，为实现“成为受人尊敬、客户信赖、全球卓越的工业自动化产品和服务供应商”这一美好愿景而不懈努力。

〔供稿单位：上海英威腾工业技术有限公司〕

晏邦电机工业有限公司

晏邦电机工业有限公司（简称晏邦）是专业塑料橡胶辅机的制造商，产品涵盖塑料加工业所需的五大辅机系统——原料输送系统、除湿干燥系统、配色混料系统、模具温控系统及粉碎回收系统，是业界少数可提供一站式产品与服务的供货商。晏邦自主品牌产品“晏邦”与“YANN BANG”销售到全球五大洲、80余个国家，完整的产品系列不仅能够帮助用户节省成本、降低产品不良率、提高工作效率外，并且随着近年环保节能设备的开发，更可让用户在追求利润的同时也能兼顾环保。

晏邦创立至今40年，历经三次全球石油危机，经历的经济风暴更是不计其数，而晏邦能够在逆境下成长，能够掌握瞬息万变的市场，随机应变得以永续经营，这一切都要归功于其拥有深厚的专业技术基础、充满活力的研发创新团队、稳健踏实的经营策略及坚持专注本业。1997年，晏邦即通过了ISO认证，多次获得政府相关机构奖项，例如金龙奖、金手奖、功能设计金品奖等，全系列产品均通过了CE认证。晏邦总公司位于中国台湾省台中市，在台北市、台南市设有分公司，在中国大陆成立相关企业“东莞鉅邦机电有限公司”，缩短了与客户的距离，为客户提供最快捷又优质的服务，并善用海峡两岸的资源成本差异进行生产经营，为客户提供多样性的选择。

一直以来，晏邦以“塑料橡胶周边设备的开拓者”自许，重视培养自主创新能力。解决塑料加工业的问题正是晏邦的专长，其不断地开发新设备、新技术以解决客户的困扰。1978年，晏邦推出中国台湾首台筒身与集尘室可分离的料斗干燥机，带给使用者清料、换料上的巨大便利，在市场上获得强烈反响，也奠定了晏邦于产业中不撼的地位。目前，晏邦已拥有中国大陆及台湾、德国、美国、日本的专利60多项。除湿干燥机系列产品获得了2000年及2009年“台湾精品奖”，并于2010年及2011年获得瑞士最大的媒体企业——荣格集团颁发的“塑料行业技术创新奖”。

晏邦的专业能力不仅体现在新产品开发上，还体现在可依据客户特殊需求规划整厂设备。整厂规划是现代化工厂的趋势，能达到高效率及高投资回报率，以中央供料系统为例，一套可控制30台机器的设备，可在2~3年内回收效益。南亚南通厂、海尔、富士康、翔鹭和拜耳等知名厂家都是晏邦的标志性客户，晏邦的规划能力获得了业界一致好评。整厂规划能根据场地情况或产品需求来调整处理程序及设备安装位置，不仅可让生产现场井然有序以展现客户专业的一面，自动化连续式处理还可大幅精简所需人力。当有产能提升的需求时，只需购置简单设备并更改主控台设定程序即可轻松解决，不必再购买功能重复的设备。通过智能人机界面操控，以精密的仪器自动地检测或记录任何时间段内所生产塑料的质量状况，可以防止污染物进入机器或损坏机器，避免操作者的失误，确保产品具有稳定优良的质量。晏邦在整厂规划方面拥有最专业的技术、最丰富的经验、最严谨的质量管理及整体素质最高的生产团队，能最大限度地满足客户的需求。

在供料方面，配合不同产业及厂房的需求，晏邦提供分离式及直立式真空填料机，其吸料筒有标准型、透明型、加高型、光学型及除尘型，多款样式供客户自由搭配，使生产效率极大化。近期，晏邦开发出一款"空气填料机"，其采用空气输送方式效率更高，同时还可避免原料回潮之困扰；无马达设计，低噪声、体积小、重量轻，可直接放置在成型机上，节省空间与设备成本；采用光学级不锈钢材质，并且不卡料，可避免污染；容易拆装清理，玻璃窗口方便检查工作情况，安全警报装置让作业员无安全之虑。该机适合小批量、多种类产品的生产，稳定性高，适于高精密的电子产业、医疗用塑料制品等对环境要求较高的行业使用。

随着地球变暖所带来的环保压力，有效减少碳排放量及节约能源是各领域企业所面临的不可避免的课题。晏邦努力不落人后，矢志让塑料加工业者也成为环保尖兵。"真空式除湿干燥机"是亮眼的代表作，创新的干燥方式不仅解决了塑料因长时间烘烤而产生变黄、变质的困扰，小批量、连续的干燥更能够保证原料的干燥效果，并可防止原料对水分再吸收的可能性，能为用户带来诸多效益。例如：该机可省电达 55%、节省 2/5 的空间、减碳效能达 70%、省时 83%、免换耗材、不良率降 30%、产能提升 6 倍，并可简化工作、提升透光度、提高效益等，特别是对于 3C 产业的产品，能有效增加镜片、背光板等相关产品的透光度。真空式除湿干燥机荣获 2009 年中国台湾精品奖、2010 荣格塑料行业技术创新奖，也已取得德国、中国大陆及台湾、美国及日本的专利。

在环保方面，塑料回收占很大比重，粉碎机在其中扮演着重要角色，用户需依据粉碎原料的形状大小、特性及产量选用适合的粉碎机。晏邦的强力型粉碎机、随机型粉碎机和慢速静音粉碎机刚好能符合客户的不同需求。过去，塑料产品生产过程中的边料、水口料，因为量少，加工者只能选择丢弃或集中一定量后再粉碎利用。但这些废料囤积在现场，易因静电黏附空气中的灰尘，致使再生料产生污点不利于使用，且会污染环境、占用空间，再次利用时需经分色、制粒、破坏塑性及再生粒的冗长过程，耗时耗工且不环保。利用晏邦"立即回收系统"进行生产，可在塑料物性未被完全破坏前，利用小型粉碎机立即将边料、水口料或不良品切割成次料，再经过混合比例阀精确控制，将次料酌量加入到新料中，这不但不影响成品质量，而且可以减少资源浪费。小型粉碎机占地少、噪声小、耗电量低，可全天候连续使用。

塑料加工过程中需将塑料按不同配方混合后，再注入成型机生产。传统的人工控制方式，不精确、不环保且费工，先进一些的设备用入料方向来控制料粒与色母，但比例控制同样不精确，容易造成质量不稳定。晏邦的专利产品"累重式计量配色混料系统"，根据使用原料配方的不同，利用智能机算机系统精确地计量每种配方比例投入生产，计量精度达±0.2%，每批成品质量都很稳定。该系列产品有多种型号供选择，既可以螺杆式与匣刀式搭配选择，也可以依空间规划选择直立式或分离式；原料处理种类从 2 种到 8 种，包括新料、次料、色母和多种添加剂，定量秤重计量和搅拌，单机就可以处理全部配色混料，保持工作环境的整洁；全部采用不锈钢材质，美观、耐用，分区式结构拆装容易、方便清理；50 组的历史报表记录，是维修及保养时的好帮手；控制箱附挂在主机上，一体化的精巧设计节省空间。另外，该系列产品附有工作轮，方便移动。

模具温度会影响成品表面质量、流动性、收缩率、注塑周期及变形等诸多方面，用户需依据加工的材料、模具的重量、预热的时间和生产率等综合考虑选择模温机。宏全、帝宝、合默麟等知名厂家选用晏邦模具控温系列产品后反映良好，并多次购买，这是客户对晏邦产品最直接的肯定。一般而言，水介质比热媒油的热传导效能好，节能效果也好，晏邦升级版的“高温水式模具控温机”，水温可从 140℃升高到 180℃，并借助压力原理，使水的温度达 180℃时不会汽化，没有油气产生造成污染，提供了一个良好的环境空间。同时，其智能控制系统使机械使用寿命更长，温控精确度达 0.1℃、误差值可控制在±0.3℃以内。该产品应用领域非常广泛，如高精密的电子产业、医疗塑料制品或化妆品包装等行业均可适用，是晏邦另一个节能又环保的绿色产品。

随着 3C 产业蓬勃发展，消费者对产品外观质量的要求越来越高，例如手机、平板电脑外壳、液晶电视边框等，表面愈光滑愈能显出其质感。利用高模温即可达到产品高亮面的效果，但相应地冷却时间就会增加并且延长成型周期，如此一来便降低了生产效率。晏邦最新上市的“急冷急热模具控温机”能够解决上述问题并提高质量。它配合成型机信号提供热水或冷水系统，能快速达到升温、降温的效果，生产速度比传统机型快 3 倍；热水温度可高达 180℃，高模温提高了塑料流动性，有助于薄壁成型产品质量和强度的提升，产品外观可达到亮如镜面，不需二次喷漆加工，省工又环保。该机采用断热式行动控制箱，延长控制组件寿命，还可以提高空间运用的灵活度。可程控组件的智能化计算机控制荧屏整合了操作接口及运转状况，数字化显示面板一目了然，时间、温度与成型机信号结合，具有冷热水液位、温度、压力过载等 24 项保护警示装置，使安全有保障。

晏邦是中国台湾塑料橡胶辅机的领导品牌，坚持专注本业、脚踏实地的经营模式，秉持技术领航、质量为先、节能减碳、热诚服务、共创双赢的经营理念，永续经营。

〔供稿单位：晏邦电机工业有限公司〕

德马格在中国十五年

一、关于德马格

德马格——世界顶级注塑机制造商！

德马格一直以来都是注塑行业中的领导者之一。早在 1956 年，德马格的前身，位于德国纽伦堡的 Ankerwerk Gebr. Goller 开发并生产了世界上第一台单螺杆注塑机。从那时起，德马格积累了大量的生产经验，不断致力于新产品、新工艺的开发。位于德国图林根的 Wiehe 工厂有着近 40 年的生产高性能小型机的历史。自 1993 年实行现代化生产以来，该工厂已经成为生产锁模力≤2 100kN 的小型注塑机的领导者之一。1999 年，德马格成功开发并生产了电液混合动力注塑机——高速注塑机（EL-EXIS S），开创了高速成型和节能注塑之先河。

如今，德马格可专业生产锁模力为 250～20 000kN的注射成型机。德马格技术为世界众多的注射成型机生产商所青睐，用于以热塑性塑料、弹性塑料及热固性塑料为原料的塑料制品的生产，行业应用范围广，覆盖面大。运用注射成型机制成的产品包括商品或周转用的外包装、高精密技术元件、汽车配件和日用消费品等。此外，德马格还提供配套的下游设备，如制品处理装置，以及系统化的解决方案，用于某些复杂注射成型制品的部分或全部自动化生产。凭借强大的技术支持和灵活的融资服务，德马格注射成型机的产品附加值大为增加。

德马格 ——注塑机行业第一个真正意义上的全球化公司！

2008 年初，德马格又一次聚焦了全球业界的眼球，与日本最大的注塑机生产商住友重工株式会社合并，成立了注塑机行业的第一个真正意义上的全球化公司——住友（SHI）德马格。德马格在德国、日本和中国共设有 5 个生产基地，专家及雇员超过 3 000 人，研发并生产全电动、混合动力及液压式注塑机，锁模力从 180kN 至 20 000kN。

德马格积累了大量经验，成为塑料加工行业广大客户的理想合作伙伴。公司拥有强大的售后服务网络，并可为全球客户提供除注塑机以外的特殊的定制方案，其内容包括财务准备、工艺技术发展、完备的自动控制系统及定制的维修服务。

二、德马格在我国的生产基地介绍

德马格是最早在我国开设工厂的国外注塑机生产商，德马格塑料机械（宁波）有限公司是其在我国设立的生产基地。1998 年，德马格和海天集团共同出资在我国宁波建厂，即德马格塑料机械（宁波）有限公司的前身——合资公司德马格海天塑料机械有限公司，这标志着德马格开始进入我国市场。经过几年的发展，德马格越来越认识到我国市场的重要性，2005 年 12 月，经过股权转让，德马格塑料机械（宁波）有限公司成为德马格 100% 控股的全资子公司，德马格在我国进入了高速发展阶段。2007 年，宁波新厂区的建成投产标志着德马格在我国的二次扩张拉开序幕。15 年来，德马格在我国工厂的厂房面积由第一家的 3 500m^2 扩展到第三家的 11 060m^2，这也是其在我国取得成功的一个缩影。1999—2012 年，德马格的机器销量年均增长率达到 35% 以上。

2008 年，德马格塑料机械（宁波）有限公司成功引进了德国德马格最新一代的 Systec 系列机型。目前，公司拥有锁模力从 500kN 到 10 000kN 的系列机型，其性能和质量与德国德马格的产品完全相同。同时，公司还将结合节能环保的行业发展趋势，重点开发油电混合注塑机，大型注塑机和小型全电动注塑机的开发也正在规划之中，公司整体发展重心将与德国德马格保持一致。

2013 年，尽管全球经济发展势头趋缓，德马格总部依然加大了对中国地区的投资，在宁波北仑霞浦工业园区购入面积 26.7 万 m^2（40 亩）的土地。目前已完成新厂房的前期设计工作，施工建设将于 2014 年全面展开，计划于 2015 年 6 月正式投入使用。该项目总投入 1 300 万欧元，主要生产高精密伺服节能注塑机，以满足高端市场的需求。设计产能为每年 1 500 台，主要以生产环境友好型、节能型的高新技术产品为主。新厂房在北仑的落户，显示了德马格扎根我国市场的决心，其向着中国本土化发展战略迈出了坚实的一步。

作为德马格在亚洲的生产基地，德马格塑料机械（宁波）有限公司秉承德国德马格一贯的运营理念和专业精神，充分利用自身优势，为我国用户提供多种注塑任务的解决方案。其完全承袭了符合欧洲标准的德马格技术，是德国技术在我国成功运用的典范。同时，实现了国产化的注塑机具有良好性价比，交货时间更短，技术支持和售后服务更快捷，真正体现了“德国技术，中国制造”。

目前，德马格在我国的销售及售后服务网络遍布全国，在我国市场运转的德马格设备超过 7 000 台，广泛应用于电子、包装、汽车部件、家电、医疗器械、消费品等众多领域，成为欧洲在中国最强势的品牌。公司的服务宗旨是：长期不懈地为客户提供全面可靠的技术支持和售后服务。

三、德马格专家团队提供定制服务

只有真正了解客户的需求，提供量身定制的解决方案，企业才能取得成功。德马格在全球范围内安装设备超过 50 000 台，几乎没有任何尚未处理过的问题，积累了大量经验，成为塑料行业的广大客户的理想合作伙伴。

德马格主要专注于汽车、电子、包装及医疗行业，为每个行业都配备了专业的专家团队，可提供全面的解决方案、出色的机械技术、高性能的工具和灵活的自动化系统。每个客户都能得到专业和个性化的服务，包括财务支持、设备调试和技术培训。

（1）汽车行业。在 20 世纪 80 年代初，汽车工业就成为德马格发展新技术的主要推进力。由于汽车中运用的塑料件在不断增加，因此，德马格不断改进设备，以满足产品对于精度和完美性的特殊需求。

在汽车行业，德马格专注于照明系统、发动机组件、内饰件及外饰件领域，在这些领域有着丰富的经验，并可为客户提供理想的解决方案。生产工艺包括模内装饰技术（IMD）、模内嵌件注塑、多组分工艺、低压注塑二次合模和软发泡注射技术。

(2)电子行业。目前，电子行业对个性化电子元件的需求逐渐增加。个性化电子元件通常有着复杂的几何形状，或是与其他电子元件相连的薄壁产品。对个性化电子元件的需求推进了注塑机向小型化发展，只有高效率、高精度和高可靠性的注塑设备才能够满足个性化电子元件的生产需求。另外，电子行业对于定制工艺的需求日渐增多，如笔记本电脑外壳、密封系统电子元件外壳等。

在电子行业，德马格专注于连接器和接插件、电脑和消费品电子元器件、家用电器及汽车电子配件。德马格在这些领域有着丰富的经验，并可为客户提供理想的解决方案。生产工艺包括模内装饰技术（IMD）、模内嵌件注塑技术和软发泡注射技术。德马格生产的注塑设备能够满足电子行业对注塑件精度和生产速度的特殊要求。

(3)包装行业。由于产品的细分，产品的包装除了其本身单纯的包装功能外，对产品的成功销售也起到越来越重要的作用。因此，对包装产品的要求也日渐提高。另一方面，高效节能的产品对包装往往有特殊的要求。这就是高效率、高速注塑机主宰包装领域的原因所在。1998年，德马格就成功推出了El-Exis型混合动力高速注塑机机，在包装行业奠定了良好的基础。目前，德马格已经成为包装行业中的佼佼者。

在包装行业，德马格专注于以下领域：标准螺纹盖、密封件或瓶盖，特殊螺纹盖、密封件或瓶盖，薄壁包装产品，塑料桶。德马格在这些领域有着丰富的经验，并可为客户提供理想的解决方案。如用于生产薄壁产品或塑料桶的模内装饰技术（IMD）和模内贴标技术（IML）等。对于食品、医药或技术包装行业，德马格充分考虑了其复杂性和国家的特殊要求。

四、德马格完善的品质保证体系

德马格坚持“高品质的制品，全方位的服务，快速及时的反应”的理念，为了成为用户最坚实可靠的后盾，德玛格一直致力于生产工艺和工作流程的跟踪和改进。1993年，德马格的德国生产基地就获得了ISO 9001质量管理体系认证证书。2001年，德马格开始执行DIN ISO 9001：200/VDA 6.4和ISO/TS16949质量管理标准，与国际汽车行业标准接轨。德马格还负责对机器进行定期或不定期检测，如果用户有要求，德马格还会对服务期内的每一台机器进行一次彻底的检查，并根据相关标准向用户出具一份合格证书。有求必应，一切从用户出发，服务于用户：从工艺技术、文件编辑直到为客户定做的自动化解决方案。

五、德玛格智能化注射成型技术面向未来市场

智能化解决方案，即机器系统模块化，旨在缩短产品生产周期，满足日益增长的需求。所有机器部件全部模块化，使配置高度灵活，能够根据需要以最经济的方式实现任意一种机器构型。与之相呼应的人文化设计进一步保证了机器的高效运行。

智能化解决方案的创造成功意味着应用德马格的智能化注射成型技术，能帮助客户站在市场的最前沿。要想保持在竞争中的优势，一个强势的富于创新精神的合作伙伴必不可少。这也是德马格联合各种力量，一跃成为世界顶级注射成型机制造商的原因。

精诚多款模具精彩绽放华南市场

——浙江精诚模具机械有限公司

浙江精诚模具机械有限公司（简称精诚模具）作为我国挤出平模头行业的骨干企业，一直致力于实现高端模具在平挤出领域中的国产化，从而在保证设备质量的前提下，降低设备成本，为用户带来性价比最佳的产品。精诚模具一直与国内最优秀的挤出设备生产企业保持密切合作，共同开发新技术，实现新突破。2013 年 11 月，精诚模具与华南地区的三大挤出设备生产厂家合作生产的多款流延薄膜设备试机成功。其中，与汕头金明塑胶设备有限公司共同开发生产的 5 500mmCPP 自动流延薄膜生产线，与广东仕诚塑料机械有限公司共同开发生产的 3 600mmCPP 自动流延薄膜生产线，与佛山捷勒塑料设备有限公司共同开发生产的 4 200mmPE手动流延薄膜生产线在 1 周内都实现了成功试机，加速了该类设备的国产化进程。

由于 CPP 流延薄膜是平挤薄膜，可以方便实现印刷、复合等后续工序，因而被广泛地应用于食品、医药、纺织、日用品等行业中。国内规模最大的薄膜生产企业——汕头金明塑胶设备有限公司，一直致力于 CPP 流延薄膜生产设备的研发，并与精诚模具多年合作，共同攻克生产技术难题。2013 年 11 月 6 日，精诚模具在汕头金明塑胶设备有限公司举办了首场产品秀，公司生产的 5 500mm 多层共挤薄膜自动模头及配套产品完美演绎了 CPP 自动流延薄膜的生产过程。该设备线速度为 210m/min，精度控制在±1%以内，生产的薄膜厚度与预设的厚度（25μm）完全符合，而且薄膜平整光滑、整齐均匀，获得了业界的一致认可，得到了同行的高度评价。

2013 年 11 月 7 日，在佛山举办的“中国塑料工业行业峰会”上，精诚模具配合广东仕诚塑料机械有限公司生产的 3 600mmCPP 自动流延薄膜生产线也成功试机，为本次峰会带来了惊喜，同时，也再次证明了精诚模具的实力。

2013 年 11 月 9 日，一场薄膜生产盛宴在佛山捷勒的新工厂内上演，捷勒的压花薄膜生产线配以 4 000mmPE 的精诚模具再次不负众望，成功试机。与同类型设备相比，无论从生产速度、产量，还是薄膜透明性、光泽性、厚度均匀性上都得到了显著地提升。值得一提的是，此次精诚模具与捷勒重磅推出的此生产线分为上下两层，有效地节省了空间，和谐的颜色搭配和倍显美感的机械设计让来宾充分感受到了精密机械制造工艺的魅力。

作为国内三大工业基地之一，珠三角一直是我国轻工业制品的核心地区，众多的塑料制品生产企业让华南地区的机械设备以高端齐全而闻名，在塑料加工工业中，众多具有代表性的企业都出自于此，华南地区的塑料机械不仅在数量上，更在质量上引领着行业的潮流。在平挤出领域，汕头金明塑胶设备有限公司、广东仕诚塑料机械有限公司等企业都是行业的代表性企业，是国内挤出设备领域先进技术的持有者，而精诚模具一直致力于与这些知名企业合作，致力于生产与欧日系列产品相媲美的设备。通过与这些企业的成功合作，精诚模具再一次迈向了新的起点。与国际知名品牌设备相比，国产挤出设备具备三大竞争优势，即设备的稳定性和精密性非常有保证、价格优势更加明显、管理服务更加本地化。经过多年的发展，国产挤出设备生产厂商已经形成了一套非常完善的体系，其生产的产品质量和产量均可满足国内需求。同时，在采购、物流、交货、生产等成本上，国内产品都要远低于国外产品，性价比优势突出。在服务上，国内厂商更及时便捷的服务及初具规模的国际化服务体系也将为用户带来不一样的体验。

华南市场在我国塑料工业中的重要作用在未来将更加突出，而这其中一系列的代表企业的精品呈现的是中国高端市场的需求，代表的是未来市场的走向。在一周之内，配备精诚模具多款模头的众多机械设备实现了成功试机，精诚模具也在与客户的合作中实现着"精益求精、诚挚合作"的理念，为国内外用户带来更多的惊喜。

〔供稿单位：浙江精诚模具机械有限公司〕

高 端 访 谈

稳扎稳打　自强不息

——天行自动化机械股份有限公司副总经理张景棠专访

古人云：天行健，君子以自强不息。对于企业，只有不断地创新和进步，才能永远走在行业的前端。天行自动化机械股份有限公司就是这样一家自强不息，稳扎稳打，走在行业前列的龙头企业。

天行自动化机械股份有限公司（简称天行）1988年成立于中国台湾，创始人施复兴先生以"天行"命名公司，旨在以"天行健，君子以自强不息"的信念经营企业。经过20多年的考验与沉淀，天行已成为我国注塑机械行业最大、最专业，专业生产射出成型机专用机械手臂及周边自动化设备，集产品设计、制造、销售、服务为一体，年销量达15 000台机械手臂的大型高科技企业。天行机械手臂家族有十个系列近百种型号，产品重量从20t到6 000t。不论是家电产品、计算机及周边产品、汽机车零件、通信产品、办公用机器设备零件，还是化妆品、光电产品、PET或是超快速精准的应用，都可以用到天行的产品。

近日，记者有幸采访到天行副总经理张景棠先生，并针对天行的企业管理、创新研发、发展战略等焦点问题，展开了面对面的对话和交流。采访一开始，张总就强调：天行的生产与服务一体化，不走代理模式。与其他公司相比，天行不是只卖产品，而是给客户提供一种优质的服务和高端的技术！的确，20多年风雨兼程，如今天行拥有充足的人力资源，在技术管理和专业设计方面不断创新，积累了丰富的经验。无论是在产品质量上还是在安全上，天行都可圈可点，尤其是其产品适用范围广泛，质量优越，性能可靠，赢得了全世界客户的青睐。

年鉴社：您认为天行在中国市场上存在哪些竞争优势？中国本土企业对贵司带来了哪些竞争？

张景棠：天行总是努力追求最大限度地满足不同客户的需求，为客户提供高性能、高品质、高精度及经久耐用的产品。公司设有开发、机械加工、装配、服务和销售等完整体系，拥有先进的生产设备及备用零件仓库，可以在最短的时间内为客户提供快速的服务和零件供应，解除客户的后顾之忧。最重要的是，天行拥有25年的自动化经验累积，可满足越来越多客户的不同类别的自动化需求，为客户提供高速取出、五金埋入、模内贴标、料头剪除及二次埋入成型等自动化应用方案，比同行业其他企业具有更大的竞争优势。当然，低价竞争是各行业都不可避免的，天行也在确保质量的前提下力求降低成本，以求回馈广大的用户！

年鉴社：天行是何时进军大陆市场的？现在发展情况如何？

张景棠：天行自 1994 年进入中国大陆，在深圳设立营业所，经过 20 年的不懈努力，一举成为世界知名的领导品牌之一。2001 年，天行在东莞成立了东莞艾尔发自动化机械有限公司，占地面积 5.4 万 m^2；2004 年在苏州成立了艾尔发（苏州）自动化科技有限公司，占地面积 3.8 万 m^2。这两个工厂主要生产自动化机械手臂及注塑机相关配套设备，均设有开发、机械加工、装配、服务、销售等完整体系。为服务广大的客户群体，天行已在大陆市场共成立了 95 个办事处。

年鉴社：创新研发是一个公司保持竞争力的重要因素，天行在这方面是如何部署的？请张总为我们介绍一下贵公司的研发情况。

张景棠：一直以来，研发都是天行的强项，相比于市场上大部分机械手厂家的抄袭，天行公司每年都会拿出营业额的 5%用于新技术、新材料、新应用的开发。天行目前有 3 个工厂，其研发部门每年底都会推出短期的一年计划并讨论修正中、长期的规划。每个工厂分别负责不同的项目，基本上做到了术业有专攻。

天行推出的每一款新机型都经过严密的测试，巨细无遗。从产品的设计开发到产品的加工、组装、测试、安装，均能够满足客户的要求。天行拥有多年经验的研发团队，包括系统整合、机械设计、电路设计、软件开发等，均运用先进的计算机辅助设计系统、3D 立体设计软件及仿真真实状况与分析软件，能够不断地改善现有机型并推出新机型以满足市场及客户的需求。

年鉴社：商场如战场，服务犹如粮草，服务显得越来越重要了。请您介绍一下贵公司的服务理念具体是怎样的？

张景棠："及时化的服务"——天行力求为客户提供贴身、贴心的服务。我们的服务宗旨是在最短的时间内使发生故障的机械手恢复运转，为客户解除后顾之忧。同时，定期举办免费的客户教育训练，针对机台的使用、治具的应用、简单的故障排除及正确的保养等内容进行培训，务使车间操作人员的技术能够与时俱进，更能延长机台寿命。

年鉴社：目前天行的网络营销现状如何？

张景棠：天行奉行生产与服务一体化，不走代理模式。天行在国内设有营业办事处 95 个，在国外的代理商遍布全球，包括美国、英国、土耳其、西班牙、巴西、阿根廷、越南、泰国等多达 20 多个国家，已形成了遍布全球的营销网络。

年鉴社：2013 年，贵公司发生了哪些重要的事件？在这一年的发展中，中国塑料工业界给您最深的感受是什么？

张景棠：2013 年，天行最值得骄傲的是推出了一些新的机型，伺服机械手的型号已经从原来的 R600 做到了现在的 R1400，新产品不论从速度上还是外观上都有了新变化。在客户对全伺服机械手要求越来越高的背景下，机械手的性能也需要不断提高。目前，国内自动化机械手的安装率很低，客户很重视设备的轻量化，因为只有设备变得更轻才能够速度更快，而提高产能永远是客户最关心的问题。目前，华南地区的竞争已经非常激烈，但这样也更能鞭策天行不断向前发展，只有竞争才能够让客户的选择越来越多，自动化机械手的前进速度也可以越来越快。总而言之，竞争是促进行业发展的手段之一。要想让客户减少成本，就要在原有生产时间的基础上提高产量。

年鉴社：贵公司 2013 年目标是怎样的？为 2014 年的发展做好了哪些谋划？

张景棠：天行 2013 年的任务目标是比上年提高 25%的营业额。就目前完成情况来看，华南地区的增长可达 10%，而华东地区则达到了 35%，这两项数据也充分说明天行在朝着更加成熟稳定的方向发展。

2014年是天行筹划比较多的一年，产品的更新换代也会更多，当然，新项目的出现也是天行为2014年所做的准备。未来，天行不仅要在国内既有营业点的区域上再细化经营区域，更加贴心地为客户服务外，也会向华中及西部等地区持续开发新区域，做到客户在哪里，天行的服务就在哪里；在海外，公司打算在菲律宾、马来西亚、印度尼西亚等东南亚国家直接设服务点，将逐步完善海外尤其是东南亚各国的服务质量。

2014年，天行会做得更好！

超凡战斗力助伊之密实现跨越

——广东伊之密精密机械股份有限公司董事总经理甄荣辉专访

广东伊之密精密机械股份有限公司（简称伊之密）是专注于模压成型专用机械设备的设计、研发、生产、销售及服务的高新技术企业。始创于2002年，位于中国著名的工业之都——顺德（国家级高新技术产业区），占地面积达8万m^2，以高精度注射成型机、高性能铝镁合金压铸机、高品质橡胶机为主导产品。成立至今，伊之密凭借雄厚的资金与规模实力支持，结合业界最优秀的研发、设计、制造、服务和营销团队，秉持“让中国装备技术与世界同步，并为全球客户创造更佳的投资回报及客户体验”的企业宗旨，致力成为一家经营好、管理好、文化好，让员工引以为豪，为社会仰慕及尊敬的企业。

伊之密拥有省级企业技术中心、工程中心，并设立了博士后科研工作站，目前已成为我国最具竞争力和发展潜力的大型装备综合服务商、我国最具规模的装备制造企业、国家级高新技术企业及国家级火炬计划项目实施企业单位。2009年以来，公司持续快速增长，2010—2012年营业收入年度复合增长率超过30%。伊之密董事总经理甄荣辉透露，2013年上半年，伊之密产值比上年同期增长了20%。可以说，伊之密向2015年冲击20亿元产值的目标又迈进了一步。

伊之密凭什么发展那么快？几大关键决策很重要

今天的伊之密之所以能有如此辉煌的发展，源于在其发展前期有一个很重要的决定，就是把厂址从四基搬到高黎。

“最初在四基那个环境下设厂，可发展空间很小，搬到高新区之后，企业就有了一个很好的发展平台，无论是整体环境、企业形象，还是厂房的条件都得到了很大的提升。伊之密这些年的快速发展，还得益于另一个关键性的决定，就是在2004年，伊之密引进了第二个产品——压铸机。”在甄荣辉看来，伊之密早期的这两个部署，对其后来的发展发挥了根本性的作用。

甄荣辉2008年正式加入伊之密，在此之前已经有10多年注塑机行业的工作经验。甄荣辉回忆，刚加入伊之密不久就接受了一个挑战，至今令他印象深刻。2008年是一个多事而又令人难忘的年份，当年那场席卷全球的金融危机直到现在还让不少人心有余悸。

“我记得很清楚，2008年9月30日，我们刚开完第三季度总结会议的时候，大家都很开心。谁知国庆节假期一回来就传来金融危机的消息，可以说当时一下子落差很大，整个经济大幅度下滑，需求萎缩。那时我们的新厂房刚刚打好桩，还买了1台1 000多万元的设备，订金都已经付了。所以当时我们要做出决定：新厂房是否继续兴建？1 000多万元的设备是否继续购买？”这两个问题困扰了甄荣辉很多天，整个团队也犹豫了很久，最后，甄荣辉还是决定咬紧牙关继续兴建新厂房和购入新设备。

“董事长陈敬财先生当时对我说，就算企业承担不了，他个人还有能力去解决。陈董事长这句话，对我们整个团队是很大的鼓舞，也令我们信心倍增。”甄荣辉说。为了减少开支，公司高层领导带头减薪，也相应地削减了一些能免就免的公司开销。2009年政府救市，造就了制造业的超级黄金发展时期，而伊之密新厂房在这一年的5月正式建成投产，恰恰赶上了这一大好发展机遇，这让伊之密在竞争日渐激烈的市场环境中创下了连续三年高速增长33%的奇迹，在业界留下了一段佳话。

由于金融危机的影响，伊之密大部分的同行都选择了收缩，减少产量、放弃投资，甚至选择了最致命的裁员。而伊之密并没有像有些企业那样以硬性指标裁员，而是选择了提前放假，或对年度综合评定不及格的员工采取劝退。所以，当新一轮发展机遇来临时，许多同行并不敢扩大生产，因为人手不够，而伊之密则把握住了机会，迎头而上。

2009年，伊之密又追加了一项投资，就是购买现在大良五沙生产基地的土地。“2013年，伊之密五沙工厂一期就可投入使用。而在2009年上半年，我们其实一直在犹豫要不要买入五沙的地。陈董事长在这方面的投资经验比较丰富，经过他的经验传授，最后就做出了买地这个重大的决定。这对伊之密以后的发展带来了重要的影响。”甄荣辉说。

伊之密的管理密码是什么？核心作业由事业部独立负责

以技术为主的企业，主要的精力在于如何做好产品，往往会忽略品牌的建设。甄荣辉加盟伊之密之后，开始着力建设企业的品牌形象和加强企业内部管理。品牌形象建设包括对品牌的重新定位，如新的logo、新的VI，重新塑造企业对外的形象，注重在媒体上的曝光，更多的提及企业文化等，从各方面去培养伊之密品牌的美誉度。这也是甄荣辉“木桶理论”的应用实践。

在企业管理方面，为了推动事业部的发展，3年前，伊之密就引入了惠普公司的系列培训过程，结合企业的实际情况推广应用。在企业的集权和分权上，甄荣辉大胆尝试并找到了一个很好的平衡点，偏向授权、低控制、高支持的理念，使事业部员工摆正了心态，增强了主动性，提升了能力。

“从产品设计、研发、生产、品质、成本到销售和售后服务，围绕产品核心的作业都是事业部负责。另外，我们尝试用西方平衡计分卡的方式，对事业部进行绩效评价，从财务、客户、内部运营、学习与成长四个角度，将组织的战略落实为可操作的衡量指标和目标值，目的就是要建立‘实现战略制导’的绩效管理系统，从而保证企业战略得到有效执行。”甄荣辉说。大部分企业往往太关注短期的财务指标，各部门汇报时都是以财务指标为主，如利润率、资金回笼率、存货周转率、产值等。但是，企业应该既照顾短期目标又考虑长远发展，不能仅仅关注财务指标，还需要长期关注市场和客户，因为今天的财务指标好并不代表客户的满意度在提升。

每年年初，伊之密各事业部都会制作一个报表，清晰地列出当年部门定下的目标。然后，甄荣辉每3个月会和各事业部管理层开一次季度评检会，看看指标完成得怎么样，需要公司怎样的支持等。“最怕就是半年才开一次会，甚至一年才开一次会。年度报告年年都会做，但是年年到年尾就只会挑一些做成了的事情来说，然后没完成的就留到下一年继续做。”甄荣辉还指出，流程的优化也是企业管理的重要部分。生产、品质管理、设计、人力资源等贯穿公司运作的各项工作都牵涉到流程，也就是所谓的运营效率。那么流程是否在优化以减少内控？是否能够更加快速地响应市场的不断变化？而流程的优化就需要好的IT技术的支持。还有就是人才的培训，以及员工的技术提升。

伊之密人人是“伊哥”！这是一种怎样的文化？

在谈到企业文化的时候，甄荣辉指出，企业老板分成两种，其中一种是专家型老板，什么都比员工棒。“专家型的老板会出现一个问题，就是你是老板、你是专家，所有人都得听你的，而你的能力就是这个企业的能力了，你的眼界就决定了你的企业的高度，没有一个人高过你的高度。不可否认，有些企业采用这种方式是成功的，因为老板的确很强，但是，不可避免的是企业不可能出现多元化。而当老板的能力到了一定高度的时候，企业就会停滞不前。”甄荣辉表示，伊之密的企业文化之所以是“以人为本”，就是希望公司内部能够有更多的思想碰撞，向多元化发展，而且对人才的吸引力也会大大提升。甄荣辉相信，企业的成功离不开所有员工的劳动成果，而不是老板个人。

多年职业经理人生涯的经验告诉甄荣辉，人才往往不是给多少工资就能留住，或者被吸引来的，人才更注重的是企业的可发展性和能够受到尊重。比如基于一个看似合理的经济学假设：员工是业务流程中一个客观的个体，如机器、厂房一样，那么员工就是一项需要严格控制的成本。而基于另外一种将“员工视为企业生命源泉”的假设，将企业发展理念像泉水一样不断滋润、渗透到每一位员工的心里，那么员工就是关乎企业基业常青的长远投资。所以，伊之密关注员工的感受，强调和尊重员工作为企业主人的担当品格，同时将员工企业主人的身份具体体现于各项管理实践中。

伊之密不是要做“风投”，而是要做行业的资源提供者

早前有媒体报道伊之密要成为机械装备行业的“风投”企业，甄荣辉表示这并不妥当，“因为说到风投，会给人一个不良好的印象就是只看钱，而我们则更偏向于做一个‘资源提供者’或者‘平台提供者’。”甄荣辉认为，“风投”对于企业的健康成长并不能给予多大的帮助，伊之密是选择收购或者入股某企业，输入自己的管理模式，补齐他们的弱项，实现良性发展。伊之密的橡胶机事业部就是采用这种方式运作的一个很好的例子。

下一步，伊之密还在酝酿建一个新的事业部，也是采用这样的方式进行运作，但是，在合作的时候，会尝试合作方既有公司又有个人。“我们也希望引进新的技术，使得企业向多元化发展。这样做第一可以降低企业的风险，第二可以提供一个很好的平台，以便使企业员工实现自己的价值。”甄荣辉说。

伊之密走出去有何新动作？印度等发展中国家是重点

目前，伊之密真正完全定制的产品约占 20%，机器中带非标配置元素的产品比例已高达 80%。日本和欧洲完全非标生产的产品比例为 40%～50%。甄荣辉预测，机械装备今后的发展趋势就是“差异化”，不仅能够提供产品，更重要的是能够提供系统解决方案。

对于顺德机械产业的发展，甄荣辉认为产品必须要升级。“往年顺德周边的一些配套环境是很完善的，这也导致了企业产生了一定的依赖性。但 2013 年因为经济环境差，周边的配套企业都在萎缩，导致装备行业很多配件需要企业自己内部加工，这个比例不断上升，伊之密也遇到了这样的情况。但中小型的装备企业很难完成内部大量零件的加工，这是目前整个行业都面对的问题。”

此外，甄荣辉还指出，由于成本不断提升，产品同质化越来越严重，如果无法做到产品升级或者市场升级，企业未来的发展就会越来越难，甚至是生存都会成为问题。

对于“走出去”的理解，甄荣辉认为，与全球同行的交流是企业升级发展不可或缺的重要一环。目前我国经济面临整体转型，传统的以加工业为基础的经济已经难以为继，走出去不仅意味着产品市场的扩展，也包含我们越来越多地与国内外同行的交流。取长补短、扬长避短是伊之密必须一直恪守的理念。

未来对于机械装备需求最大的必然是发展中国家，如何尽快在这个市场中分一杯羹，是每个机械企业应该思考的问题。甄荣辉认为，企业占领发展中国家市场的方法不应该像以前一样，靠一些中介、贸易商把产品卖到当地市场，而必须要在当地设厂，这样才能更了解当地市场的需求，也更容易打入当地市场。未来，伊之密也将筹划在一些发展中国家设厂。“海外建厂将会是以人口众多、有一定发展潜力的国家为主，有一定发展潜力的有印度、印度尼西亚、巴西等。”甄荣辉透露。

据悉，伊之密已启动印度投资计划。类似伊之密北美 HPM 公司的发展方式，伊之密在印度的发展，同样是先建立技术服务中心，摸清当地的供应链体系、法律法规、市场和竞争对手等相关信息。

对于伊之密的上市进程，甄荣辉表示，和众多企业一样，伊之密还在“排队”。“只要 IPO 资金一到位，我们很多新项目就会立即启动。”他说，预计到 2015 年，伊之密的产值将可翻一番，达到 20 亿元。

〔供稿单位：广东伊之密精密机械股份有限公司〕

产品与项目

介绍进入国家火炬计划项目、国家重点节能技术推广目录的项目及2013年塑料机械行业获“中国机械工业科学技术奖”的情况，公布优势企业评选结果

综述
专文
行业概况
统计资料
产业集群
产品与项目
展会专栏
标准
政策法规
大事记
附录

产品与项目

国家重点节能技术推广目录（第五批，塑料机械部分）

节能技术名称	适用范围	主要技术内容	典型项目				单位节能量（kW·h/t）	目前推广比例（%）	预计2015年		
			适用的技术条件	项目建设规模	投资额（万元）	项目节能量（tce/a）			该技术在行业内的推广比例（%）	总投入*（亿元）	节能能力（万tce/a）
高效节能型锥形同向双螺杆挤出技术	轻工行业塑料造粒及各类管材、型材、板/片材、木塑混炼制品的挤出成型	将“锥形螺杆”和“同向旋转”相结合，使加工的物料进入机筒后环绕锥形双螺杆成“∞”字形运动，增加了塑化时间和密炼性能，从而在保证产品塑化质量的同时也能承受较大的挤出压力，达到节能高效的目的	塑料造粒、型材挤出技术改造	10台高效节能型锥形同向双螺杆挤出机，建成产能47万t挤出造粒生产线	300	1 154	70	<5	30	20	90

*注：1.“总投入”指在2011—2015年期间，推广率达到预计比例时，需投入的资金总量。

2.1tec = 29.307 6GJ

高效节能型锥形同向双螺杆挤出技术简介：

一、技术名称

该技术为高效节能型锥形同向双螺杆挤出技术。

二、适用范围

该技术适用于轻工行业塑料造粒及各类管材、型材、板/片材、木塑混炼制品的挤出成型。

三、该节能技术相关生产环节的能耗现状

目前，国内常用的塑料挤出设备主要包括锥形异向双螺杆挤出机、平行同向双螺杆挤出机和单螺杆挤出机，这三类设备的实际比功率基本都在0.14 kW/(kg·h)以上。2011年，我国使用这三种挤出机生产的塑料制品产量约为7 000万t，仅挤出机主机耗电就超过80亿kW·h。

四、技术内容

1.技术原理

该技术结合了两种双螺杆挤出机——“锥形异向双螺杆挤出机”和“平行同向双螺杆挤出机”的功能结构优点，将“锥形螺杆”和“同向旋转”相结合，既保持了锥形异向双螺杆挤出机挤出力大的特点，又达到了平行同向双螺杆挤出机塑化性能好的特性，同时还可以满足螺杆低速旋转、耐低温等难度较大的加工要求，具有高产低能耗的特点。

2.关键技术

（1）锥形螺杆的同方向旋转可使加工的物料进入机筒后环绕锥形双螺杆成“∞”字形运动，增加了塑化时间和密炼性能，从而保证了产品的塑化质量。

（2）采用锥形螺杆使减速分配箱末端有足够的空间，可选用大规格推力轴承，以承担锥形螺杆的大挤出力，保持了锥形双螺杆挤出机良好的挤出力性能。

3.工艺流程

塑料物料（包括各种粉料、粒料、回收料等）经过定量喂料机加入机筒，经过加热圈加热以及螺杆对物料的压缩、混炼，达到熔融状态，再将物料挤出，根据加工需要配不同的模具。节能型锥形同向双螺杆挤出机主要应用于物料挤出造型。该技术的工作原理和工艺流程见图 1、图 2、图 3。

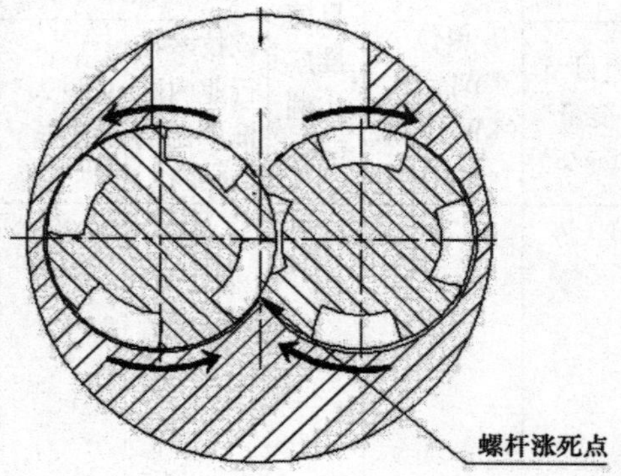

图 1　锥形异向双螺杆工作原理简图

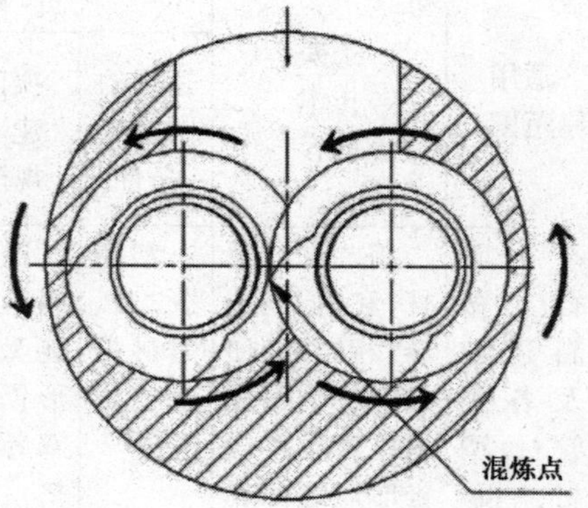

图 2　锥形同向双螺杆工作原理简图

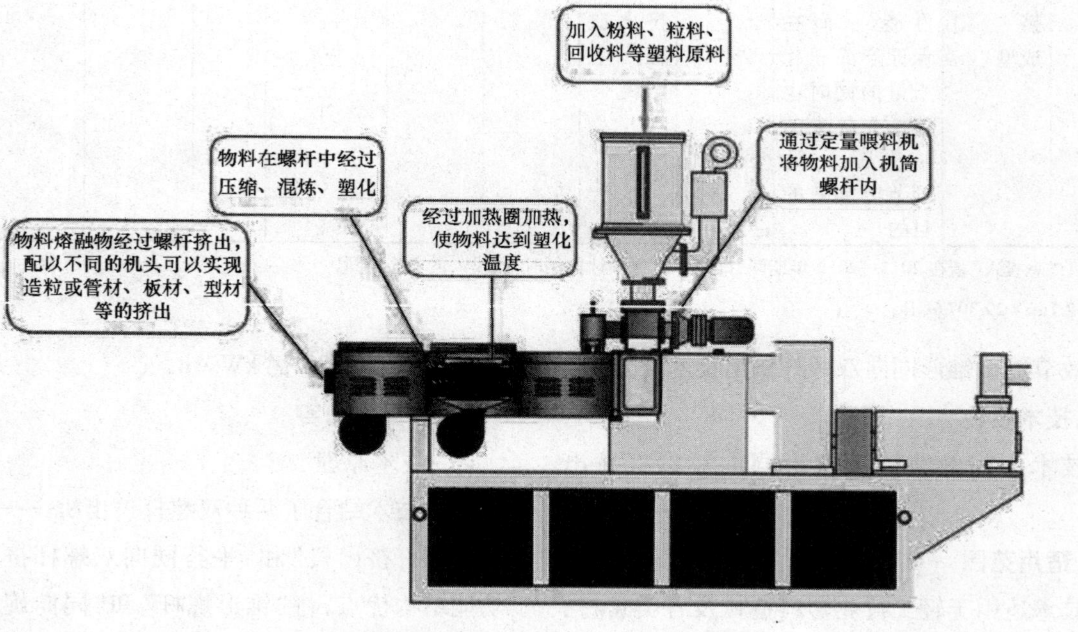

图 3　锥形同向双螺杆挤出机工艺流程

五、主要技术指标

①螺杆直径为 65mm/130mm。

②主机功率为 75kW。

③产量为 672kg/h。

④实际比功率为 0.07kW/（kg·h）。

⑤同比产量增加 1 倍以上，节电率约 50%。

六、技术应用情况

“锥形同向双螺杆挤出机”技术于 2007 年 6 月通过国家塑料机械产品质量监督检测中心对其进行的检测，2008 年 1 月通过浙江省科技厅组织的科技成果鉴定。

目前,该技术已形成产业化,产品已应用于各种塑料造粒、型材挤出等方面。2010 年荣获中国塑料加工工业协会“最佳塑料机械产品优秀奖”“最佳独特优秀设计产品奖”等称号。目前,国内使用该技术实现的年产能约为 337 万 t,已处于大规模推广阶段。

七、典型用户及投资效益

典型用户有上海公元、上海心尔、福建隆盛轻工有限公司、武汉丰澜数控机械有限公司、兰溪中苔新材料有限公司、台湾汉洋、彩虹集团、紫江集团、广东泛昌、广东兴世及江苏联冠等百余家企业。

1.典型案例 1

建设规模:10 台高效节能型锥形同向双螺杆造粒机,建成产能 47 万 t/a 的挤出造粒生产线。主要技术改造内容:针对硬质 PVC 窗帘料的特性,采用 10 台高效节能型锥形同向挤出机代替原来的 40 台能耗大、产量低的单螺杆挤出机,主要设备为 10 台高效节能型锥形同向双螺杆造粒机。节能技术改造投资额 300 万元,建设期 5 个月。每年可节能 1 154tce,经济效益为 300 万元,投资回收期 1 年。

2.典型案例 2

建设规模:60 台(套)高效节能型锥形同向双螺杆挤出机,建成年产 120 万 m 双壁波纹管项目。主要技术改造内容:用高效节能型锥形同向双螺杆挤出机替代原来的单螺杆挤出机及锥形异向双螺杆挤出机,建成年产 120 万 m 的双壁波纹管生产线,主要设备包括 60 台(套)高效节能型锥形同向双螺杆挤出机。节能技术改造投资额 1 800 万元,建设期 1 年。每年可节能 2 505tce,经济效益 700 万元,投资回收期约 2.5 年。

八、推广前景和节能潜力

预计到 2015 年,我国全年塑料总产量可达 1 亿 t 以上,若该技术可在业内推广至 30%,则可形成的年节能能力约 90 万 tce。

2013 年塑料机械行业获“中国机械工业科学技术奖”情况

2013 年 11 月 6 日,“中国机械工业科学技术奖”颁奖大会在安徽省合肥市隆重举行,全国人大常委会原副委员长、中国机械工程学会名誉理事长路甬祥,中国工程院院长、中国机械工程学会理事长周济,中国科学技术学会常务副主席、书记处第一书记申维辰,中国机械工业联合会执行副会长薛一平等出席会议并为获奖代表颁奖。2013 年中国机械工业科学技术奖共评审出特等奖 1 项,一等奖 34 项,二等奖 125 项,三等奖 218 项。塑机行业在 2013 年“中国机械工业科学技术奖”的评审中共有 5 个项目获奖。2013 年中国机械工业科学技术奖获奖情况(塑料机械行业)见表 1。

表 1　2013 年中国机械工业科学技术奖获奖情况(塑料机械行业)

项目编号	项 目 名 称	完 成 单 位	获奖情况
1306096	聚合物高速挤出成型技术及装备	北京化工大学、潍坊凯德塑料机械有限公司	一等奖
1306047	TDB-2000L 吹塑托盘专用制造设备生产线	江苏科技大学、苏州同大机械有限公司	二等奖
1306094	九层共挤智能高阻隔薄膜吹塑成套装备	广东金明精机股份有限公司	二等奖

（续）

项目编号	项 目 名 称	完 成 单 位	获奖情况
1306091	曲轴式射出全电动注塑机	佛山市顺德区震德塑料机械有限公司	三等奖
1306092	四物料共塑精密成型装备研发及产业化	博创机械股份有限公司	三等奖

获奖项目介绍：

一、聚合物高速挤出成型技术及装备

我国是塑料制品和塑料装备的生产大国，与国外发达国家相比，我国塑料成型装备的生产速度仅为同类同规格装备产能的15%～60%，这不仅降低了生产效率，还造成了加工能耗和人工成本的增加，直接影响到国产塑料装备在国内外市场上的竞争力。为了解决塑料制品高速成型加工所涉及的科学和工程技术问题，北京化工大学与潍坊凯德塑料机械有限公司在聚合物高速挤出成型技术及装备领域开展产学研合作，对聚合物高速挤出成型原理和高速挤出成型装备进行了系统的研究和创新，开发了聚合物高速挤出成型成套生产装备，进行了产业化推广应用，取得了丰硕的成果。

通过对聚合物高速挤出成型机理系统的深入研究，确定了影响高速挤出成型的工艺和装备因素，及其影响方式和影响程度，提出了系统的高速挤出成型技术及装备解决方案，制订了聚合物高速挤出成型技术路线，为聚合物高速挤出成型装备的开发奠定了坚实的理论和技术基础。

以聚合物高速挤出成型理论为基础，以聚合物高速挤出成型技术路线为指导，以有代表性的塑料管材类制品为突破口，对高速挤出成型的关键技术和装备进行了系统的技术创新和技术集成，成功研发了水浸叠片式冷却定型装置，高速挤出机专用低压缩比螺杆及纵向非连续开槽衬套机筒；基于节能低耗理念，开发了基于PLC控制的等时到温预热控制系统；将伺服跟踪技术、转静态数字滤波技术、超声波多点壁厚测量技术、熔体泵压力闭环控制、壁厚牵引闭环控制，以及多联点控制等先进在线测控技术应用于高速挤出测控系统中，保证了高速挤出状态下的塑化质量和产品几何精度。

聚合物高速挤出成型装备已用于生产PE-RT、PE-XB、PPR、PB等多种建筑和市政用塑料管材，以及汽车液压管、汽车燃油管、多层交联聚乙烯管等制品，其生产速度和产品精度达到了国外同类先进设备的水平。

该项成果关键技术取得了5项国家专利，发表科技论文10余篇，初步构建了高聚物高速挤出成型技术及装备的自主知识产权体系。

2010年6月4日，教育部组织并主持了该项成果的科技成果鉴定会。鉴定委员会对该成果的鉴定结论是：该项成果达到了国际同类技术的先进水平，创造了良好的经济和社会效益，有广阔的应用前景。因潍坊凯德塑料机械有限公司生产的系列高速塑料管材生产线在行业中所具有的技术先进性与唯一性，中国机械工业联合会和中国机械工程学会于2013年10月，联合为其颁发了“中国机械工业科学技术奖”一等奖，以表彰潍坊凯德塑料机械有限公司在机械工业科技领域做出的创造性贡献，以及为推动我国机械工业科技进步、提高经济效益和社会效益所做出的突出贡献。

二、TDB-2000L吹塑托盘专用制造设备生产线

该产品先进性主要表现在：

（1）生产能力强，每天可生产吹塑托盘300只，大大提高了生产效率。

（2）在“IKV”强制喂料结构基础上，改进了螺杆的输送段槽深和输送角度，并采用双螺纹结构的混炼装置，加强了塑化材料的输送性能。

（3）机头具有合理的双层心形包络流道结构，能使熔体内分子充分重新排列分布，降低熔体径向的温度梯度。

(4)采用PLC对设备运行过程精密控制，使设备运行稳定。

(5)采用互相对称的两套液压驱动机构同步分别驱动各自的模板，使得装卸模具更容易。

(6)采用芯模修形法，即在具有轴向壁厚分布的特定位置进行芯模修正，近似获得在径向上的非圆变化量，改善曲面部件内外部半径的厚薄均匀性。该系统结构简单、造价低廉、效果良好。

三、九层共挤智能高阻隔薄膜吹塑成套装备

MBL九层共挤智能高阻隔薄膜吹塑成套装备机组特殊设计的螺杆和模头适于加工PA、EVOH等具有气体阻隔性能的树脂，主要用于生产各种规格的五层及以上的薄膜，满足用户对于气体(O_2、N_2、CO_2)高阻隔性能的包装要求，达到保香、保鲜、防腐、气密、延长保质期的包装目的。

该装备可以生产阻隔性好、机械强度高、透明性好的对称与非对称结构的阻隔膜，阻隔层数量可达三层以上，可作为食品、农副产品、医疗产品(口服及注射药剂、血浆、器械)、农药、化工、日用品、军工用品等行业的塑料包装材料。

四、曲轴式射出全电动注塑机

1.技术特性

该产品为应用曲轴式射出结构的新型全电动注塑机，属节能型高端塑料成型设备，为国家重点支持的高新技术领域中的“先进制造技术”选项范围。产品主要技术特色为彻底放弃了液压系统，完全由伺服电动机驱动塑化、注射及开合模动作；应用曲轴式射出机构，提高了注射的速度和精度；应用智能模板结构，能自动调节、修正锁模力分布，解决模具本身所存在的不平衡问题，提高了制品的质量。产品具有节能效果显著、精度高、清洁和噪声低等特点。

该产品已具备自主知识产权，获得发明专利1项，实用新型专利2项，外观设计专利1项，计算机软件著作权1项。代表性产品SM50P型曲轴式射出全电动注塑机有关技术指标为：理论注射容积$26cm^3$、塑化能力5.6g/s，开模行程250mm，空循环时间1.2s，合模力500kN。2011年6月，在广东省经济和信息化委员会组织的广东省新产品鉴定会上，专家组对产品样机进行了鉴定，并一致认为该产品具备创新性，整体技术达到国际同类产品的先进水平。

2.应用情况

该产品节省能源，比传统液压机可节省能源50%以上，且噪声低，最大噪声仅68dB，改善了工作环境。同时，产品特别适合于对尺寸精度、形位误差、表面光洁度及重量等参数的稳定性要求高，以及对洁净度要求高的精密注射成型。如应用于汽车、精密仪器、电子仪表、音像制品、医疗器械、光学镜片和光盘等领域的成型加工，应用前景非常广阔。

该产品试验成功后，可向社会提供大量全电动注塑机，能够促进高速高效节能精密注塑成型装备的技术进步，加快机械装备先进技术的开发。这符合国家机械装备制造产业发展的规划要求，且有助于提升国产注塑成型装备的控制技术水平，将注塑成型制造技术推向精密、节能、高效、低成本的高性能制造业领域，提高行业整体水平和国内塑料制品加工设备的科技含量，对推动国内塑料注塑成型设备的产业结构升级起到积极作用。

五、四物料共塑精密成型装备研发及产业化

该项目成功研发了四物料共塑精密注塑成型机，填补了国内技术空白，为国产注塑技术向高端突破提供了探索性的研究成果。该设备的各项性能指标达到了国内先进水平，并且关键技术都申请了专利。该项目是在三物料共塑技术的基础上研制的。其在原有三物料共塑成型机上加装一组卧式塑化系统，同时增加一组液压系统和扩充控制器模块来操控增加的注射台，并重新编写操作程序，实现机器预期的动作。该项目的顺利实施，不但有助于打破注塑机长期依赖进口的格局，还提高了企业在共塑技术方面的专业化水平，增强了国内同类产品在国际市场上的竞争力。

2013 年度国家火炬计划立项项目清单（塑料机械部分）

序号	项目编号	项目名称	承担单位
1	2013GH030045	轨道交通专用PVC地板	北京威廉顺塑胶制品有限公司
2	2013GH040048	精密快捷塑性成型成套技术装备产业化示范	北京机电研究所
3	2013GH030102	煤矿井下用复合网假顶	衡水宝力工程塑料有限公司
4	2013GH010231	基于嵌件注塑技术的手机天线	昆山鑫泰利精密模具有限公司
5	2013GH010246	SOT-23 微型封装用环氧模塑料	江苏中鹏新材料股份有限公司
6	2013GH030358	导电低烟无卤阻燃耐油电缆护套材料	江苏三角洲塑化有限公司
7	2013GH030365	防收缩PET镭射转移基膜研发及产业化	江苏双星彩塑新材料股份有限公司
8	2013GH030377	高性能仿金属复合膜及其延伸产品的产业化	江苏欧邦塑胶有限公司
9	2013GH030381	80t新型铁道货车转向架用减振组件产业化	镇江铁科橡塑制品有限公司
10	2013GH030384	高性能超高分子量聚乙烯钢骨架增强复合管	泰州申视塑料有限公司
11	2013GH030385	新型耐火、耐油、防霉、多腔中空橡胶止水带	江阴海达橡塑股份有限公司
12	2013GH040430	六层油箱型高速吹塑机的研发及产业化	苏州同大机械有限公司
13	2013GH040435	新型塑料挤出草坪单丝机组	常州市永明机械制造有限公司
14	2013GH040474	4.5m高产节能型CPP包装膜生产线	南通三信塑胶装备科技有限公司
15	2013GH010605	采用注塑成型二次整体封装的LED光源	杭州勇电照明有限公司
16	2013GH040736	超大型伺服节能精密注塑机	浙江博创机械有限公司
17	2013GH040737	大口径聚乙烯实壁结构管材生产线	浙江双林塑料机械有限公司
18	2013GH040845	医疗行业专用直压式开合模单缸注射注塑机	昌盛达机械（浙江）有限公司
19	2013GH040977	HMD128M8单缸注射闭环高速注塑机	宁波华美达机械制造有限公司
20	2013GH031163	3万t/a聚氯乙烯低发泡板材	山东博拓塑业股份有限公司
21	2013GH031264	高端注塑级尼龙66树脂产业化示范项目	平顶山神马工程塑料有限责任公司
22	2013GH031407	电子/电气用高性能聚碳酸酯工程塑料产业化	广东银禧科技股份有限公司
23	2013GH031408	耐高温尼龙特种工程塑料研发及产业化	金发科技股份有限公司
24	2013GH031409	低烟阻燃、低雾度PVC汽车内饰材料的研发	佛山市天安塑料有限公司
25	2013GH031410	免喷涂易清洁聚丙烯复合材料	广州市聚赛龙工程塑料有限公司
26	2013GH041555	新型高效双级硬塑料真空挤出机产业化示范项目	陕西皇城玉全机械制造（集团）有限公司

2013 中国塑料机械行业优势企业评选结果公告

由中国塑料机械工业协会组织的“2013 中国塑料机械行业优势企业排序工作”(参见中塑机协〔2013〕19 号文),本着“公平、公正、自愿”的原则,坚持以加快转型升级为主线,以提高自主创新能力为核心,以评选出行业经济效益均佳的企业为基础。2013 年度的企业排序在以“主营业务收入”为主要指标的基础上,新增了以“净利润”为主要指标的排序。根据各单位上报的 2012 年年度资料,经相关部门审计、核实和公示,并对公示阶段提出的问题进行核对和解答后,确定出“2013 中国塑料机械制造业综合实力 25 强企业”“2013 中国塑料注射成型机 10 强企业”“2013 中国塑料挤出成型机 10 强企业”及“2013 中国塑料中空成型机 3 强企业”入选名单。现公告如下:

一、2013 中国塑料机械制造业综合实力 25 强企业

2013 中国塑料机械制造业综合实力 25 强企业见表 1。

二、2013 中国塑料注射成型机 10 强企业

2013 中国塑料注射成型机 10 强企业见表 2。

三、2013 中国塑料挤出成型机 10 强企业

2013 中国塑料挤出成型机 10 强企业见表 3。

四、2013 中国塑料中空成型机 3 强企业

2013 中国塑料中空成型机 3 强企业见表 4。

表 1　2013 中国塑料机械制造业综合实力 25 强企业

序号	企业名称（按“2012 主营业务收入”排序）	序号	企业名称（按“2012 净利润”排序）
1	海天塑机集团有限公司	1	海天塑机集团有限公司
2	上海金纬机械制造有限公司	2	上海金纬机械制造有限公司
3	大连橡胶塑料机械股份有限公司	3	震雄集团有限公司
4	震雄集团有限公司	4	广东伊之密精密机械股份有限公司
5	博创机械股份有限公司	5	信易集团
6	广东伊之密精密机械股份有限公司	6	潍坊中云机器有限公司
7	潍坊中云机器有限公司	7	大连三垒机器股份有限公司
8	泰瑞机器股份有限公司	8	博创机械股份有限公司
9	东华机械有限公司	9	泰瑞机器股份有限公司
10	富强鑫精密工业股份有限公司	10	广东金明精机股份有限公司
11	山东通佳机械有限公司	11	青岛顺德塑料机械有限公司
12	信易集团	12	山东通佳机械有限公司
13	宁波市海达塑料机械有限公司	13	浙江华业塑料机械有限公司
14	浙江华业塑料机械有限公司	14	宁波市海达塑料机械有限公司
15	新乐华宝塑料机械有限公司	15	北京万向新元科技股份有限公司
16	青岛顺德塑料机械有限公司	16	上海金湖挤出设备有限公司
17	浙江申达机器制造股份有限公司	17	浙江申达机器制造股份有限公司
18	广东金明精机股份有限公司	18	新乐华宝塑料机械有限公司
19	宁波海雄塑料机械有限公司	19	大连橡胶塑料机械股份有限公司

（续）

序号	企业名称（按“2012 主营业务收入”排序）	序号	企业名称（按“2012 净利润”排序）
20	上海金湖挤出设备有限公司	20	宁波海星机械制造有限公司
21	宁波创基机械有限公司	21	宁波海雄塑料机械有限公司
22	宁波海星机械制造有限公司	22	宁波创基机械有限公司
23	大连三垒机器股份有限公司	23	浙江金鹰塑料机械有限公司
24	张家港市贝尔机械有限公司	24	宁波康润机械科技有限公司
25	浙江金鹰塑料机械有限公司	25	广东乐善机械有限公司

表 2　2013 中国塑料注射成型机 10 强企业

序号	企业名称（按“2012 主营业务收入”排序）	序号	企业名称（按“2012 净利润”排序）
1	海天塑机集团有限公司	1	海天塑机集团有限公司
2	震雄集团有限公司	2	震雄集团有限公司
3	博创机械股份有限公司	3	博创机械股份有限公司
4	泰瑞机器股份有限公司	4	泰瑞机器股份有限公司
5	东华机械有限公司	5	广东伊之密精密机械股份有限公司
6	广东伊之密精密机械股份有限公司	6	宁波市海达塑料机械有限公司
7	宁波市海达塑料机械有限公司	7	浙江申达机器制造股份有限公司
8	富强鑫精密工业股份有限公司	8	宁波海星机械制造有限公司
9	浙江申达机器制造股份有限公司	9	宁波海雄塑料机械有限公司
10	宁波海雄塑料机械有限公司	10	宁波创基机械有限公司

表 3　2013 中国塑料挤出成型机 10 强企业

序号	企业名称（按“2012 主营业务收入”排序）	序号	企业名称（按“2012 净利润”排序）
1	上海金纬机械制造有限公司	1	上海金纬机械制造有限公司
2	大连橡胶塑料机械股份有限公司	2	潍坊中云机器有限公司
3	潍坊中云机器有限公司	3	大连三垒机器股份有限公司
4	山东通佳机械有限公司	4	广东金明精机股份有限公司
5	新乐华宝塑料机械有限公司	5	青岛顺德塑料机械有限公司
6	青岛顺德塑料机械有限公司	6	山东通佳机械有限公司
7	广东金明精机股份有限公司	7	上海金湖挤出设备有限公司
8	上海金湖挤出设备有限公司	8	新乐华宝塑料机械有限公司
9	大连三垒机器股份有限公司	9	大连橡胶塑料机械股份有限公司
10	张家港市贝尔机械有限公司	10	宁波康润机械科技有限公司

表 4　2013 中国塑料中空成型机 3 强企业

序号	企业名称（按“2012 主营业务收入”排序）	序号	企业名称（按“2012 净利润”排序）
1	苏州同大机械有限公司	1	广东乐善机械有限公司
2	陕西秦川机械发展股份有限公司	2	苏州同大机械有限公司
3	广东乐善机械有限公司	3	陕西秦川机械发展股份有限公司

〔供稿单位：中国塑料机械工业协会〕

展会专栏

介绍CHINAPLAS国际橡塑展及第十九届杜塞尔多夫国际塑料及橡胶展览会等塑料机械行业国内外重要展会情况

展会专栏

CHINAPLAS 国际橡塑展：规模连年攀升 尽显大展风范

CHINAPLAS 2013 国际橡塑展（第二十七届中国国际塑料橡胶工业展览会），于 2013 年 5 月 23 日在中国广州琶洲中国进出口商品交易会展馆圆满落幕。在规模扩大及展期延长至四整天的情况下，展会成功吸引了 114 103 位来自 138 个国家及地区的观众，其中 26.97%来自海外。与 2011 年广州的展会比较，观众整体数量增长了 21.28%，海外观众数量更大幅增长了 61.36%。此外，海外观众人数 2013 年突破 3 万人，达 30 770 人。这个增长幅度突显了展会国际地位的攀升。

已连续举办 27 届的“CHINAPLAS 国际橡塑展”规模连年扩大，并已被业界公认为亚洲第一、全球第二的国际塑料橡胶工业展览会，真正成为各国企业进入我国及亚洲市场，树立企业形象及推广产品的重要平台。

一、砥砺奋进三十载，与时并进谱华章

首办于 1983 年的 CHINAPLAS 国际橡塑展，当年还仅仅是国际上一个不知名的塑料展览会，“几千平方米的展览面积，百余家参展企业，参展商全部是外国企业，没有我国自己的参展产品和技术，这就是第一届 CHINAPLAS 国际橡塑展的基本情况。”雅式展览服务有限公司董事长朱裕伦先生说：“我们当初创办 CHINAPLAS 国际橡塑展的初衷非常简单。1983 年刚刚改革开放不久，我国的塑料工业基本上是零，那个时候要想出国考察了解外国的先进技术和生产情况，客观条件还不允许，也是不可能的。所以在这种情况下，展览会正好扮演了重要的角色。也就是通过展览会这种方式让国外的塑料企业来参展，这样的话，就等于我们可以不出国门就能够了解很多国外的塑料工艺。”

CHINAPLAS 国际橡塑展历经 30 年的发展，2013 年正是办展的第 30 个年头，经历跨越式的发展，CHINAPLAS 国际橡塑展已成为亚洲第一大塑料工业展览会，仅次于德国 K 展。CHINAPLAS 国际橡塑展从最初的一个普通规模的橡塑展览，壮大成为如今的世界知名橡塑大展，最根本的是得益于我国改革开放后橡塑工业的崛起。CHINAPLAS 国际橡塑展的成长壮大也正反映了我国塑料橡胶工业的发展历程。随着我国塑料橡胶工业在世界中地位的转变，CHINAPLAS 国际橡塑展早已不是我国橡塑工业企业单方面学习国外先进技术的平台，在这个舞台上，我国企业有很多先进技术同样在引领着世界的进步，它已经成为中外技术相互交流的平台，受到世界瞩目。

二、汇聚全球实力买家，获展商观众高度评价

每年的 CHINAPLAS 国际橡塑展都吸引到众多具有实力的买家参观，而 2013 CHINAPLAS 国际橡塑展有超过 130 个来自不同的应用行业，如汽车、建筑、电子信息及电器、照明、医疗和包装等行业的知名企业和协会组织参观团，参与这一年一度的国际橡塑盛事。龙头企业包括通产丽星、比亚迪、富士康、佛山佛塑科技集团、珠海格力电器、顾地科技、广东德冠薄膜、海信集团及宇通等。而海外参观团，大部分来自新兴市场，例如巴西、印度、印度尼西亚、韩国、马来西亚、菲律宾、泰国及越南等。CHINAPLAS 国际橡塑展无论在行业方面，还是在地域方面都受到高度重视。

展商对高素质的观众和具有组织性的专区都很满意。“我们是第二次参加国际橡塑展。这个展会吸引了高素质的海外和本地观众。2013 年增设的薄

膜技术专区是很好的，我们的展品薄膜挤出系统亦因此而从众多的产品中很容易被区分开来。”Rajoo Engineers Ltd. 的销售助理总经理 Jinesh Shah 说。

NatureWorks LLC 亚太区市场推广经理 Pauline Ning 表示：“CHINAPLAS 为展商提供了一个与世界各地买家见面洽谈的平台，除了帮助我们宣传新产品外，还提升了公司的知名度。2013 年展会上我们遇到了生物塑料及包装行业的目标买家。”

展会和展商不断提升的素质给观众的印象很深刻。根据主办方现场的调查，85.84%的被访观众认为展会整体的素质为好或非常好，而 92.19%的受访者认为展商素质达好或非常好。

泰国 Dai Ichi Plastic 的董事总经理 Siripen Thongpassano 博士表示：“我们打算采购新的吹塑机及原材料，如 PE，对提供高性价比和优质产品的中国供应商特别感兴趣。很高兴内地的技术已提升到国际水平，我们已经向一家本地模具公司下了订单。展会组织很好，而且提供的服务都能帮我们很容易地找到展商，如地图和应用程序。”

“我们是管道的生产商，希望开拓中国市场。CHINAPLAS 是一个非常良好的平台，可供我们寻找供应商及洽谈生意。大会的专区分类非常清晰，我们很容易找到目标展商。我们将会继续参观下一届 CHINAPLAS。”印度 Nandi Group of Companies 采购部经理 M. Natarajan 指出。

完美（中国）有限公司研发中心包装工程研发部经理吴蔚每年都参观国际橡塑展，并被它的规模和展品素质所吸引。她说：“我主要关注的是包装材料方面，特别是快速消费行业的一些功能性新材料。”

CHINAPLAS 2013 国际橡塑展展会现场见图 1。

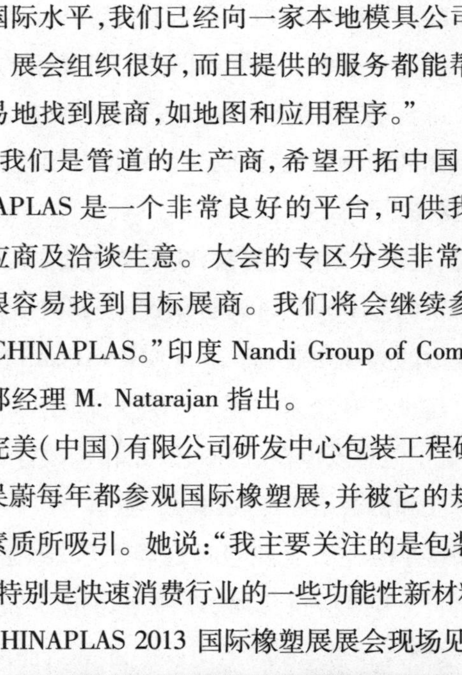

图 1　CHINAPLAS 2013 国际橡塑展展会现场

三、先进设备及材料同台竞技

为吸引观众眼球，众展商摩拳擦掌，竞相展示各自的“杀手锏”。

设备方面，迪嘉国际现场展出用 Babyplast 微型注塑机成型的四腔精密钟表齿轮模具，由 Babyplast 微型注塑机及 Babyplast UAI 全自动注塑单元结合组成的微型双色机成型的一个双色的玩具陀螺，安装双色模具的转盘直径仅 100mm；海天国际发布了全新的全电动注塑机天锐二代系列，新增了 4 个合模尺寸，更优化的合模结构，提供了更大的拉杆空间，并使射速提升 20%；威猛巴顿菲尔为协助企业自动化，展示全新推出的称重式混料技术、W808 机械手；佛山巴顿菲尔辛辛那提展出 conEX 新系列锥形双螺杆挤出机；雅琪集团针对包装行业推出了 LIN-90-TSI 25L 桶全自动吹瓶机，可实现 20～30L 工业桶的单模头、双模头生产；中国香港模具协会则展示一系列前沿设备，如香港制五轴数控工具机、24 000r/min 高速机及 CAMDER 五轴钻铣复合机床；阿博格推出用于包装生产的混合动力 Allrounder Hidrive，可在 3.5s 内生产冰激凌杯；Bandera 展示其双螺杆挤出技术，该技术应用于食品和工业包装，以及 ID 卡、3D 卡片材生产等特殊领域；南京科锐挤出机械展出最新改进型的水下切粒机，并在现场进行演示；宁波创基机械有限公司推出的高速薄壁成型机 S8 伺服节能系列，注塑速度快，单件耗时仅为 3.68s 左右，壁厚小、稳定可靠、重复性高；恩格尔展示的 e-motion440/160T 全电动注塑机，采用 2 型腔模具生产薄壁黄油盒，特点是周期短（2.8s）、高精度、高性能及节能，一台 e-motion机器可取代两台机器，劳动力和能耗成本都大大降低，一步就可以制造带有高品质装饰的直接灌装食品包装；中国精诚时代集团展出的 7 层阻隔膜封边模头，可满足生物可降解材料 PLA 的生产需求，制成的薄膜有良好的透气性、隔离气味等特性，在食品保鲜、保质等方面发挥重要作用；美国 Dynisco 推出的全新 Vertex 熔体压力传感器，采用突破性的简洁设计，使熔体压力可以直接被膜片采集，消除了以往因传感器内部零件运动引起的测量误差，更耐用、更强大、更快速和更环保，可用于食品、药品和医疗等领域。

材料方面，如普立万针对医疗用品市场，推出Geon HC聚氯乙烯材料，这种材料具有难以察觉的气味特质；瓦克化学展出其GENIOPLAST Pellet S有机硅塑料添加剂，为汽车内饰件提供全面而长效的抗擦性能；巴斯夫将展示其创新概念冰箱cool-pure1.1，利用多功能性聚氨酯减少能源消耗及提供软触摸门把手。

四、同期活动为展会主题添光芒

CHINAPLAS国际橡塑展一向关注橡塑行业的持续发展及创新应用，每年均会举办富有创意的同期活动，以唤起各界对行业持续发展的关注。2013 CHINAPLAS国际橡塑展主要以美感及实用并重的新兴环保塑料建材为主题，举办了名为“筑・光”的同期活动，运用具有不同程度透光特性的塑料建材，并套用在建筑物上造成的视觉效果，展示如何利用塑料的透光特性以达到降低能耗的目的。现场很多观众都走进这未来的房子亲手触摸和感受这些前沿、透明而节能的建筑物料。而由广州美术学院学生设计的“创意椅子”则在场馆内的各个“Design Loft创意休闲阁”展示。

此外，主办方还举办了多场多元研讨会，促进业界交流。生物塑料市场的发展继续火热，主办方在展会前两天（5月18—19日）隆重召开“第五届中国国际生物塑料应用研讨会”，深入探讨生物塑料的发展现状及趋势、相关的低碳经济及生物塑料相关政策。研讨会请来极具代表性的供应商、生产商、大学及研究院等在此议题上进行研讨。

由《CPRJ中国塑料橡胶》及欧洲塑料信息网（PIE）联合主办的“中国塑料产业国际OEM合作与社会责任高峰论坛”，深入探讨如何促进消费电子、家用电器、电气行业的高质量OEM协作，以及以社会大众为主体的消费品、食品和医药行业的环保包装与社会可持续发展等内容。

展会同期还举行了超过50场技术交流会，主题涵盖橡塑新材料及机械设备介绍，塑料橡胶如何应用于汽车配件、包装、电线电缆、薄膜及医疗等领域，为各行业观众提供有效交流渠道，并为企业转型升级做好准备。

五、全球买家邀请策略重磅出击

贴合全球买家市场变化，顺应买家不断变化的需求，CHINAPLAS国际橡塑展庞大的买家邀请团队，不断打出强而有力的买家邀请组合拳。

全球塑料行业的发展如火如荼。随着世界经济重心东移的进程逐渐加快，东南亚地区在塑料行业的表现越发夺人眼球。低廉的劳动力成本和运营成本使越来越多的跨国制造商将东南亚地区视为建立生产基地的首选。得益于此，马来西亚、泰国及越南等国家的汽车、包装、电子，以及各种中、高端应用领域的发展不断壮大，有力地带动了下游行业对塑料、橡胶材料及技术的需求。为了更深入了解东南亚的市场并加强在这些地区的推广，主办方于展会前专程到泰国曼谷及印度尼西亚雅加达与当地的橡塑行业协会和应用行业协会会面，并举行行业研讨会。

三月份是展会宣传的高峰期，主办方兵分多路，除在东南亚国家和地区举行多种形式的推广外，还参加了世界各地的多场展览会及论坛，如韩国KOPLAS 2013；并在国内的广州、深圳、佛山等地举行推荐会及新闻发布会，深入了解各行业买家及相关协会对展会的需求，参与国内重点协会年会或行业会议，务求与媒体、协会及终端用户零距离接触。

顺应买家宣传的变化，主办方强力推出展会手机应用程序，借助高科技与广大买家进行深度互动。通过手机应用程序，买家不仅能随时掌控展会最新讯息，更可随地查询庞大的展商数据库，及时了解展商产品及技术。透过应用程序还能轻松规划参观行程，以及了解同期活动、交通、酒店及餐饮等资料。随着社交媒体的流行，大会与时俱进，积极利用网上社交群体平台与观众互动，包括于新浪微博开设“国际橡塑展”专页，发布展会最新动向的同时亦让观众可借此渠道促进与主办方的交流及沟通。主办方在展会现场与参展商进行交流见图2。

图2　主办方在展会现场与参展商进行交流

六、贴近市场需要，瞄准展会发展方向，下届展会更精彩

展会主办方雅式展览服务有限公司董事长朱裕伦先生表示：中国的塑料原料和机械产业，从2008年的全球金融危机以来，加速了产业快速升级。很多企业意识到低端的模式难以让他们持续发展，只有创新技术和管理、提升品质、紧随国家政策，如节能、高效、环保等才是发展之道。同时，企业亦应根据市场变化而改变市场策略，集中资源在高增长的行业和领域谋求发展。

雅式展览服务有限公司副总经理梁雅琪指出："除了在展览中了解创新技术外，观众参观展会的另一个主要目的是搜寻实用而具成本效益的解决方案，以提升生产力和加强产品的特色。毫无疑问，国际橡塑展能满足世界各地及本地买家的各种需求。在下一届展会，我们将继续丰富展会的内容，致力于贴近市场需要。"

CHINAPLAS 2014国际橡塑展与时俱进，将展出3 200多台橡塑机械设备及多元化的化工原材料中，大部分机械展品既具有节能减排的环保功能，且拥有高效、自动化等特点，而琳琅满目的化工原材料还能满足不同行业的市场需求，如安全、轻量化、美观、多功能、保温及防水等。

已报名的知名橡塑机械展商包括：海天、震雄集团、赫斯基、恩格尔机械、德马格、住重、金纬集团、金湖集团、联塑、宁波方力、马斯特模具、柳道、ACS、科乃而等。生产化工原材料的巨头，如巴斯夫、埃克森美孚、帝人、帝斯曼、三菱、普立万、杜邦、陶氏、沙伯基础及朗盛等亦将参与此次展会。

作为亚洲首屈一指及全球第二的橡塑工业展，CHINAPLAS 2014国际橡塑展（第二十八届中国国际塑料橡胶工业展览会），携骄人往绩，将于2014年4月23—26日在上海新国际博览中心再次突破规模上的历史纪录。大会预计展商数目将超过2 900家，展览面积逾22万m^2，汇聚来自中国、奥地利、加拿大、法国、德国、意大利、日本、韩国、瑞士、土耳其、英国及美国的国家展团和中国台湾地区展团，展会将为多个行业买家提供一个国际化的采购平台。

〔供稿单位：雅式展览服务有限公司〕

2014年中国中西部国际塑料橡胶展

一、展会简介

2014年中国中西部国际塑料橡胶展将于2014年9月18—21日在重庆国际博览中心隆重举办。展会面积将达到3.4万m^2，来自中国、韩国、瑞士、瑞典、德国、日本及新加坡等国家的逾1 000家塑料橡胶类及配套企业，向制造业展示涵盖整个塑料橡胶产业链的产品，以及橡塑工艺解决方案和技术。

二、重庆优势

重庆是长江上游的经济中心，西部最大的多功能现代化工商业城市。2012 年全市实现地区生产总值 1.1 万亿元，GDP 居全国第 7 位，增幅居西部首位。

汽车行业：重庆是中国汽车名城、是世界摩托车之都。

电子制造业：重庆将重点实施“云端计划”，即着力打造服务器达百万台级的云计算中心和 2 亿台级的电子终端产业基地。

模具行业：重庆 2012 年汽车摩托车以及零部件合计产值 3 330 亿元，共需模具约 80 亿元。

其他行业：重庆塑料制品应用广泛，庞大的下游行业为塑料制品的发展提供了强有力的支撑。重庆的塑料制品包括塑料薄膜、板片、塑料管及其附件、泡沫塑料、包装箱及容器、日用制品等十多个子行业。

三、专业观众邀请方向

展会专业观众邀请方向为工程塑料行业占 16%、塑料包装行业占 16%、汽车摩托车配件行业占 17%、玩具及艺术品行业占 13%、农用产业行业占 11%、生活塑料行业占 14%、IT 行业占 13%。

四、目标观众群体

展会目标群体为批发商占 22%、国际进口公司占 21%、代理商占 9%、零售商占 10%、制造商占 18%、其他占 20%。

五、展品范围

(1)生产设备专区。包括：塑料注射成型机、塑料挤出机、中空成型机、吹塑机、塑料包装机械、印刷机械、橡胶机械、回收设备等。

(2)辅助设备及配件专区。包括：机械手及自动化设备、仪器仪表测试设备、热流道系统、粉碎机、混色机、自动填料机、干燥机、冷水机、冷却塔、恒温机、液压及气动元件、专用螺杆及料筒、自动化机械臂等。

(3)原料及塑料制品专区。包括：通用塑料、工程塑料、塑胶原料、合金塑料、塑料助剂、塑料填充母料、添加剂、着色剂及强化塑料等。

(4)模具及零部件专区。包括：模具和零部件等。

(5)国际设备专区。包括：国际参展商会组团及企业。

六、展会活动

①中国中西部塑料产业发展高峰论坛，时间：2014 年 9 月 18 日。

②重庆国际经贸合作洽谈推介会暨签约仪式，时间：2014 年 9 月 18 日。

③中国塑料行业新产品发布会，时间：2014 年 9 月 19 日。

④中国塑料机械工业协会行业评选及颁奖晚会，时间：2014 年 9 月 19 日。

⑤未来橡塑行业新技术应用研讨会，时间：2014 年 9 月 20 日。

七、展会收费标准

项目 A 区、B 区、C 区配置标准展位(3m×3m)，价格分别为 9 500 元/个、8 500 元/个、7 500 元/个。标准展位包括：三面围板、参展单位中文名称楣板、两盏射灯、一个 220V/5A 电源插座、地毯、一张洽谈桌、两把椅子、一个纸篓。会刊包括：刊登公司文字介绍(限 500 字)。光地($36m^2$ 起租)价格分别为 950 元/m^2、850 元/m^2、750 元/m^2。

(注：标准展位的双开口位置加收 10%展位费。)

八、主办单位

展会主办单位为中国塑料机械工业协会和重庆市人民政府。

九、承办单位

展会承办单位为中国塑料机械工业协会和重庆国际博览中心有限公司。

十、支持单位

展会支持单位为中国塑料加工工业协会、中国模具工业协会及中国铸造协会。

中国塑料机械工业协会组团参观“第十九届杜塞尔多夫国际塑料及橡胶展览会”

三年一届的杜塞尔多夫国际塑料及橡胶展览会(简称K展),已经成为全球塑料橡胶行业把握先进技术与了解市场趋势最重要的平台。因此,第十九届杜塞尔多夫国际塑料及橡胶展览会(K2013)召开之际,中国塑料机械工业协会于2013年10月组织了近50人的,涵盖了主机、辅机、原材料及配套件等生产企业的观展团队前往德国杜塞尔多夫参观K2013。

中国塑料机械工业协会长期以来一直关注国际塑料机械市场的发展,致力于缩小国内机械设备与国际先进水平的差距,为广大会员单位提供前沿信息,帮助国内企业提高产品科技含量。本次观展团由朱康建会长和粟东平秘书长亲自带队,更凸显了对K2013的高度重视。

中国塑料机械工业协会参观团合影

作为全球最大的塑料橡胶展览会,K2013汇集了全球知名的塑料及橡胶机械和辅助设备制造商、塑料橡胶原材料及制品厂商。参展企业3 200家,展出面积超过16万m^2,吸引了来自120多个国家的21.8万名专业观众前来观展。其中有12.6万名观众来自德国以外,约占观众总数的58%。来自亚洲的观众是最大的群体,其中包括30 000位专家。来自中国、印度尼西亚、伊朗、日本和中国台湾的观众数显著增加,印度再一次成为参观K展人数最多的国家。节约资源和提高能效成为本届展会的主要关注点,在展会上还举办了特殊的展出——“塑料推动世界”,高度强调了塑料对于生活各个方面的贡献。塑料未来发展围绕人口增长、能源需求、气候变化等有关话题也在此次展览出中广为探讨。

观展中,朱康建会长与粟东平秘书长一行分别前往海天塑机集团有限公司、震雄集团、博创机械股份有限公司、上海金纬机械有限公司、伊之密精密机械股份有限公司、山东通佳机械有限公司、广东金明精机股份有限公司和大连三垒机器有限公司等中国参展企业的展位,了解其参展产品情况和在参展过程中遇到的困难,便于协会与德国主办方为参展企业争取更多权益中掌握更多的主动权。

为进一步了解本届K展的新产品、新亮点、新趋势,提高观展效果,协会在展会期间举办了行业技术交流会。交流会邀请到K展主办方杜塞尔多夫展览有限公司、美国塑料工业协会、台湾区机器工业同业公会、北京化工大学和参展企业代表等在内的60余人参加,会议由中国塑料机械工业协会粟东平秘书长主持。会上,中国塑料机械工业协会朱康建会长以及台湾区机器工业同业公会塑橡胶机械专业委员会吴正炜会长、北京化工大学杨卫民教授等行业专家和参展企业代表分别讲述了几天观展的切身体会,对展会特点及产品创新有关情况进行了精炼的点评,为与会人员后续参观提供了非常具有参考价值的意见和建议。

中国塑料机械工业协会在 K2013 期间举办行业技术交流会

出访期间,协会与 VDMA 德国塑料与橡胶机械协会、SWISSMEM 瑞士机电工业联合会、ASSOCOMAPLAST 意大利塑料橡胶机械设备和模具制造厂商协会、土耳其塑料工业协会、俄罗斯塑料工业协会、AMEC IMAPC 西班牙塑料橡胶机械制造厂商协会等国际组织进行了行业交流。

协会张建群副会长、倪玉标理事和粟东平秘书长同 VDMA 德国塑料与橡胶机械协会秘书长 Thorsten KÜhmann 先生和市场研究员 Claudia Frey 女士举行了会谈,双方就以下 3 个方面达成了共识:

1.VDMA 德国塑料与橡胶机械协会将安排人员于 2014 年 9 月参观由中国塑料机械工业协会在重庆主办的中国中西部国际塑料橡胶工业展览会(CMI-PLAST 2014)。

2.提高全球注塑机销售数据统计工作的时效,在参与的上市公司公布年报或半年报数据后的一周内统计汇总参与企业的整体情况,并将统计工作逐步扩展到全球挤出机领域。

3.双方为推进塑料橡胶工业的可持续发展合作举办活动,例如蓝色能效、再生能源会议等。

会谈中,山东通佳机械有限公司董事长张建群先生作为协会副会长代表,重点介绍了协会将于重庆主办的中国中西部国际塑料橡胶展览会符合的三大需求:机械制造厂商发展需求、加工制品企业需求和当地市场需求。德国拥有世界先进的制造技术,中国企业近年来也在不断加大投入进行技术改造,欧洲企业与中国企业存在广阔的互惠互利合作空间。

中国塑料机械工业协会领导与 VDMA 负责人会谈

协会朱康建会长带团参观访问 ASSOCOMAPLAST 意大利塑料橡胶机械设备和模具制造厂商协会及其 CESAP 技术交流与培训中心,深入了解其在技术培训、咨询、研究、检测等方面的服务模式与内容,进一步了解到国内在此方面存在的差距与不足,对协会相关工作的开展具有宝贵的借鉴意义,同时也帮助中国企业明晰和准确把握意大利及欧洲市场对于塑料机械的技术与安全标准要求,从而为更加有的放矢地开拓欧洲市场搭建服务平台。

中国塑料机械工业协会参观团拜访 ASSOCOMAPLAST、CESAP

协会粟东平秘书长带团拜访 AMEC IMPAC 西班牙塑料橡胶机械制造厂商协会，进行了双方协会负责人间的首次面谈，为中西塑机的未来合作奠定了新的基石。AMEC IMPAC 隶属于 AMEC 西班牙跨行业企业联合会，该联合会由 10 个资本货物和工业产品制造商协会组成。AMEC IMPAC 西班牙塑料橡胶机械制造厂商协会代表和维护其会员企业的利益，致力于促进其会员企业的国际化以及在商业、工业和技术领域的创新力与竞争力。AMEC IMPEC 是 EUROMAP 欧洲塑料与橡胶机械协会的会员，也是在西班牙举办的 EQUIPLAST 展览会组委会成员之一，与我们主办的 CMI-PLAST 展览会具有相互支持的合作空间。同时，AMEC IMPEC 非常注重与高校、技术中心和国内外专业机构在研究、创新、技术发展与标准等方面的密切合作，表示将与我协会进一步探讨如何推进中西塑机行业共同发展之路。

中国塑料机械工业协会参观团拜访 AMEC

〔供稿单位：中国塑料机械工业协会〕

K2013 展会回顾：塑料注射成型最新技术荟萃

三年一届的德国杜塞尔多夫国际塑料及橡胶展览会（简称 K2013）于 2013 年 10 月 16—23 日在德国杜塞尔多夫小镇举办。K 展已被公认为当今世界塑料、橡胶工业展中最有影响力的国际展览会，这不仅表现为其规模在全球橡塑展览中最大，更在于它的科技含量也居全球同行业展览之首，堪称为塑胶行业的一次盛会。此次展会新技术璀璨，令各位参观者应接不暇。

塑料注射成型机（简称注塑机）是高分子制品最重要的生产母机，由于其极限化的工作性能指标及近几年颠覆式的快速发展，成为 K2013 展览会上最受关注的展品之一。注塑技术主要于 K2013 展展览馆的 13 号、14 号和 15 号馆展出，Engle、Arburg、Krauss Maffei 等国际注塑机龙头企业都参加了此次展览。

纵观此次展览，可将所展出的注射成型新技术归纳为以下五个特点：围绕汽车工业的轻量化制造技术、围绕细分领域产品的系统解决技术、围绕功能产品的高性能化制造技术、围绕易耗产品的高效成型技术和功能导向的设备结构创新。

1.围绕汽车工业的轻量化制造技术

汽车工业是 21 世纪的朝阳产业，在蓬勃发展的同时，也带来了能源短缺和环境污染两大严重的负面问题。研究显示，若汽车整车重量降低10%，燃油效率可提高6%~8%，排放降低4%。轻量、节能和环保已经成为全球汽车工业当前亟须解决的重大课题。由于利用连续纤维（玻璃纤维、碳纤维和芳纶纤维等）增强复合材料制备汽车结构件具有众多优势，已成为汽车轻量化技术研究的热点，并表现出取代金属材料的发展趋势，因此，其也成为K2013的展示热点之一。

连续纤维增强复合材料通常是采用树脂传递成型技术（Resin Transfer Molding，RTM）加工制造的，尤其是采用在此基础上发展起来的高压树脂传递成型技术（High Pressure-Resin Transfer Molding，HP-RTM）。

HP-RTM工艺是指在真空状态下排除纤维增强体中的气体，在10MPa以上的压力下注射压缩成型树脂，并在室温下进行固化，形成一定树脂/纤维比例的工艺方法。该工艺不仅能提高模具填充速度、提高浸渍质量，而且还能减小制品内应力，缩短成型周期。

在K2013展览会上，推出连续碳纤维增强复合材料注射技术的厂家不占少数，典型厂家及技术如下：

（1）Arburg公司。在K2013展览会上，Arburg公司展出了汽车踏板杠杆（图1）的成型技术。该零件的主体部分通过纤维毡增强，加强筋部分采用长纤维直接注射成型，其采用的设备如图2所示。在成型时的纤维毡没有进行预压制成型，而是靠注射合模时型芯与型腔将其压制成所需形状后再进行注射。加强筋部分的长纤维是通过注塑单元上的侧喂料机直接送入流动的熔液中的。

图1　汽车踏板杠杆

图2　汽车踏板杠杆的注射成型模具与设备

（2）Krauss Maffei公司。Krauss Maffei公司推出了两款连续纤维增强复合材料的产品，如图3和图4所示。

图3　中空试验梁

图4　赛车顶盖

图3所示零件采用的成型工艺与图1所示零件的成型工艺类似，不同之处在于最外层又覆了一层纤维增强材料而形成中空产品。图4所示的赛车顶盖的成型工艺为“交钥匙”系统解决方案的典型案例。工艺流程为：纤维毡切割→多层叠合→预制体压制成型→外廓修边→预制体放入注射模具→注射压缩成型→产品修剪→最终形成制品。

2.围绕细分领域产品的系统解决技术

系统解决方案又称“交钥匙”工程，英文为“turn-key-system”。对于新兴市场的一些“高、精、尖”典型产品，其技术难点涉及材料、设备、模具等各个方面，开发难度极大，如果只依靠产业链某一单一环节的供应商或制造商可能都无法提供较好的解决方案，这就要求以某一制造商为责任主体，组织各方形成战略联盟进行协同合作与攻关，提供从原材料到制品应用的系统解决方案。

对于注射成型技术来讲，某一产品“交钥匙”式的系统解决方案涉及材料、设备、模具、工艺、自动控制等各个环节，而组织各方协同合作的责任主体往往是作为基础平台的设备制造商。无论是奥地利的Engel，抑或是中国的海天塑机，他们都没有单单展示他们的设备，而是都集成了高超的模具技术和自动控制技术。上面介绍的连续纤维增强复合材料注射技术就是“交钥匙”系统解决方案的典型例子，它实现了从纤维毡裁剪到最终制品摆放的全过程无人化操作。除此之外，Engel 展出的 Dolphin 技术和 Sumitomo-Demag 展出的触摸显示屏成型技术也很好地体现了“交钥匙”的系统解决思路。

图 5 所示是 Engel 展出的汽车仪表板模型，该模型具有三明治式的结构，依次由质感良好的装饰表皮、聚氨酯发泡芯层和热塑性基板组成。Dolphin 技术实现了装饰表皮的裁剪压制、基板成型、芯层发泡浇注、制品取出和修剪放置等程序的一次完成（Single Step），同时借助自动控制手段实现了整个操作过程的无人化。采用 Dolphin 技术的汽车仪表板零件的成型过程为：首先，利用机械手将装饰表皮毛坯置于水平旋转模具的动上型腔（靠近动模板的上部型腔），闭合模具，在装饰表皮压制成型的过程中向定下型腔（靠近定模板的下部型腔）注射成型基板，注射成型完成后基板留在可水平旋转的型芯上；开启模具，利用机械手将压制好的装饰表皮放置至动下型腔，将另一块装饰表皮毛坯置于水平旋转模具的动上型腔，随后，水平旋转模具的型芯旋转，此时压制好的装饰表皮和基板都位于动下型腔内且彼此留有一定间隙；再次闭合模具，通过模具底部的浇口向动下型腔中注入聚合物发泡熔体，从而形成具有三明治结构的高分子制品；与此同时，动上型腔再次压制装饰表皮，定下型腔再次注射成型基板，由此开始下一循环。

图 5　采用 Dolphin 技术成型的汽车仪表板零件

Sumitomo-Demag 展出了 5in（1in = 0.025 4m）触摸屏的全自动生产技术，如图 6 所示。机器人首先将一个具有导电功能的 PET 基模内标签（PolyTC films）精确放置到定模部分，同时置于动模上方的模内装饰（IMD）载体将印有个性化图案的塑料薄膜精确放置到对应位置；模具闭合后，向型腔中注入 PMMA 熔体，经冷却、顶出、CO_2 激光切除浇口等操作即可得到可直接使用的 5in 触摸屏。

这几项技术充分体现了高超的模具设计和工艺控制水平，更关键的是反映了在系统解决方案中，作为基础平台的注射设备制造商具有的超强集成设计能力。

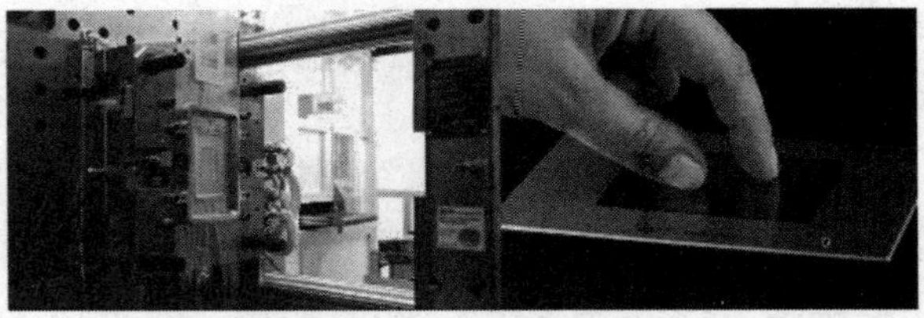

**图 6　新 IML/IDL 生产单元
一步法制造 5in 触摸屏**

3.围绕功能产品的高性能化制造技术

制品的高性能化是现代先进制造技术的一个重要方面，如挤出领域的 O-PVC 管材制造技术和 BOPP 薄膜制造技术等。荷兰设备制造商 STORK 推出的共注射成型技术为用于包装的阻隔容器高性能化提供了一种新的解决思路。

共注射成型技术的原理与气体辅助注射成型的原理相同，都是在填充一部分熔体后注入另一种流体，区别之处在于共注射成型技术注入的另一种流体是功能性的聚合物熔体。图 7 所示是 STORK 所演示的共注射成型样品，表皮材料为 PET，芯部功能材料为 EVOH。包装容器的壁厚很薄，如何很好地控制芯部材料的流动难度非常大。

图 7　采用共注射成型技术制得的高性能化包装容器

4.围绕易耗产品的高效制造技术

包装容器、矿泉水瓶、一次性水杯等生活易耗品看起来远不及汽车零部件高端和上档次,但其年消耗量非常大,如何快速地成型这些产品,技术难度也不容小觑。因此,各大展商也把快速成型这些产品作为K2013展示的核心技术之一,随处可见的瓶盖成型展示也就不足为奇了。

如图8所示,NETSTAL展出了一台型号为Elion 4200的混合动力注塑机,用于成型一模96腔的HDPE矿泉水瓶盖,这台机器的注射速度达2 000mm/s,成型周期仅为2s。如此之快的成型速度,使得瓶盖完全是成批且连续地从机器中“流”出来。Sumitomo-Demag也展出了具有相同成型周期的瓶盖成型技术。

图8 Sumitomo-Demag
一模96腔的瓶盖成型模具

5.功能导向的设备结构创新

前面提到了围绕细分领域产品的系统解决技术,也正是这样一种多领域协同创新的系统解决思路使得各设备展商都在强调设备所能实现的功能及达到的效果,而弱化对设备本身的结构特点的宣传。在K2013上,这也是国外展商与中国展商较大的一个区别。尽管注塑机的结构创新越来越难,也还是能发现一些新的注塑机结构。

(1) NEGRIBOSSI EOS120外循环二板式注塑机。图9所示为NEGRIBOSSI EOS120注塑机的合模机构,通过对角设置的2个移模液压缸实现移模运动,通过设置在定模板上的4个锁模液压缸来实现模具锁紧。锁模液压缸的两侧通过外部管路和一个开关阀连通,如图10所示。在移模过程中,由于锁模液压缸左右两侧的连通,可以省去锁模液压缸中液压油从液压泵到油箱的外部大循环,由此实现节能和提高移模速度的目的。

对于四缸直锁式的二板式合模机构,我国也有类似的技术——四缸直锁内循环二板式合模机构,如图11所示。该合模机构通过设置在锁模液压缸活塞上的启闭阀来实现移模过程中锁模液压缸内液压油的内部循环,与EOS120的外循环合模机构相比,具有更大的循环面积和更短的流通路径,具有更加节能和高速的特点。

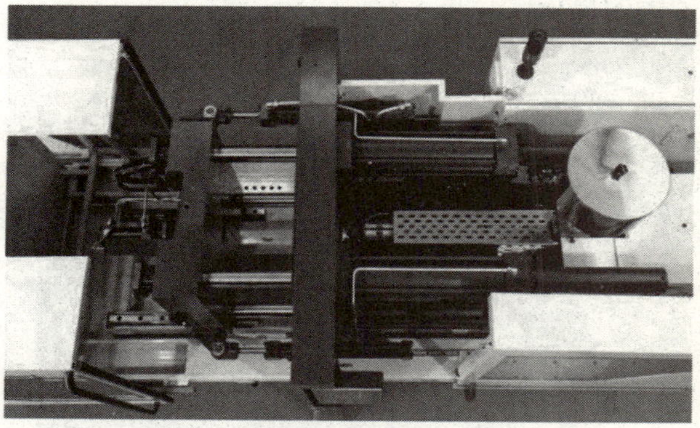

图9 NEGRIBOSSI EOS120 注塑机合模机构

图10 NEGRIBOSSI EOS120 注塑机合模机构锁模液压缸外部的连通管路

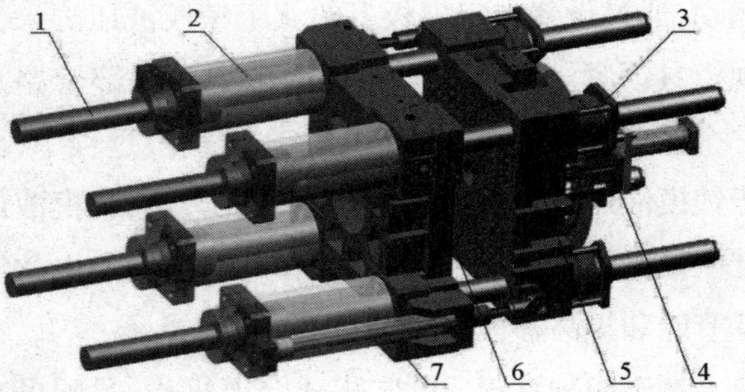

图 11　四缸直锁内循环二板式合模机构

1—拉杆　2—内循环锁模液压缸　3—调模机构　4—顶出机构
5—动模板　6—定模板　7—移模液压缸

(2)BMB 的四模板注塑机。BMB 的四模板注塑机如图 12 所示，该注塑机的合模机构实际上是外翻式合模机构的十字头扩展并穿入拉杆而形成了第四模板。

图 12　BMB 公司展出的四模板注塑机

6.结束语

本文结合具体的典型技术案例，介绍了 K2013 上塑料注射成型技术的 5 个特点：围绕汽车工业的轻量化制造技术、围绕细分领域产品的系统解决技术、围绕功能产品的高性能化制造技术、围绕易耗产品的高效成型技术和功能导向的设备结构创新。K2013 的 5 个特点在很大程度上也代表了世界注射成型技术未来发展的 5 个趋势。

我国塑料注射成型技术与装备还处于持续学习再创新阶段，仍没有在某一领域引领或主导市场。因此，国内广大同行仍需脚踏实地，瞄准方向，静心努力，协同创新，争取能早日在国际塑机舞台上一展雄风。

〔撰稿人：北京化工大学焦志伟〕

标准

介绍塑料机械行业标准化工作状况以及现行的标准目录

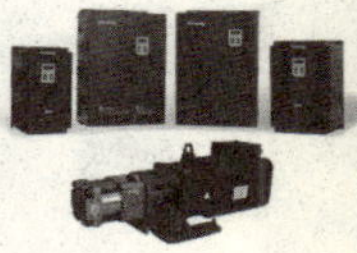

标准

塑料机械行业标准化工作概述

塑料机械行业标准化工作是推动塑料机械行业可持续发展的基础，是塑料机械行业职能的重要组成部分，标准水平的高低是衡量一个国家塑料机械行业技术水平的主要标志之一。在塑料机械产品结构调整、提升竞争力等方面，标准化工作具有不可替代的技术基础作用。加大标准体系结构调整力度，不断提高标准水平，增强标准化工作的有效性，对于塑料机械行业的发展具有重要的意义。

在国家标准化管理委员会、中国机械工业联合会和全国橡胶塑料机械标准化技术委员会的领导下，经过塑料机械分技术委员会全体委员的共同努力，塑料机械行业标准化工作在组织构架、专业领域的划分、标准的覆盖与配套以及标准水平和结构等各方面都进一步走向了健全、合理和完善。在标准体系建设、重要标准制修订、标准化技术机构和专家队伍建设、关键技术标准研究、国际标准化工作等方面的工作成效显著，为行业的科学发展、稳步发展、转型发展提供了基础保障和技术支撑。

一、推进塑料机械行业标准化工作可持续发展

1.组织建设及业务建设

全国橡胶塑料机械标准化技术委员会塑料机械分技术委员会（以下简称分委会）负责全国塑料机械行业的标准化归口工作（包括塑料机械行业标准的规划制定，标准体系确立，标准制修订计划的编制与申报，各项标准的起草、修订、复审、报批、贯彻及实施等），业务上归属中国机械工业联合会主管。第一届分委会始于1987年；第二届分委会始于1992年；第三届分委会始于1999年，并按国家标准化管理委员会要求于2003年进行了清理整顿；第四届分委会于2011年12月成立，由31家单位的31名委员组成，另聘请顾问2名，秘书处设在大连塑料机械研究所。

第三届分委会工作期间，根据国家标准化管理委员会的统一部署以及专业需要，组建成立了分委会下设的“泡沫塑料机械”“塑料薄膜机械”和“聚合物拉条切粒设备”工作组。工作组的组建，得到了各地方政府和企业的支持，极大地调动了企业的积极性，为加快标准制修订速度起到了积极的推动作用。换届后，第四届分委会的组成结构更加合理，集中了生产和使用单位以及大专院校和科研院所等方面的专家、学者及专业技术人员，覆盖了绝大多数产品的企业代表，有着广泛的代表性和权威性，是一个技术知识密集、具有人才优势的权威性组织。委员的整体素质较高，全部为中高级职称，都是掌握较高理论知识和专业实践经验的行业骨干。新一届分委会对上届分委会的工作进行了认真总结并制定了新一届分委会的工作计划、章程和秘书处工作细则。

为提高分委会委员及标准制修订人员的业务素质，以适应各项工作的需要，分委会积极组织相关人员参加了中国机械工业联合会举办的国家标准GB/T 1.1—2009《标准化工作导则　第1部分：标准的结构和编写》培训。每年度标准计划下达后，通过标准计划及起草工作会议对标准编写人员进行培训。通过组织建设和业务建设，分委会建立了一支有较高专业理论知识和较丰富实践经验的标准化工作队伍。

2.积极开展标准前期研究，提高标准质量水平

塑料机械行业标准化工作以往以标准制修订为主，解决了量大面广产品无标生产的问题。近年来，建立健全我国塑料机械标准体系，为进一步推动安全、环保和节能标准化工作开拓了思路，业务工作由单一的标准制修订，向标准课题研究、企业产品开发和推广、信息服务及院企合作制定标准及开展课题研究等方面延伸，进一步扩大了业务范围。为了加快安全标准的制定速度，2007年，全国橡胶塑料机械标准化技术委员会全面启动了安全标准的研究和制定工作，确立并申报的“橡胶塑料通用机械安全标准研究”标准化公益研究课题，得到了上级主管部门的大力支持并立项。分委会积极参与了“橡胶塑料通用机械安全标准研究”标准化公益课题的研究。通过两年的项目研究，转化并制定了12项强制性国家标准，覆盖了橡胶塑料通用加工设备中极为重要的产品。标准化公益研究课题——“橡胶塑料通用机械安全标准研究”被评为2011年中国石油和化学工业联合会科技进步奖二等奖。分委会还申报了“大型混炼挤压造粒机组技术与安全标准的研究”标准化公益研究课题。

3.加强行业标准制修订工作，满足行业发展的需要

在国家标准化管理委员会、中国机械工业联合会和全国橡胶塑料机械标准化技术委员会的领导下，在全行业的大力支持下，全体委员以高度的责任感，积极履行分委会章程中所赋予的职责和义务，使其组织的整体功能得以充分发挥。在经费少、任务重、难度大的情况下开展了踏实而有效的工作，较好地完成了塑料机械标准化的各项任务，基本上改变了标准数量少、水平低的落后情况。分委会的工作成果为推动行业技术进步、提高产品竞争力起到了积极的作用，取得了显著的成绩。

多年来，经过塑料机械标准化工作者的共同奋斗和努力，已形成了塑料机械标准90项，一些标准已经过多次修订。对于每一项标准的制修订，分委会都是首先征求委员们的意见，组织行业的骨干企业成立标准起草工作组，选择行业骨干企业作为标准负责起草单位，组织召开标准起草会，通过组织起草工作组多渠道收集国内外先进标准和数据（例如与外商谈判资料、引进设备的实测数据，对国内重点厂进行调研、走访用户等收集的数据），对国内外情况进行逐项综合分析对比，严格按照编制、初审、送审、报批等程序，制修订出具有先进水平的适应国情并能引领技术发展的塑料机械行业标准。

从专业标准体系上看，塑料机械行业基本形成了以产品标准为主体，以安全标准、基础标准、通用标准、方法标准以及分等标准为辅的行业标准体系。制修订的塑料机械标准既考虑了国内企业的现状，又以产品技术的发展和企业的发展为主要目标，积极采用国际标准和国外先进标准，改进产品质量，提高经济效益，对发展塑料机械工业、促进塑料机械技术进步起到了积极的作用。塑料机械产品质量分等标准为企业上等级及产品创名牌提供了依据。

已完成报批《同向双螺杆塑料挤出机》等7项修订标准，既解决了标龄老化的问题，也为今后产业结构调整与优化升级打下坚实的基础。技术标准贯穿于产品研发、生产和贸易的全过程，对经济发展具有重要的技术支撑和保障作用。这7项标准的修订将提高进入塑料机械行业的门槛，淘汰一些技术落后的低端产品，对促进产业结构调整与优化升级将发挥重要作用。

（1）解决标龄老化突出的问题，体现新技术。这7项标准均为修订，都是2009—2010年复审需要修订的行业标准。一方面解决了标准老化的问题，另一方面满足了当前技术水平发展的需要，保证了标准的先进性和实用性，对于淘汰落后技术和产品具有重要作用。

如，为了适应实际情况和发展要求，《同向双螺杆塑料挤出机》标准的修订后，对于螺杆直径为

120～150mm 的挤出机，其螺杆长径比由原来的24～48 修改为 32～64；螺杆最高转速由原来的≥250 r/min修改为≥500r/min；相应的挤出电动机功率和最高产量都有所提高。

再如，《塑料挤出拉丝辅机》标准，原标准的范围较小，只适用于圆丝拉丝辅机，修订后的标准将范围扩大至除平膜扁丝辅机以外。

修订后的标准可以更好地符合当前科技水平以及满足市场和用户的要求，并能更好地指导产品生产，为制造厂和用户提供更加科学、合理的验收依据，进一步推动产品技术水平和质量的提高。

（2）积极采用国际、国外标准。这 7 项标准在制修订过程中，充分注重对相应国际标准及国外先进标准的采用，报批的 7 项标准虽无直接采用国际、国外先进标准的，但却不同程度引用并执行了国际标准和国外先进标准。如电气系统安全性能上执行 GB/T 5226.1—2008《机械安全　机械电气设备　第 1 部分：通用技术条件》的规定，而 GB/T 5226.1—2008 等同采用了 IEC 60204-1:2005《机械安全　机器电气设备　第 1 部分：一般要求》国际标准。

（3）体现了新能源、新材料、新技术、节能及环保等产业发展方向。新材料是重要战略性新兴产业，是原材料工业发展的先导。本次报批的标准中，对各行业出现的新产品、新材料进行了充分考虑。针对新材料产业的发展重点，有针对性地研究提出并修订。

《塑料挤出拉丝辅机》标准中，产品（如导辊、转动件等）采用合成树脂材料，可以降低重量，降低驱动功率，提高灵活性。这有利于推动新技术的应用和发展，满足市场需求，规范市场准入。

《锥形异向双螺杆塑料挤出机》标准中，螺杆采用铁基耐磨合金烧结双金属，大大增加了工作表面的质量。这有利于推动新技术的应用和发展，满足市场需求，规范市场准入，推动了挤出机行业技术发展和产业发展。为引导行业结构调整、结构优化、市场准入、规范市场经济秩序将发挥重要的作用，对促进产业可持续、健康发展营造了标准环境，体现了未来挤出设备的技术发展趋势和创新需求。同时，《锥形异向双螺杆塑料挤出机》标准的修订，在力求全面提升锥形异向双螺杆塑料挤出机产品设计制造和技术工艺水平的基础上，把产品的节能降耗放在突出位置，在主要零部件要求中增加了主电动机效率规定，以便设计、生产中选取高效率的电动机，从而促进节能减排。根据现标准的规定，挤出机的节能降耗水平可提高 3%以上，社会经济效益明显，符合国家新时期的节能环保产业政策。

《塑料捏合机》标准中增加和调整了基本参数，是为了进一步满足市场需求，适应生产的实际状况，规范产品系列，力求达到产品标准化制作，减少产品系列不规范的状况，提高同一型号主要零部件的互换性，降低企业成本和社会资源成本。

4.标准信息和咨询服务工作

根据行业和企业的需要，分委会在机械工业塑料机械科技信息网上发布了《塑料机械标准目录》，并及时对《塑料机械标准目录》进行动态修改更新。同时，分委会在《塑料机械》杂志上发布了《塑料机械标准目录》，为各相关标准化、认证、检测、计量等管理机构、标准归口单位提供并解释标准，为相关企业提供标准及信息服务，扩大了分委会的影响，推动了标准的贯彻实施。

5.标准化工作推动和引领了行业发展

多年来，标准化工作在上级主管部门和分委会全体委员的共同努力下，在企业的大力支持下，在行业中发挥了重要的推动和引领作用。主要体现在：

（1）作为市场经济体制的技术支撑，维护了市场经济秩序。塑料机械标准是产品是否合格的依据，是产品能否获得市场准入权的准绳。这些标准服务于市场，并为市场规则体系提供技术依据，成为了市场规则体系的组成部分，有力地提高了市场管理、监督和处罚的力度和效能，维持了市场秩序，营造了公平竞争的市场环境,保障了我国塑料加工装备制造业健康、稳定发展。

(2)作为经济结构调整的技术手段,促进了塑料加工装备制造业不断适应塑料加工产业结构调整的需要。塑料机械标准以其对先进技术的适应性与技术的导向作用,引导塑料加工装备制造企业的资金流向和市场取向,引导企业开展技术创新和研制高技术产品,以期优化我国塑料机械的产业结构和产品结构。同时,通过推行先进标准和提高标准的技术指标以提高市场准入门槛,鼓励和支持企业开发高技术含量产品,使落后产品无法进入市场而被淘汰。

(3)作为科技创新成果转化的途径,推动了新技术、新工艺和新装备的推广应用。多年来,塑料机械制造业不断地通过对引进技术的消化吸收和自主创新,新产品、新工艺层出不穷。很多科技创新成果通过标准的作用转化为优势产品并被迅速地推广应用,取得了良好的经济效益和社会效益。

(4)提升了塑料机械制造企业在市场上的竞争力。塑料加工装备制造业标准化工作的有效开展,企业标准化程度的提高,降低了企业生产成本,提高了企业生产效率,使企业具有产品的比较优势,提升了企业的竞争力。

(5)通过制定安全标准,保障了操作人员的身体健康和生命安全。

(6)通过对橡塑机械产品型号编制方法和术语标准的制定,极大地推动了行业间的技术交流,有力地促进了国内外贸易的发展。

6.充分发挥分委会及秘书处的职能作用

分委会是塑料机械标准制修订的权威机构,有健全和完善的管理制度,工作有章可循,有据可依。由于标准化工作法规性强,涉及面广,委员们充分履行分委会章程中所赋予的职责,积极参与塑料机械标准的制修订工作,为塑料机械行业的发展发挥了积极的作用。

秘书处承担着大量的组织、协调、标准的初审、报批以及筹备各种会议等工作。为了做好这些工作,大连塑料机械研究所在人力、物力、财力上给予了无偿的支持。秘书处在实践中不断地摸索标准化工作的新思路和新方法,有效地发挥了常设机构的职能作用。为了适应标准化工作改革的需要,开拓标准化工作的新领域,为行业服务好,秘书处人员积极参加上级主管部门举办的基础标准宣贯培训及标准复核员培训等,为提高日常工作质量打下了良好的基础。

二、2013年塑料机械行业标准化工作取得的主要成绩

建设“美丽中国”对各行各业都提出了新的要求,面对国家政策的新变化、新要求、新任务,以及塑料机械行业市场经济的新形势、新挑战,分委会在国家标准化管理委员会、中国机械工业联合会和全国橡胶塑料机械标准化技术委员会的领导下,在企业的大力支持下,通过分委会全体委员的共同努力,各项工作有条不紊地开展,在行业中发挥了重要的推动和引领作用。

1.标准计划项目完成情况

2013年,分委会按照中国机械工业联合会下达的计划,组织标准起草工作组修订了《异向双螺杆塑料挤出机》等7项机械行业标准。

2.及时完成行业标准复审工作

为了适应市场经济发展和对外贸易的需要,进一步贯彻《中华人民共和国标准化法》,跟踪现行标准的执行情况,及时了解标准在贯彻中的反馈信息,分委会不断加强与企业间的联系,按照上级主管部门的要求及时完成行业标准复审工作。分委会向2007年批准发布的现行行业标准JB/T 5291—2007《塑料破碎机》和JB/T 5417—2007《塑料排气挤出机》的主要起草单位及主要生产单位征求了意见和建议,并经分委会第四届二次工作会议讨论通过,确定该两项标准的技术内容符合当前技术发展,能够满足经济建设需要和使用需要,继续有效。复审结论已上报中国机械工业联合会。

3.标准计划项目的申报工作

2013年分委会申报了《塑料成型模具温度控制机》《塑料成型模具用冷水机》及《转轮式塑料干燥机》共3项标准计划项目，顺利通过答辩，工信部工信厅科〔2013〕163号文已下达计划。

申报的3项机械行业标准项目涉及塑料机械专业领域中的附属机械，这些技术标准贯穿于产品研发、生产和贸易的全过程，对经济发展具有重要的技术支撑和保障作用。

塑料成型模具温度控制机是一种重要的注塑机附属设备，在注塑行业中对提高产品成型率、缩短注塑周期起着非常重要的作用。目前，该设备在注塑行业中的使用已经非常普遍，而在当前的实际设计、生产与应用过程中，因注塑行业使用的模具温度控制机没有明确的性能指标要求及技术规范，各企业的生产经验和管理水平不尽相同，以及试验设备条件的限制，造成了市场上的塑料成型模具温度控制机产品质量参差不齐，严重制约了其市场的进一步发展。对于用户来说，没有统一的标准，无法分辨产品的质量水平和档次。因此，制定该标准对于完善标准体系，满足生产厂家、使用单位和质量监督管理部门等多方面的需求，指导生产、使用，引导技术进步，促进塑料成型模具温度控制机的开发和推广使用，以及与国际接轨等都有重要的意义。

塑料成型模具用冷水机也是一种重要的注塑机附属设备，在目前国内塑料成型附属设备行业中，冷却设备性能的好坏，直接影响了塑料产品的成型时间和产品质量。目前，行业中多以冷水机组作为冷却源来缩短塑料成型周期。配备的冷水机组制冷能力越大，塑料成型周期就越短，但在提高产品生产效率的同时，也要考虑资源浪费和成本上升的问题。合理的配置不仅可以提高生产效率，还可以起到节能减排和降低投资成本的作用。因此，制定该标准将对塑料成型模具用冷水机技术的发展和产品市场的规范起到关键作用。

目前，转轮式塑料干燥机在塑料加工行业的使用比较普遍，但国内外还没有转轮式塑料干燥机的性能指标要求及规范。该产品技术相对比较稳定，随着塑料行业的飞速发展，转轮式塑料干燥机的应用范围将越来越广泛，功能逐步增强，性能不断完善。制定该标准将对转轮式塑料干燥机技术的发展起到促进作用。

4.积极参与国际标准化工作

目前，国际标准《橡胶塑料注射成型机安全要求》草案已出炉，正在各成员国征求意见，标志着橡胶塑料机械行业终于实现了国际标准零的突破，并且，该国际标准的起草单位里出现了我国企业的身影，海天塑机股份有限公司等几个企业参加了该项标准的起草。这将对我国积极应对技术性贸易壁垒，进一步打开国际市场具有重要战略意义。

2013年5月，ISO/TC 270/ WG1国际标准化组织塑料和橡胶机械技术委员会橡胶塑料注射成型机安全工作组在德国法兰克福召开首次会议，我国代表团一行8人参加了这次会议。会议确定制定全球适用的《橡胶塑料注射成型机安全要求》国际标准。该国际标准将以欧盟标准EN 201:2009为基础，并考虑各成员国的法律、法规和实际国情进行制定，将取代现有的各国家和地区标准。该标准将会对我国国内生产的相关产品出口有着重大影响。为了保证该国际标准对我国的适用性及我国实质参加该国际标准的制定工作，全国橡胶塑料机械标准化技术委员会秘书处对标准草案广泛进行了意见征集并汇总提交。

ISO/TC 270国际标准化组织塑料和橡胶机械技术委员会于2012年7月成立，秘书处设在意大利，共有美国、英国、中国、法国、德国、意大利等14个P成员，还有韩国等5个O成员。我国的国家成员团体是国家标准化管理委员会（SAC），由全国橡胶塑料机械标委会（SAC/TC71）秘书处负责ISO/TC 270国内技术对口单位的工作。

ISO/TC 270国际标准化组织塑料和橡胶机械

技术委员会确定了以工作组 WG 的模式来制定国际标准，首个工作组 WG1 确定为橡胶塑料注射成型机安全工作组，这个工作组由德国承担秘书处的工作。P 成员有法国、美国、奥地利、英国、德国、卢森堡、日本、中国、瑞士、土耳其、意大利。

5.配合总会推进组建全国橡胶塑料机械标准技术联盟工作

国家标准化管理委员会自 2012 年把推进联盟标准化工作列入全国标准化重点工作，并指出："标准联盟和联盟标准能够快速反映市场的需求，是实现标准和知识产权结合的有效手段之一"。按照标委会第四届二次工作会议决议，全国橡胶塑料机械标准技术联盟的筹建工作已启动。目前，已起草完成《全国橡胶塑料机械标准技术联盟章程（草案）》，并完成联盟成员征集工作。

6.积极组织申报石化行业优秀标准项目

根据中石化联质标发（2013）33 号《关于推荐评选全国石油和化工行业优秀标准的通知》文件要求，积极配合总会进行了优秀标准的组织申报。在 2013 年全国石油和化学工业质量标准化工作会议上，大连橡胶塑料机械股份有限公司负责起草的强制性国家标准 GB 25434—2010《橡胶塑料压延机安全要求》荣获"2013 年度全国石油和化工行业优秀标准项目"称号，是橡胶塑料机械行业唯一一项受表彰的优秀标准项目。经中国石油和化学工业联合会组织专家评审评选出的 30 项优秀标准项目，是在 7 900 余项石油和化学工业标准中产生的，包括 20 项国家标准和 10 项行业标准。这是中国石油和化学工业联合会首次评选表彰优秀标准项目。

7.配合总会完成能耗标准的报批工作

推荐性国家标准《橡胶塑料注射成型机能耗检测方法》已完成报批，这项标准的制定填补了我国无橡胶塑料机械产品节能标准的空白。为了进一步完善该标准，满足橡胶塑料机械行业的实际需求，总会及分委会要求橡胶塑料注射成型机的生产企业要加强能耗验证试验，以后修订该标准时，将研究增加橡胶塑料注射成型机能耗等级和节能评价值的可能性。

8.积极参加中国机械工业联合会及总会组织的各项活动

积极参加中国机械工业联合会举办的机械工业标准复核员研讨会议、全国橡胶塑料机械标委会组织的《橡胶塑料注射成型机安全要求》国际标准草案起草工作扩大会议等。

三、2014 年我国塑料机械行业标准化重点工作

党的十八大明确提出，要把推动发展的立足点转到提高质量和效益上来，形成以技术、品牌、质量、服务为核心的竞争优势。2013—2014 年是我们深入贯彻党的十八大精神，全面实施国家"十二五"规划，实现行业"十二五"发展目标的关键时期，做好今后行业标准化工作意义重大。为此，要重点做好以下工作。

1.进一步加强标准化工作，做好技术支撑，引领行业发展

塑料机械行业标准化工作要贯彻落实好党的"十八大"精神，有效支撑发展方式转变，满足经济转型升级需要，服务好塑料机械行业"调结构、转方式"战略布局，我们要加强标准制修订工作管理，稳步推进标准体系建设，不断调整优化标准结构，做好标准体系的统筹规划，不断完善标准体系，加强产品标准的覆盖面，加强上下游标准之间协调配合，确保国家标准与行业标准之间衔接统一，兼顾标准制定的科学性、前瞻性和适用性。

2.加快重点领域标准研制工作，满足行业转型发展需要

组织开展行业调研和标准需求分析，明确标准支撑产业结构战略性调整的着力点，突出加强战略性新兴产业、节能降耗、安全环保、资源节约与综合利用等重点领域标准制定工作。重点做好行业标准中的安全标准，涉及环保要求的标准，基础标准，符合国家有关重大工程项目并与主攻课题相配套

的标准，市场急需制定的、技术先进并有发展潜力的产品标准；组织开展《塑料成型模具温度控制机》等3项标准的研究制定工作。加快标准对节能、环保新产品、新技术科研成果的转化，及时制定实用性强的技术标准，及时进行标准计划项目的申报工作。

3.深化国际标准化工作

进一步加强国际标准化战略研究，健全参与国际标准化活动的工作机制，组织开展重点领域国内外标准分析比对，积极推动我国标准上升为国际标准，争取让我国技术融入国际标准，推动我国自主创新技术"走出去"，提升产业国际竞争力。加强对同行业国际标准及国外先进标准的研究，加强对外交流，通过对国外先进标准的转化和技术接轨，促进我国产品整体水平的提高。积极参加ISO/TC 270国际标准化组织塑料和橡胶机械技术委员会的各项活动及国际标准起草工作。

4.着力夯实标准化工作基础

不断优化分委会的委员构成，充实标准化工作专家队伍。确保标准制修订过程信息公开、工作透明，标准利益相关方广泛参与。完善标准化与科技紧密结合和相互支撑机制，充分吸收和利用各方科研资源，通过标准加快研究成果产业化、规模化。加大标准化工作宣传，及时组织重要标准的宣传培训，提升全社会的标准化意识。对于已实施5年或5年以上的标准全面复审，提出继续有效、修订和废止的结论。对不适应市场发展需要，标准内容或标准级别需做较大调整的现行标准，及时进行修订。对于已淘汰产品或技术落后的产品必须进行废止；保证现行标准技术内容的先进性和适应性。继续拓宽业务范围，为企业做好标准化咨询服务工作，为行业营造友好氛围，使塑料机械行业标准化工作更加充满活力。标准化工作的重要主体之一是产品生产企业，要加强企业对标准实施的重视度，为切实提高标准实施的准确性、有效性提供保障。

党的十八大已为我国经济和社会发展规划了新的宏伟蓝图，我国的塑料机械行业面临着难得的发展机遇，前景广阔。要与时俱进，稳步提高分委会工作水平，努力完成标准化内容向安全质量测试的转变，向实用规范指导的转变，向新产品、新技术的转变，为我国塑料机械行业的持续发展提供有利的技术保障。

〔供稿单位：全国橡胶塑料机械标准化技术委员会塑料机械分技术委员会〕

塑料机械行业标准目录

序号	标准编号	标准名称	标准类别	采标情况	备注
1	GB/T 12783—2000	橡胶塑料机械产品型号编制方法	基础	/	代替 GB/T 12783—1991
2	GB/T 9707—2010	密闭式炼胶机炼塑机	产品	/	代替 GB/T 9707—2000

(续)

序号	标准编号	标准名称	标准类别	采标情况	备注
3	GB/T 12784—1991	橡胶塑料加压式捏炼机	产品	/	首次起草
4	GB/T 13577—2006	开放式炼胶机炼塑机	产品	/	代替 GB/T 13577—1992
5	GB/T 13578—2010	橡胶塑料压延机	产品	/	代替 GB/T 13578—1992
6	GB/T 25156—2010	橡胶塑料注射成型机通用技术条件	产品	/	首次起草
7	GB/T 25941—2010	塑料真空成型机	产品	/	代替 JB/T 5292—1991
8	GB/T 25157—2010	橡胶塑料注射成型机检测方法	方法	/	首次起草
9	GB 20055—2006	开放式炼胶机炼塑机安全要求	安全	非等效 EN1417:1997	首次起草
10	GB 22530—2008	橡胶塑料注射成型机安全要求	安全	非等效 EN201:1997+A1:2000+A2:2005	首次起草
11	GB 25431.1—2010	橡胶塑料挤出机和挤出生产线　第1部分:挤出机的安全要求	安全	等同 EN1114-1:1996	首次起草
12	GB 25431.2—2010	橡胶塑料挤出机和挤出生产线　第2部分:模面切粒机的安全要求	安全	等同 EN1114-2:1998	首次起草
13	GB 25431.3—2010	橡胶塑料挤出机和挤出生产线　第3部分:牵引装置的安全要求	安全	等同 EN1114-3:2001	首次起草
14	GB 25433—2010	密闭式炼胶机炼塑机安全要求	安全	修改 EN12013:2000	首次起草
15	GB 25434—2010	橡胶塑料压延机安全要求	安全	修改 EN12301:2000	首次起草
16	GB 25936.1—2012	橡胶塑料粉碎机械　第1部分:刀片式破碎机安全要求	安全	等同 EN12012-1:2000	首次起草
17	GB 25936.2—2012	橡胶塑料粉碎机械　第2部分:拉条式切粒机安全要求	安全	等同 EN12012-2:2001+A2:2008	首次起草
18	GB 25936.3—2012	橡胶塑料粉碎机械　第3部分:切碎机安全要求	安全	等同 EN12012-3:2001	首次起草
19	GB 25936.4—2010	橡胶塑料粉碎机械　第4部分:团粒机安全要求	安全	等同 EN12012-4:2006	首次起草
20	HG/T 2148—2009	密闭式炼胶机炼塑机检测方法	方法	/	代替 HG/T 2148—1991
21	HG/T 2149—2004	开放式炼胶机炼塑机检测方法	方法	/	2009年复审继续有效

（续）

序号	标准编号	标准名称	标准类别	采标情况	备注
22	HG/T 2150—2009	橡胶塑料压延机检测方法	方法	/	代替 HG/T 2150—1991
23	HG/T 3108—2012	冷硬铸铁辊筒	产品	/	合并修订 HG/T 2400—1992、HG/T 3108—1998、HG/T 3118—1998
24	HG/T 3120—1998	橡胶塑料机械外观通用技术条件	通用	/	2009 年复审继续有效
25	HG/T 3228—2001	橡胶塑料机械涂漆通用技术条件	通用	/	2009 年复审继续有效
26	JB/T 2627—2008	塑料挤出硬管辅机	产品	/	代替 JB/T 2627—1991
27	JB/T 5289—2004	鞋用转盘注射成型机	产品	/	2010 年复审继续有效
28	JB/T 5290—2008	塑料圆织机	产品	/	代替 JB/T 5290—2000
29	JB/T 5291—2007	塑料破碎机	产品	/	2013 年复审继续有效
30	JB/T 5293—2013	可发性聚苯乙烯泡沫塑料自动成型机	产品	/	代替 JB/T 5293—1991
31	JB/T 5416—2005	塑料挤出干法热切造粒辅机	产品	/	2011 年复审继续有效
32	JB/T 5417—2007	塑料排气挤出机	产品	/	2013 年复审继续有效
33	JB/T 5418—1991	聚丙烯不织布机	产品	/	计划号：2011—0159T—JB，2013 年完成
34	JB/T 5419—2008	塑料挤出平膜扁丝辅机	产品	/	代替 JB/T 5419—2000
35	JB/T 5420—2001	同向双螺杆塑料挤出机	产品	/	计划号：2011—0170T—JB，2012 年 12 月完成
36	JB/T 5421—2013	塑料薄膜回收挤出造粒机组	产品	/	代替 JB/T 5421—1991
37	JB/T 5438—2008	塑料机械　术语	基础	/	代替 JB/T 5438—1991
38	JB/T 6489—1999	塑料捏合机	产品	/	计划号：2011—0167T—JB，2012 年 12 月完成
39	JB/T 6490—1992	塑料压力成型机	产品	/	计划号：2011—0168T—JB，2013 年完成
40	JB/T 6491—2001	异向双螺杆塑料挤出机	产品	/	计划号：2011—0171T—JB，2013 年完成
41	JB/T 6492—2001	锥形双螺杆塑料挤出机	产品	/	计划号：2011—0172T—JB，2012 年 12 月完成
42	JB/T 6493—1992	塑料制袋机	产品	/	计划号：2011—0169T—JB，2013 年完成

（续）

序号	标准编号	标 准 名 称	标准类别	采标情况	备注
43	JB/T 6494—2002	料斗式塑料干燥机	产品	/	计 划 号：2011—0160T—JB,2012 年 12 月完成
44	JB/T 6928—1993	塑料挤出带辅机	产品	/	计 划 号：2011—0163T—JB,2012 年 12 月完成
45	JB/T 6929—1993	塑料挤出转盘制鞋机	产品	/	计 划 号：2011—0166T—JB,2013 年完成
46	JB/T 7251—1994	塑料挤出拉丝辅机	产品	/	计 划 号：2011—0164T—JB,2012 年 12 月完成
47	JB/T 7267—2004	塑料注射成型机	产品	/	2010 年复审继续有效
48	JB/T 7669—2004	塑料混合机	产品	/	2010 年复审继续有效
49	JB/T 8061—2011	单螺杆塑料挤出机	产品	/	代替 JB/T 8061—1996
50	JB/T 8538—2011	塑料机械用螺杆、机筒	产品	/	代替 JB/T 8538—1997
51	JB/T 8539—2013	塑料挤出吹塑中空成型机	产品	/	代替 JB/T 8539—1997
52	JB/T 8698—1998	热固性塑料注射成型机	产品	/	计划号：2011—0162T—JB 2013 年完成
53	JB/T 8703—2011	塑料挤出吹塑薄膜辅机	产品	/	代替 JB/T8703—1998
54	JB/T 8943—1999	全塑鞋用注射机	产品	/	计 划 号：2011—0161T—JB,2013 年完成
55	JB/T 10342—2002	塑料挤出异型材辅机	产品	/	计 划 号：2011—0165T—JB,2012 年 12 月完成
56	JB/T 10464—2004	拉条式塑料切粒机	产品	/	2010 年复审继续有效
57	JB/T 10898—2008	塑料挤出复合膜辅机	产品	/	首次起草
58	JB/T 10899—2008	塑料挤出双壁波纹管辅机	产品	/	首次起草
59	JB/T 11343—2013	锥形同向双螺杆塑料挤出机	产品	/	首次起草
60	JB/T 11344—2013	PVC 塑料配混系统	产品	/	首次起草
61	JB/T 11345—2013	可发性聚苯乙烯泡沫塑料板材成型机	产品	/	首次起草
62	JB/T 11346—2013	可发性聚苯乙烯泡沫塑料板材切割机	产品	/	首次起草
63	JB/T 11347—2013	可发性聚苯乙烯泡沫塑料预发机	产品	/	首次起草
64	JB/T 11348—2013	塑料挤出流延薄膜辅机	产品	/	首次起草

（续）

序号	标准编号	标 准 名 称	标准类别	采标情况	备注
65	JB/T 11509—2013	聚氨酯发泡设备 通用技术条件	产品	/	首次起草
66	JB/T 50018—1999	塑料注射成型机 产品质量分等	分等	/	企业内控标准
67	JB/T 53028—1999	锥型双螺杆塑料挤出机 产品质量分等	分等	/	企业内控标准
68	JB/T 53029—1999	料斗式塑料干燥机 产品质量分等	分等	/	企业内控标准
69	JB/T 53030—1999	异向双螺杆塑料挤出机 产品质量分等	分等	/	企业内控标准
70	JB/T 53031—1999	塑料真空成型机 产品质量分等	分等	/	企业内控标准
71	JB/T 53032—1999	塑料制袋机 产品质量分等	分等	/	企业内控标准
72	JB/T 53079—1999	塑料挤出带辅机 产品质量分等	分等	/	企业内控标准
73	JB/T 53080—1999	塑料挤出转盘制鞋机 产品质量分等	分等	/	企业内控标准
74	JB/T 53109—1998	单螺杆塑料挤出机 产品质量分等	分等	/	企业内控标准
75	JB/T 53111—1999	塑料挤出吹塑薄膜辅机 产品质量分等	分等	/	企业内控标准
76	JB/T 53112—1999	密闭式炼塑机 产品质量分等	分等	/	企业内控标准
77	JB/T 53113—1999	开放式炼塑机 产品质量分等	分等	/	企业内控标准
78	JB/T 53114—1999	塑料压延机 产品质量分等	分等	/	企业内控标准
79	JB/T 53115—1999	塑料挤出吹塑中空成型机 产品质量分等	分等	/	企业内控标准
80	JB/T 53116—1999	塑料混合机 产品质量分等	分等	/	企业内控标准
81	JB/T 53117—1999	热固性塑料注射成型机 产品质量分等	分等	/	企业内控标准
82	JB/T 53118—1999	橡胶塑料加压式捏炼机 产品质量分等	分等	/	企业内控标准
83	JB/T 53119—1999	塑料压力成型机 产品质量分等	分等	/	企业内控标准
84	JB/T 53120—1999	塑料捏合机 产品质量分等	分等	/	企业内控标准

（续）

序号	标准编号	标准名称	标准类别	采标情况	备注
85	JB/T 53121—1999	鞋用转盘注射成型机　产品质量分等	分等	/	企业内控标准
86	JB/T 53122—1999	塑料挤出硬管辅机　产品质量分等	分等	/	企业内控标准
87	JB/T 53123—2000	塑料圆织机　产品质量分等	分等	/	企业内控标准
88	JB/T 53124—1999	可发性聚苯乙烯泡沫塑料成型机　产品质量分等	分等	/	企业内控标准
89	JB/T 53127—1999	塑料破碎机　产品质量分等	分等	/	企业内控标准
90	JB/T 53129—2000	塑料挤出平膜扁丝辅机　产品质量分等	分等	/	企业内控标准

〔供稿单位:全国橡胶塑料机械标准化技术委员会塑料机械分技术委员会〕

中国塑料机械工业年鉴 2013

政策法规

介绍与塑料机械行业相关的政策法规

关于印发《企业减负专项行动方案》的通知

（工信厅运行〔2012〕84号）

各省、自治区、直辖市减轻企业负担领导小组（联席会议）、工业和信息化主管部门：

为落实国务院统一部署和要求，进一步减轻中小企业特别是小型微型企业负担，促进中小企业健康发展，结合部开展的中小企业服务年活动，决定组织开展2012年企业减负专项行动。现将《企业减负专项行动方案》印发给你们，请结合本地区实际，制定具体行动方案并组织实施。各地单设减轻企业负担机构的，由减轻企业负担领导小组（联席会议）牵头；未设的由工业和信息化主管部门牵头，结合中小企业服务年活动积极开展减负专项行动。请将本地区开展减负专项行动方案于5月10日前报我部。

2012年4月13日

企业减负专项行动方案

根据2012年全国工业和信息化工作会议部署，结合中小企业服务年活动安排，决定组织企业减负专项行动，方案如下：

一、总体思路

贯彻落实中央经济工作会议精神和2012年《政府工作报告》要求，紧紧围绕促进经济平稳较快发展这一中心任务，充分发挥国务院减轻企业负担部际联席会议作用，依靠各级企业减负工作机构、中小企业主管部门和各种社会力量，以中小企业特别是小型微型企业为重点，以“优化成长环境、服务企业发展”为主题，把企业减负与经济运行、结构调整和转型升级等相结合，进一步转变政府职能，创新企业减负工作内容，畅通企业负担反映渠道，开展多种形式的专题行动和宣传活动，督促惠企政策落实，推动涉企收费行为清理规范，协调解决企业反映突出的乱收费、乱罚款以及各种形式的不合理摊派，凝聚合力，整合资源，切实减轻企业负担，积极营造全社会关心中小企业成长发展的良好氛围。

二、主要内容

（一）以中小企业特别是小型微型企业为重点，组织企业减负专题调研和现场交流活动

开展企业负担情况调查研究，组织国务院减轻企业负担部际联席会议各成员单位和有关部门、各地减负工作机构以创新型、劳动密集型、创业型中小企业特别是小型微型企业为重点，集中开展一次企业负担现状调研活动，针对当前企业承担的各种不合理负担，通过召开座谈会、发放调查问卷、现场考察和调阅各种资料等形式，收集整理企业反映突出的问题及相关政策措施建议。调研报告报国务院领导参阅，并送部际联席会议成员单位。

完善企业负担反映渠道，在工信部网站开辟企业负担反映和咨询服务直通车专栏，广泛收集企业反映的负担问题，提供减负政策咨询服务。组织力量对反映问题进行梳理，供有关部门参考，对反映较为集中的问题形成专报供领导参阅。

组织企业减负经验交流，做好部门和地方在推动减轻企业负担方面的经验总结，组织召开有国务院减轻企业负担部际联席会议成员单位、地方减负机构、受惠中小企业、部分行业协会社团参加的现场交流会，推广成功做法和经验，现场考察学习相关中小企业和地方减负机构，提高企业减负机构和人员业务能力和水平。

（二）以服务企业为宗旨，组织开展减轻企业负担部际联合行动

认真落实国务院工作部署，联合减轻企业负担部际联席会议成员单位和有关部门认真贯彻国务院关于支持小型和微型企业健康发展常务会议精神，推动部际联席会议成员单位和有关部门加快财税支持、缓解融资难等方面的惠企政策出台。

共同组织有关重大活动，联合减轻企业负担部际联席会议成员单位和有关部门开展专题治理活动，进一步倡导减少对小型微型企业的收费、罚款行为，加大涉企收费行为清理规范力度，整治向企业摊派、索要赞助和无偿侵占企业人财物等行为。

协调解决突出问题，针对各种渠道反映的较为集中的不合理负担问题，特别是轻工、纺织等劳动密集型行业存在的负担，按照“谁负责、谁落实”的原则，加快推动问题解决。

（三）以优化企业发展环境为主题，组织开展减轻企业负担系列宣传活动

开展惠企政策梳理，组织国务院减轻企业负担部际联席会议成员单位和有关部门，对国际金融危机以来出台的、目前仍在执行的惠企政策进行梳理，汇编成册并印发，组织专题发放和宣传活动。

组织减轻企业负担政策宣传活动周，邀请媒体针对焦点问题开展专题采访宣传，通过内部渠道向上反映；召开专题新闻发布会，介绍近年来企业减负工作；印发政策宣传海报，宣传重要政策和典型问题；组织领导、专家等不同层面的专题采访，开展新发布政策解读，举办专题研讨会或论坛，努力营造社会各界参与减轻企业负担专项行动工作的良好舆论氛围。

加大新闻宣传力度，广泛发动媒体，加强与中央电视台、新华社、经济日报等国内主要媒体以及中国工业报、经济和信息化刊物等主要行业媒体的联系，通过专刊等形式不定期报道减轻企业负担政策落实效果，及时宣传减轻企业负担经验和做法，曝光典型问题和案件。

（四）以开展专项行动为契机，探索建立减轻企业负担长效机制

建立企业负担监测分析制度，依托工业经济运行监测网络，建立中小企业负担监测点，跟踪监测分析企业负担状况，加快研究建立企业负担指数评价体系，根据工作进展情况定向发布地方、行业企业负担情况测评结果。

推进企业减负工作法制化建设，进一步修改完善《企业负担监督条例》征求意见稿，广泛听取地方、部门和企业的意见和建议，尽快形成送审稿，协调并督促国务院法制办加快立法进程。

完善企业负担监督机制，广泛发动新闻媒体、协会和社团、企业以及相关领域的专家学者参与企业减负，加快建立多层次、多角度的企业减负监督机制，推动形成维护企业合法权益的工作合力。

三、活动安排

4—5月 召开全国减负系统电视电话会议。组织开展专题调研。启动减轻企业负担部际联合行动。组织惠企政策梳理。工业和信息化部网站开辟企业负担反映专栏。

6月 集中组织减轻企业负担政策宣传活动周活动。

7—10月 就企业反映突出的负担问题，协调推动减轻企业负担部际成员单位和有关部门按职责分工专题解决。

8月 组织减轻企业负担现场经验交流活动。发布惠企政策汇编。

10月 对专项行动工作情况开展全面检查。

12月 专项行动总结表彰。

上述进度安排根据进展可做适当调整，重点行动安排见附件。各地企业减负工作机构根据本方案进行细化完善，组织开展本地区各项行动。

四、组织保障

（一）加强组织领导

印发企业减负专项行动方案。成立企业减负专项行动领导小组，由部党组成员、总工程师朱宏任同志担任组长，部内运行监测协调局、中小企业司、驻部纪检组监察局、办公厅、财务司、政策法规司等相关司局和部中小企业发展促进中心的有关负责同志参加，负责专项行动的组织领导，督查主要任务落实情况等。运行监测协调局承担具体组织协调工作。建立减轻企业负担政策咨询专家组，聘请税收、财政、金融、法律、监察等领域的专家学者参加，为减轻企业负担工作提供决策咨询服务。各地减轻企业负担领导机构要将专项行动纳入年度重点工作计划，明确本地区专项行动任务分工，领导本地区减轻企业负担工作机构做好督促协调，确保各项任务顺利实施。

（二）强化协作配合

减轻企业负担工作涉及面宽，难度大，工业和信息化部作为国务院减轻企业负担部际联席会议日常工作承担单位，将充分发挥国务院减轻企业负担部际联席会议成员单位作用，调动地方工业和信息化、中小企业主管部门的积极性，发动行业协会、新闻媒体、企业、专家学者等积极参与，凝聚各方面的智慧和资源优势，创新工作方式方法，相互配合，共同推进专项行动。加快完善部际联席会议工作的程序、机构和规则。每季度组织召开一次由部际联席会议成员单位和有关部门参加的专项行动工作协调会议，按地区组织召开专项行动工作进展推进会，交流情况，推动工作。

（三）加大督查力度

建立重点任务落实情况督查制度，对出现的问题不回避，及时提出调整和改进意见，对行动开展好、效果突出的，企业满意度高的地区将给予通报表扬。建立专项行动工作信息交流制度，利用《工业和信息化动态信息》，不定期编发专项行动专刊，交流部际联席会议成员单位、地方工作进展情况。组织专项行动实施情况专项检查，督促各地将确定任务落到实处，确保专项行动取得实效。减轻企业负担专项行动重点活动安排见表1。

表1　减轻企业负担专项行动重点活动安排

活动内容	时间	参加单位
中小企业负担调研	4—5月	运行局、企业司、驻部纪检组、财务司、政法司等，部际联席会议成员单位和有关部门
企业负担反映和咨询服务专栏启动	5月	运行局、办公厅等
惠企政策梳理和发布	4—8月	运行局、企业司、财务司等，部际联席会议成员单位和有关部门
减轻企业负担政策宣传活动周	6月	运行局、企业司、驻部纪检组、财务司、办公厅、政法司等，部际联席会议成员单位和有关部门
企业减负现场交流会	8月	运行局、企业司等，部际联席会议成员单位和有关部门
企业减负专项行动工作情况检查	10月	运行局、企业司、驻部纪检组、财务司、办公厅、政法司等，部际联席会议成员单位和有关部门
专项行动总结	12月	运行局等，部际联席会议成员单位和有关部门

国务院办公厅关于印发《贯彻实施质量发展纲要2012年行动计划》的通知

（国办发〔2012〕27号）

各省、自治区、直辖市人民政府，国务院各部委、各直属机构：

《贯彻实施质量发展纲要2012年行动计划》已经国务院同意，现印发给你们，请认真贯彻执行。

国务院办公厅

2012年4月28日

贯彻实施质量发展纲要2012年行动计划

为贯彻实施《质量发展纲要（2011—2020年）》，把落实长远规划和解决当前突出问题相结合，明确2012年质量工作重点，按照“综合施策，标本兼治，强化法治，落实责任，加强教育，增强全社会质量意识”的工作要求，特制定本行动计划。

一、强化重点产品质量安全监管

（一）开展重点产品质量安全问题综合整治

以食品、食用农产品、药品、妇女儿童用品、农资、建材为重点，对制假售假、产品质量问题严重的产品生产聚集区、城乡结合部和农村市场等重点区域以及城中村、建筑工地、中小学校园等重点场所，开展综合治理。组织开展打击“黑心棉”、“粉末砖头”、“瘦身钢筋”、“中药材造假”等质量违法犯罪行为的专项行动。（教育部、农业部、商务部、卫生部、住房和城乡建设部、国资委、工商总局、质检总局、食品药品监管局、食品安全办负责）

（二）加强重大设备监理工作

强化对重大设备特别是南水北调等重点工程设备质量监管。完善设备监理单位资质审核。对学校、幼儿园、车站、商场、旅游景区、游乐园等人员密集区域以及居民住宅的在用电梯、锅炉、客运索道、大型游乐设施开展专项监督检查。（质检总局牵头，发展改革委、教育部、工业和信息化部、住房和城乡建设部、交通运输部、国资委、南水北调办参加）

（三）制定国家重点监管产品目录

根据产品质量安全风险等级和重要程度，及时将涉及质量安全的产品纳入重点监管目录。加强重点产品、重大设备、重点工程和重点服务项目的质量监管和监督检查。完善进口工业品分类管理制度，加大对进口高风险工业品的检验监管。（发展改革委、住房和城乡建设部、交通运输部、水利部、农业部、商务部、卫生部、海关总署、质检总局、食品药品监管局、食品安全办负责）

（四）加大质量安全风险管理力度

加快推进质量安全风险监测网络建设，开展重点监管产品风险监测。完善进出境质量安全风险信息收集网络，增强口岸卫生检疫、动植物检疫和进出口商品检验监管能力。（农业部、卫生部、海关总署、质检总局、食品药品监管局负责）

（五）开展产品伤害监测试点

研究建立产品伤害监测系统，收集、统计、分析与产品相关的伤害信息，评估产品安全的潜在风险，及时发布产品伤害预警。（财政部、卫生部、质检总局负责）

二、推动企业落实质量安全主体责任

（六）建立企业质量安全控制关键岗位责任制

选择部分大中型企业率先试行“首席质量官”制度，在企业管理绩效考核中，试点推行质量安全“一票否决”。推动企业实施岗位质量规范与质量考核制度，质量关键岗位实行培训、考核，严格按照质量规范操作。在大型企业试点建立质量安全管理机构和质量工程师持证上岗制度，推进小型企业建立健全质量安全管理体系，指导企业排查质量安全隐患。（人力资源社会保障部、国资委、质检总局负责）

（七）督促企业落实质量安全社会责任

推动企业落实汽车产品“三包”责任，履行“缺陷产品召回”法定义务。建立实施企业重大质量事故报告制度。鼓励中央企业率先发布年度社会责任报告。（工业和信息化部、公安部、住房和城乡建设部、交通运输部、商务部、国资委、工商总局、质检总局、食品安全办负责）

三、推进质量诚信体系建设

（八）加强质量诚信体系建设

出台质量诚信体系建设指导意见，建立质量失信“黑名单”，做好质量失信“黑名单”建章立制工作，公布一批严重质量失信企业。建立以组织机构代码实名制为基础的企业质量信用档案和以物品编码系统为溯源手段的质量信用信息平台。推进质检、商务、金融、工商等部门间质量信用信息共享。（质检总局牵头，工业和信息化部、公安部、商务部、人民银行、海关总署、工商总局、旅游局、保监会、食品药品监管局参加）

（九）实施质量信用分级分类监管

建立企业质量信用分级分类监管制度，根据产品质量安全风险等级和企业履行产品质量主体责任情况，依托企业质量信用档案和产品质量信用信息记录，实施企业质量信用分级分类管理，完善进出口信用管理系统。（质检总局牵头，工业和信息化部、商务部、人民银行、海关总署、统计局、保监会参加）

四、完善质量工作考核激励机制

（十）推动地方政府实施质量安全绩效考核

研究制定质量工作考核评价指标体系、考核制度及实施方案。推动地方政府将质量安全和质量发展纳入政府绩效考核评价指标，出台地方政府质量工作绩效考核的指导意见。（中央组织部、监察部、质检总局、统计局负责）

（十一）完善国家和地方质量奖励制度

对质量管理先进、成绩突出的组织和个人给予表彰奖励。以提高评审人员能力为重点，推进地方政府质量奖励工作。（质检总局、人力资源社会保障部牵头，工业和信息化部、监察部参加）

（十二）开展争创“全国质量强市示范城市”活动

引导地方政府加强质量工作，树立一批将质量提升作为城市发展战略核心内容、质量安全得到有效保障的示范城市。（质检总局牵头，工业和信息化部、住房和城乡建设部、旅游局参加）

（十三）开展产品质量统计调查与分析

开展产品质量合格率统计调查，适时发布产品质量统计调查结果。组织做好国家、省、市、县四级质量状况分析工作。推进工业产品质量指标统计试点，探索建立技术检测服务业统计调查制度。做好将产品质量合格率纳入国家统计指标体系的可行性研究论证。（质检总局牵头，工业和信息化部、财政部、农业部、统计局、食品药品监管局及有关行业协会参加）

五、大力实施名牌发展战略

（十四）开展品牌价值评价工作

组建全国品牌价值标准化技术委员会，发布品牌价值术语、要素、评价要求、评价方法等系列国家标准，建立品牌价值评价制度。（质检总局牵头，工业和信息化部、财政部、商务部、人民银行、广电总局、贸促会参加）

（十五）建设卓越绩效孵化基地

修订卓越绩效评价国家标准，认定一批采用卓越绩效管理模式并取得明显成效的标杆企业，推动企业采用先进质量管理方法，发挥优势企业引领作用，带动提升整体质量水平。（质检总局牵头，工业和信息化部、国资委参加）

六、强化质量法治建设

（十六）加大质量法律法规的制修订力度

组织开展计量法、国境卫生检疫法、标准化法、缺陷汽车产品召回管理条例、限制商品过度包装条例制修订。推动特种设备安全法、设备监理条例、流通领域商品质量监督管理条例立法研究。（质检总局牵头，工商总局、法制办参加）

（十七）建立重点质量案件挂牌督办制度

加强对质量违法犯罪案件的督查督办，挂牌督办重点质量案件，涉嫌犯罪的依法移送公安机关处理，加强行政执法与刑事司法衔接。（公安部、监察部、农业部、卫生部、工商总局、质检总局、食品安全办负责）

七、加强质量基础工作

（十八）推进重点领域标准化工作

开展农业标准化示范推广活动和循环经济、战略性新兴产业标准化试点。组织大型企业开展“标准化良好行为企业”创建活动。推进现代农业、先进制造业、战略性新兴产业和服务业的标准制修订。进一步加强强制性标准管理，完善强制性国家标准制度。（质检总局牵头，发展改革委、科技部、工业和信息化部、财政部、环境保护部、交通运输部、水利部、农业部、商务部参加）

（十九）全面整治民生领域计量器具

以医院、眼镜店为重点开展“推进诚信计量，建设和谐城乡”主题活动。启动高速公路放心行工程，严厉打击加油机、汽车衡计量作弊违法行为。在30个城市对10种定量包装商品开展净含量监督检查。开展计量服务走进万家中小企业活动。（质检总局牵头，发展改革委、科技部、工业和信息化部、财政部、交通运输部、卫生部参加）

（二十）加强认证认可管理

组织开展轮胎、电线电缆、有机产品等认证产品专项整治。开展强制性认证安全风险评估工作。实施食品检验机构资质认定制度。严厉打击非法认证、虚假认证、买证卖证等违法行为。发布认证机构履行社会责任的指导意见。推进进口食品境外企业注册，完善出口食品备案管理。（质检总局牵头，发展改革委、科技部、工业和信息化部、环境保护部、农业部、商务部、卫生部、工商总局参加）

（二十一）强化检验检测技术保障

抓好食品检测能力提升专项工作的组织实施。在食品、玩具、特种设备等重点行业和领域推进公共技术服务平台建设，组建检验检测技术联盟。严格大型车辆安全技术检验机构准入条件和检测要求，创新小型车辆检验模式，严厉查处无证开展机动车安全技术检验行为。（质检总局、科技部牵头，发展改革委、工业和信息化部、公安部、财政部、农业部参加）

八、加强组织保障、宣传教育和社会监督

（二十二）建立质量工作部际联席会议制度

召开全国质量工作部际联席会议，制定《全国质量工作部际联席会议议事规则》和《质量发展纲要2012年贯彻实施情况检查考核工作方案》，对地方人民政府、行业主管部门实施本行动计划情况进行检查考核。（质检总局牵头，中央组织部及国务院有关部门参加）

（二十三）加强质量教育

在专业学位研究生教育中积极探索培养质量工程高层次人才。做好质量专业技术人员职业资格考试工作。组织开展第二批国家级和省、市级中小学质量教育基地的创建工作。动员企业广泛开展质量攻关活动，在中央企业开展企业质量文化建设。（教育部、科技部、工业和信息化部、人力资源社会保障部、国资委、质检总局负责）

（二十四）开展全国“质量月”主题活动

在全国开展以“宣传贯彻质量发展纲要，推动建设质量强国”为主题的“质量月”活动，大力宣传

质量法律法规和先进典型，加大对质量违法案件的曝光力度。（质检总局牵头，中央宣传部及国务院有关部门参加）

（二十五）加强地方政府的组织领导

地方各级人民政府要加强对质量工作的组织领导和统筹协调，结合本地实际，参照以上工作安排和部门分工，制定本地区的具体实施工作方案，细化任务，明确时限和要求，逐级落实责任，按时完成各项任务。

关于印发《2012年信息化和工业化深度融合专项资金项目指南》的通知

（工信厅信〔2012〕100号）

各省、自治区、直辖市工业和信息化主管部门，有关单位：

为推动信息化和工业化深度融合，促进工业转型升级和发展方式转变，根据《工业转型升级规划（2011—2015年）》和《工业转型升级投资指南》，工业和信息化部制定了《2012年信息化和工业化深度融合专项资金项目指南》。现印发给你们，请根据项目指南的要求，做好项目申报工作。

2012年5月10日

2012年信息化和工业化深度融合专项资金项目指南

为推动信息化和工业化深度融合，促进工业转型升级和发展方式转变，根据《工业转型升级规划（2011—2015年）》和《工业转型升级投资指南》，制定本指南。

一、总则

信息化和工业化深度融合（以下简称“两化深度融合”）专项资金是中央财政安排、列入工业和信息化部部门预算、用于支持两化深度融合重点项目的资金。

专项资金的主要目的是围绕工业转型升级的目标任务，通过支持需求迫切、预期效果显著、具有引领和示范作用的两化深度融合重点项目，促进工业转型升级和发展方式转变。

专项资金采用项目补助方式。对项目的补助金额原则上不超过项目投资总额的30%，原则上补助额度不超过500万元。

专项资金的组织实施工作包括项目申报、专家初评、答辩复评、政策核定、签订合同、拨付资金、组织验收、监督检查等环节。

二、项目方向

2012年度专项资金支持以下三个方向的项目：

（一）信息化综合集成创新

支持工业企业关键业务环节信息化的综合集成及模式创新，重点支持大规模个性化制造、精益制造、准时制造、敏捷制造、虚拟制造、网络制造、综合集成制造、按需制造等模式创新。

（二）产品信息化和服务型制造

支持提高工业产品的信息化水平，实现工业产品的数字化、网络化和智能化。支持工业企业基于工业产品的信息化,建设面向产品的在线服务、状态监控、故障诊断、远程维护等信息系统。

(三)面向产业服务与行业管理的信息化服务

支持针对研发设计、企业管理、共性技术、信息服务、交易服务、电子商务、工业物流、节能减排、安全生产等环节,面向产业链、产业集群、行业性和区域性的信息化服务项目。支持民爆行业动态监控信息系统建设。

三、申报条件

申报单位原则上为中华人民共和国境内注册的企业。所申报的项目应为正在实施的项目或是2012年内可以正式开工建设的项目,并且在两年内能够实施完成。鼓励采用安全可控的软硬件系统的项目方案。

四、申报程序及要求

(1)省级工业和信息化主管部门负责组织做好本地区项目的申报工作。计划单列市、新疆生产建设兵团、副省级省会城市、黑龙江省农垦总局负责组织本地项目申报,其推荐的项目数量不计入所在省(自治区)的项目数量,统一由省级工业和信息化主管部门报工业和信息化部。中央企业集团、有关中央单位主管部门负责组织好本集团(系统)内的项目申报工作。

(2)省、自治区和直辖市推荐的项目数量不超过5个,计划单列市、新疆生产建设兵团、副省级省会城市、黑龙江省农垦总局推荐的项目数量不超过3个,中央企业集团推荐的项目数量不超过1个。

(3)专项资金优先支持国家级信息化和工业化融合试验区的项目,请各单位在申报项目时予以重点推荐。

(4)请省级工业和信息化主管部门、有关中央单位主管部门、中央企业集团,于2012年5月28日前将项目推荐表(见附件1)和推荐项目的申请报告(见附件2)纸质版(一式两份)报送到工业和信息化部(信息化推进司),电子版统一发送到指定电子邮箱(见联系人电子邮件)。超过规定时限送到的项目不予受理。

(5)项目申报单位在工业和信息化部门户网站(www.miit.gov.cn)下载项目申请报告格式的电子文档。

(6)项目申报单位根据《工业企业"信息化和工业化融合"评估规范(试行)》(工业和信息化部公告〔2011〕39号)的要求,在企业两化融合评估服务网站(www.miit-iii.org)下载电子文档,自行开展企业两化融合水平的自评估。登录工业信息化运行形势监测系统(www.miitirpc.com)注册。

各地方工业和信息化主管部门、有关中央单位主管部门、中央企业集团要严格按要求,积极组织项目申报、严格审查申报材料,确保申报工作按时完成。

工业和信息化部关于进一步加强工业节能工作的意见

(工信部节〔2012〕339号)

各省、自治区、直辖市及计划单列市、新疆生产建设兵团、副省级城市工业主管部门,有关中央企业:

为深入贯彻落实科学发展观,切实推动工业转型升级,促进工业绿色低碳发展,现就进一步加强工业节能工作提出以下意见：

一、认清形势，抓住时机，开创工业节能新局面

"十二五"以来，各地区、行业和企业按照国家节能减排的总体部署，继续推进节能降耗各项工作，为工业转型升级、促进绿色发展发挥了积极作用。今年一季度，我国规模以上工业企业能源消费量同比增长3.84%，增速低于去年同期6.56个百分点，环比下降1.64%；规模以上工业企业单位工业增加值能耗同比下降6.95%，工业节能形势有所好转。但必须清醒认识到，国家"十二五"节能减排约束性目标的实现面临严峻挑战，去年我国规模以上工业能耗占全国总能耗的73.74%、高耗能行业能耗占工业能耗的78.9%，远高于世界主要经济体在工业化过程中的最高占比，且还呈上升趋势。为此，各级工业主管部门必须充分利用当前高耗能产品市场需求放缓、高耗能行业能耗增幅下降的有利时机，进一步增强使命感和责任感，切实加大工作力度，坚决采取有效措施，从根本上扭转工业能源消耗高、增长快的被动局面，促进工业转型升级和绿色发展。

二、进一步加强高耗能和产能过剩行业新建项目管理，从严把好企业技术改造项目审核和节能评估审查（以下简称能评）关

按照《国务院关于进一步加强淘汰落后产能工作的通知》（国发〔2010〕7号）、《国务院关于印发国家环境保护"十二五"规划的通知》（国发〔2011〕42号）相关要求，建立新建项目与污染减排、淘汰落后产能衔接的审批机制，进一步加强高耗能和产能过剩行业项目管理；严格控制钢铁、水泥、平板玻璃、煤化工、电解铝、金属镁等行业新增产能；加强多晶硅、风力发电装备制造行业统筹规划，实施行业准入，防止产能盲目扩张。从严把好企业技术改造项目审核关，对高耗能和产能过剩行业的结构调整和改造升级项目，要认真执行国家产业政策和行业准入条件要求，引导企业加强技术进步、提高质量效益、促进节能降耗；对节能减排目标任务未达进度要求的地区，新上项目的单位产品能耗必须达到全行业先进水平。加强工业固定资产投资项目能评，切实发挥能评的前置性作用，遏制高耗能行业能耗过快增长势头。各省级工业主管部门应尽快完善工业固定资产投资项目节能评估审查办法，切实加强高耗能行业项目节能评估审查工作，把好能评关。对年综合能源消费量在20万吨标准煤及以上项目，各省级工业主管部门应将项目节能评估报告书和审查批复意见报送工业和信息化部。

三、加大淘汰落后产能工作力度

要将国家下达的淘汰落后产能年度目标任务，分解到地、市、县，落实到具体企业、具体项目。切实加强落后产能淘汰工作的督促检查、验收和考核。严格执行《国务院关于进一步加强淘汰落后产能工作的通知》相关要求，对未按规定期限淘汰落后产能的企业，不予审批和核准新的投资项目，不予安排技术改造专项资金；对未按期完成落后产能淘汰任务的地区，暂停对该地区工业固定资产投资项目的审批、核准和备案。充分发挥淘汰落后产能财政奖励资金引导作用，对按期或提前淘汰、超标准淘汰落后产能的企业，按照《淘汰落后产能中央财政奖励资金管理办法》有关规定优先给予资金支持，加大扶持力度。

四、加快建立和实施超能耗限额企业惩罚性电价政策

按照国务院《"十二五"节能减排综合性工作方案》（国发〔2011〕26号）、《国务院办公厅转发发展改革委关于完善差别电价政策意见的通知》（国办发〔2006〕77号）和发展改革委、电监会、能源局《关于清理对高耗能企业优惠电价等问题的通知》（发改价格〔2010〕978号）有关要求，各地区要加快建立和完善基于企业能耗限额标准执行情况的惩罚性电价政策机制，对单位产品（工序）能耗超过限定值标准的企业实行惩罚性电价；要加强政策协调和落实，根据本地区实际情况，扩大执行惩罚性电价的产品范围，提高惩罚性电价加价标准，加大惩罚性电价实施力度；惩罚性电价收入应优先用于支持被惩罚企业实施强制性能源审计、节能技术改造等，发挥好惩罚性电价政策对促进高耗能行业能效提升的政策效应。

五、加强节能减排技术改造

鼓励各地区利用当前高耗能产品市场需求减缓的有利时机，实施以“上大关小”、“减量置换”为主要内容的节能技术改造。通过对规模小、能耗高、污染重的水泥、平板玻璃、陶瓷、炼油、冶炼等产能或企业进行兼并重组和升级改造，置换为技术先进、能耗排放低的大型项目，实现节能降耗和污染减排。各省级工业主管部门要加强企业、区域节能减排技术改造方案审查和置换项目管理，对企业、区域依据关停产能规模及其能耗、排放总量提出的节能减排“减量置换”方案进行审核，报工业和信息化部备案后组织实施，并加强对置换项目的核准、备案管理。

六、强化重点用能企业节能管理

明确企业节能主体责任，督促年综合能耗 1 万吨标准煤以上的重点用能企业每年能耗实现下降 1%。切实加强重点用能企业节能管理，开展企业能源管理绩效评价，推进能效水平对标达标，建设和实施企业能源管理体系、能源管理负责人制度，完善能源管理制度。重点产品单耗和工序能耗达不到限额标准的企业，应强制进行能源审计，限期整改。中央企业集团要加快建设本企业能源管理信息系统，推进下属钢铁、水泥、有色金属、化工企业建设能源管理（管控）中心，实现能源高效合理利用。支持有条件的地区开展工业能耗在线监测试点，对本地区重点用能企业实施在线监测管理。工业和信息化部将会同财政部继续加强对企业能源管理（管控）中心建设、能耗在线仿真系统建设等项目的支持。

七、实施更加严格的能效标准

工业和信息化部将会同有关部门加快制订发布全国产业能效指南，参照国际先进水平，实行更严格的产品能耗限额标准，提出主要行业能效指标，作为节能评估审查、淘汰落后产能、产业转移的主要依据之一。各级工业主管部门可根据本地区产业实际情况，制订和执行比国家标准更为严格的产品能耗限额地方标准和产业能效指南。在产业转移和承接过程中，低于全国产业能效指南中行业平均能效水平的落后生产能力，严禁转移到中西部地区。

八、加强节能降耗监督检查

各级工业主管部门要督促本级节能监察机构，把能耗限额标准执行情况和高耗能落后机电设备淘汰情况专项监督检查作为常态化工作，制定年度监察计划，认真组织实施。对重点用能企业涉及的 28 项国家强制性单位产品能耗限额标准执行情况，以及电机、风机、水泵、压缩机等高耗能落后用能设备淘汰情况进行定期监督检查。按照能耗限额执行情况监督检查结果，及时公布超标企业名单并将能耗超过国家和地方规定单位产品能耗限额标准的企业纳入惩罚性电价实施范围，督促企业整改落实。进一步加强节能监察机构人员队伍、制度、设施等能力建设。

九、加快建设工业园区能源集中供应设施

国家新型工业化产业示范基地、各类工业园区及产业集聚区应建设能源、供水公共共享设施，通过能源（热、冷、电、汽等）、水资源集中统一供应、梯级利用，对废水、污泥、废物等实行集中处理，提高能源、水资源利用效率，降低单位产品能源、水资源消耗和废水、固废排放量。在符合条件的园区，应集中建设大容量、高效率、低污染热电联产机组代替各企业分散式的小锅炉及自备小机组，实现集中供汽。

十、积极支持工业企业余热余压发电上网

各级工业主管部门要积极支持钢铁、有色金属、建材、石油化工等行业企业建设余热余压发电上网设施，提高自供电率，协调有关部门出台企业余热发电上网政策，主动做好服务工作，帮助企业妥善解决并网、收费、管理等有关问题，大力推进工业企业余热余压发电上网，为保障工业用电平稳增长做出积极贡献。

工业和信息化部

2012 年 7 月 11 日

关于印发《工业转型升级资金管理暂行办法》的通知

财建〔2012〕567 号

各省、自治区、直辖市、计划单列市财政厅（局）、工业和信息化主管部门，新疆生产建设兵团财务局、工业和信息化主管部门：

为支持工业转型升级，我们在整合电子信息产业发展基金、集成电路产业研究与开发专项资金等专项的基础上，设立了工业转型升级资金。为规范工业转型升级资金的管理和使用，提高资金使用效益，财政部、工业和信息化部制定了《工业转型升级资金管理暂行办法》，现予印发，请遵照执行。

附件：工业转型升级资金管理暂行办法

财政部 工业和信息化部

2012 年 8 月 3 日

附件：

工业转型升级资金管理暂行办法

第一章 总 则

第一条 为规范工业转型升级资金的管理和使用，提高资金使用效益，根据《中华人民共和国预算法》和国家有关法律法规的规定，制定本办法。

第二条 本办法所称工业转型升级资金是指中央财政安排的，用于支持转变工业发展方式、促进工业结构优化升级的资金。

第三条 工业转型升级资金由工业和信息化部、财政部按职责分工共同管理。

第二章 使用安排原则

第四条 工业转型升级资金的使用和安排应当坚持以下原则：

（一）统筹协调，集中财力，重点突破

通过协商机制，加强对工业转型升级资金的统筹管理，集中资金支持薄弱环节，并将工业转型升级资金的使用与其他相关资金相衔接，形成合力。

（二）市场基础性作用与政府引导相结合

尊重市场经济规律，通过体制机制创新，调动全社会的积极性，共同推进工业转型升级。

（三）创新财政资金支持方式

针对工业转型升级目前存在的薄弱环节和突

出问题，并根据每个环节的特点，创新财政资金的支持方式，充分发挥财政资金使用效益。

（四）“科学、公开、公正”，并接受社会监督。

第三章 支持范围

第五条 工业转型升级资金支持范围包括：

（一）公共服务平台建设

支持符合国家宏观经济政策、产业政策和区域发展政策，为工业行业、领域或区域提供研发设计、检验检测、试验验证和质量认证服务、信息服务，以及提高资源综合利用水平等的公共服务平台建设。

（二）信息化和工业化深度融合

支持企业信息化综合集成创新、产品信息化和服务型制造、面向产业服务和行业管理的信息化服务等项目。

（三）提升工业产品质量及加强自主品牌培育

支持质量保障和安全管理体系建设、关键共性质量问题攻关、工业产品质量控制和技术评价能力建设、工业企业自主品牌培育等。

（四）工业领域自主创新

支持软件、集成电路产业，以及计算机、通信、网络、数字视听、测试仪器和专用设备、电子基础产品等电子信息产业核心领域技术与产品研究开发、产业化和加大电子信息技术推广应用。

（五）工业企业知识产权能力培养

支持工业企业知识产权创造与运用能力培育、产业知识产权风险评估与预警、工业行业知识产权综合数据服务平台建设等。

（六）中药材扶持

支持规范化、规模化、产业化中药材生产基地建设，中药材生产技术服务平台、生产信息服务平台、供应保障平台建设等。

（七）行业标准体系建设

支持工业和通信业行业标准制修订和复审、国际标准研制、行业标准管理。

（八）中小企业服务体系建设

支持各类社会服务机构为中小企业发展构建具有平台式公共服务功能的服务体系。

（九）工业和信息化部商财政部确定的工业转型升级的其他领域。

第四章 资金管理及项目申报审核程序

第六条 由工业和信息化部直接承担的工业转型升级任务，所需资金编入工业和信息化部部门预算，按照部门预算及相关规定执行。

第七条 由地方承担的工业转型升级项目，所需资金在中央对地方转移支付预算中安排。按本办法第九条至第十三条的规定办理。

第八条 工业和信息化部商财政部每年下半年发布工业转型升级资金下一年度项目申报指南。

第九条 省级（含计划单列市）工业和信息化主管部门负责按照本办法规定和项目申报指南要求将本地区符合条件的项目报工业和信息化部。

第十条 工业和信息化部组织专家对申报材料进行评审论证。

第十一条 工业和信息化部根据专家评审意见提出工业转型升级资金安排建议，报财政部批复。

第十二条 财政部根据工业和信息化部申报情况，结合年度预算安排，在与其他相关专项资金“对表”后，批复年度工业转型升级资金分配方案。

第十三条 项目单位收到工业转型升级资金后，按国家有关规定进行财务会计处理，规范资金使用。

第五章 监督和检查

第十四条 工业和信息化部会同财政部对工业转型升级资金的使用情况和项目的执行情况实施监督和检查。

第十五条 工业转型升级资金必须专款专用，严禁截留、挤占和挪用。对违反本办法规定的，除将工业转型升级资金全额收回外，按照《财政违法行为处罚处分条例》（国务院令第427号）等有关法律法规追究有关单位和人员的责任。

第十六条 对弄虚作假、骗取、套取工业转型升级资金的项目单位，财政部将扣回工业转型升级资金，并由工业和信息化部责令地方有关部门进行整改，同时该项目单位三年内不得申报工业转型升级资金。

第六章 附 则

第十七条 本办法由财政部、工业和信息化部负责解释。

第十八条 本办法自2012年8月10日起实施。

国务院关于促进企业技术改造的指导意见

国发〔2012〕44号

各省、自治区、直辖市人民政府，国务院各部委、各直属机构：

技术改造是企业采用新技术、新工艺、新设备、新材料对现有设施、工艺条件及生产服务等进行改造提升，淘汰落后产能，实现内涵式发展的投资活动，是实现技术进步、提高生产效率、推进节能减排、促进安全生产的重要途径。促进企业技术改造，对优化投资结构、培育消费需求、推动自主创新、加快结构调整、促进产业升级具有重要意义，是推进工业转变发展方式，实现科学发展的重要举措。长期以来，各地区、各部门、广大企业积极贯彻落实党中央、国务院决策部署，大力实施企业技术改造，取得明显成效，行业技术水平得到大幅提升，企业综合竞争能力大大增强，技术改造对推动我国工业持续健康发展发挥了重要作用。当前，我国经济发展内外部环境正在发生深刻变化，新时期、新形势对技术改造提出了更高的要求，企业技术改造工作尚存在认识有待深化、长效机制亟待建立、投资方向缺乏有效引导、管理体制需要进一步理顺等问题，必须采取切实措施，抓紧研究解决。现就进一步加快促进企业技术改造提出如下指导意见。

一、总体要求

以邓小平理论和“三个代表”重要思想为指导，深入贯彻落实科学发展观，以加快转变经济发展方式为主线，以促进工业转型升级、提升产业竞争力为主攻方向，以企业为主体、市场为导向、创新为动力，完善政策，加强管理，增强企业技术创新能力，加快创新成果产业化，加速改造提升传统产业，培育发展新兴产业，全面提升工业发展的质量和效益。

新时期企业技术改造工作要紧紧围绕工业发展的新要求，更加注重促进技术创新能力的增强和创新成果的产业化，提升产业核心竞争力；更加注重节能降耗减排治污，促进绿色发展；更加注重信息技术的集成应用，推进信息化与工业化深度融合；更加注重产业公共服务能力建设，夯实产业基础；更加注重产业转移和集聚发展，优化产业布局。促进企业技术改造，要坚持市场主导与政府引导相结合，技术创新与技术改造相结合，改造传统产业与发展新兴产业相结合，突出重点与全面提升相结合。到2015年，技术改造投资占工业投资的比重明显提高，企业自主创新能力明显提升，工业新产品产值率明显提高，先进产能比重、资源能源利用效率、清洁生产和企业安全水平显著提高，推动企业技术改造的政策环境和体制机制更加健全，重点行业和骨干企业信息化应用达到国际先进水平。

二、重点任务

（一）推进技术创新和科技成果产业化

针对关键领域和薄弱环节，突破一批共性关键技术，加快先进技术的产业化应用，提高基础原材料和基础零部件、重大装备和核心技术的国内保障能力，提高技术标准研究制定水平，促进技术创新能力提升。鼓励和支持企业技术中心、工程实验室、科技重大基础设施等创新载体的改造提升，培育一批研发基础好、知识产权多、行业带动性强的技术创新示范企业，加强开放合作，增强企业创新能力。推动建立以企业为主体，产学研用相结合的协同创新体系，积极探索以技术标准引领产业发展、围绕创新成果进行创业等模式，促进科研与生产紧密结合，充分发挥市场主体的创造性和积极性，加快科技成果产业化。

（二）提高装备水平

加快淘汰落后工艺技术和设备，推广应用自动化、数字化、网络化、智能化等先进制造系统、智能制造设备及大型成套技术装备。支持重点企业瞄准世界前沿技术，加快装备升级改造，推动关键领域的技术装备达到国际先进水平。实施装备创新工程，不断提高装备制造业技术水平。

（三）促进绿色发展

实施提升工业能效、清洁生产、资源综合利用等技术改造。加快推广国内外先进节能、节水、节材技术和工艺，推广工业产品绿色设计研发系统，提高能源资源利用效率。提高成熟适用清洁生产技术普及率。加强重金属和危险化学品污染防治。支持工业废物、废旧产品和材料回收利用以及低品位、共伴生矿产资源综合利用，积极发展循环经济和再制造产业。培育一批资源节约型、环境友好型示范企业。

（四）优化产品结构

加快产品升级换代，提高产品技术含量和附加值。推进精益制造，改进工艺流程，加强过程控制，提高制造水平。完善检验检测手段，推行先进质量管理，提高产品质量。发展先进产能，增加产品品种，提高新产品贡献率。加强品牌建设，培育一批国际知名品牌。

（五）推进信息化与工业化融合

深化信息技术在研发设计、生产制造、营销管理、回收再利用等产品生命周期各环节的应用，加快推广应用现代生产管理系统等关键共性技术，支持企业普及制造执行、资源计划、客户关系等管理信息系统的应用和综合集成。推进信息技术在工业产品上的嵌入式应用，提高工业产品的智能化水平。支持面向企业、区域和行业的信息服务平台建设。

（六）深化军民结合

提升总体设计、总装测试和系统集成等核心能力，推动核能、船舶、飞机、电子信息、民爆器材等军民结合型产业发展。发挥军工技术优势，引导与军工技术同源或工艺相近的节能环保、新材料、新能源、安防反恐装备等新兴产业发展。支持军民两用技术产业化和相互转化，鼓励在国防科技工业领域应用先进成熟的民用技术装备。

（七）促进安全生产

实施高风险工业产品、生产工艺和装备的技术改造，加强工业控制系统安全保障。加快安全生产管理与监测预警系统、应急处理系统、危险品生产储运设备设施等技术装备的升级换代，提高工业企业本质安全水平。

（八）提升产业集聚水平

鼓励产业集聚发展，引导企业、项目、要素向现有园区和基地集中，推动龙头企业及配套企业的协同改造，支持研发设计、生产制造、营销服务等环节的全产业链技术改造，促进工业布局向产业配套、专业化协作、要素集约高效、生态环保的方向发展。

（九）加强公共服务平台建设

支持重点工业园区的研发设计、质量认证、试验检测、信息服务、资源综合利用等公共服务平台的升级改造。整合相关资源，面向重点行业建设一批产业技术创新和服务平台、质量安全技术示范平台、企业诚信信息管理平台、综合信息服务平台等。加大对中小企业实施技术改造的支持力度，建立和完善一批中小企业公共服务平台和生产力促进中心。

三、保障措施

（一）强化政策规划引导

科学制定重点行业和领域发展规划，完善重点行业产业政策，加强规划和产业政策对技术改造工作的引导。研究制定技术改造投资指南，发布年度重点项目导向计划。完善工业技术标准体系，在重点行业、重点领域开展工业产品安全、能效、环保、卫生和可靠性达标等改造行动，健全对技术改造的激励和约束机制。

（二）加大财政支持力度

发挥政府投资对社会投资的引导作用，中央及地方财政进一步加大支持力度，增加技改投入，重点支持工业转型升级重点领域、关键环节的技术改造。不断创新和优化资金管理方式，灵活运用多种支持形式，提高财政资金的使用效益。

（三）完善税收优惠政策

用好现行有关税收优惠政策支持企业技术改造，包括增值税一般纳税人购进或者自制机器设备发生的增值税进项税额可按规定从销项税额中抵扣；企业所得税法规定的固定资产加速折旧，购置用于环境保护、节能节水、安全生产等专用设备的投资额可按一定比例实行税额抵免，研发费用加计扣除所得税，技术转让减免企业所得税，被认定为高新技术企业的享受企业所得税优惠；对从事国家鼓励发展的项目所需、国内不能生产的先进设备，在规定范围内免征进口关税；对国内企业为生产国家支持发展的重大技术装备而确有必要进口的关键零部件及原材料，享受进口税收优惠等。稳步推进营业税改征增值税改革，逐步将转让技术专利、商标、品牌等无形资产纳入增值税征收范围，支持企业技术改造。

（四）拓宽融资渠道

加强信贷政策与产业政策的协调配合，引导金融机构加大对企业技术改造的融资支持力度。大力推动金融产品和服务方式创新，发展适合企业技术改造资金需求特点的金融产品和服务模式。鼓励金融机构提高项目筛选、评估、定价、风险控制等综合服务能力，对技术改造项目提供多元化融资便利，通过财政贴息、知识产权质押等方式加大对技术改造项目的信贷投入，有针对性地支持国家重点和符合产业升级方向的技术改造项目。支持企业采用融资租赁等方式开展技术改造，积极引导和支持企业通过上市融资、发行公司债券、企业债券和中期票据等方式，扩大企业技术改造直接融资规模。规范发展产业投资基金、股权投资基金，引导民间资金支持企业技术改造。

（五）健全管理机制

建立职责明确、科学高效的企业技术改造工作管理机制，优化工作流程，提高技术改造工作管理水平。建立健全全国统一的工业技术改造投资统计体系，加强企业技术改造投资的监测、分析和信息发布工作。着眼企业的发展需要，强化职业教育，为企业技术改造和产业升级培养高素质的技能型人才。完善技术改造项目管理制度，建立投资效果考核机制，加强投资效益分析评价和政府投资项目的监督检查。

各地区、各部门要进一步统一思想，深刻认识促进企业技术改造的重要性和紧迫性，进一步加强组织领导，切实加大工作力度。各省（区、市）人民政府要把促进企业技术改造纳入政府重要议事日程，结合实际加快出台具体措施办法，并抓好落实。国务院有关部门要加强协调配合，强化工作指导和督促检查，保证各项政策措施落到实处。要进一步发挥行业协会的桥梁纽带作用，充分调动广大企业的积极性和主动性，形成合力，共同开创企业技术改造工作的新局面。

国务院

2012 年 9 月 1 日

关于印发《战略性新兴产业发展专项资金管理暂行办法》的通知

财建〔2012〕1111号

国务院有关部委、有关直属机构，各省、自治区、直辖市、计划单列市财政厅（局）、发展改革委，有关中央管理企业：

为规范战略性新兴产业发展专项资金管理，提高财政资金使用效益，根据《中华人民共和国预算法》等法律法规以及《国务院关于加快培育和发展战略性新兴产业的决定》（国发〔2010〕32号）、《“十二五”国家战略性新兴产业发展规划》（国发〔2012〕28号）等文件规定，财政部、国家发展改革委联合制定了《战略性新兴产业发展专项资金管理暂行办法》。现予印发，请遵照执行。

附件：战略性新兴产业发展专项资金管理暂行办法

财政部　国家发展改革委

2012年12月31日

战略性新兴产业发展专项资金管理暂行办法

第一章　总　　则

第一条　为了规范战略性新兴产业发展专项资金管理，提高资金使用效益，根据《国务院关于加快培育和发展战略性新兴产业的决定》（国发〔2010〕32号，以下简称《决定》）和《“十二五”国家战略性新兴产业发展规划》（国发〔2012〕28号，以下简称《规划》）以及预算管理规定，制定本办法。

第二条　本办法所称战略性新兴产业发展专项资金（以下简称专项资金），是指中央财政预算安排，用于支持战略性新兴产业重大关键技术突破、产业创新发展、重大应用示范以及区域集聚发展等工作的专项资金。

第三条　专项资金由财政部、国家发展改革委会同国务院有关部门根据职责分工共同管理，各司其职、各负其责。

第二章　资金使用安排原则

第四条　专项资金的使用和安排应当坚持以下原则：

（一）市场主导，政府推动

尊重市场经济规律，充分发挥市场基础性作用，调动企业主体的积极性，针对战略性新兴产业发展中的薄弱环节和关键瓶颈制约，政府适当给予扶持和引导，营造良好环境，激发创新活力。

（二）集中资金，扶持重点

围绕战略性新兴产业规划明确的重大工程、重点发展方向，选择战略性新兴产业的重点领域和关键环节，集中资金，综合扶持，促进重大关键技术突破和产业化，引导产业链协同创新和区域集聚发展，鼓励创新资源密集区域率先实现创新驱动发展。

（三）区别对象，创新方式

根据战略性新兴产业特点及阶段性特征，针对不同对象、不同阶段、不同问题，创新体制机制和支持方式，并做好与其他财政政策、金融政策、产业政策等的协调配合，促进战略性新兴产业发展。

第三章　资金支持范围

第五条　专项资金支持范围主要包括：

（一）支持新兴产业创业投资计划

采取中央财政资金与地方财政资金、社会资金参股，共同发起设立或增资现有创业投资基金等方式，支持具备原始创新、集成创新或消化吸收再创新属性、且处于初创期、早中期的创新型企业发展。

（二）支持产学研协同创新

选择受关键技术严重制约，关联性、基础性、公益性强的产业或技术，支持行业骨干企业整合产业链创新资源，加强产学研联合攻关、新一代技术储备、专利池集聚等，推动企业与高等学校、科研院所等构建技术创新联盟，提高协同创新能力，带动全产业链发展。

（三）支持技术创新平台

围绕战略性新兴产业重点领域，针对行业或技术领域特点，依托产业链优势单位联合相关科研机构、企业及投资者，建立涵盖全产业链的开放性技术创新平台，加强重大共性关键技术研发及产业化。

（四）支持区域集聚发展

选择技术路径清晰、产业发展方向明确、相关配套不完整或市场需求不足的产业或技术，支持地方政府加强资源统筹配置，引导上、中、下游相关产业自主跟进，推动创新要素向区域特色产业集聚，培育一批具有国际竞争力的产业集群。

（五）财政部、国家发展改革委会同有关部门根据《决定》和《规划》要求，以及行业或产业发展需要确定的其他战略性新兴产业重点工作。

第六条　对已通过中央基建投资、节能减排专项资金、可再生能源专项资金等中央财政资金支持的重点工作、工程或项目，专项资金原则上不再予以支持。

第四章　资金支持方式

第七条　专项资金一般采取拨款补助、参股创业投资基金等支持方式，并根据国际国内战略性新兴产业发展形势进行适当调整。

第八条　参股设立新兴产业创业投资基金的管理程序、资金拨付等按照《新兴产业创投计划参股创业投资基金管理暂行办法》（财建〔2011〕668号）执行。

第五章　资金申报、审核与拨付

第九条　根据国民经济和社会发展需要、国家战略性新兴产业发展规划以及相关文件等要求，国家发展改革委等有关部门会同财政部制发申报指南，或确定试点示范的区域或承担单位。

第十条　符合条件的单位或地方按照申报指南要求编制实施方案并提出资金申请。对采取分年支持的，财政部、国家发展改革委及有关部门组织专家对以前年度实施情况考核后，确定后续资金支持方案。

第十一条　国家发展改革委等有关部门会同财政部组织专家对各单位或地方编制的实施方案进行评审，并根据专家评审情况予以批复。

第十二条　专项资金由财政部根据有关规定审核下达。

第六章　监督管理

第十三条　财政部会同国家发展改革委等有关部门按照职责分工对专项资金使用情况实施定期或不定期监督检查、追踪问效，组织有关机构对专项开展专项核查。

第十四条　中央有关部门和中央企业集团应加强对本部门、本单位专项资金使用和实施情况的监督考核；省级财政、发展改革等有关部门要加强专项资金的绩效评价，强化绩效目标考核，切实提高专项资金使用效益，确保实现政策目标。

第十五条 专项资金应当专款专用，任何单位和个人不得截留、挤占或挪用。违反本办法规定的，按照《财政违法行为处罚处分条例》（国务院令第427号）规定进行处理。

第七章 附 则

第十六条 本办法由财政部、国家发展改革委负责解释。

第十七条 本办法自印发之日起实施。

工业转型升级与新兴产业国家优惠政策概览

在《国务院关于印发工业转型升级规划（2011-2015年）的通知》中，明确指出“十二五”时期推动工业转型升级，要以科学发展为主题，以加快转变经济发展方式为主线，着力提升自主创新能力，推进信息化与工业化深度融合，改造提升传统产业，培育壮大战略性新兴产业，加快发展生产性服务业，调整和优化产业结构，把工业发展建立在创新驱动、集约高效、环境友好、惠及民生、内生增长的基础上，不断增强我国工业核心竞争力和可持续发展能力。

国家发改委、工信部、科技部、财政部等各大部委都设有相应的产业扶持政策来助推工业转型升级，党和政府非常重视塑料机械行业的发展，通过中国塑料机械工业协会向各主管部门不断汇报行业最新情况，党和政府部门更加翔实地了解塑料机械行业，并将塑料机械行业纳入国家优惠政策支持范围。中国塑料机械工业协会秘书处现整理出与塑料机械行业相关的重点资金类扶持政策和战略性新兴产业税收优惠政策供各理事单位内部参考。

一、重点资金类扶持政策

（一）重点产业振兴和技术改造项目

支持方向包括装备工业基础能力提升、重点领域装备振兴、重点产业装备自主化、中西部地区特色产业技术改造等十八个专题。申报项目要求必须符合以下条件：

（1）申报项目业主原则上仅限内资企业或中方绝对控股的合资企业。申报项目必须符合国家产业政策，且未获得中央财政资金支持。

（2）项目按照投资管理规定进行了核准或备案，规划、土地、环评、安评等各项建设手续齐备。

（3）项目单位银行信誉良好，企业无违法违规行为，项目建设资金已经落实。

（4）申报项目总投资原则在5 000万元以上（电子信息项目除外），其中建筑工程投资不超过固定资产投资的30%，完成进度不超过项目的60%。

重点产业振兴和技术改造项目扶持资金一般为固定资产投资额的10%，西部地区企业项目按项目固定资产投资12%的比例支持（单个项目补贴额度不超过1亿元）。

（二）中小企业发展专项

支持领域包括轻工、纺织、电子信息、装备制造、汽车、船舶、钢铁、有色金属、石化行业、军工相关配套产品、战略性新兴产业等。

1.促进中小企业结构调整和优化的项目

主要包括：制造水平提升项目；研发能力提升项目；信息化应用项目；新兴产业项目；节能减排项目；安全生产项目；专利补助项目。单个项目支持金额不超过200万元，且支持金额不超过项目固定资产投资额的20%，不超过企业已投入的自有资金总额。

申请无偿资助的项目，固定资产投资规模不超过1 500万元；申请贷款贴息的项目，固定资产投资规模不超过2 000万元。项目建筑工程投资不得超过固定资产投资的30%。

2.改善中小企业服务环境的项目

主要包括：小企业创业基地建设项目；服务企业和机构改造提升项目；创新、创业服务项目；中博会补助项目；职业经理人发展项目。其中，对小企业创业基地建设项目、服务企业和机构改造提升项目的单个项目支持金额不超过400万元，且支持金额不超过该项目固定资产投资额的30%，不超过企业已投入的自有资金总额。对创新、创业服务项目的支持金额不超过上一年度该机构服务支出额的20%，且不超过50万元（中西部地区为不超过60万元）。

（三）工业中小企业技术改造项目

主管部门为发改委产业协调司、高技术司和工信部规划司、中小企业司。重点支持工业中小企业围绕提高自主创新能力、促进节能减排、提高产品质量、改善安全生产条件等方面开展技术改造。除国家支持的重点产业和技术改造专项外，适当扩大到其他行业和地方特色产业、传统手工业。

申报主体要求：符合工业中小企业划分标准，银行信用等级AA以上、负债率70%以下。

申报项目要求：即将开工或已经开工的项目、取得核准、备案、环评，建筑工程不超过固定资产投资的30%；已投占总投资的比例低于40%。

固定资产投资1 000万~3 000万，扶持额度为固定资产投资的10%。

（四）中央预算内投资备选项目

支持领域包括节能、节水、循环经济、资源综合利用、污染防治五个方面，主管部门为发改委环资司。支持方式为无偿资助，支持额度为总投资额的8%~12%。

选项条件：

（1）符合国家产业政策。

（2）节能减排效果明显。

（3）示范和带动作用明显。

（4）企业综合实力强。

（5）具备一定的投资规模。

（6）项目前期工作扎实。

（五）国家高技术研究发展计划（“863”计划）

支持领域包括信息技术、生物和医药技术、新材料技术、资源环境技术、海洋技术、现代农业技术、现代交通技术、地球观测与导航技术、先进制造技术、先进能源技术、航空航天技术、先进防御技术。“863”计划按照领域、项目、课题分层次进行管理。

主题项目以抢占战略制高点为导向，以攻克前沿核心技术、获取自主知识产权为目标；重大项目以培育战略性新兴产业生长点为导向，以攻克关键共性技术、形成原型样机、技术系统或示范系统为目标。项目下设课题，课题为计划任务实施的基本单元。

（六）科技型中小企业技术创新基金

支持领域主要包括电子信息、生物医药、新材料、光机电一体化、资源与环境、新能源与高效节能、高技术服务业。

无偿资助的创新项目申报要求用于技术创新产品在研究、开发及中试阶段的必要补助。

贷款贴息的创新项目申报要求支持产品具有一定的创新性，需要中试或扩大规模，形成批量生产，银行已经给予贷款。

通常创新项目的支持额度为50万~100万元。

重点创新项目申报要求必须符合《项目指南》的支持和方向，支持额度一般为100万～200万元。

（七）地方特色中小企业发展专项

鼓励中小企业节能减排，重点支持地方特色产业集群和特色产业聚集区内中小企业生产或应用节能减排产品的技术改造项目，集群和聚集区内废水、废气、废渣等废弃物综合治理利用项目的建设、改扩建和技术改造等。主管部门为国家财政部、地方财政厅。

申报主体要求：按中小企业的划分标准，处于地方特色产业集群和特色产业聚集区内；具有独立的法人资格；纳税信用和银行信用良好，具有一定的经营规模和经济实力。由当地财政部门规定新增投资规模，申报项目重点要求根据各地产业结构而定。

支持方式采用无偿资助、贷款贴息。同一年度，每个项目只能申请一种支持方式。

支持额度：无偿资助的项目单项不超过300万；贷款贴息的项目根据银行同期利率确定，一般贴息不超过两年，额度不超过300万。

申报时间：当地根据规划状况自行制定，最终汇总国家财政部。

注意问题：

（1）一般情况下立项项目安排两次拨付，立项后拨付70%，待验收后合格后拨付30%。

（2）财政部对特色产业资金管理和使用情况进行不定期抽查。

（3）省级财政部门应建立特色产业资金使用跟踪问效和绩效评估机制，并将特色产业资金实施效果、存在问题及政策建议等，于每年3月底前上报财政部。

二、战略性新兴产业税收优惠政策概况

（一）高新技术企业

支持领域包括电子信息技术、生物与新医药技术、航空航天技术、新材料技术、高技术服务业、新能源及节能技术、资源与环境技术、高新技术改造传统产业。

申报主体要求：高新技术企业认定须同时满足以下条件。

（1）在中国境内（不含港、澳、台地区）注册的企业，近三年内通过自主研发、受让、受赠、并购等方式，或通过5年以上的独占许可方式，对其主要产品（服务）的核心技术拥有自主知识产权。

（2）产品（服务）属于《国家重点支持的高新技术领域》规定的范围。

（3）具有大学专科以上学历的科技人员占企业当年职工总数的30%以上，其中研发人员占企业当年职工总数的10%以上。

（4）高新技术产品（服务）收入占企业当年总收入的60%以上。

（5）企业为获得科学技术新知识，创造性运用科学技术新知识，或实质性改进技术、产品而持续进行了研究开发活动，且近三个会计年度的研究开发费用总额占销售收入总额的比例符合如下要求：

a. 企业前一年销售收入小于5 000万元，不低于6%；

b. 企业前一年销售收入5 000万至2亿元，不低于4%；

c. 企业前一年销售收入在2亿元以上，不低于3%。

其中，企业在中国境内发生的研究开发费用总额占全部研究开发费用总额的比例不低于60%。企业注册成立时间不足三年的，按实际经营年限计算。

（6）企业研究开发组织管理水平、科技成果转化能力、自主知识产权数量、销售与总资产成长性等指标符合《高新技术企业认定管理工作指引》要求。

支持方式：国家需要重点扶持的高新技术企业，减按15%的税率征收企业所得税。

申报注意事项:采用知识产权、科技成果转化能力、研究开发的组织管理水平、成长性指标等四项指标,用于评价企业利用科技资源进行创新、经营创新和取得创新成果等方面的情况。

(二)火炬计划重点高新技术企业认定

支持领域包括电子信息技术、生物与新医药技术、航空航天技术、新材料技术、高技术服务业、新能源及节能技术、资源与环境技术、高新技术改造传统产业。

主管部门:火炬中心高新技术企业处、中国高新区协会高新技术企业专业委员会、火炬中心技术信息处、高新技术企业专业委员会。

承担单位:通过认定的、申报时尚在有效期内的高新技术企业。

申报主体要求:(满足条件之一)

(1)主持制定过国内、或参与制定过国外行业技术标准的企业。

(2)近三年承担过国家重点科技计划(国家火炬计划、国家科技重大专项、国家高技术研究发展计划、国家科技支撑计划、国际科技合作计划、国家高技术产业发展项目计划等)项目及其成果转化的企业。

(3)获得过国家科学技术进步奖的企业。

(4)拥有核心技术,三年内自主研发的知识产权数量和列入"国家重点新产品计划"的产品数量较多的企业。

(5)近三年经济规模增长快、营利能力强的企业。

(6)近一年对高端人才就业和税收贡献大的企业。

(7)近一年高新技术产品(服务)出口额大的企业。

(8)战略性新兴产业中的龙头企业。

(9)具有区域特色和示范作用的企业。

(10)其他符合国家发展战略需求方向的企业。

支持方式:颁发《国家火炬计划重点高新技术企业证书》,对国家火炬计划重点高新技术企业在信息、宣传、人才、市场、资金等方面采取有针对性的帮扶措施,予以重点支持。对拟上市企业、产品或服务拟纳入政府采购的企业进行推荐。地方科技部门应对国家火炬计划重点高新技术企业给予重点扶持,有条件的地方可会同相关部门建立国家火炬计划重点高新技术企业专项扶持资金。

三、国家扶持资金的申报程序及有关注意事项

(一)申报程序

(1)逐级申报,属地化申报。

(2)申报纸质材料及电子版材料。

(3)县、市级,省级,部级相关职能部门的工作。

(4)项目入库工作(不同资金程序不同)。

(二)专项资金申请报告编制和注意事项

1.申报材料的构成

(1)项目申请表。

(2)项目建议书。

(3)项目可行性研究报告。

(4)附件材料。

2.撰写申报材料注意事项

(1)主体

1)申报单位基本情况:包括单位名称、通讯地址、注册时间、注册资金、登记注册类型等。

2)企业管理团队:核心团队、创业企业家介绍、项目首席专家。

3)企业现有能力:企业现有人力资源配置 、企业研发能力 、企业现有生产设施设备条件 、企业营销能力 、资金管理能力 、合作单位研发能力 、其他特殊能力。

4)企业发展历程。

5)企业发展预测。

(2)项目

1)项目基本信息:对项目及产品基本情况介绍,包括项目产品的主要应用范围、技术创新点、拟解决的关键问题、项目成熟程度、项目完成时所处阶段等内容。

2）项目创新点。

3）项目主要内容及技术路线。

4）项目技术传承：项目技术来源、合作开发技术的获得方式、项目国内外研究开发现状、项目负责人及技术骨干基本情况。

5）产品市场与竞争：市场概述、竞争优势分析。

6）商业模式：项目产品开发、生产策略、项目产品的市场营销策略、项目产品获利模式、公司治理结构及人力资源规划、项目实施风险评价。

7）经济效益分析：产品成本分析、产品单位售价与盈利预测、经济效益分析、项目投资评价（计算项目的净现值、内部收益率、投资回收期）。对投资回收期、投资收益率、净现值等进行科学合理的预测，并进行盈亏平衡、敏感性等方面分析。

a）计算效益期；

b）销售收入；

c）增值税、税金及附加；

d）总成本费用：原材辅料、燃动力、职工工资及福利、折旧、摊销、维修费、其他费用、总成本费用；

e）利润；

f）财务盈利能力分析：内部收益率、财务净现值、总投资收益率、资本金净利润率；

g）盈亏平衡分析；

h）敏感性分析：由于项目设计的一些参数在目前情况下是确定的，难以预计项目在经营中的变化，这些变化将会影响到项目的经济效益。为此在项目计算期内，从产品的销售价格、经营成本、工程投资的变化，来分析对工程经济效益的影响；

i）项目总投资及测算依据，并按研发、产业化等环节进行分项说明。资金筹措方案、投资使用方案和年度投资计划。

8）社会效益、生态效益分析：对资源综合利用、节能降耗、环境保护、带动就业等进行科学合理的预测；获得的科技成果或者质量体系认证等；研发投入占销售收入的比例；技术的辐射带动能力。

（3）附件

1）可说明知识产权归属和授权使用的证明文件，如专利证书、软件著作权登记、技术转让或合作协议。

2）企业法人营业执照。

3）特殊行业许可证。对医药、医疗器械、农药、计量器具、压力容器、邮电通信等有特殊行业管理要求的新产品，需提供主管机构出具的批准证明。药品生产企业许可证、医药 GMP 认证、新药证书；农药生产许可证；通信产品入网证；公共安全产品、计量器具生产许可证；属国家强制认证产品需提交的 3C 认证等。

4）涉及废水、废气、废物排放的项目，需提交环保达标证明。

5）项目产业化前景证明材料。

6）科技成果鉴定证书或最近查新报告等证明文件。

7）其他材料。企业年度财务报表、用户意见报告、权威机构检测报告、获奖证书、银行信用等级证明等。

8）科技成果转化的新产品，特别是“863”计划、科技攻关计划或其他基础研究计划的科技成果转化及产业化项目。

9）地方政府予以配套政策重点支持的产品及项目。项目若有社会资金投资则提供证明文件。

10）近三年经中介机构审计的资产负债表、损益表、现金流量表复印件。

11）贷款承诺意向书复印件。

12）项目承担单位与高等院校、科研机构、用户等签订的合作协议或合同复印件。

13）项目推荐单位（中央企业集团、国家级行业协会或者省级财政部门会同省级工信部门）组织的专家评审意见。

14)项目承担单位法定代表人身份证复印件。

15)股东会议决议、减免税收批准通知书、银行贷款承诺书、银行贷款合同、借款凭证、贷款付息单、留学回国人员证书等。

(三)项目申报材料组织要点及问题解析

1.项目名称、简介或概要的编写要点

(1)项目名称。反应信息全面(产品型号、技术特点、应用领域、产品形态、项目阶段等基本信息)

(2)简介或概要。项目背景、必要性,建设内容(方案)、产业化前景、经济(社会)效益等。投资情况、累计销售收入、净利润、创汇、利税、新增就业人数

2.项目建议书编写要领

摘录可行性研究报告关键内容。

3.可行性分析撰写侧重点

(1)研发类项目(科技部)。侧重点:

1)创新(技术创新、产品结构创新、生产工业创新、产品性能及使用效果的显著变化等);证明文件:查新报告、近两年的知识产权证明文件。

2)研发团队的实力(产学研联合申报)。

3)自筹资金的能力(账面资金)。

(2)成果转化项目。侧重点:技术是否成熟;市场是否明确(产品订单、销售合同);企业转化能力,资金是否充足;项目经济效益的可持续性。

(3)产业化项目。侧重点:企业规模、市场容量、投资回收期。

(4)技术改造项目。侧重点:突出技改后的效果。

1)提高产能。

2)节能量(节能、减排)。

4.附件材料选择及分析

证明技术先进、项目可行、经济效益和社会效益显著。

注意:项目计划总投资(已投入部分、新增投资)、自筹资金、申请额度的分配比例。

切忌:提高申请资金的额度增加项目的总投资(投资比例不协调),避免后期验收的麻烦。

5.申报材料准备中常见的不足

(1)申报书内容填写过于简单,没有清晰的研究内容、技术路线、方法不明确。

(2)项目经费预算、资金计划不合理,申请经费太高或不合理(如全部用于购买设备或人员费),自筹资金安排不明确或不符合企业实际。

(3)项目承担单位技术力量不够强,缺乏自主研究开发能力和经验,项目组成员结构不合理,甚至不真实。

(4)项目实施时间太长,一般项目以1—2年为宜。

(5)验收指标不明确,缺少量化标准,难以执行。

(6)项目承担单位与参加单位之间合作分工不明确,或知识产权状况不清晰。

(7)所提供的材料不全面,不系统,不能互相印证,甚至互相矛盾,说服力不强。

(四)申报国家扶持资金的计划及规划体系

(1)企业主体加强申报项目的主动性。

(2)及时获取准确的申报信息。

(3)重视项目前期的资质的培育。

(4)加强申报项目前期的材料组织工作。

(5)协调资源对项目申报材料进行预审工作。

(6)积极同主管部门加强沟通工作。

(7)完善项目的执行和监理工作。

(8)统筹做好企业项目的申报规划工作。

(五)企业申报国家扶持政策的策略及规划

(1)超前谋划。

(2)信息畅通。

(3)精心组织。

(4)积极协调。

(5)稳步实施。

(6)长远规划。

注意事项:

(1)认真研究产业政策,定位企业目前项目适合申报的资金。

(2)找出企业及项目目前的优势及劣势,克服畏难情绪。

(3)加强与各主管部门的主动沟通,确认拟申报项目是否有更新要求,充分做好项目策划、可行性研究和申报材料的准备工作。

国务院关于印发《国家重大科技基础设施建设中长期规划(2012—2030年)》的通知

(国发〔2013〕8号)

各省、自治区、直辖市人民政府,国务院各部委、各直属机构:

现将《国家重大科技基础设施建设中长期规划(2012—2030年)》印发给你们,请认真贯彻执行。

国务院

2013年2月23日

国家重大科技基础设施建设中长期规划(2012—2030年)

重大科技基础设施是为探索未知世界、发现自然规律、实现技术变革提供极限研究手段的大型复杂科学研究系统,是突破科学前沿、解决经济社会发展和国家安全重大科技问题的物质技术基础。当前,我国正处于建设创新型国家的关键时期,按照全国科技创新大会部署和深化科技体制改革要求,前瞻谋划和系统部署重大科技基础设施建设,进一步提高发展水平,对于增强我国原始创新能力、实现重点领域跨越、保障科技长远发展、实现从科技大国迈向科技强国的目标具有重要意义。为贯彻《国家中长期科学和技术发展规划纲要(2006—2020年)》和《中华人民共和国国民经济和社会发展第十二个五年规划纲要》,明确未来20年我国重大科技基础设施发展方向和"十二五"时期建设重点,制定本规划。

一、规划基础和背景

新中国成立特别是改革开放以来,国家不断加大投入,我国重大科技基础设施规模持续增长,覆盖领域不断拓展,技术水平明显提升,综合效益日益显现。"十一五"时期,启动建设重大科技基础设施12项,验收设施10项,目前在建和运行设施总量达到32项。设施的建设和运行为科学前沿探索和国家重大科技任务开展提供了重要支撑,推动我国粒子物理、核物理、生命科学等领域部分前沿方向的科研水平进入国际先进行列。依托设施解决了一批关乎国计民生和国家安全的重大科技问题,在载人航天、资源勘探、防灾减灾和生物多样性保护等方面发挥着不可替代的作用。设施建设带动了大型超导、精密制造和测控、超高真空等一批高新技术发展,促进了相关产业技术水平提高;凝聚和培养了一批国内外顶尖科学家和研究团队,以及高水平工程技术和管理人才。此外,设施还在深化科技国际合作交流、提升全民科学素质、增强民族自信心等方面发挥了独特作用。在快速发展的同时，我国重大科技基础设施也存在一些问题：总体规模偏小、数量偏少，学科布局系统性、前瞻性不够，技术水平有待进一步提升，开放共享和高效利用水平仍需提高，管理体制机制亟待健全，工程技术和管理队伍建设需要加强等。

当今世界，科技发展正孕育着一系列革命性突破，发达国家和新兴工业化国家纷纷加大重大科技基础设施建设投入，扩大建设规模和覆盖领域，抢占未来科技发展制高点，我国重大科技基础设施建设面临机遇和挑战并存的新形势。

（一）科学前沿的革命性突破越来越依赖于重大科技基础设施的支撑能力

现代科学研究在微观、宏观、复杂性等方面不断深入，学科分化与交叉融合加快，科学研究目标日益综合。科学领域越来越多的研究活动需要大型研究设施的支撑，要求不断提高科技基础设施的单体规模和技术性能，强化相互协作，形成大型综合性设施群。进一步加强我国重大科技基础设施建设，有利于在新一轮科技革命中抢占先机、有所作为。

（二）技术创新和产业发展越来越需要重大科技基础设施提供强大动力

当前，科学研究与技术研发相互依托、协同突破的趋势日益明显，技术创新和产业振兴的步伐不断加快。重大科技基础设施的建设和运行，越来越注重科学探索和技术变革的融合，可以衍生大量新技术、新工艺和新装备，加快高新技术的孕育、转化和应用。我国在若干重要领域超前部署一批重大科技基础设施，有利于更好地促进产业技术进步、破解经济社会发展中的瓶颈性科学难题，对加快培育战略性新兴产业、实现经济发展方式转变、支撑经济社会发展具有重要意义。

（三）国际科技竞争合作越来越需要重大科技基础设施的牵引和依托

近年来，在事关国家核心利益的科技领域，主要国家在重大基础设施建设方面的竞争日趋激烈。同时，随着气候变化、生态保护、人口健康等全球性问题不断增多，在事关人类共同利益和长远发展的科技领域，由于建造设施资金投入、技术难度等超出单个国家的能力，联合共建与合作研究越来越成为发展重大科技基础设施的重要方式。加快提升我国重大科技基础设施的水平，适时在重要优势领域发起合作建设计划，有利于在国际科技竞争合作中赢得主动，不断提高我国科技国际影响力。

党的十八大明确提出实施创新驱动发展战略，强调科技创新是提高社会生产力和综合国力的战略支撑，必须摆在国家发展全局的核心位置。这对国家重大科技基础设施建设和运行赋予了新的使命和责任。面对新形势新任务，我国必须加快重大科技基础设施建设，进一步突出设施建设在我国总体发展战略中的基础性、前瞻性和战略性作用，加强与相关规划、计划的衔接，强化支撑服务功能；优化设施布局，提升技术水平，加强人才培养，形成较为完善的重大科技基础设施体系，促进自主创新能力提升，有力支撑创新型国家建设。

二、指导思想、建设原则和建设目标

（一）指导思想

以邓小平理论、“三个代表”重要思想、科学发展观为指导，落实全国科技创新大会部署和深化科技体制改革、加快国家创新体系建设的要求，以提升原始创新能力和支撑重大科技突破为目标，以健全协同创新和开放共享机制为保障，布局新建与整合提升相结合、自主发展与国际合作相结合、设施建设与人才培养相结合，加大投入力度，加快建设完善重大科技基础设施体系，全面提升设施建设水平和运行效率，为我国科技长远发展和创新型国家建设提供有力支撑。

（二）建设原则

一是着眼长远、服务大局。突出重大科技基础设施建设的战略性，既要瞄准探索未知世界和发现自然规律的科技发展前沿方向，又要结合国情，聚焦影响未来经济社会发展和国家安全的重大科技难题，衔接好科技重大专项等相关规划和计划，强化设施建设对国家重大战略的支撑作用。

二是科学谋划、系统布局。把握科学技术发展的总体趋势，有机衔接现有科技资源，统筹考虑学科领域布局，加强国际合作，全面系统谋划重大科技基础设施建设与发展，形成“探索一批、预研一批、建设一批、运行一批”的发展格局。

三是重点突破、实现跨越。分清轻重缓急，优先选择具有相对优势、科技发展急需或科技突破先兆已经显现的科学前沿和学科交叉领域，选准主攻方向，集中优势资源，加快重大科技基础设施建设，实现重点领域跨越发展。

四是创新机制、持续发展。将重大科技基础设施建设作为深化科技体制改革的重要抓手，针对重大科技基础设施的基础性、公益性特征，建立完善高效的投入机制、开放共享的运行机制、产学研用协同创新机制、科学协调的管理制度，提高设施建设和运行的科技效益，形成持续健康发展的良好局面。

（三）建设目标

到2030年，基本建成布局完整、技术先进、运行高效、支撑有力的重大科技基础设施体系。传统大科学领域设施得到完善和提升，新兴领域设施建设布局较为完整，能够全面支撑前沿科技领域开展原创性研究；设施技术水平持续提高，一大批设施的技术指标居国际领先地位；设施共建、共管、共享的体制机制更加完善，运行和使用效率整体进入世界前列；设施科技效益和经济社会效益显著，取得一批有世界影响力的科研成果，催生一批具有变革性、能带动产业升级的高新技术；基本形成若干布局合理的世界级重大科技基础设施集群，设施整体国际影响力和地位显著提高。

“十二五”期末要实现以下目标：重大科技基础设施总体技术水平基本进入国际先进行列，物质科学、核聚变、天文等领域的部分设施达到国际领先水平。支撑科技发展的能力明显增强，凝聚一批世界优秀科研人才，部分前沿方向能开展国际顶尖水平的研究工作，事关经济社会发展的重大科技领域初步具备取得实质性突破的能力。投入运行和在建的重大科技基础设施总量接近50个，薄弱领域设施建设明显加强，优势方向进一步巩固和发展，初步建成若干在国际上有一定影响的重大科技基础设施集群，重大科技基础设施体系初具轮廓。以开放共享为核心的运行机制基本建立，符合设施自身特点与发展规律的管理制度初步形成，设施运行和使用效率整体达到国际先进水平。

三、总体部署

未来20年，瞄准科技前沿研究和国家重大战略需求，根据重大科技基础设施发展的国际趋势和国内基础，以能源、生命、地球系统与环境、材料、粒子物理和核物理、空间和天文、工程技术等7个科学领域为重点，从预研、新建、推进和提升四个层面逐步完善重大科技基础设施体系。在可能发生革命性突破的方向，前瞻开展一批发展前景较好的探索预研工作，夯实设施建设的技术基础；在2016—2030年期间适时启动建设一批科研意义重大、条件基本成熟的设施，强化未来科技持续发展的能力；在我国具有一定基础和优势的领域，在“十二五”期间建设一批科研急需、条件成熟的设施，强化科技持续发展的支撑能力；对已经启动但尚未完成建设任务的在建设施，加大工程管理和技术攻关力度，力争早日建成投入使用；对已经投入运行但仍有较大发展潜力的设施，进一步完善提升技术指标和综合性能，最大程度发挥其科学效益。

（一）能源科学领域

以解决人类社会可持续利用能源的科学问题为目标，面向我国中长期核能源开发与安全运行、化石能源高效洁净利用与转化、可再生能源规模化利用等方向，以核能和高效化石能源研究设施建设为重点，注重新能源、新材料、网络技术相结合，逐步完善相关领域重大科技基础设施布局，为能源科学的新突破和节能减排技术变革提供支撑。

核能源方面。完善提升全超导托卡马克核聚变实验装置的性能，积极参与国际热核聚变实验堆计划，保持我国在磁约束核聚变研究领域的先进地位；建设长寿命高放核废料嬗变安全处置实验装置，攻克核裂变能安全洁净发展的技术瓶颈；适时启动高效安全聚变堆研究设施建设，加快聚变能走向实际应用进程。

化石能源方面。建设高效低碳燃气轮机试验装置，支撑相关领域重大基础理论研究，解决煤炭清洁利用和高效转换关键科技问题；探索预研二氧化碳捕获、利用和封存研究设施建设，为应对全球气候变化提供技术支撑。

可再生能源方面。针对风能、太阳能、生物质能、地热能、海洋能等能量密度低、随机波动等问题，探索预研能量捕获、储能、转换、并网研究设施建设，促进可再生能源规模化高效利用。

（二）生命科学领域

以探索生命奥秘和解决人类健康、农业可持续发展的重大科技问题为目标，面向综合解析复杂生命系统运动规律、生物学和医学基础研究向临床应用转化、种质资源保护开发与现代化育种等方向，重点建设以大型装置为核心、多种仪器设备集成的综合研究设施，完善规模数据资源为主的公益性服务设施，支撑生命科学向复杂宏观和微观两极发展并实现有机统一，突破生命健康、普惠医疗和生物育种中的重大科技瓶颈。

现代医学方面。建设转化医学研究设施，从分子、细胞、组织、个体等方面系统认识人类疾病发生、发展与转归的规律，促进生物医学基础研究成果快速转化为临床诊疗技术。

农业科学方面。建成国家农业生物安全科学中心，支撑农业危险性外来入侵生物、农业毁灭性高致害变异性生物和农业转基因生物安全的创新性理论、方法与防控新技术研究；建设模式动物研究设施，支撑表型及基因型关系、遗传信息高通量获取与工程转化、细胞和动物模型开发与应用等研究；适时启动农作物种质表型和基因、动物疫病、农业微生物研究设施建设，支撑我国农业生物技术和产业的持续发展及生物多样性保护。

生命科学前沿方面。建成蛋白质科学研究设施，支撑高通量、高精度、规模化的蛋白质制取与纯化、结构分析、功能研究；探索预研系统生物学研究设施及合成生物学研究设施建设，满足从复杂系统角度认识生物体的结构、行为和控制机理的需要，综合解析生物系统运动规律，破解改造和设计生命的科学问题。

生命科学研究基础支撑方面。适时启动大型成像和精密高效分析研究设施建设，满足生物学实时、原位研究和多维检测、分析、合成技术开发的需求；探索预研生物信息中心建设，为生命科学研究提供科学数据、种质资源、实验样本和材料等基础支撑。

（三）地球系统与环境科学领域

以实现人类与自然和谐发展为目标，面向地球结构演化与变化过程、地壳物质组成和精细结构、地球系统各圈层间复杂作用及其耦合过程、太阳及其活动控制下各圈层的响应与耦合、人类活动影响环境的过程和机理等方向，重点建设海底观测、数值模拟和基准研究设施，逐步形成观测、探测和模拟相互补充的地球系统与环境科学研究体系。

现场探测与观测方面。建成海洋科学综合考察船，满足综合海洋环境观测、探测以及保真取样和现场分析需求；建成航空遥感系统，提高我国遥感信息技术与装备研发实验能力，为自然灾害和突发事件提供快速、实时、精确的遥感数据；建设海底科学观测网，为国家海洋安全、资源与能源开发、环境监测和灾害预警预报等研究提供支撑；适时启动地球系统科学航天航空遥感等技术监测、深海探测与调查、固体地球深部探测与动态监测、陆海地球环境观测等研究设施建设，实现多时空尺度全面长期连续监测与数据积累，逐步形成对地球系统的立体、动态监测分析能力。

基准系统建设方面。建设精密重力测量研究设施，获取高分辨率、高精度地球质量变化基础数据，支撑固体地球演化、海洋与气候变化动力学、水资源分布和地质灾害规律等研究，满足国家安全、资源勘探和防灾减灾的战略需求。适时启动包括地基基准、环境基准、深空基准等方面的基准系统建设。

数值和实验模拟方面。建设地球系统数值模拟装置，支撑气候变化、地球系统及各层圈过程模拟研究，认识地球环境过程基本规律，提高预测环境变化和重大灾害的能力。适时启动环境污染机理与变化研究模拟实验装置建设，支撑空气污染、流域水污染预测模型开发和气候变化模式研究，提高空气质量、流域水污染等预报预警能力。

（四）材料科学领域

适应材料科学研究从经验摸索阶段到人工设计调控阶段转变的趋势，面向量子物质演生现象、纳米尺度量子结构、极端条件下材料物性与物质演变、重要工程材料服役性能等方向，以材料表征与调控、工程材料实验等为研究重点，布局和完善相关领域重大科技基础设施，推动材料科学技术向功能化、复合化、智能化、微型化及与环境相协调方向发展。

材料表征与调控方面。完善提升已有同步辐射光源，建成软 X 射线自由电子激光试验装置，建设高能同步辐射光源验证装置；探索预研硬 X 射线自由电子激光装置建设，适时启动高性能低能量同步辐射光源建设，满足以纳米空间分辨率、皮秒至飞秒时间分辨率、极高能量动量分辨率对材料多层次结构分析研究的需求，逐步形成布局合理的国家光源体系。建成散裂中子源和强磁场实验装置，建设极低温、超快、超高压极端条件研究设施，形成与大型同步辐射光源结合的格局，满足研究和发现新物态、新现象、新规律和创造新材料的需求。

工程材料实验方面。建成重大工程材料服役安全研究评价设施，支撑不同尺度及跨尺度的结构性能研究；探索预研超快光谱界面反应检测装置、极端和工业特殊服役环境模拟装置建设，支撑材料服役行为和规律研究；结合高能同步辐射光源，适时启动综合工程环境在线装置建设，支撑真实环境下工程材料实时、原位研究。

（五）粒子物理和核物理科学领域

以揭示物质最小单元及其相互作用规律为目标，面向超越标准模型新粒子和新物理探索、暗物质和暗能量探测、中低能核物理与核天体物理研究等方向，建设相关大型研究设施，提高微观世界探索能力和自然界基本规律认知水平。

粒子物理方面。建设高能宇宙线研究设施，探索高能空间粒子起源和相关新物理前沿；适时启动用于中微子和其他高能粒子物理研究的非加速器实验设施建设，探索预研新型加速器实验设施建设。

核物理方面。建设高性能重离子束研究装置，使我国核物理基础研究在原子核层次上的整体水平进入国际先进行列；探索预研强流放射性束实验设施建设。

（六）空间和天文科学领域

以揭示宇宙奥秘和解释物质运动规律为目标，面向宇宙天体起源及演化、太阳活动及对地球的影响、空间环境与物质作用等方向，按宇宙、星系、太阳系等不同空间尺度布局设施建设，提升我国天文观测研究能力、空间天气和灾害应对能力以及空间科学实验基础能力。

宇宙和天体物理方面。建成大口径射电望远镜，为宇宙大尺度结构及物理规律研究提供支撑；建设中国南极天文台，支撑暗物质、暗能量、宇宙起源、天体起源等前沿研究；探索预研先进多波段天文观测设施建设，逐步形成比较完善的天文观测及数据应用系统。

太阳及日地空间观测方面。建成空间环境地

基监测网，揭示近地空间环境的时间和空间变化规律，并逐步形成覆盖更多重要区域的空间环境监测、预警能力；适时启动大型太阳观测研究设施建设，支撑太阳、行星际、磁层、电离层和中高层大气变化过程和规律研究，深化太阳变化及其对地球和人类影响的认识。

空间环境物质研究方面。建设空间环境与物质作用模拟装置，支撑近地空间环境与材料、元器件、结构、系统及生物体作用规律研究；探索预研空间微重力科学实验设施、南极气球站和引力波研究设施的建设，揭示空间微重力环境物质运动规律，提升我国深空探测、空间基础物理、空间利用等方面的研究能力。

（七）工程技术科学领域

瞄准未来信息技术发展的基础和前沿、岩土地质体的动力特性及地质灾害过程等工程技术中的重大科技问题，以产生变革性技术为主要目标，以信息技术、岩土工程和空气动力学为研究重点，探索和逐步推进相关设施建设，为保障国家重点任务的实施、引领未来产业发展提供基础支撑。

信息技术方面。建设未来网络研究设施，解决未来网络和信息系统发展的科学技术问题，为未来网络技术发展提供试验验证支撑；适时启动新一代授时系统建设，支撑超精密时间频率技术开发，逐步形成高精度卫星授时系统和高精度地基授时系统共同发展的格局。

岩土工程方面。适时启动超重力模拟研究设施建设，揭示复杂岩土地质体的动力特性；探索预研大型地震模拟研究设施建设，开展地震动输入和工程地震灾害模拟研究；探索预研深部岩土工程研究设施建设，揭示深部岩体的力学特征。

空气动力学方面。建成多功能结冰风洞，支撑不同冰型和冰积累过程对飞行器空气动力特性的影响等研究；建设大型低速风洞，支撑气动噪声、流动分离与涡旋运动、流动控制、流固耦合、电磁空气动力学等研究；适时启动大型跨声速风洞、低温高雷诺数风洞、先进航空发动机研究设施建设，为我国航空航天、高速铁路建设等提供必要的研究试验手段。

四、“十二五”时期建设重点

“十二五”时期，在我国科技发展急需、具有相对优势和科技突破先兆显现的领域中，综合考虑科学目标、技术基础、科研需求和人才队伍等因素，优先安排16项重大科技基础设施建设。

（一）海底科学观测网

海洋科学研究正经历着由海面短暂考察到内部长期观测的革命性变化，这将从根本上改变人类对海洋的认识。围绕实现全天候、综合性、长期连续实时观测海洋内部过程及其相互关系的科学目标，建设海底长期科学观测网，主要包括：基于光电缆的陆架和深海观测系统，基于无线传输的海底观测网拓展系统，基于固定平台的海底观测网综合节点系统，岸基站、支撑系统和管理中心等。该设施建成后，将为国家海洋安全、深海能源与资源开发、环境监测、海洋灾害预警预报等研究提供支撑。

（二）高能同步辐射光源验证装置

高能同步辐射光源是前沿基础科学、工程物理和工程材料等研究不可或缺的手段，是世界同步辐射光源领域竞争的制高点。以具备建设全球最高亮度高能同步辐射光源的能力为目标，建设相关验证装置，主要包括：高能量加速器、光束线、实验站等方面的工程性预研和关键部件的工程样机试制，高精度特种磁铁系统、高精度束流位置测控系统、高性能插入件、纳米级硬X射线聚焦系统、超高分辨X射线单色器、纳米定位与扫描装置的试制。该设施建成后，将为我国建设高能同步辐射光源奠定坚实的基础。

（三）加速器驱动嬗变研究装置

长寿命核废料的安全处理处置是影响核电持续发展的瓶颈。加速器驱动次临界反应系统利用散裂中子嬗变核废料，大幅降低核废料放射性寿命，具有安全性高和嬗变能力强等特点，是安全处理核废料的最佳手段之一。为深入研究核废料嬗变过程中的科学问题，突破系列核心关键技术，建设核废料嬗变原理实验研究装置，主要包括：强流质子直线加速器、高功率中子散裂靶、液态金属冷却次临界反应堆三大子系统。该设施建成后，将满足我国长寿命高放核反应堆废料安全、妥善处理处置的研究需求，为我国核能可持续发展提供技术支撑。

（四）综合极端条件实验装置

极端物理条件是拓展物质科学研究空间，发现和研究新物态、新现象、新规律必不可少的手段。针对当前凝聚态物理、化学、材料前沿研究所需的极端条件向综合化、集成化和规模化发展的趋势，围绕为量子物质、功能材料和物态变化动力学过程等研究提供科学手段的目标，建设综合性的物质科学研究极端条件用户装置，主要包括：达到亚毫开温度的极低温系统，高于 300 吉帕的超高压系统，亚飞秒时间分辨的超快激光系统，以及极低温、超高压、强磁场和超快光场互相结合的集成系统。该设施建成后，将为物质科学研究提供有力支撑。

（五）强流重离子加速器

高流强放射性核束、高功率重离子束团和宽能区重离子束流是探索原子核存在极限和研究原子奇特性质必不可少的手段。围绕短寿命核质量精确测量、放射性束物理、高能量密度物理以及重离子束应用等研究需要，建设强流重离子加速器装置，主要包括：强流离子源、超导直线加速器、大接受度放射性束流线、冷却储存环同步加速器和物理实验终端等。该设施建成后，将为研究原子核存在极限、核结构新现象和新规律、宇宙中重元素起源等重大科学问题提供重要支撑。

（六）高效低碳燃气轮机试验装置

围绕化石燃料高效转化和洁净利用中的气体动力学、燃烧科学和传热传质问题，为实现高压比、高透平温度、高效和近零排放等目标，建设高效低碳燃气轮机试验装置，主要包括：压气机、燃烧室和高温透平的全温、全压、全流量、全尺寸的大型试验装置研究系统，以及精细和高精度测试系统。该设施建成后，将为我国燃气轮机部件和系统特性研究提供研发手段，为化石能源持续和低碳发展提供基础支撑。

（七）高海拔宇宙线观测站

宇宙线起源一直是物理学最大的谜团之一。我国在高海拔宇宙线观测研究方面具有长期积累和深厚基础，台址条件具有特殊地理优势，适合建设由多个性能先进的探测系统组成的多参数宇宙线复合观测站。围绕推动国际甚高能伽马天文研究迈入大统计量新时代的科学目标，建设大型高海拔空气簇射宇宙线观测站，主要包括：100 万平方米探测阵列，9 万平方米伽马射线巡天望远镜，24 台广角契伦科夫望远镜，0.5 万平方米芯探测器阵列。该设施建成后，将集高灵敏度、大视场、全时段扫描搜索伽马射线源、伽马射线强度空间分布和精确能谱测量等多功能为一体，成为具有国际竞争力的宇宙线研究中心。

（八）未来网络试验设施

三网融合、云计算和物联网发展对现有互联网的可扩展性、安全性、移动性、能耗和服务质量都提出了巨大挑战，基于 TCP/IP 协议的互联网依靠增加带宽和渐进式改进已经无法满足未来发展的需求。为突破未来网络基础理论和支撑新一代互联网实验，建设未来网络试验设施，主要包括：原创性网络设备系统，资源监控管理系统，涵盖云计算服务、物联网应用、空间信息网络仿真、网络信息安全、高性能集成电路验证以及量子通信网络等开放式网络试验系统。该设施建成后，网络覆盖规模超过 10 个城市，支撑不少于 128 个异构网络并行实验，将为空间网络、光网络和量子网络研究提供必要的实验验证条件。

（九）空间环境地面模拟装置

磁暴、高能粒子辐照等极端空间环境可能对航天活动造成极大影响。为保障人类太空探索活动的顺利开展，必须突破地面单因素模拟的局限，全面了解空间环境综合因素对物质的作用。以揭示空间环境条件下物质结构演化规律和各种环境耦合效应的物理本质为目标，建设空间环境与物质作用地面模拟研究装置，主要包括：空间环境模拟源、大型真空与热沉、综合测试分析系统等。该设施建成后，将为我国空间科学发展和深空探测模拟研究提供有力支撑。

（十）转化医学研究设施

转化医学研究是现代医学发展的重要方向，对推动医学基础研究成果快速向临床应用转化和提高诊治水平具有关键作用。围绕人类重大疾病发生、发展与转归中的重大科学问题，建设转化医学研究设施，主要包括：符合国际标准并具有我国人种和疾病特色的临床资源库，医学信息技术系统，疾病生物标志物检测、功能分析和临床验证技术系统，个性化医学技术系统，细胞、组织和再生医学技术系统，临床技术研发系统等。该设施建成后，将推进临床医学和系统生物学结合，促进我国转化医学研究水平大幅提升。

（十一）中国南极天文台

南极内陆冰穹 A 是我国科考队首先从地面到达和利用的地区。该处大气湍流边界层极薄，大气中水汽含量极低，是地球上条件最优异的天文观测台址和天文研究长远发展的珍稀资源。在南极内陆冰穹 A，充分利用中国南极昆仑站的现有基础建设中国南极天文台，主要包括：太赫兹望远镜，光学和红外望远镜，远程运控系统，支撑服务系统等。该设施建成后，将开辟地球上独一无二的太赫兹波段天文观测窗口，为研究宇宙和天体起源、暗物质、暗能量、地外生命等科学问题提供有力支撑。

（十二）精密重力测量研究设施

精密重力测量是获取全球和局部区域地球质量变化基础数据不可或缺的手段，在大面积矿产资源勘查、环境变化研究和重力辅助导航中有广泛应用需求。建设精密重力测量研究设施，主要包括：精密重力测量基准台与检测系统，卫星、航空和水下重力探测环境模拟与物理仿真试验系统，全球高精度重力场数据处理系统等。该设施建成后，将为解决固体地球演化、海洋与气候变化、水资源分布和地质灾害研究中的科学问题提供重要支撑。

（十三）大型低速风洞

大型运输机、客机及地面交通工具研制对低速风洞的规模、技术性能不断提出新要求。着眼飞机地面效应试验、大飞机涡扇发动机动力影响模拟和反推力影响试验、飞机和车辆气动声学试验的科技需求，建设回流式、多试验段、多功能大型低速风洞，具备支撑飞行器起飞、着陆特性研究，发动机、机身、机翼一体化研究，气动力及气动声学和降噪研究的能力。该设施建成后，流场品质和综合性能将达到国际先进水平。

（十四）上海光源线站工程

上海同步辐射装置（上海光源）是第三代中能同步辐射光源，具有最多可提供 60 多条光束线和近百个实验站的能力，完全建成后将为我国多学科前沿研究取得突破提供有力支撑。在已建成的 7 条光束线站基础上，围绕满足我国材料科学、能源科学、环境科学以及生命科学等领域迅速发展的研究需求，建设上海光源线站工程，主要包括：新建若干光束线站，扩建用户实验支撑条件，进一步提升光源性能。该设施建成后，将大幅提升光源和束线的能力，使上海光源继续保持国际先进水平，为相关科学研究提供更全面、先进、便捷的支撑。

（十五）模式动物表型与遗传研究设施

模式动物表型性状的精确测定和度量是解析生命规律，开发疾病调控方式的关键之一。以解决表型和基因型测定及关联遗传机制分析中的科学问题为目标，建设重要模式动物的表型与遗传分析研究设施，主要包括：表型及基因型连续、快速、综合、自动化与智能化获取分析系统，表型和基因型全面自动检测分析系统，信息集成、处理及遗传性状分析系统等。该设施建成后，可系统、准确地描述生命的表型、基因型及其在环境变化中的响应，并以此正确描述生命的调节状态和方式，为人类疾病、动物生命过程调节等研究提供支撑。

（十六）地球系统数值模拟器

地球系统模拟是衡量地球科学研究综合水平的重要标志，是开展气候变化、防灾减灾和环境治理等科学研究不可缺少的手段。以认识地球环境复杂系统、模拟地球系统圈层变化和长期气候变化、精细描述和预测地球物理化学及生物过程等为目标，建设地球系统数值模拟器，主要包括：超级计算及存储专用系统，超级模拟支撑与管理软件系统，地球各层圈过程模拟软件系统，地球系统科学数据库与海量数据智能分析与可视化系统等。该设施建成后，将大幅提高我国地球系统模拟的整体能力和重大自然灾害预测预警、气候变化预估的研究水平。

五、保障措施

（一）健全管理制度

加快完善管理规章制度，规范和促进重大科技基础设施的建设、运行和管理。健全部门协调制度，加强规划实施中各部门间的统筹协调，发展改革、科技、财政等部门要各司其职、分工协作。建立健全规划动态调整机制，滚动推进“十二五”建设重点的立项和实施，并根据形势发展每五年对规划内容进行必要调整。制定符合设施特点和发展规律的管理办法，加强设施运行评价，提高设施运行效率。完善设施建设配套政策措施，鼓励地方政府在土地、资金、人才等方面出台相关政策，形成共同支持设施发展的良好局面。

（二）保障资金投入

加强重大科技基础设施预研、建设、升级改造、运行和科研的协调，加大财政资金投入力度，鼓励企业等其他来源资金投入，形成多元化投入格局。规范投入管理，加强绩效评价，切实提高资金的使用效率和效益。

（三）强化开放共享

健全重大科技基础设施开放共享制度，最大限度发挥其公共平台作用。健全用户参与机制，形成科研院所、高等学校、企业等多方共建、共管和共享的局面。统筹安排开放共享配套条件建设，提高设施科研服务能力。将开放共享程度作为设施运行考核的重要指标，根据评价结果配置运行资源。

（四）协同推进预研

加强部门沟通协调，协同加强预研工作，为重大科技基础设施建设提供充分的技术和工程储备。充分利用现有资金渠道，系统安排原理探索、技术攻关、工程验证等类型的预研项目。强化预研工作各阶段以及预研与设施建设之间的衔接，形成循序推进、动态调整、持续发展的良好局面。

（五）加强人才培养

坚持设施建设与人才培养相结合，造就高水平的重大科技基础设施建设、管理和科研人才队伍。制定与设施发展相配套的人才计划，吸引和凝聚一大批高层次创新人才。加强设施建设与国家科技重大专项、重大科技计划的衔接，加速培养一批高水平科技创新领军人才，造就一批科研、工程和管理人才队伍。建立健全与设施特点相适应的人员分类评价、考核、激励政策，凝聚和稳定设施建设和运行专业人员队伍。

（六）促进国际合作

适应重大科技基础设施发展日益国际化的趋势，结合我国科技发展实际需求，积极参与享有知识产权和使用权的重大科技基础设施国际合作项目。积极探索以我为主的国际合作，吸引国外资源参与我国发起的重大科技基础设施建设和相关科学研究。注重引进国外先进技术和管理经验，提高我国重大科技基础设施建设、运行的技术和管理水平。

大事记

记录2013年发生的，对塑料机械行业产生重要影响的事件

综述
专文
行业概况
统计资料
产业集群
产品与项目
展会专栏
标准
政策法规
大事记
附录

2013年中国塑料机械工业大事记

2013年中国塑料机械工业大事记

1月

8—9日 中国机械工业联合会三届五次理事会、三届五次会员代表大会于湖北襄阳召开。大会审议通过中国塑料机械工业协会成为中国机械工业联合会理事单位。

28日 中国机械工业联合会批复:同意推荐博创机械股份有限公司董事长朱康建为中国塑料机械工业协会第五届理事会会长候选人。

2月

20日 国家发展改革委、财政部、工信部联合发出《关于组织实施2013年智能制造装备发展专项的通知》(发改办高技〔2013〕442号),重点支持数字化车间、智能测控系统与装置的研发应用、智能制造系统在典型领域的示范应用项目。复合材料成型数字化车间列入《智能制造装备发展专项2013年实施指南》,本年度主要支持针对轮胎、碳纤维构件等复合材料制品工艺过程,建设复合材料成型数字化车间,包括成型系统、加工系统、装配系统、物流系统、生产管理系统,实现多品种、变批量柔性生产。

20日 苏州金纬机械制造有限公司生产的JWSGF-PE-1600塑料实壁管材生产线交付客户并完成验收。该生产线达到世界先进技术水平,实现了大口径塑料实壁管设备的国产化,打破了该类设备依赖进口的局面。

21日 工信部发布《节能机电设备(产品)推荐目录(第四批)》,塑料机械行业18家企业的22项产品进入该批节能推荐目录。

3月

27日 原国家科技部党组成员、副部长,现全国政协常委、中国高新技术产业协会理事长张景安到广东伊之密精密机械股份有限公司考察科技创新和高新技术产业的发展情况,佛山市副市长刘炜、佛山市科技局局长胡学骏、顺德区经科局副局长麦奕昌等陪同考察。张景安理事长对广东伊之密精密机械股份有限公司高新技术发展取得的成绩给予了充分肯定,同时,对公司如何发挥自身优势、推进产品创新发展提出了指导意见。

29日 东华机械有限公司新成立的“聚合物加工成型装备院士工作站”在公司举行了隆重的揭牌仪式。该院士工作站由东华机械有限公司携手华南理工大学瞿金平院士组建,工作站的落成既是校企强强联合的结果,也是双方多年合作的延续及升华。

4月

11—12日 中国塑料机械工业协会粟东平秘书长一行与江苏省塑料机械行业骨干企业代表一起,就进一步推进江苏省塑料机械行业的可持续发展,与江苏省经信委、江苏省机械行业协会有关领导进行了会谈,并走访了中国塑料机械工业协会副会长单位南京艺工电工设备有限公司、理事单位无锡光良塑料机械有限公司和会员单位无锡普莱德机器有限公司等。

粟东平秘书长对我国塑料

机械行业的经济运行情况、塑料机械制品的广泛应用情况，我国塑料机械的发展状况及国际地位，以及江苏省塑料机械产业集群的现状与发展等做了详细阐述。江苏省经信委装备处副处长兼江苏省机械行业协会常务副秘书长王云就江苏省机械行业发展情况、江苏省机械行业协会概况等做了介绍，双方经沟通达成合作促发展的共识。

17 日 全国机械工业品牌战略推进工作会议在北京召开，机械工业 20 个行业协会和 100 多家企业的代表参加了会议。会上对在 2012 年品牌培育表彰活动中获得机械工业优质品牌的 101 家企业的 104 种产品进行了表彰。塑料机械行业共有 7 家企业的产品获得该奖项，分别是：海天塑机集团有限公司的“海天”牌注塑机、震雄集团的“震德”牌注塑机、博创机械股份有限公司的“博创”牌注塑机、广东伊之密精密机械股份有限公司的“伊之密”牌注塑机、东华机械有限公司的“东华”牌注塑机、浙江申达机械制造股份有限公司的“申达”牌注塑机、泰瑞机器股份有限公司的“泰瑞”牌注塑机。

26 日 由中国塑料加工工业协会主办、新乐市人民政府支持、中国塑料加工工业协会流延薄膜专业委员会和新乐华宝塑料机械有限公司共同承办的“2013 特种流延薄膜技术交流与现场演示会”在石家庄举办，中国塑料机械工业协会粟东平秘书长和培训部唐子玲副主任应邀参加了本次会议。新乐华宝塑料机械有限公司是我国流延薄膜设备行业的著名企业，被中国塑料加工工业协会授予“中国塑料流延膜机械装备技术研发制造基地”。

5 月

14 日 广东省省委书记胡春华等省政府领导一行在佛山市市委书记李贻伟、佛山市市长刘悦伦、顺德区区委书记梁维东、顺德区区长王喜忠等陪同下视察广东伊之密精密机械股份有限公司。胡春华书记对广东伊之密精密机械股份有限公司海外品牌合资产权收购经验给予了充分肯定，并对该公司的发展充满信心。

18 日 中国塑料机械工业协会四届七次常务理事会、五届一次会员代表大会和五届一次理事会在广东省佛山市顺德区召开，选举产生了协会新一届领导机构。博创机械股份有限公司董事长朱康建当选为中国塑料机械工业协会第五届理事会会长；海天塑机集团有限公司副总经理钱耀恩当选为中国塑料机械工业协会第五届理事会常务副会长；震雄集团董事兼生产总裁蒋志坚、大连橡胶塑料机械股份有限公司董事长洛少宁、东华机械有限公司总经理李天来、广东金明精机股份有限公司董事长马镇鑫、山东通佳机械有限公司董事长张建群、南京艺工电工设备有限公司总经理杜德鑫、广东伊之密精密机械股份有限公司董事长陈敬财和浙江申达机器制造股份有限公司总经理王珏当选为中国塑料机械工业协会第五届理事会副会长；中国塑料机械工业协会第四届理事会秘书长粟东平获全票通过，连任第五届理事会秘书长。

18 日 中国塑料机械工业协会成立 20 周年庆祝晚宴及文艺表演在顺德举行。活动得到了海天塑机集团有限公司、博创机械股份有限公司、浙江申达机器制造股份有限公司、上海金纬机械制造有限公司、东华机械有限公司、山东通佳机械有限公司、广东金明精机股份有限公司、广东伊之密精密机械股份有限公司、青岛顺德塑料机械有限公司、震雄集团、南京艺工电工设备有限公司、宁波市海达塑料机械有限公司、大连三垒机器股份有限公司、江苏维达机械有限公司、泰瑞机器股份有限公司、苏州同大机械有限公司、富强鑫（宁波）机器制造有限公司、浙江金鹰塑料机械有限公司、宁波弘讯科技股份有限公司、浙江精诚模具机械有限公司等骨干企业的倾情赞助和鼎力支持。与会领导、嘉宾和各位代表欢聚一堂，在欢乐祥和的氛围中，共同见证了中国塑料机械工业协会“风雨同舟二十年，再创辉煌展新篇”的喜庆时刻。

《2012中国塑料机械工业年鉴》《中国塑料机械工业科技成果汇编（2006—2011）》《中国塑料机械工业协会会员分布地图》（第1版）及《2012中国塑料机械行业优势企业》宣传册同期出版并在庆祝活动中首发。

19日 “第二届中国国际塑料机械产业论坛”在顺德召开，来自欧洲、美国及海峡两岸的知名专家学者、协会组织负责人和业内人士与中国塑料机械工业协会会员齐聚一堂，共同探讨行业关注热点及发展趋势，取得了很好的交流效果。

21日 中国塑料机械工业协会与德国塑料与橡胶机械协会（VDMA）在广州香格里拉酒店共同举办了注塑机数据统计交流会，会议主要就全球注塑机销售统计事宜进行探讨。会议由德国塑料与橡胶机械协会（VDMA）会长Thorsten Kuehmann先生主持，粟东平秘书长作为中国塑料机械工业协会负责人代表出席会议。中国塑料机械工业协会会长单位博创机械股份有限公司，常务副会长单位海天塑机集团有限公司，副会长单位东华机械有限公司和广东伊之密精密机械股份有限公司，以及常务理事单位泰瑞机器股份有限公司作为中方企业代表参加了本次会议。欧洲方面则有注塑机企业阿博格、宝胜，以及意大利塑料橡胶机械设备和模具制造厂商协会的代表参加了本次会议。

30日 中国机械工业联合会、中国汽车工业协会在四川省自贡市发布了“2012年机械工业百强企业、汽车工业三十强企业”名单，并进行了现场颁奖。海天塑机集团公司在中国机械工业百强企业中排名第54位，连续九届荣获“中国机械工业百强企业”称号。

6月

14日 中国机械工业联合会专家委员会召开机械工业上半年经济运行形势分析会，中国塑料机械工业协会派代表参加了本次会议。中国机械工业联合会执行副会长、中国机械工业联合会专家委员会副主任蔡惟慈指出，从总体来看，机械工业上半年运行形势可以概括为“缓慢回升、温和增长、平稳发展”，存在的主要问题仍然是“需求不旺、产能过剩、成本上升”，突出的亮点一是外延扩张明显降温，二是创新驱动日益升温，三是市场倒逼转型升级。展望下半年，“平稳”仍是行业发展的主基调。

26—27日 民政部在银川举办了“社会组织登记管理制度改革培训班”。培训班期间，民政部民间组织管理局登记处王博调研员，国有资产监督管理委员会行业协会办公室梁方处长，宁夏回族自治区党委社会组织工委副书记、民政厅党组织成员李俊章，民政部培训中心培训部杨宝祥主任，分别就社会组织登记管理制度改革、行政机关与行业协会商会脱钩、“一业多会”探索、社会组织培育、优先发展的支持和优惠政策、宁夏社会组织登记管理经验、社会组织信息平台建设、标准化建设等相关知识进行了讲解。中国塑料机械工业协会综合办公室李春燕副主任参加了此次培训。产业组织作为全行业经济民主、自治管理组织，应保持组织的独立性和法人的主体地位，应不断完善和创新理事会、常务理事会等议事机构制度的建设，不断加强自身管理，完善自我管理、自我监督、民主管理、民主监督制度。

29—30日 机械汽车展览联合会（简称“展联”）在青岛国际博览中心召开年中工作会议，中国塑料机械工业协会粟东平秘书长和国际合作部王静主任参加了本次会议。会议由展联执行会长经永建主持并致辞，张效林秘书长对上半年的工作情况进行了总结。展联会员代表分别就如何适应行业外向型发展需求、加快自主品牌展会国际化步伐，如何加强行业办展优势与地方区域优势结合、共同打造区域专业品牌展会，如何促进展会改进展示方式、实现绿色可持续发展,以及“营改增”政策对会展业的影响等议题展开讨论。会议务实高效,通过会员单位间的实战经验交流,对即将办展以及已办展单位进一步完善展会工作具有重要的借鉴意义。会议结束后,与会代表分别对青岛国际博览中心的场馆以及南山集团总部进行了实地考察。

7 月

9 日　浙江申达机器制造股份有限公司上报的浙江省申达制塑装备研究院通过拟建省级企业研究院公示。该研究院的主要方向是智能精密制塑成型及相关的前瞻性技术研究,开展智能精密型、高效节能型、大型和微型等高端注塑、制塑装备研发和产业化研究,近期目标是建成一个具有行业示范作用的、高端智能精密制塑装备研发和产业化平台。

12—15 日　工信部中小企业发展促进中心在大连举办“工业转型升级与新兴产业国家优惠政策解析暨新型工业化产业示范基地创建专题研讨班”,中国塑料机械工业协会国际合作部主任王静参加了此次研讨。

19 日　广东金明精机股份有限公司发布公告:公司拟收购汕头市远东轻化装备有限公司80%的股权,汕头市远东轻化装备有限公司成为金明精机公司控股子公司。本次股权转让完成后,汕头市远东轻化装备有限公司的核心团队仍然负责企业的经营管理,金明精机将充分利用地域和文化优势,只派出小部分的核心骨干参与两公司之间的相互整合,协助汕头市远东轻化装备有限公司改进目前的内部管控,提升管理水平。此次收购,是优势互补的强强联合。双方主营产品不重复,能相互替补空白,扩大市场占有率,提高公司影响力。两家公司都储备了深厚的技术力量,可以结合各自强大的技术储备,提高设备产能,并开发具有更高科技含量的新设备。

25 日　中国国际贸易促进委员会(以下简称“贸促会”)在北京圆满召开了“2013 年全国出国经贸展览工作会议”,中国塑料机械工业协会粟东平秘书长和国际合作部王静主任参加了此次会议。会议由贸促会展览部副部长赵振格主持,王锦珍副会长发布了《2012—2013 年全国出国经贸展览工作报告》。出国展览对我国经济发展、对外经贸的稳定增长和调整产业结构、转变增长方式作出了积极贡献。为保持出国展览对我国经济和进出口发展的促进作用,有必要进一步改进出国经贸展览工作,使其不断创新、做出特色,以适应国内、国际形势发展的需要。会议还对优秀组展单位进行了表彰,参会代表进行了充分的互动交流,并就当前出国经贸展览行业面临的主要形势和问题进行了深入探讨。通过此次会议,了解了 2012—2013 年出国展览经贸工作的基本情况,学习了其他组展单位的先进经验,加强了与贸促会系统及有关组展单位的沟通交流,对中国塑料机械工业协会进一步开展出展工作具有重要的指导和促进作用。

8 月

8 日　中国塑料机械工业协会粟东平秘书长应邀出席理事单位宁波方力集团有限公司成立 20 周年暨方力科技工业园落成庆典。

30 日　2013 年中国(广东)国际旅游产业博览会在琶洲会展中心举行,同期举办了广东省工业旅游示范基地(2013—2016 年)创建单位代表授牌仪式,中国塑料机械工业协会会长单位博创机械股份有限公司成为创建单位之一。博创机械股份有限公司卓有成效的 8S 管理、极具传统国学色彩的企业文化,得到了各界人士的一致好评。博创机械股份有限公司将继续发掘自身特色,在扎实推进高端装备制造的同时,大力推动旅游与工业的融合发展。

9 月

15 日 中国塑料机械工业协会五届二次常务理事会在北京召开。会议讨论通过了五届二次理事会议程和“等额选举增补第五届理事会副会长”选举工作小组名单，审议了理事单位张家港市贝尔机械有限公司提出成为常务理事单位的申请和会员单位四川中装科技有限公司、杭州萧山曙光机械厂两家企业提出成为理事单位的申请，审议通过了上海皓力德测控技术有限公司、山东天迈管业有限公司、浙江双飞无油轴承股份有限公司、深圳市麦格米特驱动技术有限公司、江苏固特电气控制技术有限公司、江门市蒙德电气股份有限公司、北京传树建材科技有限公司 7 家单位成为协会会员，表决通过了中国塑料机械工业协会秘书处原国际合作部主任王静和信息部主任李志涛当选为协会副秘书长。

16—17 日 中国塑料机械工业协会五届二次理事会在北京召开。国务院国资委行业协会联系办公室张涛副主任、国家工信部装备工业司王卫明副司长及机械处吴锋副处长、发改委产业协调司装备处顾紫明同志和中国机械工业联合会于清笈副会长到会并作重要讲话。

会议增补选举出上海金纬机械制造有限公司董事长何海潮、潍坊中云机器有限公司总经理张泽奎、江苏联冠科技发展有限公司董事长黄学祥、青岛顺德塑料机械有限公司董事长赵桂旭、宁波市海达塑料机械有限公司总经理蒋忠定、苏州同大机械有限公司董事长徐文良 6 位企业负责人为中国塑料机械工业协会第五届理事会副会长。

会议听取了各理事单位就近两年发展概况、主导新产品及市场前景、对行业关键共性技术的看法等方面内容的交流情况。听取了中国塑料机械工业协会将于 2014 年 9 月 18—21 日在重庆国际博览中心举办首届“中国中西部国际塑料橡胶展览会”以及 2014 年同西麦克国际展览有限责任公司合作境外展会的有关情况介绍。

与会领导充分肯定了中国塑料机械工业协会各项工作所取得的成绩，同时也对中国塑料机械工业协会的工作和塑料机械行业的发展提出了更高要求，这对于我国塑料机械行业持续健康发展具有重要的指导意义。

18 日 中国塑料机械工业协会朱康建会长、粟东平秘书长拜访了中国机械工业联合会王瑞祥会长。王瑞祥会长充分肯定了中国塑料机械工业协会在推进行业发展、创新驱动、转型升级、绿色制造、行业服务和改革创新等方面所取得的新成绩，以及本届会员大会严格、公正、民主的选举程序和规范操作。同时，王瑞祥会长也对新一届理事会的工作提出了更高要求，指明了塑料机械行业的工作思路，要紧密围绕推进转型升级的中心和重点，坚持在抓落实、抓创新、抓实效上下功夫，具体体现为：一是坚持为稳增长保全局做好服务；二是全力推进行业转型升级；三是继续强化行业服务体系建设；四是进一步加强对外交流与合作；五是努力提高自身服务能力与水平。

18 日 中国塑料机械工业协会朱康建会长应邀出席“2013 北化国际论坛——先进制造与智能控制国际学术研讨会”，并作了“未来，从现在开始——塑料制造业前景及个人职业规划”的主题演讲。

10 月

6 日 中国塑料机械工业协会副会长单位上海金纬机械制造有限公司在江苏省太仓市体育馆举办了“金纬机械十六周年庆典”活动，中国塑料机械工业协会粟东平秘书长应邀出席并在开幕式上致辞。上海金纬机械制造有限公司是我国最大的挤出类塑料机械制造企业，其将客户的利益放在首位，本着热情为客户服务的态度，不断追求产品质量的完美如一，不断运用新技术、新工艺，以保证产品使用可靠、操作简便;不断创新,逐步降低企业管理成本,走专业化、服务型的企业发展之路。

15—26日 中国塑料机械工业协会组织了近50人的代表团前往德国杜塞尔多夫参观"2013年杜塞尔多夫国际塑料及橡胶展览会"。中国塑料机械工业协会长期以来一直关注国际市场的发展,并致力于缩小国内塑料机械设备与国际先进水平的差距,提高产品科技含量,为广大会员单位提供前沿信息。本次观展团由朱康建会长和粟东平秘书长亲自带队,更加凸显了中国塑料机械工业协会对此项工作的高度重视。

代表团不仅全面观看了参展企业的卓越展示,而且通过行业技术交流会的形式,对展会特点及产品创新等有关情况进行了精炼的点评。出访期间,中国塑料机械工业协会还与德国塑料与橡胶机械协会(VDMA)、瑞士机电工业联合会(SWISSMEM)、意大利塑料橡胶机械设备和模具制造厂商协会(ASSOCOMAPLAST)、土耳其塑料工业协会、俄罗斯塑料工业协会、西班牙塑料橡胶机械制造厂商协会(AMEC IMAPC)等国际组织进行了交流。

18日 中国塑料机械工业协会副会长单位大连橡胶塑料机械股份有限公司举办公司成立106周年暨搬迁改造落成庆典。拥有百年历史的大连橡胶塑料机械股份有限公司,是中国橡胶塑料机械行业主导厂和出口基地,中国机械工业500强企业。该公司凭借雄厚的技术实力,瞄准世界先进水平,致力于重大技术装备的国产化,多次承担并完成国家重大技术装备的攻关任务,始终保持产品技术与国际先进技术同步发展。

11月

6日 "中国机械工业科学技术奖"颁奖大会在安徽合肥隆重举行,2013年度中国机械工业科学技术奖共评审出特等奖1项,一等奖34项,二等奖125项,三等奖218项。来自全国机械行业相关部门的专家学者以及制造产业的企业家、技术负责人等800余人参加了此次盛会。

塑料机械行业在2013年"中国机械工业科学技术奖"评审中共有5个项目获奖,分别是:①北京化工大学和潍坊凯德塑料机械有限公司的"聚合物高速挤出成型技术及装备"荣获一等奖;②广东金明精机股份有限公司的"九层共挤智能高阻隔薄膜吹塑成套装备"荣获二等奖;③江苏科技大学和苏州同大机械有限公司的"TDB-2000L吹塑托盘专用制造设备生产线"荣获二等奖;④佛山市顺德区震德塑料机械有限公司的"曲轴式射出全电动注塑机"荣获三等奖;⑤博创机械股份有限公司的"四物料共塑精密成型装备研发及产业化"荣获三等奖。

21日 由中国商务部、欧盟委员会主办,中国贸促会、中国欧盟商会等机构联合承办的第九届中欧工商峰会(EU-China Business Summit)在北京人民大会堂举行,中国塑料机械工业协会粟东平秘书长应邀出席了峰会。本次峰会就中欧经济贸易与投资合作中的重点和热点议题展开深入探讨。经中欧双方充分酝酿,会议选择了"创新推动转型,促进绿色增长""优化投资结构,提升社会福祉""企业在全球经济一体化中的作用"三个专题,采取演讲与开放讨论相结合的方式展开研讨,来自国内外的知名企业家就共同感兴趣的议题进行交流,为我国企业与欧洲企业间的进一步合作提供了机会。

21—22日 全国再生资源信息中心、全国大中城市再生资源经济技术协作会第28届年会在山东省临沂市隆重召开。参会代表近300名,来自全国再生资源企业、节能环保企业、城市矿产园区管委会、地方再生资源行业管理办公室和各行业协会等单位。中国塑料机械工业协会王静副秘书长参加了本次会议。会议充分揭示了再生资源产业领域拓展、技术升级、功能提升的巨大潜力,同时也体现了产、学、研、政多元联合平台的强势崛起,将为再生资源产业办加速发展提供更加有力的支撑。

在年会期间举办的"家电拆解塑料高质化再生利用交流峰会"上,"废旧家电拆解中所涉及的塑料分选、处置及有效利用"成为与会代表讨论的重中之重。目前,我国每年废旧塑料回收利用率不足25%,而国外的废旧塑料回收利用率则达到70%以上,我国在回收技术、装备上与国际先进水平存在较大差距。随着家电产品更新换代步伐的加快,解决回收产品库存压力、加强专业人才队伍建设、攻克技术瓶颈、改变粗犷的回收方式、提高分离塑料纯度、降低拆解过程中废渣和水等对环境的影响等是当前再生资源相关企业亟须解决的问题。此外,进口设备非常昂贵、国产设备不能满足拆解需求的困境,在向我国回收设备生产企业提出新挑战的同时,也孕育着广阔的市场空间和新的发展机遇。如何把我国每年数千万吨的废旧塑料作为增值化产品进行开发利用,不应仅仅是回收再利用企业自身所面临的问题,而应是包括原料、设备厂商、加工企业、再生资源企业在内的整个产业链条的系统工程。

27日 第三届低碳山东功勋人物表彰大会在济南举行,中国塑料机械工业协会副会长、青岛顺德塑料机械有限公司董事长赵桂旭荣获"低碳山东功勋人物"称号。

28日 由《中国机电工业》主办的"2013装备中国创新企业年会暨装备中国创新先锋榜颁奖盛典"在北京举行,塑料机械行业有博创机械股份有限公司和浙江申达机器制造股份有限公司两家企业光荣上榜。

12月

6日 宁波市塑料机械行业协会第四届二次会员大会暨四届三次理事会在宁波海天公园召开。中国塑料机械工业协会第五届理事会常务副会长单位、宁波市塑料机械行业协会会长单位海天塑机集团有限公司带领与会人员参观了其新落成的办公大楼、面积为22万m^2的组装区及海天驱动有限公司等。

7—10日 中国塑料机械工业协会粟东平秘书长、王静副秘书长与中国塑料加工工业协会许琳副秘书长、中国铸造协会展览工作部孙振峰主任一行赴重庆考察"中国中西部国际塑料橡胶展览会"筹备进展、重庆国际博览中心运营情况及重点用户市场需求。首届"中国中西部国际塑料橡胶展览会"将于2014年9月18—21日在重庆国际博览中心举行,此次交流考察活动加深了各主办单位、支持单位之间的沟通和了解,增强了共同办好该展会的信心。相信在主办单位中国塑料机械工业协会、重庆市人民政府与支持单位中国塑料加工工业协会、中国铸造协会、中国模具工业协会和承办单位重庆国际博览中心的通力合作下,在广大行业企业的支持下,打造塑胶行业第一专业展会的目标指日可待!

13日 广东省佛山市顺德区经济和科技促进局在广东伊之密精密机械股份有限公司主持召开了"高速高效PET瓶坯注射成型设备研发"项目成果鉴定会。该项目由广东伊之密精密机械股份有限公司与华南理工大学共同承担,经与会专家鉴定认为,达到了国内领先水平。

16日 中国塑料机械工业协会发布了《2013中国塑料机械行业优势企业评选结果公告》,"2013中国塑机制造业综合实力25强企业""2013中国塑料注射成型机10强企业""2013中国塑料挤出成型机10强企业"和"2013中国塑料中空成型机3强企业"正式出炉。

2013年中国塑料机械行业优势企业排序工作由中国塑料机械工业协会组织实施。其根据各企业上报的2012年年度资料,经相关部门审计、核实和公示,并对公示阶段提出的问题进行核对和解答后,最终确定入选名单。

18—19日 中国塑料机械工业协会朱康建会长、粟东平秘书长陪同工信部装备司副司长王卫明、工信部装备司机械处副处长吴锋赴博创机械股份有限公司、广东伊之密精密机械股份有限公司和震雄集团进行调研。三家公司的企业文化、经营管理、技术创新得到了王卫明副司长的充分肯定，同时，王卫明副司长也对塑料机械行业的精益生产和深化管理、进一步技术创新、争占国内外高端装备市场等提出很多指导性的建议。

19日 机械汽车展览联合会2013年度会议在北京召开。会议由经永建会长主持，机械汽车展览联合会张效林秘书长、北京国际会议展览业协会张羚常务副秘书长和业内54位代表齐聚一堂，中国塑料机械工业协会王静副秘书长参加了本次会议。各参会代表就“加快展会国际化步伐，促进机械行业企业国际化发展”“完善展会信息化管理手段，提升展会管理服务水平”“营改增对会展业的影响”等议题进行了深入探讨和交流。

21日 海天塑机集团研制的国内首台JU66000Ⅱ/51800超大型二板式塑料注射成型机成功通过鉴定。专家组一致认为：该新产品具有节能、环保、精密、高效的特点，注射量和容模量等关键指标国际领先，整机性能达到国际先进水平。该机可以成型目前世界上最大的塑料制品。

23日 会展行业年度盛会“2013·会展·风尚·大典”在国家会议中心召开。本次大会由中国会展杂志社举办，国际会展产业促进会主办，国家会议中心、点意空间国际展览集团特别协办，得到了国家相关部委重要领导的高度关注、行业知名人士的全力参与、众多展览主办机构的鼎力支持。中国塑料机械工业协会王静副秘书长和展览部孟宪胤主任参加了本次大会，并向与会代表推介由中国塑料机械工业协会和重庆市人民政府共同主办的“中国中西部国际塑料橡胶展览会”（CMI-PLAS）。

25日 商务部进出口公平贸易局在北京召开“中国贸易救济与产业发展座谈会”，90名参会代表来自国内机械、汽车、农业、轻工、纺织、钢铁、石化、有色、建材、物流等领域的50家行业协会及部分律师事务所。中国塑料机械工业协会粟东平秘书长和王静副秘书长参加了本次会议。会议主题为“运用贸易救济规则，促进产业协调发展”。宋和平调查专员主持会议，介绍了2013年中国进出口公平贸易工作，并对行业协会在贸易救济调查中发挥的重要作用表示感谢！会议务实高效，与会代表畅所欲言，分别结合所在行业的产业发展与安全问题对贸易救济工作提出了宝贵意见和建议，对中国塑料机械工业协会进一步开拓工作思路、加大维护我国塑料机械产业安全工作力度具有重要的借鉴作用。

27日 博创机械股份有限公司突破了关键技术及生产难关，开发出BU6800超大型二板式伺服注射成型机。该机锁模力达68 000kN、整机长度25m，填补了我国自行研发制造超大型注塑机的空白。目前，该机已经通过国家塑料机械产品质量监督检验中心检验，获得国家认证的合格检验报告，并已在用户单位山东东信塑胶有限公司通过了正式验收。

年内 震德塑料机械有限公司研制的6 500t二板式大型注塑机已通过验收并实现出口。该机可用于生产大容量胶框、垫板等制品。

〔供稿单位：中国塑料机械工业协会〕

附录

介绍2013年中国塑料机械工业协会工作情况

综述
专文
行业概况
统计资料
产业集群
产品与项目
展会专栏
标准
政策法规
大事记
附录

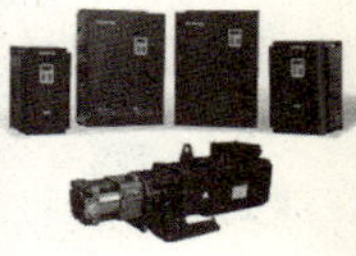

附录

2013年中国塑料机械工业协会工作概况

2013年，中国塑料机械工业协会（简称协会）在会长班子的带领下、在全体理事单位的大力支持下，以及在广大会员单位的积极参与下，各项工作按照部署进展顺利，取得了显著的成效。一年来，协会通过加强自身建设、锐意进取，开拓了行业工作的新局面，推动了行业经济的持续健康发展，进一步提升了我国塑机在国内外的竞争力与影响力。

一、2013年主要完成的工作

1.顺利完成换届工作

做好协会第五届理事会换届工作，不仅是协会改革发展的一件大事，也是事关塑机行业和谐发展的大事。2013年年初，协会根据《国务院办公厅关于加快推进行业协会商会改革和发展的若干意见》的精神，按照国资委和民政部的要求，依据中国机械工业联合会制定的《机械代管社团换届工作暂行办法》规定，严格履行协会换届的工作程序，认真做好换届的各项准备工作。并于2013年5月18日召开了四届七次常务理事会、五届一次会员代表大会及五届一次理事会，会议圆满完成了各项议程，选举产生了协会新一届领导机构。会议闭幕后，协会秘书处认真申办章程、会费、法人变更和协会负责人等各项备案手续，保证了换届工作的圆满完成。

2.庆祝协会成立20周年

2013年是协会成立20周年的喜庆之年，协会筹备系列庆祝活动得到了海天塑机集团有限公司、博创机械股份有限公司、浙江申达机器制造股份有限公司、上海金纬机械制造有限公司、东华机械有限公司、山东通佳机械有限公司、广东金明精机股份有限公司、广东伊之密精密机械股份有限公司、青岛顺德塑料机械有限公司、震雄集团、南京艺工电工设备有限公司、宁波市海达塑料机械有限公司、大连三垒机器股份有限公司、江苏维达机械有限公司、泰瑞机器股份有限公司、苏州同大机械有限公司、富强鑫（宁波）机器制造有限公司、浙江金鹰塑料机械有限公司、宁波弘讯科技股份有限公司、浙江精诚模具机械有限公司等骨干企业的倾情赞助和鼎力支持。并于2013年5月18日举行了中国塑料机械工业协会成立20周年庆祝晚宴及文艺表演，与会领导、嘉宾和各位代表齐聚一堂，在欢乐祥和的氛围中，共同见证了中国塑料机械工业协会“风雨同舟二十年，再创辉煌展新篇”的喜庆时刻。

3.着力推进服务平台建设

（1）加强行业信息服务

1）为了客观宣传我国塑料机械工业“十一五”计划以来的科技成果，展示企业和行业科技能力及水平，向相关政府部门如实反映行业科技创新的整体情况，向国内外相关行业特别是下游企业和广大用户积极推介最新科技成果；同时，为了进一步激励全行业科研人员和广大职工自主创新的积极性、创造性，大力推进企业科技进步和自主创新，协会组织开展了行业科技成果征集活动，并于2013年5月首次出版了《中国塑料机械工业科技成果汇编（2006—2011）》。

2）及时分析总结行业、企业情况及经济发展趋势，为企业经营和政府决策提供较权威的参考依据，并连续第4年编辑出版了《中国塑料机械工业年鉴》。

3）不断丰富和健全信息交流渠道。网络媒介方面，为更好地宣传和服务会员、服务行业，协会官方网站已改版为中英文双语，并增设“行业经济运行分析及统计”“网上 S 展”等多项服务性栏目。同时，协会还开设了新浪微博、微信群和 QQ 群，及时将行业信息同大家沟通交流。协会会刊《中国塑机》截至目前已连续出版 28 期，发行数量不断攀升，期刊内容也更加丰富，更加符合行业、企业发展特点。

（2）进一步扩大对外交流

1）继 2011 年 5 月协会举办了“第一届中国国际塑料机械产业论坛”后，2013 年 5 月又组织召开了“第二届中国国际塑料机械产业论坛”，论坛邀请了欧洲、美国及海峡两岸等知名专家学者、协会组织负责人和业内人士与协会会员欢聚一堂，共同探讨行业关注热点及发展趋势，取得了很好的交流效果。

2）在第二十七届中国国际塑料橡胶工业展览会期间，协会还与德国塑料与橡胶机械协会（VDMA）召开了“全球注塑机数据统计交流会”，共同探讨注塑机销售联合统计工作的当前状态、存在的主要困难和未来的发展方向。在全球注塑机销售统计工作取得初步成效的基础上，协会拟将此模式应用于挤出机领域，为国内参与此项工作的厂商提供了解国际发展最新动态的渠道，现已向重点挤出机企业发出征求意见函，并陆续得到企业的肯定回复。

3）2013 年 6 月，粟东平秘书长作为特邀嘉宾赴曼谷出席了“泰国国际塑胶及模具展览会”开幕式，考察了当地行业发展和市场情况。2014 年，协会将继续与西麦克国际展览有限公司进行合作，扩大我国塑机企业参加该展会的规模，为帮助企业开拓东南亚市场搭建新的平台。

4）组织国内塑机企业及相关企业人士和科研院校专家学者 70 余人于 2013 年 10 月前往德国参加“2013 年德国杜塞尔多夫国际塑料橡胶工业展览会（简称 K2013）”，了解塑机国际市场上的前沿技术、创新产品及市场需求，同时向世界展现我国塑机的新风采。

为了更深一步了解本届 K2013 的新产品、新亮点、新趋势，提高观展效果，协会在展会期间举办了行业技术交流会。会议邀请到了 K2013 主办方杜塞尔多夫展览有限公司、美国塑料工业协会、台湾区机器工业同业公会、北京化工大学和参展企业代表在内的 60 余人参加，由中国塑料机械工业协会粟东平秘书长主持。会上，中国塑料机械工业协会朱康建会长及台湾区机器工业同业公会塑料橡胶机械专业委员会吴正炜会长、北京化工大学何亚东教授和杨卫民教授等行业专家、参展企业代表分别讲述了观展的切身体会，对展会特点及产品创新的有关情况进行了精炼的点评，为与会人员后续参观展览提供了非常具有参考价值的意见和建议。

出访期间，协会与德国塑料与橡胶机械协会（VDMA）、瑞士机电工业联合会（SWISSMEM）、意大利塑料橡胶机械设备和模具制造厂商协会（ASSOCOMAPLAST）、土耳其塑料工业协会、俄罗斯塑料工业协会、西班牙塑料橡胶机械制造厂商协会（AMEC IMAPC）等国际组织进行了行业交流。通过协会张建群副会长、倪玉标理事、粟东平秘书长同德国塑料与橡胶机械协会（VDMA）秘书长 Thorsten Kühmann 先生和市场研究员 Claudia Frey 女士的会谈，双方协会就以下三个方面达成了共识：

①德国塑料与橡胶机械协会（VDMA）将安排人员于 2014 年 9 月参观由协会在重庆主办的中国中西部国际塑料橡胶工业展览会（CMI－PLAST 2014）。

②提高全球注塑机销售数据统计工作的时效，在参与的上市公司公布年报或半年报数据后的一周内汇总参与企业的整体情况。并将此统计工作逐步扩展到全球挤出机领域。

③双方为推进塑料橡胶工业的可持续发展举办合作活动，例如蓝色能效、再生能源会议等。

会谈中，山东通佳机械有限公司董事长张建群先生作为协会副会长代表，重点强调了由协会将于重庆主办的中国中西部国际塑料橡胶展览会符合三大需求，即机械制造厂商发展需求、加工制品企业需求和当地市场需求。德国拥有世界先进的制造技术，我国企业近些年来也在不断加大投入进行技术改造，欧洲企业与我国企业之间存在广阔的互惠互利合作空间。

通过协会朱康建会长带团拜访意大利塑料橡胶机械设备和模具制造厂商协会（ASSOCOMAPLAST）及其CESAP技术交流与培训中心，深入了解其在技术培训、咨询、研究、检测等方面的服务模式与内容，对比国内在此方面存在的差距与不足，对协会相关工作的开展具有宝贵的借鉴意义，同时也帮助我国企业明晰和准确把握意大利及欧洲市场对于塑料机械的技术与安全标准要求，从而为更加有的放矢地开拓欧洲市场搭建服务平台。

通过协会粟东平秘书长带团拜访西班牙塑料橡胶机械制造厂商协会（AMEC IMPAC），进行双方协会负责人间的首次面谈，为中西塑机的未来合作奠定了新的基石。AMEC IMPEC非常注重与高校、技术中心和国内外专业机构在研究、创新、技术发展与标准等方面的密切合作，将与协会进一步探讨如何推进中西塑机行业共同发展之路。

5）组织行业重点企业于2013年10月赴中国台湾参加“2013年两岸精密机械产业合作及交流会议”，主要内容是围绕低碳环保的石头造纸技术与装备、汽车生产用先进制造技术与装备、机器人与自动化、3D打印技术与装备及其他先进制造技术与装备等方面进行交流研讨。

6）协会秘书处负责制作了《中国塑料机械工业协会会员分布地图》和《2012中国塑料机械行业优势企业》宣传册，以更加新颖的视觉形式向政府主管部门领导、国内外同行组织以及业内有关人士积极宣传协会会员单位。

（3）夯实协会基础工作

1）协会进一步加大固本强基的力度，优化健全内设机构和工作体系，不断健全内部治理机制，切实加强了秘书处建设。目前，协会设立了综合管理办公室、信息部、国际合作部，同时新增设培训部、展览部。充实了工作人员，工作进一步细化，逐步专人负责。并根据代管单位中国机械工业联合会的有关规定，成立了工会小组。

2）2013年下半年组织召开了五届一次常务理事（通讯）会议、五届二次常务理事会和五届二次理事会。针对如何打造塑机行业经济“升级版”，如何发挥会长、副会长、常务理事单位的作用，以及协会下一步的工作重点等征集意见和建议，并将征集后的意见和建议进行汇总整理，为协会秘书处进一步开展有关工作提供了有力的依据；进一步补充完善了理事会领导机构和行规行约、协会规章制度；在五届二次理事会期间举行了“中国塑机之光——塑机行业重点企业新产品、新技术推介会”，并将最新科技成果汇报至工信部、发改委和国资委，得到了国家有关主管部门领导的高度关注。

3）通过评优奖励机制，进一步提升秘书处团队的荣誉感和责任感。向中国机械工业联合会申报了“2013年度先进协会、优秀协会工作者”有关材料。

4）加强走访调研力度。2013年上半年，粟东平秘书长带领秘书处工作人员重点对江苏产业聚集群规模以上的部分骨干企业进行了走访调研，拜访当地工信委主管机械的领导，通过与当地管理部门的对接，为行业发声、解决问题。下半年，主要走访了浙江、广东的多家重点企业以及重庆的用户企业，拜访当地经信委和开发区领导，了解地方产业扶持政策，从务实的角度为企业争取更多的优惠。

5）继续开展“2013年中国塑料机械行业优势企业排序及分析研究工作”，积极为企业争取国家和地方的产业政策与荣誉，促进了企业在竞争中不断创新的积极性。现已评出“2013中国塑机制造业综合实力25强企业”“2013中国塑料注射成型机10强企业”“2013中国塑料挤出成型机10强企业”及“2013中国塑料中空成型机3强企业”，经相关部门审计、核实和公示，并对公示阶段提出的问题进行核对和解答后正式发出公告。

(4)积极组织节能与技术改造等项目申报

1)为贯彻落实《中华人民共和国节约能源法》、国务院《"十二五"节能减排综合性工作方案》和《"十二五"控制温室气体排放工作方案》,加快重点节能低碳技术的推广普及,引导企业采用先进的节能低碳新工艺、新技术和新设备,提高能源利用效率,减少碳排放,受国家发改委委托,中国机械工业联合会组织开展机械行业重点节能技术推荐工作,协会负责组织塑料机械行业企业的推荐申报工作。2013 年共有 8 家企业申报了 9 个项目。他们是:博创机械股份有限公司的"大型二板式伺服节能注塑成型机";震德塑料机械有限公司的"基于伺服电动机控制的多泵组合伺服节能控制技术";东华机械有限公司的"Ge 全电动机系列注塑机";山东通佳机械有限公司的"PVC 高强度结构泡沫生产技术及装备";南京艺工电工设备有限公司的"高效节能单螺杆塑料挤出机";广东伊之密精密机械股份有限公司的"节能型智能化泵控伺服系统";江苏维达机械有限公司的"伺服泵驱动技术、电磁加热";张家港市贝尔机械有限公司的"BR90-38 高效单螺杆挤出机"。

2)积极组织会员单位申报 2013 年度"中国机械工业科学技术奖",申报企业数为 11 家,申请数占通用机械行业的 10.9%。其中,北京化工大学与潍坊凯德塑料机械有限公司的合作项目"聚合物高速挤出成型技术及装备"荣获一等奖;苏州同大机械有限公司与江苏科技大学的合作项目"TDB-2000L 吹塑托盘专用制造设备生产线"、广东金明精机股份有限公司的"九层共挤智能高阻隔薄膜吹塑成套装备"分别荣获二等奖;博创机械股份有限公司的"四物料共塑精密成型装备研发及产业化"、震德塑料机械有限公司的"曲轴式射出全电动注塑机"分别荣获三等奖。

3)继续组织企业申报"重点产业振兴和技术改造专项",2012—2013 年度塑机行业有关企业获专项支持近 2 500 万元。他们是博创机械股份有限公司、泰瑞机器股份有限公司、浙江通威机械有限公司、福建连众智惠实业有限公司、湖北鄂丰模具有限公司和湖北三江航天红阳机电有限公司。

4)2013 年有 8 家企业的注塑机通过了国家塑料机械产品质量监督检验中心的节能检测。截至 2013 年 12 月 12 日,已有 44 家企业的 65 个系列产品通过了节能注塑机检测,为节能减排、绿色生产起到了积极的推进作用。

二、2014 年主要目标任务

1.工作目标

(1)进一步完善展会、信息、培训、对外交流平台建设,通过更为优质、实效的服务,全面推进企业、行业与协会的科学和谐发展。

(2)继续加快推进行业转型升级步伐,重点推动节能环保、高精密、微成型等塑料机械产品取得新的突破,在技术创新与产品创新方面取得新的进展。

(3)由协会主办的首届"中国中西部塑料橡胶展"展出面积争取突破 3.5 万 m^2。

2.主要工作

(1)继续推进产业政策的拉动效应。协会将积极推进落实塑机产业政策,扩大技术进步与改造、节能机电产品惠民、关键共性技术、"数控一代"和"四个一批"工程等产业政策成果,为广大节能塑料机械制造商和用户争取产业政策支持。

(2)继续推进会员队伍的壮大。会员是协会的生存之本,是协会最为宝贵的资源,协会在为广大会员服务的基础上凝聚起行业力量。2014 年,协会将继续壮大会员队伍,以 10%的速度吸纳新会员,并力争会费收缴率超过 70%以上。发挥理事会作用,在本届理事会任职的 4 年期间,希望每个副会长单位发展新会员 8 家,每个常务理事单位发展新会员 5 家,每个理事单位发展新会员 4 家。

(3)继续推进行业交流与合作。积极适应国内外新形势的发展变化,快速响应会员单位提出的新需求,不断增强与创新服务理念,切实贴近行业发展,务实推进以塑料机械为核心、向上下游延伸和内外拓展的整个产业链相关主体的交流合作,重点抓好统计、会刊、网站、咨询等各项信息服务工作，完善国际塑机产业论坛和行业专家论坛的技术交流平台，做好国内外展会及交流的组织工作。

三、未来工作重点

“发展才是硬道理”，协会要始终围绕“发展”这个第一要务，以科学发展观为指导，立足当前实际，着眼未来规划，总揽协会建设和行业发展全局，开拓创新工作思路，科学筹划开展各项业务活动，为申请4A级国家协会组织奠定坚实的基础。

协会是多角度为产业发展提供服务的平台，在我国，好的展览会都与行业协会关系密切，协会主办展会是为行业企业拓展市场搭建重要服务平台，独具优势。

1）协会拥有众多会员单位，与国内外和行业内外具有广泛的联系和影响力，拥有庞大的网络系统，具有较强的专业性和国际性。

2）协会掌握行业大量的国内外信息，办展更具有针对性。

3）协会作为政府与企业间的桥梁、纽带，可以通过展览会的平台宣传和贯彻国家行业政策，汇集、发布行业信息。

4）协会在办展的同时，还要举办一些对行业发展有针对性的学术交流活动和新产品、新技术介绍活动，以及行业的重要会议等。

5）协会容易得到国际行业组织的支持与帮助，具有行业领域的权威性，得到行业和企业的信赖。

行业协会借助举办展览会的平台，为政府和社会服务，为广大企业维护国内市场、开拓国际市场发挥了重要作用，同时也增强了行业协会自身的凝聚力和生存力。为此，协会重点将举办展会作为未来工作的一项重要突破口，国内自主展和国际展分别与重庆国际博览中心有限公司、西麦克国际展览有限责任公司进行战略合作，实现优势互补。

1.内展：同重庆国际博览中心有限公司进行合作

经过前后2年的调研工作，协会与重庆国际博览中心有限公司已正式签订了“中国中西部国际塑料橡胶展览会”合作协议。协会作为第一主办单位，重庆市人民政府作为共同主办单位；由协会和重庆国际博览中心有限公司具体承办。首届展会将于2014年9月18—21日在重庆国际博览中心正式拉开帷幕。重庆作为中国中西部第一大城市，具有重要的战略地位和广阔的市场空间；重庆国际博览中心拥有一流的场馆和优质的服务能力，致力于通过人性化的服务、标准化的运行为来自五湖四海的宾朋提供最为舒适的展会体验。重庆国际博览中心有限公司负责该展会的主要项目执行人孟宪胤同志也是协会新成立的展览部的主任，组建了一支专业的项目团队来运作“中国中西部国际塑料橡胶展览会”。协会是中国塑机企业会员之家，“中国中西部国际塑料橡胶展览会”是协会自己主办的展会，也就是各会员企业共同的展会，希望各会员企业能够以高度的主人翁精神积极参与，同心同德，充分利用“中国中西部国际塑料橡胶展览会”这个开拓市场商机的新平台。

目前，展会招商工作正在火热进行，观众邀请、媒体邀约、展会同期活动等内容也在逐步策划与落实。

2.外展：同西麦克国际展览有限责任公司进行战略合作

为了帮助我国塑料机械企业开拓海外市场，进一步提升我国塑机在世界的影响力，协会经过近4年的综合实力评估，选择西麦克国际展览有限责任公司作为协会的境外展战略合作伙伴。西麦克是我国经营出国展览业务历史最悠久、规模最大、经验最丰富的展览公司之一，拥有经验丰富、综合素质高的专业人才队伍，在外展规模上一直稳居机械行业前列。西麦克公司崔馨友经理任协会展览部副主任，是协会与西麦克深入合作的直接体现，通过协会与西麦克的强强联合，我们有信心为我国塑机企业实施“走出去”战略提供更为优质的服务平台。

3.维护产业安全

印度对我国注塑机征收反倾销税的第一个五年期即将于2014年5月11日到期，为积极争取避免印度当局继续对我国注塑机征收反倾销税，协会秘书处现已开始联系有关各方寻求应对措施。通过拜访商务部产业损害调查局和公平贸易局的有关领导，汇报塑料机械行业近年来发展及印度对我国注塑机反倾销的有关情况，重点从以下两个方面开展后续工作。

（1）由协会与印度塑料行业协会进行沟通，通过印度行业协会的力量说服其会员单位和印度有关方面不要发起日落复审。

（2）由协会组织行业重点企业了解印度当前塑机产业情况和近5年来我国注塑机出口到印度市场的情况，请律师事务所配合进行出口市场评估；商务部公平贸易局安排具体负责人员对接协会应对反倾销诉求，并将在适宜时机就此事与印度当局进行双边磋商；通过政府、协会、行业骨干企业与律师事务所共同努力形成合力，主动做好维护产业安全工作。

〔供稿单位：中国塑料机械工业协会秘书处〕

以科技创新推动我国塑料机械工业发展

金秋时节，硕果累累，我们满怀喜悦的心情，相聚在北京，召开中国塑料机械工业协会五届二次理事会暨塑机行业重点企业新产品、新技术推介会。在此，我代表中国塑料机械工业协会，向莅临本次会议的各位领导、各位同仁，表示热烈的欢迎和诚挚的问候！向大力支持中国塑料机械工业协会（简称协会）工作、在百忙之中出席会议的各位领导，表示衷心的感谢和崇高的敬意！

根据国家既定战略，要总结经验、完善政策，深入实施创新驱动发展战略，增强工业核心竞争力，形成战略性新兴产业和传统制造业并驾齐驱、现代服务业和传统服务业相互促进、信息化和工业化深度融合的产业发展新格局。

通过协会坚持不懈的努力和业内企业的共同奋斗，塑料机械行业科技创新取得了显著的成绩。

（1）协会始终把技术创新和产品创新，作为推进行业科学发展的重点工作，激发了全行业的创新活力，营造创新的氛围，有力地促进了科技进步和产品升级。

（2）协会始终坚持把实施品牌、标准、知识产权战略作为提升行业竞争力、增强行业国际影响力和话语权的重要抓手，切实抓紧抓好。

据不完全统计，2006—2011年，塑料机械行业专利申请量不断增加，其中，协会常务理事单位共拥有专利637项，在实施知识产权战略方面，有了长足的进步。此外，科技成果不断增多。以2011年为例，有4项关键技术入选国家工信部《产业关键共性技术发展指南（2011年）》，占装备制造业65个项目的6%；有2个项目荣获国家科技进步奖，有4家会员企业的5个项目，获2011年度中国机械工业科学技术奖一、二、三等奖；有3家企业的产品被列入2011年国家重点新产品计划项目，有13家企业的产品和技术，被列为2011年国家火炬计划项目。2012年，又有5家会员单位的项目获中国机械工业科学技术奖。2013年，有11家会员单位申请中国机械工业科学技术奖，申请数占通用机械的10.9%。

据不完全统计，2006—2011年，塑料机械行业有75项科技成果先后荣获地、市级以上科学技术奖，其中，获得国家科学技术进步奖4项，获得省部级科学技术奖52项。获得国家专利授权数量达到853项，其中，发明专利146项。开发新技术、新工艺52项，其中，经科技部、教育部或有关省市认定，有17项达到国际领先或国际先进水平，并有一批新技术、新工艺填补了国内空白。

数据的背后，是塑料机械企业奋发有为的可喜业绩，是塑料机械行业跨越式发展的铿锵足音。如今的塑料机械行业发生了巨大的变化，发展速度举世瞩目，经济总量大幅增长，产业结构不断提升，“工作母机”的作用日益彰显，行业的知名度、美誉度得到进一步提升，影响力和辐射带动力明显增强，国际话语权不断提高，有力地吸引着世人关注的目光。特别是党和政府的高度重视和关心，使塑料机械行业的发展已经上升为国家战略性新兴产业，迎来了难得的历史发展机遇。国家主管部委领导的高度关注与大力支持，又为塑料机械行业的发展创造了有利条件，拓展了更加广阔的空间，注入了跨越式发展的强大动力！

2013年，塑料机械行业既面临诸多困难和挑战，也有良好的机遇。目前，塑料机械已经成为国家重大装备之一，塑料机械行业成为国家鼓励发展的重点行业，行业发展也已上升为国家战略，国家部委对塑料机械行业高度重视和大力支持，行业的地位和作用日益显现。同时，塑料机械行业经济总量不断扩大，竞争实力日益增强，具备了持续快速发展和做大做强的良好基础。塑料机械行业完全有条件战胜困难和挑战，确保2013年经济稳中有进、增速提质，实现新的跨越，完全有信心、有能力，抢抓新机遇，用好新机遇，凝聚起全行业团结奋斗的正能量，奋力打造行业经济发展的“升级版”，谱写好“中国梦”的塑料机械篇章！

〔供稿单位：中国塑料机械工业协会〕

中国塑料机械工业协会领导简介

一、中国塑料机械工业协会名誉会长

海天塑机集团有限公司董事长　张静章

生于1937年1月，中共党员，高级经济师，现任宁波海天集团股份有限公司董事长，中国塑料机械协会名誉会长，市、区人大代表，北仑区企业家协会会长。

1958年9月至1962年6月，就读于宁波农学院，1962年6月至1966年5月回家务农，1966年创立海天集团。1966年5月至1970年11月工作于镇海麻纺站，1970年至今任海天塑机集团有限公司董事长。

二、中国塑料机械工业协会会长

博创机械股份有限公司董事长　朱康建

生于 1965 年 1 月，浙江诸暨人，中国塑料机械工业协会会长。先后获得第五届机械工业优秀企业家、广东省民营企业创业大奖、广州市优秀企业家、广东省十大经济风云人物提名奖等多项荣誉，第十六届广州亚运会火炬手。

1985 年无锡轻工大学自动化专业本科毕业，2007 年 12 月获中山大学岭南学院 EMBA 硕士学位。1985—1993 年，就职于浙江申达塑料机电股份有限公司，从事技术研发工作，历任工程师、部门经理；1994—1996 年，由蒋氏工业慈善基金提供资助，赴香港震雄集团参加为期二年的工程师培训；1997—2003 年，任职香港震雄集团，先后担任部门经理及国内山东震华、宁波震雄总经理；2003 年 3 月，创建博创机械股份有限公司，任董事长；2013 年，出任中国塑料机械工业协会会长。

三、中国塑料机械工业协会副会长

海天塑机集团有限公司副总经理　钱耀恩

生于 1948 年 11 月，大专学历，中共党员。曾任海天塑机集团有限公司副总经理，中国塑料机械工业协会第三届理事会秘书长、第四届理事会常务副会长。

震雄集团董事、生产总裁　蒋志坚

生于 1967 年 3 月。2001 年至今任震德塑料机械有限公司董事兼总经理，2009 年至今任震雄集团执行董事兼生产总裁。中国塑料机械工业协会第三届和第四届理事会副会长、广东省海外联谊会理事、佛山市顺德外商投资企业协会常务理事、佛山市顺德机械装备制造业商会副理事长。

大连橡胶塑料机械股份有限公司董事长　洛少宁

生于 1962 年 4 月，大学本科学历，正高级工程师，中共党员。现任大连橡胶塑料机械股份有限公司董事长、党委书记兼总经理。兼任国家工程教育专业认证委员会机械类专业认证分委员会委员、中国机械工程学会第十届理事会理事、中国塑料机械工业协会副会长、中国塑料机械行业专家委员会委员、中国化工装备协会理事、全国橡胶塑料机械标准化技术委员会主任委员、辽宁省机械工程学会副理事长、大连市机械行业协会副会长等职。

东华机械有限公司总经理　杜江

杜江，1960年出生，1982年毕业于东南大学机械制造工程系。现任东华机械有限公司总经理，具有20年以上管理工作经验。

1983年进入无锡市自行车厂，从事技术研发工作，先后担任技术处处长、分厂厂长。

1997年进入无锡市萨克斯助力车厂担任厂长。

1999年12月进入无锡格兰机械集团有限公司，带领滴灌研发小组进行滴灌设备的研发、生产。先后担任机加工部经理、生产总监、副总经理、常务副总经理、总经理。

在无锡格兰机械集团有限公司担任总经理期间，带领格兰管理团队苦练内功，深抓基础管理工作，使公司产品在产量和质量上都有较大幅度的提高，在团队建设、管理制度等方面也有了持续改进和不断提升。

2014年3月转入东华机械有限公司担任总经理。

广东金明精机股份有限公司董事长　马镇鑫

生于1951年，中山大学EMBA。1987年创办广东金明精机股份有限公司，获广东省先进民营企业工作者称号。曾任中国人民政治协商会议汕头市金平区第二届委员会委员，汕头市金平区第一届、第二届人大代表，汕头市政协第十一届委员，中国塑料机械工业协会第一届和第二届理事会理事、第三届和第四届理事会副会长。

广东伊之密精密机械股份有限公司董事长　陈敬财

生于1965年12月，中山大学MBA，现担任广东伊之密精密机械股份有限公司董事长，兼任全国工商联执委、广东省人大代表、顺德区机械装备制造业商会会长。

山东通佳机械有限公司董事长　张建群

生于1957年8月，工程技术应用研究员，国务院政府特殊津贴专家。现任山东通佳机械有限公司董事长、中国塑料机械工业协会第三届和第四届理事会副会长、山东省光彩事业促进会理事、山东省工商联执委、济宁市人大代表、济宁市工商业联合会副会长、济宁市有突出贡献的中青年专家。

南京艺工电工设备有限公司总经理　杜德鑫

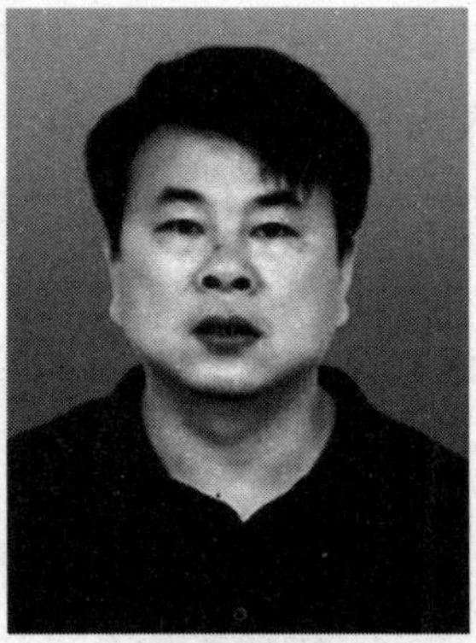

生于1962年6月，毕业于合肥工业大学机械制造专业，高级工程师。南京艺工电工设备有限公司总经理。历任中国塑料机械工业协会第二届理事会常务理事、第三届和第四届理事会副会长。

浙江申达机器制造股份有限公司总经理　王珏

中共党员，硕士学历，高级经济师。2000年7月起至今任浙江申达机器制造股份有限公司总经理。曾任中国塑料机械工业协会第三届理事会理事、第四届理事会常务理事。

上海金纬机械制造有限公司董事长　何海潮

生于1965年5月，大学学历，中共党员。1981—1993年曾在舟山水产公司船厂、舟山市委办公室工作；1993—1997年任舟山金海机械制造有限公司总经理；1997年至今任上海金纬机械制造有限公司董事长。

宁波市海达塑料机械有限公司总经理　蒋忠定

生于1951年7月，经济师。现任宁波市海达塑料机械有限公司总经理。曾任中国塑料机械工业协会第二届理事会理事，第三届和第四届理事会常务理事。

江苏联冠科技发展有限公司董事长　黄学祥

生于1959年12月，江苏张家港人，大专文化，中共党员，高级经济师。历任张家港市轻工机械厂外经科长、副厂长，江苏白熊集团公司副总经理等职，现任江苏联冠科技发展有限公司董事长。

青岛顺德塑料机械有限公司董事长　赵桂旭

生于1957年11月，中共党员，研究生学历，高级工程师。国家支撑计划木塑课题组首席专家、组长，青岛市人大代表，青岛市工商联常委。中国塑料机械行业专家委员会委员，2008年3月起担任青岛市塑料机械商会会长，2009年3月起担任胶州市

塑料机械行业协会会长。

苏州同大机械有限公司董事长、总经理 徐文良

生于1968年6月，中共党员，高级工程师、高级经济师，研究生学历。1999年9月创立同大机械；2007年至今任苏州同大机械有限公司董事长、总经理。中国塑料机械工业协会第四届理事会理事，张家港市塑料机械协会常务副会长，中国塑料机械行业专家委员会成员，中国塑料加工工业协会专家委员会成员，江苏科技大学客座教授。

潍坊中云机器有限公司总经理　张泽奎

生于1974年9月，毕业于山东工业大学。1995年起就职于中云集团，现任潍坊中云机器有限公司总经理和潍坊中云科研有限公司总经理，中国塑料机械行业专家委员会委员。

四、中国塑料机械工业协会秘书长

粟东平

1987年8月至1998年4月，北内集团高级工程师，负责热加工工艺管理。1998年5月至2004年8月，任机械工业信息研究院产业与市场研究所副所长，从事机械工业行业市场信息研究。2004年9月至2005年12月，任中国机械通用零部件工业协会常务副秘书长，主要协助会长处理秘书处日常工作。2006年1月至2009年3月，任机械工业价格研究中心市场研究部主任，主要分析研究机械工业产业政策和价格动向。2009年4月至今，任中国塑料机械工业协会秘书长。

〔供稿单位：中国塑料机械工业协会〕

中国塑料机械行业专家委员会专家介绍

一、主任委员

瞿金平

男，1957年6月出生，中共党员，工学博士、教授、博士生导师、国家杰出青年科学基金获得者、教育部“长江学者奖励计划”首批特聘教授、华南理工大学材料加工工程国家重点学科带头人、中国工程院院士。

现任华南理工大学副校长兼聚合物新型成型

装备国家工程研究中心主任、聚合物成型加工工程教育部重点实验室主任、中国塑料机械工业协会常务理事、中国塑料机械行业专家委员会主任委员。兼任中国材料研究学会常务理事、中国塑料加工工业协会常务理事、中国改性塑料专业委员会副理事长、高分子材料国家重点实验室学术委员会委员、广东省机械工程学会理事长、广东省材料研究学会副理事长、广东省发明家协会理事，1995 年起还先后兼任《国外塑料》《塑料机械》副主编，《华南理工大学学报》《中国塑料》《塑料工业》《塑料》《工程塑料应用》等杂志编委。

瞿金平主要从事高分子材料成型加工技术与装备及其理论的研究与教学，率先提出塑料振动剪切形变和体积拉伸形变动态成型方法及原理，系统发展了高分子材料加工成型理论，发明并研制成功一系列塑料成型加工新技术及装备；获得了一系列技术发明专利权：中国发明专利 20 多项，美国、欧洲等 10 多个国家和地区的发明专利权 3 项；先后主持国家级重点科技项目和相关工程配套项目等 30 多项，鉴定成果 20 多项，其中多项成果被鉴定为技术处于国际领先水平；发表三大索引收录论文 100 多篇，出版著作 5 部；成果产业化效果显著，新技术推广应用产生了巨大的经济效益和社会效益。

瞿金平获中华人民共和国政府特殊津贴、中国香港蒋氏科技成就奖（奖励世界上在制造业作出突出贡献的华裔科学家）、中国青年科学家奖、广东省优秀青年科学家奖、第十五届全国发明展览会金奖、第六届国际发明展览会最佳发明人奖。瞿金平是中国共产党第十五次全国代表大会代表；被评为国家中青年有突出贡献专家、广东省优秀中青年专家、全国先进工作者（全国劳动模范）、广东省先进工作者（广东省劳动模范）和南粤杰出教师；2012 年 2 月被评为 2011 年度"广东十大新闻人物"。

二、常务副主任委员

吴大鸣

男，1957 年出生，中共党员，教授、博士生导师。现任北京化工大学机电工程学院副院长、塑料机械及塑料工程研究所所长、高分子材料加工装备教育部工程研究中心主任、北京市新型高分子材料制备与加工重点实验室副主任、中国塑料机械工业协会常务理事、中国塑料机械行业专家委员会常务副主任委员、中国塑料加工工业协会专家委员会副主任。

在聚合物精密挤出成型原理及装备、聚合物微尺度制造原理及技术领域有良好的研究基础。培养博士研究生 8 名、硕士研究生 30 余名；承担国家级及省部级科技项目 20 余项，与企业间的合作项目 80 余项；取得系列学术成果和技术成果；出版专著 2 部、译著 2 部；发表论文 180 余篇，SCI、EI 收录 40 余篇；获国家专利 30 余项；获国家科技进步奖二等奖 1 项，省部级科技进步奖一等奖 1 项、省部级科技进步奖二等奖 2 项。

三、副主任委员（按姓氏笔画顺序）

1.刘梦华

男，1942 年 8 月出生，教授级高级工程师，享受国务院工程技术突出贡献政府特殊津贴专家。现任大连橡胶塑料机械股份有限公司高级顾问、中国塑料机械行业专家委员会副主任委员（曾任中国塑料机械工业协会副理事长），兼任中国化工装备协会橡胶机械专业委员会高级顾问（原中国化工装备协会常务理事、橡机专委会副主任委员），全国橡胶塑料机械标准化技术委员会顾问（原全国橡胶塑料机械标准化技术委员会塑料机械分技术委员会主任委员），中国石油和化工勘察设计协会橡胶塑料设计专业委员会副主任委员，全国橡塑机械信息中心资深高级顾问，北京化工大学工程硕士研究生企业导师，机电工程学院兼职教授、企业导师，大连市橡胶塑料机械协会会长等。受聘为中国机械工业科学技术奖专业组评审委员、大连市享受政府特殊津贴人员评委。

刘梦华一直从事橡胶塑料机械产品研发、技术质量与经营管理工作。先后获得国家、部、省级科技进步奖6项；获国家质量奖金奖2项、银奖1项；参加编审出版大型工具手册、专著等6部；发表学术论文30余篇。

刘梦华先后获得国家中青年有突出贡献专家、机械电子工业部有突出贡献专家、大连市优秀专家、全国化工优秀科技工作者、辽宁省机械工业优秀企业经营者、中国橡胶机械研制创新科技带头人等荣誉称号。

2.饶启琛

男，1955年9月出生，中共党员，广州市优秀专家、广州市劳动模范、教授级高级工程师。现任博创机械股份有限公司副总裁兼总工程师、博创广东省省级企业技术中心主任、中国塑料机械行业专家委员会副主任委员、广东省机械工程学会副理事长、广州市塑料注塑成型机工程技术研究开发中心主任、广东省机械科学技术奖评审委员会委员、《塑料机械》编委会委员、《橡塑技术与装备》编审委员会委员、华南理工大学汽车与机械工程学院理事会理事、全国橡胶塑料设计技术中心委员。

饶启琛1982年毕业于华南工学院（现华南理工大学）塑料机械专业。毕业后一直从事塑料机械的研究、开发和企业管理工作，作为我国塑料机械行业教授级高工，完成了多项国家、部、省级产品计划，多次获奖。在主持技术质量工作期间，主持几十项自主开发与技术改造项目，创建技术创新体系，组建省级技术中心主持运作，创建了以技术创新为主导的市场创新、管理创新体系，培养了大批的技术人才、管理人才、开展了十几项产学研合作项目，涉及整机研制、材料运用、液压控制技术、电气控制系统等内容，取得了巨大的经济效益。

饶启琛担任博创机械股份有限公司副总裁兼总工程师以来，一直孜孜不倦地在高科技领域努力探索，致力于塑机研究与品质管理等工作，并对我国塑料机械行业发展作出了贡献。2006年被广州市授予“2003—2005年度广州市劳动模范”荣誉称号；2007年被评为广州市优秀专家，并被列入市级优秀专家管理库；2010年被评为优秀共产党员。

3.傅南红

男，1975年5月出生，中共党员。现任海天塑机集团技术总监、中国塑料机械行业专家委员会副主任委员。

傅南红毕业于机械电子工程（机电控制及自动化）专业，工学硕士。长期从事电动注塑成型机和高速注塑成型机的技术研究和开发工作。2000年进入宁波海天集团科技部担任职员，2003年担任宁波海天集团科技部部长助理，2007年担任宁波海天集团科技部副部长兼海天塑机研究院院长，2008年担任海天国际下属宁波长飞亚公司常务副总经理，2010年至今担任海天塑机集团技术总监。

四、秘书长

何亚东

男，1971年4月出生，中共党员，教授、博士生导师。现任北京化工大学机电工程学院副院长、中国塑料机械行业专家委员会秘书长。

1989年考入北京化工大学，1993年本科毕业后在北京化工大学塑料机械及塑料工程研究所工作，2003年获得博士学位。

何亚东一直从事塑料机械及塑料加工方面的科学研究工作。先后承担和参加国家级科研项目的研究开发10余项，与企业的合作开发项目30余项，获得国家专利授权10余项，鉴定成果3项，省部级奖励2项，在国内外核心刊物上发表论文80余篇，2005年获北京市科技新星计划支持，2011年入选教育部新世纪优秀人才支持计划。

五、副秘书长

何和智

男，1963年10月出生，教授。现任华南理工大学工业聚合物新型成型装备国家工程研究中心副主任、中国塑料机械行业专家委员会副秘书长、《中国材料科技与设备》杂志编委、中国改性塑料专业委员会理事、广州包装印刷行业协会理事、广州包装技术协会理事。

何和智多年来从事高分子材料成型加工理论及设备的研究。主持的科研项目有广东省自然科学基金项目“聚合物电磁动态成型的基础理论研究”,“九五”国家重点科技攻关项目“改性塑料电磁动态二级三螺杆反应挤出机”,“十五”国家“863”计划项目“反应挤出法制备高性能动态全交联热塑性硫化胶的生产与应用技术”、“聚合物/无机物复合材料物理场强化制备新技术”,“十一五”国家支持计划项目“药材废弃物资源化处理与改性一体化关键技术及示范”及广州市重点科技攻关项目“电线电缆生产节能降耗关键技术及示范”。

六、特别顾问(按姓氏笔画顺序)

1.王兴天

男,1936年8月生,中共党员。现任海天塑机集团有限公司科技总顾问、中国塑料机械行业专家委员会特别顾问。

王兴天多年从事教学与学术研究及技术开发与实验研究工作。撰写国内外学术会议及刊物论文200余篇及多部著作。多次接受报纸、刊物的专访。1984年,研发的“SZ200/100”新型注塑机通过鉴定属我国首创。“内动直锁双模板式合模机构”专利技术为现代注塑机合模机构乃至整机的创新与技术进步起到了关键作用。

2003年9月,该项专利技术被在北京人民大会堂召开的“第二届中国科学家高峰论坛”特选为交流专利。鉴于其在我国塑料机械制造业发展的关键历史时期对推动我国塑料机械行业的发展起到了积极作用,并对塑料机械专业研究与行业技术进步作出了贡献,被录入《世界名人录》《中国专家人才库》《中国当代科技发明家大辞典》等书中。

2.江波

男,1942年10月出生,北京化工大学教授、博士生导师,享受国家特种津贴专家。自1965年大学毕业后至今,一直从事高聚物成型加工理论和装备的教学与研究,1986年,受政府派遣以客座研究员身份到日本九州大学进行高聚物加工过程的数值计算和特种挤出技术理论的研究。回国后担任本学科硕士和博士生导师。历任科技部国家级重点新产品评审专家组组长、国家科技奖励评审委员会委员、国家专利发明奖评审委员会委员、北京市学位委员会委员、中国石油和化工勘察设计协会橡胶塑料设计专业委员会副主任、全国橡胶塑料设计中心技术委员会副主任、中国塑料机械行业专家委员会特别顾问、《橡塑技术与装备》和《塑料》杂志编审委员会副主任、《现代橡塑》资深顾问《亚太塑料橡胶》和《塑料机械》杂志编委,北京化工大学学位和学术委员会委员,北京化工大学机电工程学院学术和学位委员会副主任、首席教授,橡胶塑料机械研究所所长等职。

江波作为项目和技术负责人主持完成了国家“八五”“九五”“十五”“十一五”重点科技攻关项目、国家“863”项目、国家级重点产学研工程项目、省部级纵向项目以及企业委托横向课题共百余项,研制成功了同向平行双螺杆挤出机、串联式磨盘螺杆挤出机、往复移动螺杆挤出机、熔体齿轮泵挤出机、复合共挤出成型机、新型橡胶冷喂料排气挤出机、销钉挤出成型机以及FIFO橡胶高效节能注射机等60余种特色鲜明的新型高分子材料加工机械,研制成功了“神州号”宇宙飞船用烧蚀材料灌注枪和火炸药挤出成型设备,在“十一五”期间作为联合攻关组的技术总负责人完成了中石化重点科技攻关项目——“20万t/aPP大型挤出造粒机组”国产化攻关任务。

主要研究成果:国家级重点产学研项目——“SHL-100型微机控制同向双螺杆配混挤出造粒机组”获“八五”国家技术创新奖优秀奖;“ϕ75mm冷喂料排气挤出机及其连续硫化装置”获原化工部科技进步奖;“同向平行排气式双螺杆混炼造粒机组的开发研究”获国家石化行业科技进步奖,并被科技部列为国家“九五”重点推广研究项目。有6项技术获得国家专利,在国内外专业期刊和学术会议上发表论文、学术报告130余篇,出版合编著作7本。

3.吕柏源

男,1942年10月出生,教授、博士生导师,民盟成员,享受国务院特殊津贴专家。现任青岛科技大学高分子机械研究所所长、中国塑料机械行业专家委员会特别顾问。兼任中国橡胶工业协会技术经济委员会委员、《中国橡胶》专家组专家、全国橡塑设计技术委员会副主任委员、全国橡塑信息中心终身顾问。吕柏源曾荣获国家科技进步奖三等奖、化工部科技进步奖二等奖、1994年及2010年全国发明金牌奖、山东省“十佳”专利奖等。1992年起,已获得发明专利权14项(其中美国、德国发明专利各1项)。

吕柏源先后承担国家经贸委下达的国家“十五”重大攻关项目“胶囊注射成型机研制”和其他研究项目10余项。撰写的《橡胶机械行业面临的挑战》和《国内外橡塑机械发展动向》等学术论文在行业中引起很大反响。

4.周南桥

男,1943年9月出生,华南理工大学教授,博士生导师。享受国务院政府津贴。中国塑料机械行业专家委员会特别顾问、中国塑料加工工业协会塑料改性专业委员会理事,《塑料工业》《工程塑料应用》《塑料机械》编委,广东省资源综合利用协会专家。

周南桥长期从事高分子材料加工、机械设计及理论的教学和科研工作。先后承担了“国家级火炬计划项目”及“八五”“九五”“十五”国家重点科技攻关项目等多项国家重点科技项目,获得国家技术发明奖二等奖、国家科学技术进步奖二等奖、广东省科技进步奖特等奖、教育部技术发明奖一等奖、中国高校科技进步奖一等奖、轻工部科技成果奖二等奖等多项奖励。发表论文100多篇(被三大索引收录30多篇),著作4部。

七、委员(按姓氏笔画顺序)

1.于建

男,1953年10月生,清华大学教授,博士生导师,中国塑料机械行业专家委员会委员。兼任中国塑料加工工业协会专家委员会副主任,《中国塑料》《合成树脂与塑料》《塑料工业》《工程塑料应用》《塑料》《塑料添加剂》《功能高分子学报》等杂志编委。

于建长期从事有关高分子合金、高分子纳米合金、高分子纳米复合材料、高分子复合材料、功能高分子材料、生物高分子材料、高分子材料表面与界面、高分子材料老化与防老化等方面的研究工作,从事高分子专业教学工作。于建在国内外高分子相关杂志上发表学术论文200多篇,获得中国、日本、美国及欧洲等国家或地区授权专利近50项。

2.邓建江

男,1970年4月出生,高级工程师。现任中蓝晨光化工研究设计院有限公司科强化工装备公司(院二级分公司)总经理、中国塑料机械行业专家委员会委员。

邓建江长期致力于螺杆反应器、多轴行星搅拌器、捏合机、打胶机等系列高分子工程专用装备的工程应用。作为主要设计人员之一,承担了晨光TSSJ系列双螺杆机组的研制及工程应用。期间,邓建江独立承担了PCMⅡ型切粒机、YH系列液压换网器的研制,并成功配套机组推向市场,取得良好的经济效益。作为国内早期开展高温高压熔体齿轮泵的工程应用研究人员之一,其研究成果——《熔体齿轮泵在TSSJ40双螺杆挤出机中的工程应用设计》(四川大学,2003)多年来为国内同行共享;主持了芳纶Ⅲ中试装置纺丝专用成套装备的研制,成功投运至今。自2003年起,邓建江一直致力于特种纤维纺丝专用(成套)装备的研制及其工程应用,为芳纶Ⅱ/Ⅲ、PBO等特种纤维的工程化提供了装备上的有力支持。

3.白春杰

男,1969 年 7 月出生,现任陕西秦川发展机械股份有限公司设计室主任、中国塑料机械行业专家委员会委员。擅长储料机头的流道设计分析,成型机的结构及应力分析,塑料中空机的机、电、液及气动各系统的匹配、节能降耗及可靠性研究。

白春杰先后完成单层、双层双工位小规格包装容器塑料中空吹塑机的设计开发工作;完成 IBC 桶、塑料托盘、塑料油箱、异型件等大型塑料中空吹塑机的设计开发工作。并对其中主要的功能部件螺杆挤出机挤出单元的工作机理、大容量可控储料机头的流道设计分析、成型机的结构及应力分析等进行了一定的研究,取得很好的应用效果。对塑料中空机的机、电、液及气动各系统的匹配、节能降耗、安全性能等进行分析优化,提高了整机的使用性能及可靠性能。

4.冯志远

男,现任力劲集团注塑机事业部总工程师、董事及总经理,中国塑料机械行业专家委员会委员。擅长注塑机设计生产及机电一体化注塑工艺的应用研究。

技术工作主要专注于:气体辅助注塑设计研究和应用、全电动注塑机设计研究、多物料注塑机研发、两板式大型注塑机研发、微型注塑机设计研究和应用及大型生产系统本地化研究。

获奖情况:1997 年香港工业设计奖第二名(气体辅助注塑设计),1995 年香港工业设计奖优秀奖(注塑网络系统群控系统)。

5.刘伯元

男,1941 年 4 月出生。现任中国塑料机械行业专家委员会委员、中国塑料加工工业协会专家组成员、中国塑料加工工业协会改性塑料专业委员会副秘书长。曾任中国非金属工业协会副秘书长、中国化学建材管道咨询委员会副理事长。

1998 年由中国轻工业出版社出版《塑料的填充改性》,刘伯元担任两主编之一;2000 年由中国冶金出版社出版《中国非金属开发应用》,刘伯元担任主编。2000 年后发表论文有:《国产大口径 HDPE 双壁波纹管设备的开发与生产》《快速硅烷交联聚乙烯管材料、电缆护套料、滚塑料的开发与研究》《中国塑料机械的节能行动》,木塑复合材料研究之一、之二、之三、之四,滚塑生产工艺研究之一至八等。

6.刘维

男,1977 年 1 月出生,高级工程师。现任宁波市海达塑料机械有限公司工程技术部部长、中国塑料机械行业专家委员会委员。

刘维擅长项目的整体方案设计和液压控制技术的研发。他主持并参与了 HD 系列、HDH 系列、HDX 系列塑料注射成型机的项目开发,为企业创造了良好的经济效益。他负责全系列伺服注塑机设计和安全标准注塑机设计。刘维参与的 HDH300 直压式塑料注射成型机项目获得浙江省宁波市镇海区科技进步奖三等奖,并被列为 2004 年度国家火炬计划项目。刘维参与的注塑机结构模块化研究项目(2001 年 9 月至 2003 年 12 月)通过了浙江省科学技术成果评审,为企业带来了良好的经济效益。他起草了企业标准 Q/NSJ001—2008,主持并承担主要设计任务的 HDP48PET 瓶坯专用注塑机项目已通过相关评审,并被列为 2010 年度国家火炬计划项目。

7.李世通

男,1963 年 9 月出生,中共党员,教授级高级工程师。现任天华化工机械及自动化研究设计院第一研究部副部长、橡塑机械研究所副所长,中国塑料机械行业专家委员会委员,国家橡塑机械标准化技术委员会专家委员。

李世通长期从事塑料机械混炼挤出造粒技术及装备的开发与研究,先后主持和参与了多项双螺杆配混挤出造粒技术及产品的设计研究与应用技术开发工作;他负责多项行业标准的起草工作,负责主持了多项国家科学技术部与中国石油化工集团公司的重大项目开发工作。特别是作为中石化大型混炼造粒机组四方联合攻关组重要成员，作为主持人之一及资深专家，共同主持完成了我国具有里程碑意义的首台大型混炼挤压造粒机组的开发研制；主持完成我国首套年产2万吨级成套化聚烯烃混炼造粒装置的项目开发。在《中国塑料》《化工机械》等专业刊物及学术交流会上发表论文多篇并获奖。1988年，SHJ-68同向双螺杆挤出机获“甘肃省科技进步奖二等奖”（主要参加人）；1989年，SHJ-72同向双螺杆挤出机获“南京市科技进步奖二等奖”（主要参加人）。

8.李向东

男，1972年7月出生，注册机械工程师，现任大同机械集团注塑机产品研发总监、中国塑料机械行业专家委员会委员、东莞市科协委员、广东省科技创新专家库成员、华南理工大学研究生导师、华南理工大学研究生答辩委员会成员。

李向东具有十几年从事塑料机械研发设计与技术项目管理经验，对塑料机械研发所设计的机械、润滑、液压、控制系统、伺服系统以及塑胶成型原理和模具等有比较独到的见解和实践经验。荣获国家专利25项，其中发明专利6项、东莞市优秀专利2项；荣获国家火炬计划项目2项，省部级火炬计划项目2项；2010年先后获得东莞市科技进步奖一等奖2项，广东省科技进步奖二等奖1项，中国机械工业科学技术奖1项；2005年获东莞首届科技人才“工程之星”冠军。

9.李庆春

男，北京化工大学机电工程学院教授，研究生导师。1977年7月毕业于北京化工学院塑料机械专业，毕业后一直在北京化工大学机电工程学院从事教学科研工作。

李庆春的专业领域为聚合物加工原理、技术及装备。近年来主要从事聚合物高性能化、精密挤出、发泡材料的成型原理、技术及装备的研究。

主要工作业绩：作为项目负责人承担国家“863”计划、国家支撑计划及省部级科研项目9项，作为主要骨干承担国家与省部级科研项目8项，负责完成国内企业委托的技术研发项目20余项；在国内外刊物发表论文40余篇，其中SCI收录5篇；获得国家授权专利7项，部级科技进步奖3项。

10.杨卫民

男，1965年11月出生，中共党员，现任北京化工大学教授、博士生导师，教育部“新长江学者奖励计划”首批特聘教授，中国塑料机械行业专家委员会委员，中国塑料加工协会专家委员会副主任，中国机械工程学会自动化分会委员，机械工业出版社顾问专家。兼任《计算机辅助工程》《中国塑料》《塑料》《橡胶工业》《橡塑技术与装备》、《塑料机械》等杂志编委，《Journal of Applied Polymer Science》《Polymer Testing》等国际期刊评阅人。

杨卫民的研究领域为聚合物成型与先进制造，主要致力于塑料、橡胶及纤维等高分子材料成型加工原理与装备的研究。近五年带领团队承担国家基金和科技支撑计划重点项目等20余项，研究成果获国家和省部级科技奖5项，授权发明专利37项（申请待授权150余项），授权实用新型专利51项，PCT国际专利保护4项，发表论文160余篇，被EI收录52篇、SCI收录21篇，著作6本（含英文著作1本：《Advances in Polymer Processing》），译著3本，国内外学术会议邀请作报告20余次，获“全国化工优秀科技工作者”等称号。

11.杨宥人

男，1969年7月生，中共党员，研究员级高级工程师，国务院和大连市政府特殊津贴享受者、大连市优秀专家。现任大连橡胶塑料机械股份有限公司副总经理、总工程师，中国塑料机械行业专家委员会委员。

他主持完成的SJSH-92、SJL-F92双螺杆塑料造粒机组获省部级科技进步奖二等奖；主持完成了ϕ30~125mm等七个规格系列同向双螺杆挤压造粒机组的开发；参与完成了六个系列、十几个规格的新产品开发，均达到国际同类产品先进水平，填补国内空白。获省部级科技进步奖10项次，起草行业标准4项，组织申报专利40余项。他主持国家"十一五"重大技术装备攻关项目——大型混炼挤压造粒机组的国产化研制工作。

12.吴敬阳

男，1946年11月出生，高级工程师，现任泰瑞机器制造(中国)有限公司总经理顾问、中国塑料机械行业专家委员会委员。

吴敬阳具有较全面的机械、液压和电气方面的知识，熟悉注塑机的结构、原理、工艺，了解国内外注塑机的现状和发展方向。

1975年，他参加了C6163车床的走刀、尾架等组件设计；1978年，参加了原轻工部刨花板流水线的项目设计，并任其中四辊涂胶机、板坯输送机的主设计；1981—1990年，参加了与德国巴顿菲尔德公司的合作项目，将德国技术国产化，生产HK系列注射机和BK系列注射机，负责其中电气控制部分；1982年，与杭州电子学院老师一起，设计数控螺杆磨床；1984年，任机械手设计小组组长，设计了JS900横走型机械手；1986年，主设计了合模力为200t的注射机；1987年，负责双色机设计；2009年12月，组织并撰写了塑料注塑机企业标准、塑料挤注成型机企业标准，并顺利备案；2010年10月，以技术负责人的身份，带领企业通过"浙江省高新技术企业"认定；2010年1月，主持Dream system系列高精密注射成型机研发；2011年9月，主持DE系列高精密电液复合式注射成型机研发；2011年，组织实施1 000套注射成型机伺服节能系统技术改造项目。

13.张立群

男，1969年12月出生，现任北京化工大学材料科学与工程学院教授，是教育部长江学者特聘教授、国家杰出青年基金获得者、国家"973"项目首席科学家、人事部新世纪百千万人才工程国家级人选，中国化工学会理事、中国材料研究学会理事、中国复合材料学会常务理事、中国塑料机械行业专家委员会委员，《高分子通报》《中国塑料》等10个国内核心期刊编委，美国《Journal of Applied Polymer Science》等3个国际SCI期刊编委。

主要研究方向为聚合物加工工程、橡胶材料科学与工程、聚合物纳米复合材料。在《Progress in Polymer Science》《Advanced Functional Materials》《Macromolecules》等知名杂志上发表SCI收录文章160余篇；获得我国发明专利50余项；荣获国家技术发明奖二等奖1项，省部级一等奖5项、二等奖4项；曾荣获侯德榜化工科学技术奖、茅以升科技奖、中国青年科技奖、何梁何利科技创新奖、美国化学会橡胶分会Sparks-Thomas Award、日本化工学会SCEJ Asia Research Award、光华工程科技奖等 。

14.张泽奎

男，1974年9月出生，毕业于山东工业大学。1995年起就职于中云集团，现任潍坊中云机器有限公司总经理和潍坊中云科研有限公司总经理、中国塑料机械行业专家委员会委员。

张泽奎在塑料管材设备领域具有长期的工作经验。长期从事塑料机械设备的开发及试制，主持多项具有国内外领先水平的塑料管材挤出设备的开发及技术改造升级工作。由其成功主持开发、试制的塑料管材挤出设备，在投向市场后完全替代了进口的同类设备与工艺。

15.张其智

男，1949年5月出生，高级工程师，现任潍坊市人大代表，潍坊中云机器有限公司董事长兼管技术工作，中国塑料机械行业专家委员会委员。山东省劳动模范，享有潍坊市政府津贴。

获奖情况：1985年荣获昌邑市科委科技成果奖；1988年被授予昌邑市先进工作者称号，并同时荣获潍坊市乡镇企业局优秀质量奖；1993—1997年连续被评为潍坊市劳动模范；1990—1999年荣获山东省科技成果奖3项；近年主持研发的系列塑料管材生产设备荣获科技部科技成果奖三等奖1项；山东省科技成果奖二等奖 1 项;北京市科技成果奖二等奖 1 项;潍坊市科技成果奖二等奖 1 项;火炬计划项目 4 项;“九五”计划科技成果奖 1 项;建设部科技成果推广转化指南项目 3 项;国家重点新产品 4 项;获专利 31 项等。

16.张建群

男,1957 年 8 月出生,工程技术应用研究员,国务院政府特殊津贴专家。现任山东通佳机械有限公司董事长、中国塑料机械行业专家委员会委员、中国塑料机械工业协会副会长、山东省光彩事业促进会理事、山东省工商联执委、济宁市人大代表、济宁市工商业联合会副会长、济宁市有突出贡献的中青年专家。

张建群从事塑料机械专业技术工作 30 余年,曾进修于香港理工大学、德国布莱梅大学,长期从事高分子塑料复合材料加工工艺及塑料机械的研发和管理工作,在塑料机械、加工工艺、高分子材料研究方面具有较深造诣。是全国轻工系统劳模、济宁市最高科学技术奖获得者。

他先后成功研发了国内第一台塑料物理发泡机组、XPS 挤出发泡板材生产线、国内首台塑料土工格栅生产线、隧道高分子导流板生产线、超临界 CO_2 物理发泡技术装置等。

17.张涛

男,1968 年 9 月出生,高级工程师。现任广东伊之密精密机械股份有限公司总工程师、董事副总经理,中国塑料机械行业专家委员会委员,中国塑料加工工业协会专家委员会委员,广东省佛山市顺德青年企业家协会常务副会长。

张涛在任职副总经理兼总工程师期间,公司产品有注塑机共 11 大系列、89 种规格,压铸机 5 大系列、51 种规格,建立了以精密节能型注射成型机与精密高性能压铸机为主的产品体系。他主持研发完成并产业化的产品中包括通用型注塑机 UN90A-UN560A 共 9 种新产品,UN60A2-UN1600A2 共 14 种新产品,UN30SH-UN150SH 共 5 种新产品,SC 系列、BOPP 系列、PET 瓶坯系列、UPVC 系列高速高精密伺服注射成型机,热固性塑料注射成型机,高速珠饰注射成型机,SM 伺服驱动高效注塑机等。公司可以向客户提供锁模力 30~2 500t 的各类型优质注塑机。

2011 年,他负责研发的“高速高效实时控制精密注塑设备及关键技术”项目被评为广东省佛山市顺德区科技进步奖一等奖、佛山市科技进步奖二等奖;负责研发的“闭环控制转动增压式注塑机”项目被评为广东省佛山市顺德区科技进步奖二等奖。获发明专利 8 项,实用新型专利 40 项,外观专利 2 项。

18.陈伟

男,1960 年 10 月出生,现任南通三信塑胶装备科技有限公司董事长兼总经理、中国塑料机械行业专家委员会委员。曾担任启东市计算机厂办公室主任、副厂长等职务。

陈伟长期从事电晕处理技术的研究、开发和生产。现已开发生产了纺织材料等离子处理机、CW 系列电晕处理机、3DT 曲面电晕处理机等共几十个规格品种的产品,以及多种规格的 SDLZ 型多层共挤流涎型薄膜机组,综合技术水平均达到国内领先,填补了国内空白。其中,CW3015 电晕处理机、SDLZ 型多层共挤流涎型薄膜机组被列入“国家重点新产品计划”和省火炬计划项目,并获南通市科技进步奖二等奖。SDLZ 型多层共挤流涎型薄膜机组被认定为“中国包装名牌产品”并被列入“国家中小企业创新基金项目”。纺织材料等离子处理机被列入“国家中小企业创新基金项目”“江苏省科技支撑计划项目”。由于企业重视新产品的开发,加强人才的培养和引进,密切与科研院校合作,不断吸收国内外最新科技成果进行技术创新,使企业得到很大发展,企业先后获得了“中国包装优秀企业”“江苏省高新技术企业”“江苏省创新型企业”“江苏省薄膜流涎型成型装备工程技术研究中心”及启东市“最具创新能力的工业企业”等称号。

19.陈辉殿

男,1963 年出生,中共党员,研究员级高级工程师,南京市中青年行业技术学科带头人。获江苏省“六大人才高峰”项目资助。现任南京艺工电工设备有限公司总工程师、中国塑料机械行业专家委员会委员、工业和信息化部中小企业发展促进中心科技人才专家库专家、南京市高级专业技术职称评审委员会专家评委库成员、江苏省南京市机械工程高级专业技术资格评审委员会专业(学科)组成员、南京机械工程学会会员、全国专业标准化技术委员会委员。

他主持开发的三层共挤式干法交联生产线通过了江苏省、南京市两级新产品鉴定,2007 年该项目通过了国家科学技术部国家重点新产品计划评审;2006 年和 2010 年分别获得南京市科学技术进步奖二、三等奖各 1 项,2008 年获得中国机械工业科学技术奖三等奖 1 项;作为第一发明人获得实用新型专利 2 项、发明专利 1 项。组织修订了《JB/8538—2011 塑料机械用螺杆、机筒》《JB/8061—2011 单螺杆塑料挤出机》和《HG/T3110—2009 橡胶单螺杆挤出机》等三项标准。

20.陈新辉

男,1971 年 5 月出生,高级工程师,第 13 批汕头市优秀拔尖人才,第五届青年科技带头人。现任广东精明精机股份有限公司副总经理兼生产总监、中国塑料机械行业专家委员会委员、中国包装联合会塑料包装委员会专家、广东省科技咨询专家、广东高校软包装印刷设备技术研究中心技术委员会委员。

他主持和参加了“M3T-7000A 三层共挤糙面土工膜吹塑机组”“无机粉体环保石头纸专用吹塑装备”“M9B-1500QA 九层共挤智能高阻隔薄膜成套装备”“节能高精度塑料加工关键共性技术和设备”等 12 项国家、省和市级科研项目;9 次荣获汕头市科技进步奖一等奖,2 次荣获省科技进步奖二等奖,6 次荣获省科技进步奖三等奖,1 次荣获中国机械工业科技奖二等奖;荣获 2 项发明专利和 21 项实用新型专利,其中,1 项发明专利荣获中国专利优秀奖;发表论文 11 篇,其中 2 篇获优秀论文。

21.陈静波

男,1964 年出生,博士、教授、博士生导师。现任郑州大学材料科学与工程学院院长、橡塑模具国家工程研究中心副主任、材料成型及模具技术教育部重点实验室副主任、中国塑料机械行业专家委员会委员。是国家“百千万人才工程”第一、二层次人选,国务院特殊津贴专家,教育部“新世纪优秀人才支持计划”人选,河南省优秀专家。

主要研究领域为聚合物加工流变学、聚合物成型加工过程计算机模拟、高分子材料加工-形态-性能关系及聚合物成型加工新工艺。获国家科技进步奖 2 项,省、部科技进步奖 6 项。发表论文 100 余篇,参编专著 2 部。

22.赵建华

男,1965 年 6 月出生。现任南京橡塑机械厂总工程师、中国塑料机械行业专家委员会委员。1988 年 7 月毕业于北京化工大学塑料机械专业,后分配到南京橡塑机械厂,先后担任技术员、团总支书记、设计室主任、技术开发部主任、副总工程师,于 1996 年担任总工程师至今,于 2012 年兼任党总支副书记。

他先后开发了色母粒专用 SJSH-67 三头同向双螺杆挤出机、SJ-SLG 塑铝复合管生产线、大口径钢管 PE 涂覆挤出机、SJ-SZ120/95 平行双阶双螺杆大容量排气脱挥机组及 SJSH-95 食品专用双螺杆挤出机,都形成了销售,填补了国内空白,并得到了用户的好评,为单位创造了较好的经济效益。

先后发表论文 3 篇,荣获专利 2 项,并于 2007 年被评为江苏省“333 高层次人才培养工程”首批中青年科学技术带头人。在 2006 年 9 月又一次当选为南京市第十二代表大会代表。

23.赵桂旭

男,1957年11月出生,中共党员,高级工程师。现任青岛顺德塑料机械有限公司董事长,国家支撑计划木塑课题组首席专家、组长,青岛市人大代表,青岛市工商联常委,中国塑料机械行业专家委员会委员,青岛市塑料机械商会会长,胶州市塑料机械行业协会会长。

赵桂旭擅长产品生产线的策划和设计,荣获21项国家专利,其中,有3项被评定为国家重点新产品,2项获国家创新基金。利用植物秸秆制造木塑产品的技术被国家列为国家"十一五"计划的支撑计划。先后获国务院研究中心颁发的第七届全国创业之星、国家民营科技贡献奖、青岛市科技进步奖、山东省科技进步奖和中国民营科技企业奖。

24.胡刚

男,1946年1月出生,高级工程师。现任陕西秦川发展机械股份有限公司技术顾问、中国塑料机械行业专家委员会委员、中国发明协会会员。

胡刚成功研发了塑料中空成型机的型坯壁厚控制系统,打破了国外同类型控制系统的垄断地位,大大提升了塑料中空成型机的性能。成功研制了SKK05、SCJ70、SCJ230、SCJ500×6(多层中空)等多种机型,填补了国内空白。曾先后5次获省、部科技进步奖二等奖。

25.俞洋

男,1977年9月出生。现任大连三垒机器股份有限公司常务副总经理兼研发部副总经理、中国塑料机械行业专家委员会委员。

俞洋长期从事PE、PVC、PP波纹管成型技术的研究。2007年,成立"大口径塑料双壁波纹管"项目小组,俞洋任主要负责人,同年,该项目荣获"辽宁省优秀新产品"奖。2009年,他带头成立研发部,将新产品研发从原技术部门分离出来。先后发明了钢塑复合缠绕管、带扩口塑料波纹管、弹性双壁波纹管,并获得多项实用新型专利。

26.施优优

男,1956年8月出生,中共党员,教授级高级工程师。现任浙江申达机器制造股份有限公司技术中心主任、技术总监,中国塑料机械行业专家委员会委员。

他从事注塑机的设计、研究、开发和技术管理工作30多年,先后参与并主持设计了SZ、ZT、ZC、PATT、ZL、FM、FMA、FT、FTA、FTB、ZJ、SD、SE、MC、MT、HE等数十个系列的塑料注射成型机,以及注塑机专用插装阀块、专用液压阀等。多次荣获国家、省、部级科技奖励,其中,SZ-4000/800、SZ-6300/1000获国家科学技术进步奖三等奖、轻工部二等奖,FM180塑料注射成型机被评定为国家级新产品、原轻工部优秀新产品(新技术)奖二等奖,PATT系列注塑机获浙江省第六届青工"五小"科技成果奖一等奖,适用于IT和汽车行业的高速高效薄壁注塑机获中国轻工业联合会科技进步奖二等奖,高效精密注塑系统及装备的研发项目获中国轻工业联合会科学技术进步奖一等奖。环保节能型全数字闭环控制注塑机等列入国家火炬计划项目,SE高效精密塑料注射成型机等产品列入国家重点新产品,全电脑控制塑料注射成型机被认定为浙江省高新技术产品。参与和主持设计的产品性能优越,远销美国、日本、欧洲、非洲及拉丁美洲等几十个国家和地区,具有广泛的社会和经济效益。1998年被评定为浙江省"151"工程二层次培养人员。

27.娄晓鸣

男,1955年12月出生,教授级高级工程师,国家有突出贡献中青年专家,中共党员。现任天华化工机械及自动化研究院副总工程师兼橡塑机械研究所所长、中国塑料机械行业专家委员会委员。

娄晓鸣先后组织、负责、指导和参加了10多项新产品的开发,并获得多项省部级科技进步奖、国家级新产品奖。组织开发了热固性塑料专用剖分式双螺杆混炼机,带耐磨衬套剖分式双螺杆挤出机为国内首创，是该行业的一项重大技术突破及创新。组织和承担了4万t/a聚丙烯装置大型混炼挤出造粒机的消化吸收及科技攻关项目。在国家“八五”攻关项目“万吨聚甲醛生产技术开发”中设计研制了螺杆、筒体等关键部件。负责起草了《同向双螺杆塑料挤出机》行业标准。近年来，在蒸发型、脱挥型、反应型双螺杆挤出机的开发中获重大突破，探索和拓宽了特种双螺杆挤出机的应用领域，填补了国内该领域的空白。

28.洛少宁

男，1962年4月出生，教授研究员级高级工程师，中共党员。现任大连橡胶塑料机械股份有限公司董事长、党委书记兼总经理。兼任国家工程教育专业认证委员会机械类专业认证分委员会委员、中国机械工程学会第十届理事会理事、中国塑料机械工业协会副理事长、中国塑料机械行业专家委员会委员、中国化工装备协会理事、全国橡胶塑料机械标准化技术委员会主任委员、辽宁省机械工程学会副理事长、大连市机械行业协会副会长等职。

洛少宁主持开发了橡塑机械100余种，多项填补了国内空白，为我国橡塑机械的发展作出了卓越贡献。曾荣获国务院特殊津贴、大连市政府特殊津贴、大连市优秀专家称号、辽宁省“百千万人才工程”百人层次人才、大连市首批领军人才、大连市十大经济人物、大连市优秀共产党员、辽宁省劳动模范、大连市劳动模范、大连“五一”奖章、机械工业优秀企业家、大连市优秀企业家以及国家科技进步奖二等奖等荣誉称号和奖项。

29.徐文良

男，1968年6月出生，中共党员，高级工程师、高级经济师。现任苏州同大机械有限公司董事长、总经理，中国塑料机械行业专家委员会委员，中国塑料加工工业协会专家委员，中国包装联合会专家委员会委员，张家港市塑料机械协会常务副会长，江苏科技大学客座教授。

徐文良擅长各类挤出中空吹塑成型设备研发设计，精通机、电、液、气一体化技术。主持研发了国内首台全自动挤出中空吹塑成型机项目。研发的多个产品获得江苏省科技厅授权的高新技术产品称号、轻工业联合会科技发明奖、苏州市科学技术进步奖和常熟市科学技术进步奖等，其中，1项产品荣获国家级重点新产品称号。获授权发明专利3项和实用新型专利12项。2008—2011年在国内《塑料科技》《塑料包装》《中空容器》等多种技术杂志上发表技术论文4篇。

30.高世权

男，1974年8月出生，中共党员，高级工程师。现任海天塑机集团有限公司技术副总监兼海天北化科技有限公司副总经理、海天塑机研究院院长、中国塑料机械行业专家委员会委员。

自1996年以来，高世权一直在海天塑机集团从事技术开发、研发及管理工作。参与主持了连杆式注塑机项目的研发，提升了海天塑机集团连杆式注塑机的技术水平；主持了海天塑机集团同德国公司的合作研发项目；主持研发了大型二板式注塑机，填补了国内空白，开创了国产大型注塑机的先河；参与主持了海天塑机集团第一台全电动注塑机的研发，为海天塑机集团全电动注塑机的起步和发展打下了基础，此项目获得了2001年度全国橡塑工业十佳创新技术奖三等奖；担任“精密塑料注射成型装备关键技术研究与产业化”国家科技支撑计划项目领导小组副组长，管理和监督整个项目的进展情况。此项目总投资11 900万元，申请国拨资金2 000万元，地方配套资金2 000万元。

31.高学飞

男，1952年1月出生，高级工程师，高级经济师，中共党员。现任江苏维达机械有限公司董事长、总经理、党委书记，中国塑料机械行业专家委员会委员，苏州市第十一届、张家港市第十二届人大代表。

高学飞1971年4月参加工作。1992年开发的注吹中空成型机被列入国家“八五”重点科技攻关项目。被评为苏州市“优秀企业家”、张家港市“依靠职工办企业优秀厂长（经理）”“张家港市劳动模范”。

32.郭一萍

女，1964年4月出生，九三学社成员，机械类质检高级工程师。现任国家塑料机械产品质量监督检验中心常务副主任、中国塑料机械行业专家委员会委员。

2008年主持完成了浙江省科研项目“基于虚拟仪器技术的注塑机动态参数采集分析系统”；2012年主持完成了浙江省科研项目“全电动注塑机的检测与评价方法的研究”；主持开展了强制性国家标准《橡胶塑料挤出机和挤出生产线　第1部分：挤出机的安全要求》、推荐性国家标准《橡胶塑料注射成型机　全电动塑料注射成型机》、行业标准《扭结式糖果包装机》的制定工作；参加了国家标准《橡胶塑料注射成型机检测方法》《橡胶塑料注射成型机能耗检测方法》、行业标准《家用和类似用途电动理牌机》《不锈钢水槽》《扭结式糖果包装机》的制定工作；在国际研讨会和《中国塑料》等科技期刊上演讲和发表了《Design and Research of Polymer Rheology Station Based on LabVIEW》《不确定度在全电动塑料注射成型机能耗检测测试中的应用》《我国塑料机械安全标准、安全性能的现状和发展》《中国注塑机安全标准推进情况分析及对策》等多篇论文。

33.郭奕崇

男，工学博士，北京物资学院教授。研究方向为聚合物加工原理及设备。长期从事螺杆挤出的基础理论及应用研究和设备开发、聚合物加工过程数据采集与分析等工作。

1995年，他完成的可视化技术及塑料挤出理论的研究；获国家教育委员会科技进步奖三等奖；2010年，他完成的聚合物精密挤出成型技术及装备。获中国石油和化学工业联合会科技进步奖一等奖，发表学术论文40余篇。

34.黄汉雄

男，1963年8月出生，教授、博士生导师，享受国务院政府特殊津贴。华南理工大学机械设计及理论重点学科带头人，中国塑料机械行业专家委员会委员，曾任华南理工大学工业装备与控制工程学院院长。

黄汉雄主要从事高分子材料加工机械及工程的研究，涉及轻工机械、流变学、高分子材料、计算机建模与仿真、控制等多种技术与学科。提出了新理论和新模型，对加工过程进行建模与仿真，为优化加工过程、发展新的高性能材料加工技术奠定了基础。研究结果被国内外同行多次正面引用，带动了多个国内外研究组相继开展相关的研究。

他主持科研项目35项，其中，应用基础研究13项（包括国家自然科学基金重大项目二级子项目1项），人才基金项目4项，国家高技术研究发展计划（“863”计划）、粤港关键领域重点突破项目等重大科技攻关项目7项。发表论文200余篇，其中，被国际三大索引收录120余篇。研制成功多种有自主知识产权的加工技术与装备，申请专利35项（其中国际专利4项，中国发明专利23项），获得授权专利25项（其中美国专利1项，中国发明专利16项）。

他研制成功有自主知识产权的高分子包装材料成型的核心技术与装备，尤其是“混沌混炼型低能耗挤出机”，其在原理上与目前国内外普遍采用的挤出机明显不同，产生了分散熔融和混沌混炼，节能效果显著。该挤出机已应用在5种挤出复合生产线上，在国内25个省的近200家企业中得到应用，基本替代了进口，占国内高档挤出复合生产线市场的90%，并已出口到日本和印度等国家。该成果被鉴定为“整体技术及产品达到国际先进水平，其中混沌混炼型低能耗挤出机属国际首创”，创造了明显的经济和社会效益。

他入选七部委“百千万人才工程”国家级（第一层次）人才，广东省高校“千百十人才工程”省级学科带头人（2002年）。获得国家霍英东教育基金会“第六届高等院校青年教师奖”（1998年）、第四届教育部“高校青年教师奖”（2002年）、中国高校科学技术奖二等奖（2001年，第一完成人）、高等学校科学技术奖二等奖（2007年，第一完成人）、广东省科学技术奖二等奖（2008年，第一完成人）和三等奖（2001年，第一完成人）等奖励。

35.黄步明

男，1956年9月出生，教授级高级工程师。享受国务院特殊津贴专家，国家有实业贡献中青年专家。现任广东正茂精机有限公司董事长、中国塑料机械行业专家委员会委员。

30多年来，在国家一级刊物上发表论文10多篇，共获得20多项专利。长期从事二板直压式注塑机的研究和开发。1994年发明的双动模注射成型机是我国注塑机领域第一项获得欧洲、美国、日本发明专利的产品。其研发的四缸直锁二板式注塑机是我国自主研发并在国际上最早投入商品化的外循环二板直压式注塑机。2003年研制成功我国首台D50数码光盘注塑机，改写了光盘生产设备只能由德国、日本等少数国家才能生产的历史，实现了我国注塑机从普通型向超精密型发展的历史性跨越。2009年发明并研发成功的新一代内循环二板直压式注塑机，在精度、节能、高效等方面取得重大突破，实现了几代注塑机人的梦想。

36.隋铁军

男，1971年10月出生，现任广东伊之密精密机械股份有限公司（简称伊之密）技术研发总监、中国塑料机械行业专家委员会委员。2010年获得佛山市科学技术奖一等奖和二等奖。

在伊之密任职技术经理期间，带领技术部研发人员共同自主研发了精密节能型注射成型机共11大系列、89种规格机型，其中主要产品有UN60A~UN1300A节能型精密注塑机，UN30SH~UN150SH高速高精密全液压注塑机，UN60SC~UN320SC高速精密伺服控制注塑机，PET、UPVC、BOPP热固性塑料专用注塑机，以及专门为开拓海外市场开发的A2系列节能高精密注塑机。

目前负责2012年广东省数控一代机械产品创新示范工程专项“数控一代塑料机械研发及产业化应用”项目，主要工作是负责数控注射成型机项目方案的制定。

37.彭响方

男，1966年10月出生。现任华南理工大学机械与汽车工程学院副院长、教授、博士生导师，中国塑料机械行业专家委员会委员。

彭响方主要从事高分子机械与工程研究。1998年以来历任华南理工大学工控学院讲师、副教授、教授，聚合物新型成型装备国家工程研究中心实验室副主任，材料成型及控制工程研究所副所长。广东省“千百十人才工程”培养对象、教育部高等学校骨干教师。2000年以来，作为项目主持人先后主持国家自然科学基金、广东省自然科学基金、高等学校骨干教师资助计划、教育部优秀青年老师资助计划以及高等学校国家重点实验室访问学者基金等多个项目的研究。2006年获国家科技进步奖二等奖。

38.蒋志坚

男，1967年3月出生，现任中国塑料机械工业协会副会长、中国塑料机械行业专家委员会委员、震雄集团执行董事兼生产总裁、震德塑料机械有限公司董事兼总经理、比利时领事馆BOB项目顾问、全国机械工业优秀企业家、广东省海外联谊会理事、佛山市顺德外商投资协会副会长、佛山市顺德机械装备制造业商会副会长。

他组织了震雄机器厂由中国香港移至深圳的重大工程，完成了震雄集团“立足国内，面向全球”的战略性转变。目前，全面负责震德塑料机械有限公司的管理及科研工作，不断推行以科技为本及突破创新的管理理念，成就卓越。本着节省能源的环保意识，积极推动在注塑机上使用节能系统，其中M3V系列的注塑机省电节能高达60%。

震德塑料机械有限公司连续三年(2002年、2003年及2004年)被中国工业经济联合会及国家机械工业信息中心评为中国机械工业“核心竞争力100强”“综合经济效益前100位”双百强企业。2004年他获得“全国机械工业优秀企业家”荣誉称号。

39.蒋炳炎

男,1963年2月出生,教授、博士生导师。现任中南大学航空航天学院常务副院长、中南大学高性能复杂制造国家重点实验室模具技术研究所所长、中国塑料机械行业专家委员会委员、教育部高校教学指导委员会“航空航天类专业”教学指导委员会委员、“863”先进制造领域评审专家、国家自然科学基金项目评审专家、深圳市模具先进制造技术重点实验室学术委员会委员、湖南省航空学会副理事长、湖南省宇航学会副理事长、全国模具设计协会副理事长、中国高校切削与先进制造技术研究会理事、全国高校制造技术与机床研究会理事、中国工程塑料加工工业协会特聘专家、湖南省模具协会常务理事。

蒋炳炎主要从事微型制件的注射成型与可控制造、复杂模具设计及制造以及树脂基复合材料在航空航天中的应用等研究工作,为第二届中南大学“升华学者计划特聘教授”“2011协同创新中心”骨干力量。

近年来,他主持了国家“973”计划项目、国家“863”计划专题项目、国家自然科学基金、教育部重点项目等10余项科研项目;申请、授权专利14项;在国内外学术期刊发表论文近80篇,其中SCI、EI收录30余篇;已培养博士、硕士研究生30余人。在超声微注射成型工艺和设备的开发、微结构模具的电铸加工工艺和新设备的开发、航空航天器发展等方面进行了开拓性的研究与工程实践,为我国相应科技领域的发展作出了重要贡献。

40.谢林生

男,1963年4月出生,民盟成员,教授。现任华东理工大学机械与动力工程学院教授、橡塑机械工程研究中心副主任、中国塑料机械行业专家委员会委员。

先后承担国家自然科学基金、国家“863”计划项目、上海市产业化重大专项、江苏省产学研项目、中石化科研开发项目和企业开发项目20余项。建立了双转子连续混炼机的固体输送和熔体输送模型,提出了表征流场解聚能力的参数和表征流场拉伸折叠作用强度的参数。在国内率先成功开发了双转子连续混炼造粒机组。获江苏省科学技术进步奖三等奖、中国石化集团公司科学技术进步奖三等奖和中国机械工业联合会与机械工程学会科学技术进步奖三等奖各1项,作为第一完成人获上海市科学技术进步奖二等奖1项、省部级三等奖3项;荣获国家发明专利3项;在国内外期刊上公开发表科研学术论文32篇,多篇被SCI、EI收录,参与编写专著、教材3部;被评为江苏省“333工程”培养对象和“青蓝工程”中青年学术带头人培养对象。

41.蔡恒志

男,1962年1月出生,高级培训师,高级注塑工程师。现任广东省注塑专业委员会秘书长、力劲集团项目经理、中国塑料机械行业专家委员会委员、全国橡胶塑料机械标准化技术委员会塑料机械分技术委员会(SAC/TC71/SC2)委员、深圳市塑料行业协会技术顾问、深圳市劳动局注塑工考评员。曾被国有企业聘为经济师。

1978年参加工作,长期从事于机械维修与制造行业。参加了全国标准化委员会GB22530—2008《橡胶塑料注塑成型机安全要求》、GB/T 25156—2010《橡胶塑料注塑成型机通用技术条件》、GB/T 25157—2010《橡胶塑料注塑成型机检测方法》《注塑成型机安全要求》标准的制定;编写《注塑操作工》《注塑生产现场管理手册(2011)》《注塑制品成型缺陷图集(2011)》和《精密注塑工艺与产品缺陷解决方案(2007)》等书籍并在全国发行,在各类注塑刊物上发表多篇技术文章;参加了广东省深圳市劳动局《注塑》选题制定,任考评员。

42.薛平

男,1963 年 11 月出生,中共党员,研究员,博士生导师。现任北京化工大学塑料机械及塑料工程研究所副所长、北京化工大学机电学院新材料及装备研究室主任、中国塑料机械行业专家委员会委员、全国轻质与装饰装修建筑材料标准化技术委员会木塑复合材料分技术委员会委员、中国塑料加工协会塑木制品专业委员会副会长兼专家组副组长、全国物流标准化技术委员会托盘分技术委员会委员、全国橡胶塑料机械标准化技术委员会委员、《中国塑料》和《当代化工》编委。

1996 年被评为北京市高校优秀青年骨干教师。作为项目负责人先后承担了国家"七五"攻关项目、北京市自然科学基金项目、教育部骨干教师资助项目、中国石化总公司科研开发项目、国家"十一五"科技支撑计划项目、国家自然科学基金项目以及企业委托的技术开发和转让项目等 100 余项,并多次获奖。发表论文 100 余篇,获 4 项国家级、省部级科技进步奖,拥有国家授权发明专利 9 项。

〔供稿单位:中国塑料机械工业协会〕

中国塑料机械工业协会第五届理事会组织机构

一、名誉会长

张静章(海天塑机集团有限公司董事长)

二、会长

朱康建(博创机械股份有限公司董事长)

三、常务副会长

钱耀恩(海天塑机集团有限公司副总经理)

四、副会长

蒋志坚(震雄集团董事、生产总裁)

洛少宁(大连橡胶塑料机械股份有限公司董事长)

杜　江(东华机械有限公司总经理)

马镇鑫(广东金明精机股份有限公司董事长)

陈敬财(广东伊之密精密机械股份有限公司董事长)

张建群(山东通佳机械有限公司董事长)

杜德鑫(南京艺工电工设备有限公司总经理)

王　珏(浙江申达机器制造股份有限公司总经理)

何海潮(上海金纬机械制造有限公司董事长)

蒋忠定(宁波市海达塑料机械有限公司总经理)

黄学祥(江苏联冠科技发展有限公司董事长)

赵桂旭(青岛顺德塑料机械有限公司董事长)

徐文良(苏州同大机械有限公司董事长)

张泽奎(潍坊中云机器有限公司总经理)

五、秘书长

粟东平(中国塑料机械工业协会)

六、常务理事单位

博创机械股份有限公司
海天塑机集团有限公司
震雄集团有限公司
大连橡胶塑料机械股份有限公司
东华机械有限公司
广东金明精机股份有限公司
广东伊之密精密机械股份有限公司
山东通佳机械有限公司
南京艺工电工设备有限公司
浙江申达机器制造股份有限公司
上海金纬机械制造有限公司
宁波市海达塑料机械有限公司
江苏联冠科技发展有限公司
青岛顺德塑料机械有限公司
苏州同大机械有限公司
潍坊中云机器有限公司
泰瑞机器股份有限公司
大连三垒机器股份有限公司
天华化工机械及自动化研究设计院有限公司
陕西秦川机械发展股份有限公司
华南理工大学聚合物新型成型装备国家工程研究中心
北京化工大学塑料机械及塑料工程研究所
华南理工大学机械与汽车工程学院
江苏维达机械有限公司
宁波海星机械制造有限公司
广东佳明机器有限公司
南京橡塑机械厂有限公司

七、理事单位

博创机械股份有限公司
海天塑机集团有限公司
震雄集团有限公司
大连橡胶塑料机械股份有限公司
东华机械有限公司
广东金明精机股份有限公司
广东伊之密精密机械股份有限公司
山东通佳机械有限公司
南京艺工电工设备有限公司
浙江申达机器制造股份有限公司
上海金纬机械制造有限公司
宁波市海达塑料机械有限公司
江苏联冠科技发展有限公司
青岛顺德塑料机械有限公司
苏州同大机械有限公司
潍坊中云机器有限公司
泰瑞机器股份有限公司
大连三垒机器股份有限公司
天华化工机械及自动化研究设计院有限公司
陕西秦川机械发展股份有限公司
华南理工大学聚合物新型成型装备国家工程研究中心
北京化工大学塑料机械及塑料工程研究所
华南理工大学机械与汽车工程学院
江苏维达机械有限公司
宁波海星机械制造有限公司
广东佳明机器有限公司
南京橡塑机械厂有限公司
宁波市塑料机械行业协会
大连市橡胶塑料机械协会
张家港市塑料饮料机械协会
胶州市塑料机械行业协会
舟山市定海区塑机螺杆行业协会
广东泓利机器有限公司
大连吉润企业集团有限公司
雁峰集团有限公司
大连塑料机械研究所
富强鑫(宁波)机器制造有限公司
中山力劲机械有限公司
国家塑料机械产品质量监督检验中心

张家港市贝尔机械有限公司
张家港市繁昌机械有限公司
张家港市亿利机械有限公司
北京化工大学机电工程学院
浙江华业塑料机械有限公司
浙江金鹰塑料机械有限公司
宁波双马机械工业有限公司
宁波弘讯科技股份有限公司
余姚华泰橡塑机械有限公司
宁波方力科技股份有限公司
广东乐善机械有限公司
佛山市高明区华联塑料机械有限公司
慈溪市德顺容器有限公司
宁波海雄塑料机械有限公司
南京科亚化工成套装备有限公司
宁波海太工贸有限公司
无锡光良塑料机械有限公司
浙江捷豪塑机有限公司
山西大新传动技术有限公司
常州长浪齿轮箱有限公司
宁波创基机械有限公司
仁兴机械(深圳)有限公司
张家港市华明机械有限公司
宝应县金鑫电器有限公司
宁波康润机械科技有限公司
青岛福润德塑料挤出技术有限公司
广东正茂精机有限公司
桂林电器科学研究院有限公司
上海泓阳机械有限公司
柳州市精业机器有限公司
新乐华宝塑料机械有限公司
科倍隆(南京)机械有限公司

〔供稿单位:中国塑料机械工业协会〕

30感恩
热烈祝贺中国机械工业年鉴系列
出版三十周年（1984–2013）
2007
2008
2009
2010
2011
2012
中国机械工业年鉴
China Machinery Industry Yearbook
SANY
绿色动力 国际潮流